北大法律硕士实务丛书

航空租赁业务

操作实务与图解

翟会敏 著

法律出版社 LAW PRESS·CHINA

教育部关于做好全日制硕士专业学位研究生培养工作的若干意见(教研〔2009〕1号)

长期以来,我国硕士研究生教育主要是培养具有独立从事科学研究或教学工作能力的教学科研人才。但随着研究生规模的不断扩大和社会需求的不断变化,硕士研究生的就业去向已更多地从教学、科研岗位转向实际工作部门。从世界研究生教育发展状况来看,硕士研究生教育基本是以面向实际应用为主,教学科研人才更多是来源于博士研究生。为促进我国研究生教育的更好发展,必须重新审视和定位我国硕士研究生的培养目标,进一步调整和优化硕士研究生的类型结构,逐渐将硕士研究生教育从以培养学术型人才为主向以培养应用型人才为主转变,实现研究生教育在规模、质量、结构、效益等方面的协调、可持续发展。

教育部等部门关于进一步加强高校实践育人工作的若干意见(教思政〔2012〕1号)

进入21世纪以来,高校实践育人工作得到进一步重视,内容不断丰富,形式不断拓展,取得了很大成绩,积累了宝贵经验,但是实践育人特别是实践教学依然是高校人才培养中的薄弱环节,与培养拔尖创新人才的要求还有差距。要切实改变重理论轻实践、重知识传授轻能力培养的观念,注重学思结合,注重知行统一,注重因材施教,以强化实践教学有关要求为重点,以创新实践育人方法途径为基础,以加强实践育人基地建设为依托,以加大实践育人经费投入为保障,积极调动整合社会各方面资源,形成实践育人合力,着力构建长效机制,努力推动高校实践育人工作取得新成效、开创新局面。

丛书编辑组织者

主编简介

隋平：北京大学法律硕士，香港城市大学法学博士，哈佛大学行为金融学博士后，曾经在北京德恒律师事务所从事律师工作，后在多家大型机构担任高层领导职务，长期致力于推动法学院模拟实务教学。

副主编简介

刘宽：北京大学法律硕士研究生，第 12 届北大法律硕士联合会主席。

甘凯云：北京大学法律硕士研究生，第 13 届北大法律硕士联合会主席。

作者简介

翟会敏

复旦大学哲学学士，北京大学法律硕士。曾任职于工银租赁航空事业部，操作过多个境内外飞机租赁业务，先后从事客户经理岗、法律实务岗、资产交易岗等工作；后加入兴业租赁航空事业部，任风险管理副总监，负责航空租赁业务项目审批、技术、租后管理等方面的工作。

致　　谢

为推动本丛书的编写,北大法律硕士联合会现任领导班子成员专门组织了编辑委员会,为本丛书的顺利编写提供了鼎力支持和帮助,在此对以下人员表示感谢!

刘　宽　刘　坦　高至人　冯钰宸　李雨宸

吴　梅　郭蓬勃　郭慧阳　罗艺欣　谢舒婷

吴昕颖　王红媛　卢　苑　刘思琪

此外,本丛书的编写得到众多目前工作在金融实务届和法律实务界的北大法律硕士毕业生们(名单如下)的热心帮助和支持,在此致谢!

庞世之	北大法律硕士	中国保监会
金姗姗	北大法律硕士	中国银监会
景　燕	北大法律硕士	中国证监会
孙　漪	北大法律硕士	中国人民银行
陈利强	北大法律硕士	上海证券交易所
张　炎	北大法律硕士	深圳证券交易所
毛剑锋	北大法律硕士	全国中小企业股份转让系统公司
庄海燕	北大法律硕士	北京金融资产交易所
张　浩	北大法律硕士	长城资产管理公司
蔡　鹏	北大法律硕士	信达资产管理公司
刘　涛	北大法律硕士	长城资产管理公司
段　凯	北大法律硕士	中债增信
周　健	北大法律硕士	中投证券
周　俊	北大法律硕士	中信证券
张润潮	北大法律硕士	光大证券

刘　斌　北大法律硕士　长城证券
何辛欣　北大法律硕士　海通证券
杨　娇　北大法律硕士　国泰君安证券
安　宁　北大法律硕士　东北证券
李　军　北大法律硕士　宏源证券
张　建　北大法律硕士　银河证券
黄亚颖　北大法律硕士　安信证券
龚利娟　北大法律硕士　民生证券
陈　波　北大法律硕士　东方证券
黄亚颖　北大法律硕士　安信证券
赵英华　北大法律硕士　西部证券
邢　凯　北大法律硕士　招商证券
倪　军　北大法律硕士　申银万国证券
潘天永　北大法律硕士　金元证券
邓安民　北大法律硕士　华安证券
章龙平　北大法律硕士　东吴证券
刘　敏　北大法律硕士　中国银行
杨　涛　北大法律硕士　中国工商银行
杨艺宁　北大法律硕士　中国工商银行
刘永利　北大法律硕士　兴业银行
王军宝　北大法律硕士　光大银行
戴华祥　北大法律硕士　中国农业银行
方　冰　北大法律硕士　徽商银行
范常涛　北大法律硕士　包商银行
邵　菲　北大法律硕士　国家开发银行
饶　杨　北大法律硕士　中国建设银行
刘晓棠　北大法律硕士　中国邮政储蓄银行
孙玉洁　北大法律硕士　昆仑银行
杨　第　北大法律硕士　中国交通银行
古　村　北大法律硕士　汇丰银行
张　硕　北大法律硕士　中信银行
吴志刚　北大法律硕士　浙商银行

李　森　北大法律硕士　阳光保险资产管理公司
李世涛　北大法律硕士　光大永明保险公司
申筱然　北大法律硕士　安邦保险公司
郭婧然　北大法律硕士　泰康保险公司
王　嵘　北大法律硕士　长城寿险
黄贤明　北大法律硕士　中融信托
吴　政　北大法律硕士　中信信托
康　顺　北大法律硕士　平安信托
王大伟　北大法律硕士　中粮信托
李　敢　北大法律硕士　苏州信托
杨　帆　北大法律硕士　陆家嘴信托
黄建华　北大法律所示　大业信托
周　慧　北大法律硕士　云南信托
冯　博　北大法律硕士　民生证券
李冠宇　北大法律硕士　国投信托
于　佳　北大法律硕士　北京信托
薛显志　北大法律硕士　新华信托
何世军　北大法律硕士　渤海信托
余祖丽　北大法律硕士　北京中盛律师事务所
林久初　北大法律硕士　北京金杜律师事务所
林海宁　北大法律硕士　北京天元律师事务所
郭　治　北大法律硕士　北京通商律师事务所
林海宁　北大法律硕士　北京金诚通达律师事务所
高　巍　北大法律硕士　北京中银律师事务所
金明浩　北大法律硕士　北京时代九和律师事务所

总　序

首先需要说明的是，本丛书中各书的作者主要是北京大学法学院法律硕士毕业生。我本人是 2001 级北大法律硕士。我们 2001 级北大法律硕士是北大法学院招收的第一届全日制本科专业为非法学的法律硕士研究生。我们毕业至今已经十年。在这十年里，我们经历了很多，也对法学院教学内容和方式有很多的思考。实际上，不只我们，后来毕业的师弟师妹们都有着和我一样的感受，甚至是目前在校的师弟师妹们也都渴望实务界的知识进入法学院的课堂。遗憾的是，这种渴望一直是渴望，因为法学院的教师们一直坐在法学院舒适的办公室里，并不了解我们这些实务界打拼的毕业生们具体在做什么，所以他们尽管也想把实务知识引进课堂，但由于不了解外面有什么样的实务知识，所以也就无法引进。

北大法律硕士从 2001 级开始，至今已经有十几届了。令我感到很自豪的是，这个群体非常优秀，在实务界发展得非常出色，很多人已经身居高层领导职位或者在本单位中是业务中坚力量。这个群体更值得称道的一个方面是，他们很团结，社会责任感很强，愿意帮助别人。北大法律硕士从我们这一届起就组织了北大法硕联合会，为北大法律硕士在校和毕业生提供服务。法律硕士联合会经常组织毕业生们的聚会，交流感情和工作经验，举行慈善募捐活动。此外，在法律硕士联合会的组织下，为师弟师妹们提供实习机会，甚至是工作机会成了北大法硕毕业生们一项经常性的活动。有感于课堂教育存在的局限性，我们北大法律硕士毕业生们从 2007 年开始就自发组织起来，经常为在校学生开办实务讲座,给他们提供实务知识,帮助他们了解学校围墙外面的世界。

2014年4月我们受北大法硕联合会时任主席刘宽的邀请,在北大法学院再次组织了一系列的金融实务讲座。很多同学感觉获益良多,但由于时间上的限制,我们的很多讲座没有展开,而且很多种类的业务也没有机会和师弟师妹们共享。鉴于此,有很多同学就问,是否有一些实务书可以推荐阅读?于是,这启发了我们组织已经毕业了的北大法律硕士毕业生们为北大法律硕士在校生编写一套实务丛书,把我们所了解到的业务操作知识告诉他们。这是一件很不容易的事情。要知道,在北京工作不是一件轻松的事情。尽管如此,很多人都愿意参与这个项目,在工作时间和休息时间中挤出时间来写书。

本丛书初衷是为北大法律硕士在校生而作,但也奉献给其他在校学生,特别是商学院、法学院这些实践性学科的在校学生和那些有志从事金融、法律职业的其他学科的在校生,帮助他们初步了解外面的世界。这套丛书为在校生们提供入门的知识,并不指望他们能够读了这些书而成为高手(当然,能成为更好),但确实希望能够帮助他们了解各种业务操作的基本知识,而不至于在实习时和工作初期面对工作一脸茫然,不知从何下手。通过阅读这些实务书,他们可以知道各种业务操作的流程,了解这些业务的核心问题和解决方案,明白相关文件如何制作。如此,他们就能够在实习时不会因为对业务一无所知而被冷落去打杂。并且,相比其他的实习生,他们会因为能够尽早上手做业务而在职位获取方面更有竞争优势。客观上来说,这些实务书籍如果能够在高校内推广,也会推动实务界专业水平的提高。我们期待最好的社会效果!

丛书主编　隋　平

2014年9月于金融街

《北京大学法律硕士实务丛书》序言

从2014年9月开始在燕园攻读法律硕士,不知不觉已经过去十八个月。这十八个月是自己学生生涯最为充实、也是课业最为繁重的一段日子。整个研一期间,我修了17门课程,而且绝大多数课程都是三个甚至四个课时。对于硕士研究生来说,这样的课程密度可能是绝无仅有的。但对于北大的法律硕士来说,这却是司空见惯。

作为无数学子心中的学术殿堂,北京大学对于全国各地的学生都有着无可比拟的吸引力。我相信绝大多数人从小便有一个北大梦,可现实是通过高考就实现了梦想的人毕竟是少数。不过让人欣慰的是很多学生并不因此就轻易地埋葬了自己的梦想:来到中国最好的法学院、攻读目前最热门的法律专业,成了很多本科生更为真切的目标。所以,每年各个高校的众多优秀学生都拼尽全力以求保送或考上北大法律硕士。以考研为例,自我国开始招收法律硕士以来,北大法学院的录取分数线一直稳居全国第一。就此我们可以想象竞争是多么的激烈,而能从中突围最后入读北大法硕的学生,其学习能力和精神毅力都算得上是出类拔萃的。

北大法学院也一直很注重对法律硕士的培养,尤其在学习方面的要求严格得近乎严苛。比如在课程安排上,因为北大法律硕士本科所学的都是法学以外的专业(北大法学院于2014年9月首次招收法学法硕,但人数很少,所以在一般观念中北大法硕主要指非法学法硕),为了夯实法律基础,北大法学院给研一学生安排了众多专业基础课程,意使法硕学生能通过一年的专业学习达到法学本科生四年的基础知识储备。这也就解释了为什么会出现我上文提到的一学年修17门课程的情况。除了量的积累，北大法学院对法硕学生的学习也有质的要求。如所有法硕专业课成绩及格线均为70分；挂科达到三门即强制退学等。根据这些情况，我们可以感受下北大法律硕士平时得在学习上花费多少精力、时间。当然，这也意味着北大法律硕士在法学领域的学术理论、文本知识上应该有着不错的造诣。

学以致用，再好的学理不能运用在实践中，也是水中月、镜中花。更何况国家招收、培养法律硕士的宗旨，就是以实务为导向，向立法、司法、行政执法与监督，以及经济管理等部门、行业输送高层次法律专业人才与管理人才。可以说衡量法律硕士是否合格，一个重要标准就是评断其在实务上取得的成就。所以，如何最高效地将在北大法学院学到的知识运用在现实的社会工作中，是北大法学院也是北大法律硕士一直探索的问题。

以隋平师兄为首的各级已毕业北大法硕师兄师姐，作为不同行业的杰出人士，整合自身多年的实务工作经验，不遗余力、煞费心血，终于编撰出《北京大学法律硕士实务丛书》。这套丛书是北大法硕人凭借扎实的法学理论功底，根据真实的工作经历，经过审慎的推敲，最后做到质而不俚、辩而不华才予以面世。《北京大学法律硕士实务丛书》既是北大法硕已毕业师兄师姐留给我们这些在校师弟师妹们的精神财富，更反映了北大法硕人薪火相传的伟大传统。所以，遇上这套书是我们的幸运，读好这套书是我们的责任。

北大法律硕士联合会现任主席　甘凯云

2015年1月16日于北大法律图书馆

执行主编序言

法律硕士在中国的发展可谓突飞猛进、一日千里。目前,一大批法律硕士出身的专业人才正活跃在中国立法、司法、律师、公证、审判、检察、监察、金融、经济管理等各个领域,他们依凭自己的专业知识、实践技能和法治信仰,为中国的法治进程贡献力量,为中国的市场经济添砖加瓦。

当然,法律硕士的发展与现状并不是只有成绩、没有遗憾。

作为专业硕士,法律硕士的对应概念是位列学术型硕士谱系的法学硕士。按照《关于设置法律专业硕士学位的报告》以及《关于开展法律硕士专业学位研究生试点工作的通知》这两个基本文件,法律专业硕士学位是具有特定法律职业背景的专业性学位,它以培养应用型高层次法律人才为培养目标,法律专业硕士与现行法学硕士在学位上处于同一层次,但规格不同、各有侧重,法律硕士专业要着力改变法学研究生教育尚存在的偏重学术性而对实务性注重不够,专业划分过细,培养规格单一的状况。由此,应用型、实务型、职业型是法律硕士区别于法学硕士的基本特征,这一特征决定了法律硕士的培养目标、培养计划和培养方式必须以实务为导向。

然而较为遗憾的是,当前各高等院校法律硕士的培养并没有很好地突出专业硕士的实务特色,而或多或少存在如下一些问题:(1)课程设置上借鉴法学本科,授课内容上参考法学硕士;(2)缺乏专职师资队伍,基本依靠学术型教师队伍;(3)教学方式仍以传统课堂讲授为主,案例教学、实践教学很少或基本没有;(4)学位论文选题偏重理论,较少关注司法实践问题的应用研究。对于这些问题更为通俗、形象的诠释来自法律硕士学生一种较为普遍的感受：学生如果积极主动一些、跟老师接触多一些、学术能力强一些，老师会按法学硕士培养；对于一般的学生，就像在读法学本科，中规中矩地上课、写论文、毕业。总之，学校里学不到实务技能。

之所以会产生法律硕士培养与实务导向背离的现象，是长期以来讲授式教学方式、缺乏具有实务经验的专职师资、未设置专门的实务课程体系和授课内容等多方面因素综合作用的结果。无怪乎一位泰斗级法学教授曾无奈地说过，给法律硕士上课不知道上什么。设立之初便以培养实务人才为目标的法律硕士，实际培养中却相去甚远，这对于每一位可能付出了非常多努力才读上法律硕士的学生来说无疑是一种悲哀。

问题需要解决，现状需要改变。北京大学法学院一直致力于探索法硕培养之道。经过十几年的发展，北大法学院逐步形成一套比较完整的培养模式，具体包括分方向培养、开设专业中高级课程、双导师制等。与此同时，作为在读法律硕士研究生自治组织和已毕业法律硕士校友联谊组织的北京大学法律硕士联合会，也通过举办法律硕士成长成才论坛、未名金融实务论坛、协办职业发展训练营等多种形式提升法律硕士实务能力。

编写《北京大学法律硕士实务丛书》是北京大学法律硕士联合会为切实帮助法律硕士提高自身实务能力进行的又一努力，通过邀请法律硕士出身的各行业杰出人士就所在领域的业务实务进行系统、全面、深入浅出的讲解，希望能够向在读的法律硕士研究生传递实务知识和业务操作经验。丛书撰稿人均为所在领域经验丰富的代表人士，他们都将自己多年积累下来的实务经验在书中毫无保留地倾囊相授。本套丛书能够顺利出版，要特别感谢2001级北大法律硕士毕业生隋平师兄，隋平师兄承担了选题、联系作者、审稿等大量任务，没有他不知疲倦的付出和不遗余力的支持，这套丛书是难以呈现在读者面前的。

此套丛书也是北大法律硕士联合会从自身的需求出发，在历届师兄、师姐们的帮助下自发进行的一次尝试，是一个法律硕士培养方案的“民间版本”，希望能够为法律硕士培养方案的版本提供一些思路和经验。

第12届北京大学法律硕士联合会主席　刘　宽

2014年10月1日于北大万柳学区

序　言

时光荏苒，岁月如歌。今受隋平师兄之托为书作序，方觉自己毕业已数载，校园种种依稀就在昨日。数月前，闻知隋平师兄有编书之意，当即深感此事甚好，很有意义。反观自己在新三板市场工作多年，日积有余，岁积不足，未有所著，自叹弗如。而今作序，聊表对师兄主编丛书之敬佩，对后来人之寄托。

这套丛书汇聚了奋战在市场和业务一线朋友们的实践经验和聪明智慧，我认为至少在两个方面特别能够对同学们有所启迪：

其一，专注于为在校学生提供实务指导。一方面，现在实务类书籍林林总总、不计其数，但很多是为已经步入职场的人们服务，对在校学生针对性不强；另一方面，很多同学虽然也利用暑期等业余时间实习，但往往时间短、事务杂、边缘化，核心业务未接触、实习期限已结束，难以获得系统性的实务帮助。一头是意气风发的学生，一头是热火朝天的职场，中间隔着的确是碧海蓝天。怎么才能跨过去拥抱你们梦寐以求的事业，实现你们心比天高的理想？这套丛书就是要送你一条船、一双桨、一道帆，给你们多一些指导，让你们少一些阵痛，针对性很强，实用性很强。

其二，关注对金融市场提供实务说明。金融市场是充满魅力和机会的市场，像巨大的磁石，吸引着一批批应届毕业生前赴后继。这套丛书介绍了金融市场的诸多方面，有助于在校学生们系统了解和掌握金融市场。就新三板市场而言，2006 年国务院批准中关村园区进入股份报价转让试点，到 2011 年只有几十家挂牌公司，挂牌公司股东不能超过 200

人,股份只允许协议转让,交易清淡,融资功能有限,市场规模小,市场关注少,挂牌公司、投资者、中介机构参与的热情都不高,社会各界对市场都不太了解。但就是这个在当时看起来名不见经传、在证券行业不起眼的一个探索,经过经验积累,经国务院批准,2012 年 7 月试点扩大至武汉东湖、天津滨海、上海张江等四个园区,2013 年国务院又专门出台《关于全国中小企业股份转让系统有关问题的决定》,将市场覆盖范围进一步扩大到全国,支持创新、创业、成长型企业发展。市场进入快速发展期,目前挂牌企业已达 1000 多家,市值总计 1300 多亿元,覆盖 17 个行业、28 个省份。市场功能不断完善,股票融资次数和规模大幅增长,机构参与程度日益增高;股权质押、知识产权质押融资逐渐增多;并购重组日趋活跃;做市交易平稳起步。市场各方积极参与,证监会、全国股份转让系统公司制定各项政策规则支持市场发展,各地政府出台各项优惠措施鼓励企业挂牌,主办券商等中介机构积极开拓市场,公司挂牌积极性明显提升。总体来说,新三板市场对经济结构调整和转型升级的支持作用初显成效。这套丛书关于新三板市场的内容丰富,许多见解精辟独到,值得研读,值得玩味。

少年智则国智,少年强则国强。希望这套丛书能为师弟、师妹们增智图强以帮助。

第 5 届北大法律硕士联合会主席　毛剑锋

2014 年 10 月于北京金融街金阳大厦

致“金融派”的新生代

最近，经常会有人问我这样的问题：“你不是学法律吗？那为什么不愿意去律所和法院呢？”“学法律的在金融公司能做些什么啊？”“你现在在券商实习做的事和律师有区别吗？”

每次我都会回答：“因为我喜欢啊，其实金融行业也需要很多法律人才的，做的事嘛，券商比律所做的尽调要更全面……”我知道，这样泛泛地回答并不能释明对方的疑惑，因为甚至连我自己对即将迈入的行业以及未来职业规划都不是那么的明晰和笃定，一切的决定，似乎都是出于一腔热血和激情。

但是，这样一个占据行业链顶端、吸引着全球顶尖人才争相进入、改变着世界经济面貌的行业，不正是因为这样的热血激荡才不断生长繁衍的吗！

我是一名“90后”，在即将到来的2015年中，又会有一批我的同龄人将离开校园、迈入职场，开始书写属于我们新生代的华彩篇章。而当下，随着前不久《证券法》的修改，新一轮资本市场改革已进入纵深化发展，可以预见，未来的金融行业必将大有作为，与国际接轨的步伐也会大大加快。

说来也巧，“90后”的成长轨迹与我国资本市场的发展竟十分一致，就如同一对双生花，互相见证着对方从稚嫩到成熟的蜕变。1990年，当我们刚刚落地、嗷嗷待哺时，上海、深圳两家证券交易所开始营业，资本市场雏形渐成；1992年，当我们开始蹒跚学步时，证监会成立了，我国开始有了统一的市场监管框架；1997年，当我们刚进入校园开始十年寒窗路时，《证券法》开始实施，从此资本市场有了统一的法律规范;2004 年、2005 年,当我们迈入高中为人生第一次“战役”奋斗时,《国九条》、股权分置改革出台,大大拓展了资本市场的深度和广度、将资本市场的发展提升到了国民经济的战略高度……如今,我们即将迎来继高考后又一次的人生转折点,但与之前不同的是,这一次,我们会亲身参与到资本市场的这一轮改革新浪潮,体会它、认识它,甚至改变它。

进入券商实习于我而言是一次偶然的邂逅,在此之前,我一直徘徊于律所、法院、企业法务中,做着一些说不上喜欢也说不上讨厌的工作,正是因为毫无感觉,所以更加不确定未来的发展方向。一直到隋平师兄有一天跟我说:“为什么不去投行试试呢?你肯定会喜欢的。”我很讶异这一建议,因为我一直对自己进入金融业,尤其是投行这种被广泛认知为高大上、非名校 MBA 不得进入的行业是没有信心,甚至是不敢奢望的。就个人素质而言,我在北大这种最高学府也不是出类拔萃的,将近六年时间没有接触过数学,会计、审计等财务知识更是一窍不通,除早早地通过司法考试,貌似没有其他明显的优势了。但隋平师兄的一席话打消了我的顾虑:“没有基础不要紧,大家都是从什么都不会开始的。不懂投行业务也不要紧,求职前多攻读一些实务类书籍,入门并不难。”

此后几个月,我抱着“头悬梁,锥刺股”的心理准备开始了“啃书虫”的生活。从 IPO 实务操作、到企业并购重组、再到最近很火的新三板实务,通读了几本之后,我的心里很快就踏实了。因为我发现,金融业,并不完全是充满着艰涩的数学模型和计算公式的,尤其是对于投行业务而言,相当一部分业务内容是辅导项目公司的合规化治理,而这些对于学了几年法律的我来说并不陌生,看书的过程实际就是将以往的知识储备进行整合而已。后来进入券商投行部实习,凭借从书上获取的知识,虽然冒充不了内行,但也不会让前辈和合作的律师产生“这小孩什么也不懂也来投行实习”的感觉,有时候也能就项目过程中遇到的问题与他们进行激烈的探讨。

阅读实务类书籍带给我最大的感受是,我能清晰地在脑海中构建起整个项目的流程图:一个项目的完成有哪几个阶段;每个阶段的具体内容、大概时间、参与机构;监管部门的审查重点;公司与中介机构应对审查的规范化措施等。在很长的一段时间内,我之所以对投行望而生畏,原因就在于我一直都不清楚投行具体是做什么的,再加上大众、媒体对它的渲染和吹捧,不由得我不发怵。但是,一件事物,一旦刺破了它神秘的外纱,它立刻就会变得亲近、接地气了。隋平师兄的这套丛书,也许就能起到“刺破投行面纱”的作用。

如果说读书是给一幅图画勾勒了轮廓,那么实战就是给这幅画描绘细节、填充色彩。在实习过程中，我不止一次发现，我明明已经发现了问题，但是却不知如何解决，书本并没有给我提供一个现成的答案。当然，这也正是投行业务的魅力：每个项目公司都有自身特点和问题，你参与的项目越多、越见多识广，就越能累积可贵的经验、提升工作的能力。这也许也正是我愿意义无反顾投身于这个行业的原因吧，即使我会为此牺牲掉许多的个人生活（业界传说的"投行女难嫁"）和身体健康（高强度工作是投行一贯的风格）——试问：世上又有几份工作能像投行这样，能让你深入各行各业、接触不同风格的精英、遇到接踵而至的挑战，并能在短短几年内就实现素质、能力的飞速提升呢？

投行是个需要复合型人才的地方，我深知自身的不足，需要学习的地方还太多太多。但我内心也为此激动地期待着，期待着见证自己在未来的成长和蜕变，在这个行业，我的未来有无数的可能性，让我忍不住去探寻。

说了这么多，似乎有负于隋平师兄让我写序的重托，实在惭愧。师兄可以说是我人生的一个导师，在我迷茫的时候给我指出了一条崭新的道路，他给我提出的很多建议我也都一一采纳，并收到了很好的效果。师兄给我列出的实务类书单中，有他本人著作，也有他经过大浪淘沙后筛选出的适合初学者、可读性较强的书籍，但由于数量太多、内容也较为分散，迄今为止我仍未能全部读完，颇为遗憾。此套丛书出版，于我而言实乃一大幸事，因为不用再纠结如何在众多实务类书籍中作出取舍，这样一套书籍，足以帮助我重新理清知识体系并补充新的知识储备。师兄已出版多本实务类畅销著作，其一直以来的梦想就是出版一套适合学生进入金融职场的实务类丛书，如今终于得偿所愿，实在是可喜可贺！希望更多对金融业有兴趣、愿意投身于此行业的"新生代"朋友们能通过此套丛书实现自身的目标和愿望！

2012 级北京大学法律硕士

国泰君安证券投资银行部实习生　谢舒婷

2014 年 9 月 14 日于北大万柳学区

本书序言

进入航空租赁业有诸多巧合，如第一家企业的应届生招聘面试环节，与北京市公务员考试冲突，作为法律专业毕业生，法院系统考试肯定是优先的，老东家极其友善地对没能参加面试的同学增加了一场，从而使我有机会加入租赁行业。

多年读书生涯，即便在研究生阶段熟读各类法条，但2010年对于融资租赁业务的所有认识仅限于《合同法》中的融资租赁那一章。而进入航空租赁业又是极其巧合，部门老板是一个外来的"洋和尚"香港人（也是业内元老级人物）。在飞机租赁和融资业多年摸爬滚打的他，对于部门员工的录用也有非常苛刻的要求，也许是我那还算优秀的教育背景让老板觉得我可能是一个能干活、智商还可以的人。误打误撞，就进入了飞机租赁行业。

2007年，银监会批准了第一批银行系的金融租赁公司，2010年批准了金融租赁公司在天津东疆保税港区设立特殊目的公司SPV来开展飞机租赁业务。强有力的股东背景和政策支持，使多年来由境外飞机租赁公司垄断的国内飞机租赁行业开始成长。

从最初的人民币融资租赁业务，到购买境外飞机租赁公司的带租约的资产包，到美元经营租赁业务并独立批量采购飞机，国内的飞机租赁公司在政策的指引下，锐意创新、不断开拓国内、国际两个市场，不断创新交易模式，为国内航空运输业的发展贡献了一份力量，同时也在国际市场上交出了一份漂亮的答卷。

任何行业的发展都不是一帆风顺的。从2018年以来，欧洲的航空公司不断出现破产风波,从任何人都觉得“不会死”的意大利航空,到全球知名的廉价航空柏林航空,从有中国元素的塞浦路斯 Cobalt 宣布停业,到近期拥有 50 多架飞机的巴西 avianca 公司破产,这些航空公司有廉价航空公司,也有全服务航空,有的来自欧洲有的来自南美,它们不约而同地都给国内从事飞机租赁业务的公司敲了一个警钟:起风时猪也能飞,潮水退了之后谁在裸泳?

飞机租赁行业不仅仅是简单的金融业务,更重要的是对租赁物飞机的专业把握。飞机作为流通性、保值性较好的美元资产,在全球有较强的流通性。由于其经济寿命通常在 20 年以上,新飞机的第一租期通常在 10 ~ 12 年之间,如何在第二租期顺利实现投资收益成为租赁公司关注的重点。

2007 年到 2017 年,飞机租赁行业经历了前所未有的发展。国内飞机租赁企业经过十多年的发展,已经认识到全生命周期、全产业链的重要性,如何在飞机退租后顺利实现二租?如何在承租人发生违约后及时取回飞机并处置?如何甄别国际市场上的客户并防控风险?这些问题需要我们思考。

从事飞机租赁行业 9 年多,在众多的“老租赁人”面前仍然是新兵,在技术、法律等专业人士面前更显“菜鸟”。这个 10 年我将继续和飞机租赁行业共成长。

翟会敏

2019 年 3 月 15 日

目　录

第一章　航空租赁概述

第一节　航空租赁发展史和国际航空租赁发展概况

一、国际航空租赁起源

飞机制造业和航空运输业是对国家经济有巨大影响的行业，也是资金密集型行业。目前一架空客公司生产的A320ceo系列飞机2018年目录价格大约在1.10亿美元左右，一架波音公司生产的B737－8max系列飞机2018年目录价格大约在1.17亿美元左右。①

飞机制造业也在第二次世界大战后有了长足的发展。老牌飞机制造商波音，后起之秀空客，以及支线飞机领域的庞巴迪和巴航工业也都卯足了劲开发新产品，交付新飞机。飞机制造业和航空运输业的持续发展成为航空租赁业的孵化器。航空租赁业的开始源于航空运输业中的一个偶然事件。

爱尔兰的Aer Lingus航空是爱尔兰的载旗航空公司，同时也是国内第二大的航空公司，排名第一的航空公司为知名的廉价航空瑞安航空。Aer Lingus最初由爱尔兰政府设立，后来从2006年到2015年间逐步私有化，目前已经成为IAG国际航空运输集团的全资子公司，和英国航空、伊比利亚航空等同属一个航空集团。

Aer Lingus始建于1936年，最初注册资本金只有10万欧元，运营的第一架飞机为仅有六个座位的哈维兰德生产的

---

① 资料来源：波音和空客。

DH. 84。第二次世界大战后 Aer Lingus 逐步恢复运营，在欧洲逐步开拓布鲁塞尔、罗马、巴黎等航线，并于 1958 年开拓了第一条跨洋航线，从香依到纽约的航线，以后又逐渐开拓了到加拿大、美国其他城市的航线。在跨越大洋航线上，Aer Lingus 使用的是波音 B720 飞机，该机型在跨洋航线上非常成功。

该公司的股份在 1966 年全部收归爱尔兰财政部所有，随着波音 B737 被应用在欧洲内部城市航线上，1967 年，已服役于 Aer Lingus30 年的总经理 J. F. Dempsy 博士签下了两架波音 B747 的飞机订单，准备用于跨洋航线。

波音 747 飞机是 20 世纪 60 年代全球航空运输业迅速发展刺激下的产物。最初美国空军要求波音、道格拉斯、洛克希德等公司设计更大、经济性更好的军用飞机，几家飞机制造商便开始设计以四发飞机为主要特征的大型飞机。民用航空运输领域，波音 707 飞机和道格拉斯 DC－8 在长航航线上占据主流地位，波音虽然丢掉了美国空军的单子，但是却获得了泛美航空的青睐。

由于旅客量激增，在航线时刻无法再增加的前提下，泛美航空向波音公司要求生产更大的飞机，至少要比波音 707 大一倍才能满足市场需求，波音开始研制 747 飞机。为了防止旅客运输量的减少，747 飞机还要具备支持集装箱大型货运的功能。

波音 747 飞机是全球第一款民用的宽体客机，有“珍宝客机”和“空中女王”的美誉，也是世界上最容易识别的飞机之一。最初的 747－100 飞机三舱布局可容纳 366 名旅客，747－400 级 747－400ER 三舱布局可以容纳 416 名乘客，是名副其实的空中巨无霸，为跨洋远程航线提供了长航程、大容量的飞行器。

从 1966 年开始，泛美航空订购了 25 架波音 747 飞机，在波音的 50 年纪念日上成为 747 的全球首发用户。随后 Aer Lingus 也在 1967 年订购了两架波音 747 飞机，希望借助波音 747 飞机进一步开拓美洲市场。

航空运输业在更大的航空器的支持下，本以为要迎来欣欣向荣的大发展，可 20 世纪 70 年代发生的诸多空难，使世界航空业进入了下行的周期。

1970 年 7 月，英国 Danair 一架彗星式客机于西班牙坠毁，112 人遇难。

1971 年 7 月，日本全日空一架波音 727 飞机在本国上空与自卫队飞机发生碰撞，客机上 162 人全部遇难。

1972 年 6 月，美国西方航空在飞往盐湖城途中与一架美军战斗机相撞，机上 49 人全部遇难。

1972 年 6 月，香港国泰航空一架飞机在越南上空被预先藏在飞机上的炸弹引爆坠毁，81 人遇难。

1972 年 12 月，美国东方航空一架飞机坠落在迈阿密沼泽中，造成 101 名人员伤亡。

1973 年 1 月,约旦皇家航空一架波音 707 客机坠毁于尼日利亚,176 人罹难。

1974 年 3 月,土耳其航空一架 DC－10 飞机在巴黎附近舱压失控,346 人遇难。

1974 年 4 月,泛美航空一架飞机在印尼坠毁,机上全体 107 人罹难。

1977 年 3 月,发生了史上最大的空难“特内里费空难”,一架来自泛美航空的波音 747 飞机和一架来自荷兰航空的 747 飞机在西班牙北非海外自治属地发生跑道相撞事件,两架大型客机载满航油和旅客,共有 583 人丧生,其中荷航上的 257 人全部遇难,泛美航空有 61 名乘客生还。

上述空难的频繁发生,夹杂着恐怖活动和飞机技术上的不稳定性,使旅客量锐减,同时也使飞机在安全保障和国际保险市场的保费急剧上升,航空公司一方面收入减少,另一方面支出大幅增加。在保费支出方面,频繁发生的空难使保险公司面临高额的赔偿,航空公司投保的“机身零部件一切险”“机身战争险”“航空公司责任险”等主要险种的费率也会上升。对于航空公司来说,保费上升带来的成本增加很难转嫁到乘客身上。

1973 年石油危机的爆发,又让整个航空业雪上加霜。第一次石油危机从 1973 年延续到 1974 年,由于 1973 年 10 月爆发第四次中东战争,石油输出国组织 OPEC 的阿拉伯成员国为了打击以色列及支持以色列的国家,宣布石油禁运、暂停出口,造成油价恐慌性上涨。原油价格从当时的每桶 3 美元上调到每桶 10. 65 美元,上涨了两倍。在航空运输企业中,航油成本约占 40% 左右的总成本,持续 3 年的石油危机对于航空运输业来说是致命的,此外本次石油危机也引发了发达国家的整体经济衰退,通过航空出行的人数也急剧下降。

Aer Lingus 航空作为爱尔兰的载旗航空,一直以来依赖旅游业,并依赖欧洲大陆的客源,海洋性温带阔叶林气候让爱尔兰夏天凉爽,其他季节阴冷潮湿,从而使航空运输业有极为突出的淡季和旺季,且淡季时间长。如何使淡季的飞机飞起来,并产生现金流是他们一直以来所关注的。从 20 世纪 60 年代中期开始,Aer Lingus 陆续开始同位于大洋彼岸的美国和中东枢纽地区的航空公司签署冬季飞机租赁协议,以短租的方式解决飞机利用率的问题。

此外 Aer Lingus 还在 1967 年订购了两架当时世界上载重量最大的飞机 B747 飞机,但飞机在 1971 年交付时,基本成了该公司的负担。欧洲本土其他航空公司陆续引进新飞机,开通了跨大西洋航线,引起跨洋航线过剩的问题,此外爱尔兰从地理位置、人口数量等都不足以支持与其他航空公司进行有力的竞争。石油危机也使预期的乘客增长成为泡影,泛美航空由于执行大批量的 747 飞机订单,加之经营不善,此后一蹶不振。波音公司也受损严重,从1972年到1976年,每年747的订单只有20架。Aer Lingus 面对这两个新的庞然大物,希望能尽快租给别人,不仅仅在淡季。

后来成为欧洲最大的廉价航空瑞安航空的创始人之一的托尼瑞安(Tony Ryan),加入了 AerLingus 公司,并承担起将这两架 747 出租出去的重任。在全球航空业萎靡不振的情况下,马来西亚和东南亚的航空运输市场开始蓬勃发展。随着该地区的工业化快速发展和多架航空公司的逐步完善,航空客运和货运市场将迎来发展。Tony Ryan 跑遍了全世界大部分航空公司,得到的反馈基本是拒绝。

Tony Ryan 后来来到泰国,最大的载旗航空公司泰国航空有足够的经济实力可以自己直接下订单,而新成立的 Air Siam 是 1965 年由 Varanand 王子成立的一家新公司。从 1970 年开始运营道格拉斯的 DC－4 飞机来飞曼谷到中国香港地区的航线,后来使用 DC－8 执飞到火奴鲁鲁、东京、洛杉矶等地的航线。进一步用更大的飞机来开拓更远的航线的 Air Siam 与 Air Lingus 找到了契合点,Tony Ryan 经过不少挫折,成功将两架波音 747 飞机租给了 Air Siam。第一架的起租时间为 1973 年 9 月 28 日,飞机国籍注册号为 HS-VGB,第二架飞机的起租时间为 1975 年 4 月 18 日,飞机注册号为 HS-VGF,至今我们仍能从 Air Siam 官网的机队信息和历史中看到如下信息:

HS-VGB Boeing 747-148 28.Sep 1973 EI-ASI Aer Lingus
HS-VGF Boeing 747-148 18.Apr 1975 EI-ASJ Aer Lingus

这也成了航空租赁业的起源。

二、国际航空租赁发展情况

航空租赁业与航空运输业的发展呈线性关系。航空运输业具有国际性、资金、技术和风险密集等特征,全球经济一体化、经济贸易的持续增长,为全球的航空运输业创造了发展的良好环境。航空运输业又受限于飞机制造技术的发展,同时深受地缘政治、国际油价的影响。

1918 年航空运输首次出现,航线为纽约—华盛顿—芝加哥。第一次世界大战以后,美国利用战后的飞机逐步用来运输航空邮件,在此同时欧洲也开始了航空邮件运输,但一直到第二次世界大战之前,航空运输业一直都是处于初级阶段。第二次世界大战以后,军机制造商逐步设计、生产适用于民用领域的运输飞机,尤其是喷气飞机的出现,飞机的速度、高度、业载等技术有了明显进步,飞机的安全系数有了显著提升,使航空客运成为可能。随着第二次世界大战后全球经济复苏,航空运输业也开始了迅速发展的势头。

美国作为老牌的飞机制造业强国,率先在1958年研制出了波音707喷气式客机,并投入运营,极大地刺激了航空运输业的发展。得益于美国广阔的领土,美国国内航空公司遍地开花。而欧洲各国国内市场相对狭小,整个欧洲航空运输市场航线分割严重,各国政府又不遗余力地支持本国载旗航空公司,使欧洲市场相对缺乏竞争。

美国在1978年率先开始了航空公司完全的市场进入和定价自由,让市场竞争来决定航空运输服务的价格、种类、质量,将航空运输业的自由化从国内逐渐扩展到其他主要的航空运输国家和地区。欧洲随后在1987年、1990年、1992年有步骤、分阶段地完成了欧盟内部的航空公司定价自主权。

随着全球主要航空运输地区和大国放松管制,市场逐渐发挥作用,竞争使行业逐渐调整和优化网线网络,航空公司也出现大、小联合,代码共享等合作方式来提升中枢轮辐和支线客源的有效配合。

此外,1990年开始,航空运输业出现新的“低成本”模式,这种以单一机型、使用二线机场、额外机上服务付费模式等全流程的成本控制方法,使商务出行以外的更多的人有能力乘坐飞机,以美西南航空为代表的低成本模式兴起。

与此同时,旅客运输量也逐年上升。根据空客数据显示,旅客运输量与全球GDP的发展呈正相关关系。由于全球经济危机的影响,2008年到2009年全球GDP开始下滑,并到达2009年的最低点－4%,航空运输业也深受影响,一路下滑,呈负增长态势;从2009年开始,全球经济开始复苏,并在2010年全球GDP恢复到大约4%的增长水平,2010年到2016年航空运输业在全球GDP快速发展的大前提下,呈现8%的年增长率,如图1－1所示。

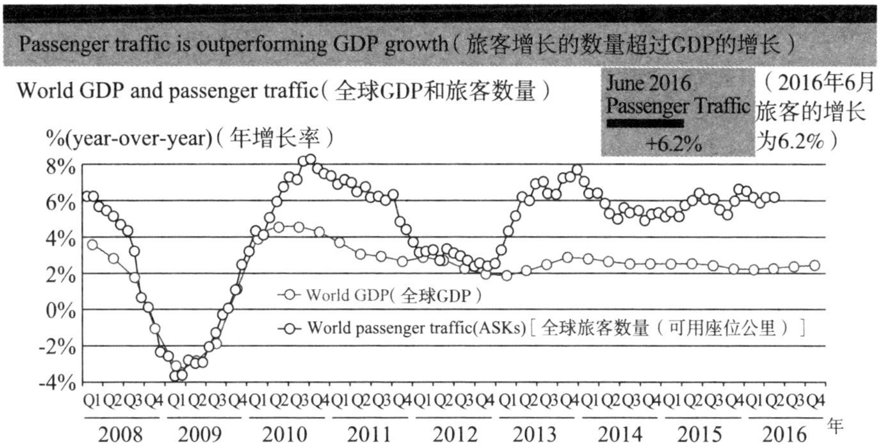

图1－1 航空旅客运量增长

资料来源:空客2016年全球预测。

1946 年,全球航空旅客运输量为 1800 万人次,而根据国际民用航空组织(ICAO)2018 年发布的数据显示,2017 年航空业定期航班载客量达 41 亿人次,较 2016 年上升了 7.1%。

在未来的 20 年,全球航空旅客每年增长约 5%,亚太地区则增长约 6%。交付运往全球和亚太地区的新飞机预计分别超过 3.9 万架和 1.5 万架,价值总额分别超过 5.9 万亿美元和 2.4 万亿美元,当中内地航空公司所需的新飞机,预估占亚太地区 40% 以上。图 1-2 为 2017 年国际定期航班旅客运输量增长情况,其中拉美地区增速最快,为 10%,其次为亚太地区,增速为 9.6%,非洲地区增速为 7.6%,如图 1-2 所示。

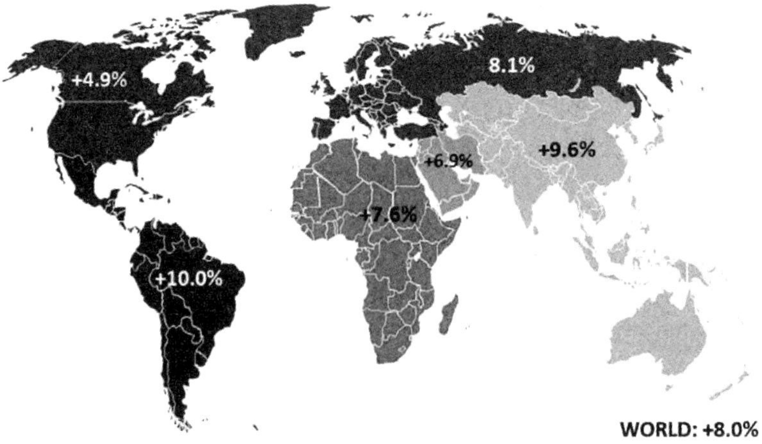

图 1-2　空客 2016 年全球运量预测

资料来源:空客 2016 年全球预测。

从 Air Lingus 的两架波音 747 飞机开始,国际航空租赁市场正式发芽,并在全球慢慢成长起来。飞机租赁市场持续高速增长。据波音公司数据显示,1980 年全球飞机机队规模为 6037 架,经营租赁飞机规模达到 100 架,租赁渗透率仅为 1.7%;到 2017 年,全球飞机机队规模已达 23,400 架,通过出租人租赁给航空公司的飞机达 10,000 架,租赁渗透率为 43%,其中经营租赁约为 18%,融资租赁约占 25%。37 年间全球机队数量增长了 3.87 倍,而租赁的渗透率增长率约为 25 倍,如图 1-3 所示。

飞机租赁市场的快速增长,主要受益于两个方面:一是长期经济增长带来资本的极大丰富,大量资本需要寻找长期稳定的投资回报,而飞机是流动性最好、价值最高的资本投资品;二是航空公司的低利润率和高盈利波动,使航空公司难以依赖自身资本筹集来扩张机队。飞机租赁有效结合了这两方面的需求。

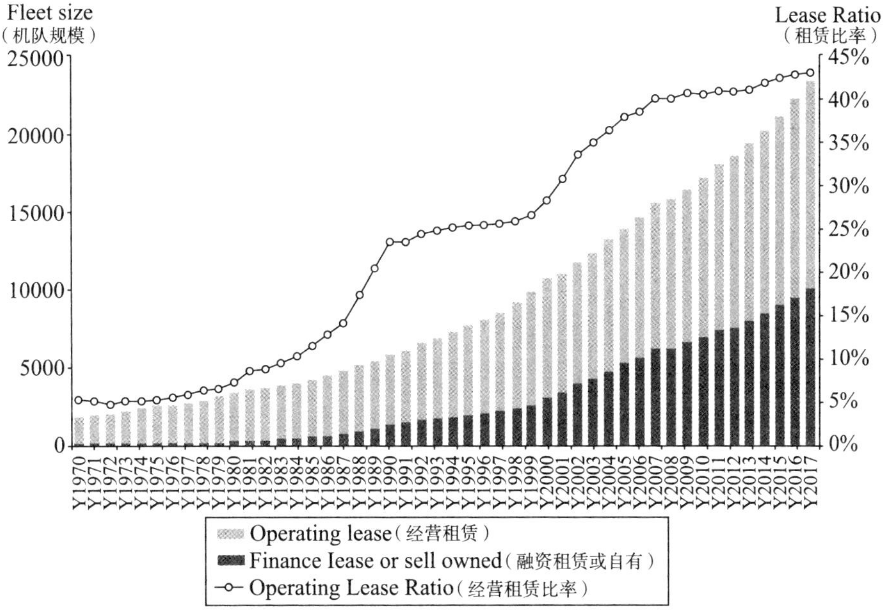

图1-3　飞机租赁市场示意

资料来源:空客公司。

飞机资产自身具有单价高、流通性好、保值性较好等特征,从航空公司角度来看,由于其价值昂贵,自购方式投入巨大、占用较多现金流,从全球来看大约三分之一机队通过自购取得,三分之一通过银行贷款,另外三分之一通过租赁方式引进。面对这样巨大的市场,租赁公司以全球航空运输业为市场,稳步发展。根据国际航空运输协会(IATA)2017年发布的"20年航空客运预测",未来20年内,全球航空客运市场仍将维持3.6%的复合增长率,到2036年,全球航空客运量将达到78亿人次/年,接近目前全球客运量的两倍。

目前,全球最大的两家租赁公司为GE集团板块的GE Capital Aviation Services(GECAS)和AerCap租赁公司,两家拥有和管理的机队占全球租赁市场的21%,机队规模均超过1000架,如图1-4所示。其中,GECAS是目前全球最大的航空租赁公司,提供飞机租赁、发动机租赁、资产管理、飞机咨询服务等,机队方面目前拥有1970架飞机,客户分布在全球75个国家的270家航空公司。AerCap是一家在纽约上市的飞机租赁公司,根据公司公布的2017年财报显示,截至2017年12月31日,公司拥有980架飞机,管理113架飞机,机队总规模为1093架。两家公司还分别拥有大批量的飞机订单。

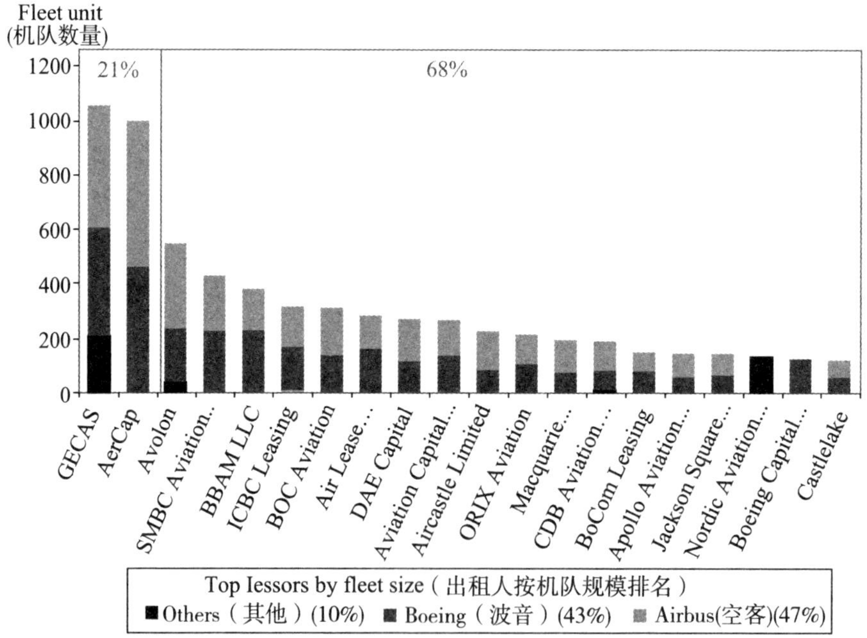

图1-4　两大租赁公司的市场占有份额

此外被海航集团收购的Avolon、SMBC飞机租赁公司(被日本三井住友集团收购的原苏格兰皇家银行飞机租赁公司)等机队规模在500架次以上。国内租赁公司包括工银租赁以及中国银行全资子公司中银航空租赁等机队规模也在400架左右,在全球航空租赁业中机队规模和资产规模排名前十。根据航升2018年发布的截至2017年底全球飞机租赁公司机队规模、资产规模情况,具体如表1-1所示。

表1-1　全球前20大飞机租赁公司机队情况

2017年Rank(排名)	2016年Rank(排名)	Lessor(出租人)	Total fleet value(机队价值)			Average Value(平均价值)		Managed Only(管理的飞机情况)	
			$ m	Change	Total fleet	$ m	Change	$ m	% of Fleet
1	(1)	AerCap	31,944	2.4%	1076	29.7	5.5%	1.743	5.5%
2	(2)	GECAS	25.760	-5.5%	1324	19.5	-0.8%	2.090	8.1%

续表

2017年 Rank（排名）	2016年 Rank（排名）	Lessor（出租人）	Total fleet value（机队价值）			Average Value（平均价值）		Managed Only（管理的飞机情况）	
			$ m	Change	Total fleet	$ m	Change	$ m	% of Fleet
3	(8)	Avolon	19.038	68.6%	585	32.5	-19.9%	572	3.0%
4	(3)	SMBC Aviation Capital	15.808	2.4%	450	35.1	3.8%	2.023	12.8%
5	(4)	BBAM LLC	15.523	1.2%	324	47.9	1.5%	12.986	83.7%
6	(5)	ICBC Leasing	13.931	3.2%	323	43.1	-5.1%	1.011	7.3%
7	(7)	BOC Aviation	13.890	19.3%	326	42.6	5.0%	993	7.1%
8	(6)	Air Lease	12.896	9.6%	293	44.0	2.5%	1.572	12.2%
9	(20)	DAE Capital	10.536	200.7%	349	30.2	-25.9%	603	5.7%
10	(10)	Aviation Capital Group	7340	1.1%	273	26.9	0.0%	635	8.7%
11	(13)	CDB Aviation Lease Finanoe	6.915	11.0%	198	34.9	-4.1%	0	0.0%
12	(17)	BoCom Leasing	6.671	29.5%	165	40.4	-2.7%	73	1.1%
13	(12)	Jackson Square Aviation	6.305	0.7%	152	41.5	-4.6%	0	0.0%
14	(18)	ORIX Aviation	6.219	41.7%	227	27.4	2.4%	1.131	18.2%
15	(15)	Nordic Aviation Capital	5.865	7.0%	416	14.1	-1.2%	1.281	21.8%
16	(16)	Macquarie AirFinance	4.955	-7.8%	204	24.3	-6.9%	63	1.3%
17	(19)	Standard CHartered Aviation Finance	4.913	15.4%	136	36.1	-1.6%	119	2.4%
18	(14)	Aircastle	4.659	-21.5%	191	24.4	-13.7%	0	0.0%
19	(27)	Goshawk	3.668	47.7%	93	39.4	14.3%	0	0.0%
20	(22)	China Aircraft Leasing	3.593	24.1%	103	34.9	-1.2%	141	3.9%

资料来源：ASCEND（航升）发布的2017年航空租赁企业排名。

从表1-1可见，AerCap和GECAS两家巨头飞机租赁公司，机队规模和市场价值远超其他租赁公司。其中排名第三的Avolon公司2017年与2016年相比，机队规模、市场价值和排名等变化较大，机队增长了68.6%，排名也由原来的第八位上升到第三位。该公司2010年成立，在2014年12月于纽约上市，2016年被海航集团的渤海金控收购了全部股权，公司成为渤海金控的全资子公司，并与海航集团旗下原来的香港飞机租赁有限公司合并。此后，又陆续通过购买GECAS资产包、收购CIT集团的飞机租赁业务板块等操作，成为全球第四名的飞机租赁公司。

同时,由于该表仅统计了已交付飞机数量,中资租赁公司工银租赁以323架的规模排名第六,中国银行的飞机租赁公司排名第七。

从飞机租赁公司排名的变动中可见,大部分飞机租赁公司的业务发展保持了稳步的增速,但有些租赁公司的名字已经消失,有些租赁公司的市场价值和机队规模增长迅速,主要原因与近几年市场上的整合有关。

第二节 国内航空租赁发展概况

一、情况介绍

我国航空租赁发展与国际航空租赁业相比,起步较晚,过去一直是外资租赁公司垄断国内航空租赁市场。自2007年《金融租赁公司管理办法》(已失效)出台,一批银行系租赁公司成立,我国的金融租赁迎来了发展,航空租赁也成为金融租赁公司的重要业务板块,成为继银行、保险、证券、信托之后另一重要金融分支领域。相比GECAS、AerCap等老牌国际租赁公司,我国从事航空租赁的企业数量较少、时间较短、业务模式较为单一,尚未形成成熟的产业链条和行业分工,如表1-2所示。

表1-2 全国金融租赁企业10强(以注册资本金为序,截至2018年3月31日)

排 名	企业名称	注册时间(年)	注册地	注册资本(亿元)
1	国银金融租赁股份有限公司	1984	深 圳	126.42
2	工银金融租赁有限公司	2007	天 津	110
3	兴业金融租赁有限责任公司	2010	天 津	90
4	交银金融租赁有限责任公司	2007	上 海	85
5	建信金融租赁有限公司	2007	北 京	80
6	昆仑金融租赁有限责任公司	2010	重 庆	79.61
7	华夏金融租赁有限公司	2013	昆 明	60
	招银金融租赁有限公司	2007	上 海	60
8	华融金融租赁股份有限公司	2001	杭 州	59.27
9	光大金融租赁股份有限公司	2010	武 汉	56.80
10	中国外贸金融租赁有限公司	1986	北 京	51.66

资料来源:中国租赁联盟网站。

表 1－3 全国 14 家金融租赁企业 2017 年营业概况

公司名称	2017 年末总资产(亿元)	较年初增长(%)	2017 年净利润(亿元)	同比增长(%)
交银租赁	2072.43	20.56	24.1	4.33
国银租赁	1870.99	12.36	21.31	20.44
民生租赁	1782.89	16.84	17.03	36.49
招银租赁	1554.15	13.45	19.59	31.71
建信租赁	1380.13	9.08	12.22	－3.48
华融租赁	1320.15	11.44	16.29	10.67
光大租赁	646.73	0.20	5.74	6.69
中信租赁	517.65	33.60	4.15	11.56
江苏租赁	496.69	18.87	10.11	22.69
信达租赁	481.25	6.04	6.71	－22.07
农银租赁	415.83	－2.19	1.13	－62.46
徽银租赁	266.61	41.66	3.25	49.08
哈银租赁	181.91	5.6	1.15	－47.49
九鼎租赁	111.83	32.75	1.13	14.84

资料来源:中国租赁联盟网站。

金融租赁公司从 2007 年伊始到 2017 年维持了较快速度的规模扩张和盈利增长。截至 2017 年底,金融租赁资产规模约 22,800 亿元,较 2016 年同期增长 11.8%。其中,千亿规模以上的金融租赁公司中,工银租赁、国银租赁从公司成立之初,便将航空租赁业务作为重要板块之一,在过去的十年中,稳扎稳打,克服了航空运输业发展的周期性风险,航空租赁业务在国内“一枝独秀”。此外,交银租赁、国银租赁、民生租赁、招银租赁、建信租赁、光大租赁等均有较大规模的航空租赁业务,其中不少公司直接向波音、空客、巴航工业等飞机制造商订购飞机,开展经营租赁业务。此外,其他租赁公司如信达租赁、华融租赁等陆续以资产包购买业务进军航空租赁业。

中国的航空运输业快速发展,2016 年,民航完成旅客运输量 48,796 万人次,比上年增长 11.9%。国内航线完成旅客运输量 43,634 万人次,比上年增长 10.7%,其中港澳台航线完成 985 万人次,比上年下降 3.4%;国际航线完成旅客运输量 5162 万人次,比上年增长 22.7%。2017 年,行业完成旅客运输量 5.5 亿人次,比上年同期增长了 12.2%,如图 1－5 所示。

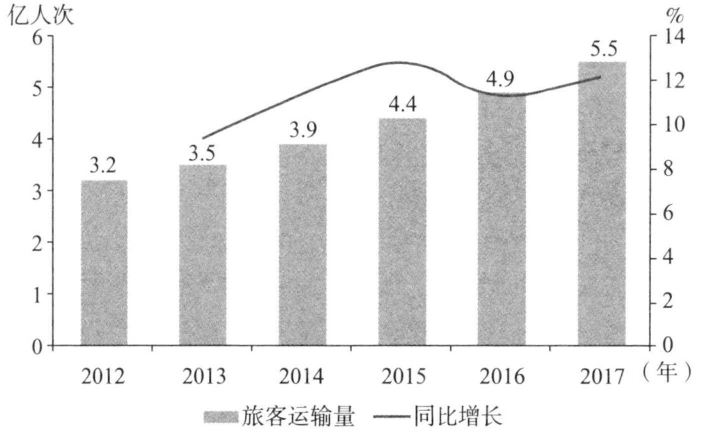

图1－5　2012～2017年中国旅客运输量（单位：亿人次，%）

资料来源：前瞻产业研究院。

在国内航空租赁业发展的初期，金融租赁公司往往采取融资租赁的方式为航空公司提供服务，融资租赁一般来说“类信贷”，是金融机构较为熟悉的业务模式，只是载体从一般的实体企业变成了航空企业，贷款标的物从多种多样的房产、机械等变成了具有全球流通性、美元计价、运营门槛高的飞机资产。租赁公司通过评估航空公司的信用风险，对一些流通性较好的经典窄体机如波音737系列、空客A320系列飞机提供融资，以飞机作为抵押物，开启进军航空租赁业的大门。随着旅客量的增加，中国航空公司引进飞机的速度加快，2013年，民航共运营2145架飞机，采用租赁方式引进的约1395架，占民航机队总规模的65%，其中以融资租赁方式引进的为645架飞机。

随着国内从事航空租赁业务的公司数量增加，航空公司引进飞机数量的上升，航空公司对于经营租赁来调节机队数量、机龄、机队规划等需求不断增强，从而促使国内航空租赁企业不得不按航空公司的需求陆续开拓经营租赁业务。

融资租赁的“类信贷”，是指在飞机租赁期结束后航空公司以约定的金额将飞机的所有权从租赁公司手中买走，只是以“分期付款”的方式，从租赁使用飞机，最终飞机将转移给航空公司。随着飞机制造业技术的发展，新机型、新技术的不断开发应用，航空公司认识到不断使用技术革新性飞机将带来更低的油耗、更低的运营成本、更稳定的飞机使用性，能进一步吸引乘客，增加客户黏性。所以航空公司越来越多地倾向于以经营租赁的方式引进飞机，在租赁8～12年以后，根据未来的飞机技术情况、市场情况、油价走势来判断下一步是继续续租该飞机，还是选择退租。这给以银行为背景的租赁公司提出了较高的要求，不仅要比航空公司懂金融，更要与航空公司比技术。

国内金融租赁公司通过不断从航空公司招募懂发动机、APU等重要部件的工程师，来与航空公司的租赁合同谈判时进行较量。在经历了几年的航空租赁融资租赁潮之后，航空租赁业务转向了经营租赁领域。

从1985年开始，国内飞机基本以航空公司自购为主，到1990年开始从境外租赁公司经营租赁飞机，到2017年经营租赁方式引进占比达机队的20%规模，航空公司自购或以融资租赁方式引进占比约为25%，可见经营租赁在国内发展迅猛，航空公司对于经营租赁带来的灵活性更加认可，如图1-6所示。

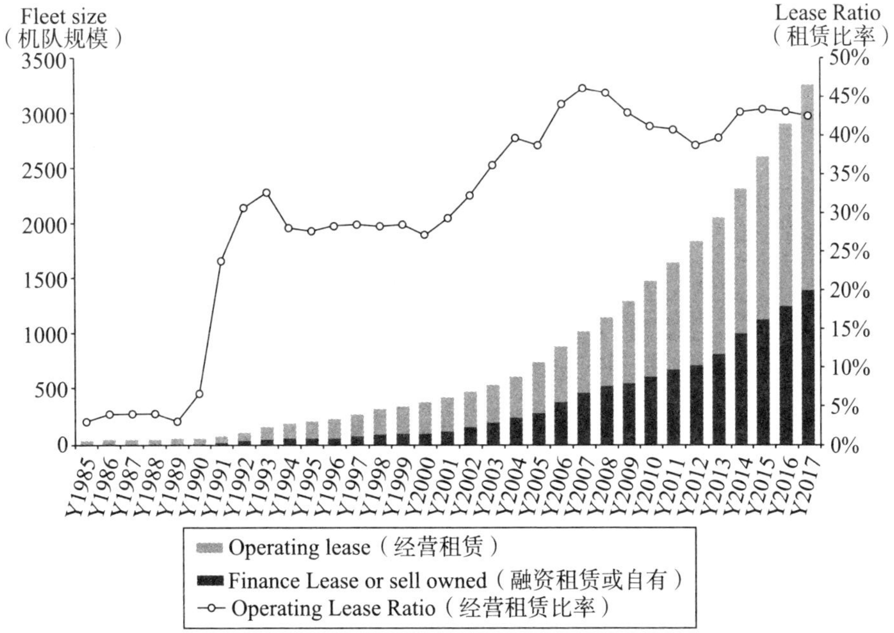

图1-6　2018年空客市场展望

资料来源：空客2018年市场展望。

中国的航空租赁业虽然起步较晚，但是，经过20多年的长足发展，目前租赁方式引进的约占43%，与国际水平基本持平。同时，国内航空租赁业也从外资租赁公司垄断的局面，到2007年国内航空租赁业务破冰，到2017年外资租赁公司全线撤退、本土航空租赁企业异军突起、行业蓬勃发展的局面，如图1-7所示。

除了新客机的租赁业务，国内航空租赁企业还开拓了公务机租赁、直升机租赁市场,如图1-7所示。公务机、直升机租赁由于飞机的流通性较差、单体价格较低等原因,目前主要是以融资租赁业务为主,但国内租赁企业如中民投租赁以产业联盟方式,收购境外直升机制造企业,希望在制造、出售、租赁等全产业链上打开新思路,也是一项创新;而民生金融租赁公司从公司开业伊始,集中在公务机租赁领域发力,不仅做融资租赁业务,还开拓了公务机经营租赁业务,鉴于公务机使用者多为民营企业实际控制人,在出现违约事件后,在公务机处置方面也积累了较多经验。由于公务机市场在全球也是较为成熟的产业,在国内公务机承租人违约时,如能及时与产业链上的机构进行合作、打开营销、转租渠道,也是一个盈利空间较大的业务模式。

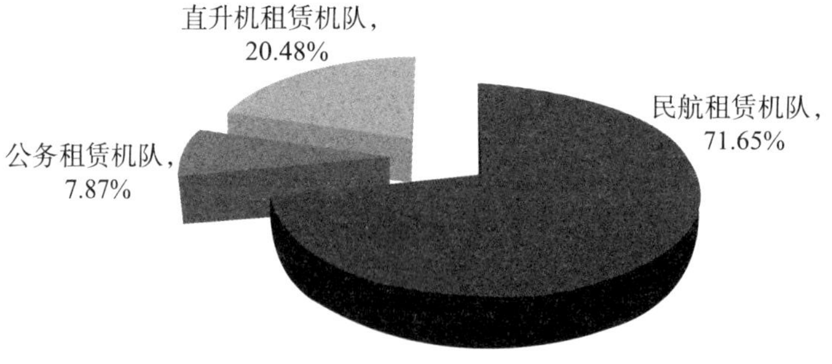

图1-7　2017年中国航空租赁市场格局

资料来源:前瞻产业研究。

二、主要租赁公司介绍

目前,中资飞机租赁公司可分为四大类,其中最主要的是第一类银行系金融租赁公司,第二类是航空公司附属的租赁公司,第三类是飞机制造商附属租赁公司,第四类是独立飞机租赁公司。经过近十年的发展,活跃在飞机租赁市场上的中资租赁公司数目也逐渐增加。

(一)金融租赁公司

目前国内从事飞机租赁的金融租赁公司主要有:工银租赁、国银租赁、民生租赁、交银租赁、招银租赁、建信租赁、光大租赁、兴业租赁等。到2017年底,工银租赁经营管理的飞机超过600架,实际交付355架,资产规模千亿人民币,机队价值位列国内第一,全球第六,客户分部在全球33个国家和地区的70家航空公司;国银租赁实际交付飞机215架,订购飞机数量为184架,国内第二。建信租赁、招银租赁紧随其后。金融租赁公司在中国飞机租赁行业里已成为主导力量。

金融租赁公司开展飞机租赁具有突出优势：一是品牌实力强，客户资源多，机构覆盖面广；二是融资能力更强，成本更低；三是资本实力雄厚，可以大批量采购飞机，飞机采购价格低；四是依托母行的风险管理体系，风险控制能力更强。

在飞机租赁业务发展方面，金融系租赁公司基本以飞机融资租赁的“类信贷”业务起家，在过去十年的发展中，不断开拓业务模式，在团队建设、企业架构方面也配合业务发展和推进做了很多尝试。由于传统银行业务更偏重客户的信用风险、财务情况、抵押质押物品情况等，对于以飞机作为“标准”租赁资产的业务来说并不合适。

对于飞机租赁业务，尤其经营租赁业务，飞机的技术情况、交易的税务结构设计等对于项目至关重要，仅有金融背景的从业人员并不能满足业务的需要，金融系租赁公司陆续从航空公司、飞机制造商、飞机维修公司等产业链条的上下游扩充人员。同时在业务推进、项目审批方面区别于其他传统业务，并将审查专业化、分工化，将技术、法律、资金等板块前置到项目推进之初，最大限度地优化项目结构设计、防范项目风险。

从目前市场上活跃的飞机租赁公司来看，有一部分金融系租赁公司已经采取事业部方式推进飞机租赁业务，在部门内部配备财务、飞机技术、法律、市场等板块的人员，协同配合推进业务，并形成了明确的分工。从项目初期，由市场营销人员搜寻项目机会，在招投标和执行各板块分工合作，后续的资产管理工作或由公司的资产管理团队或由部门内部的专业技术人员进行管理。以工银金融租赁为例，其网站上披露的航空事业部架构，如图 1－8 所示。

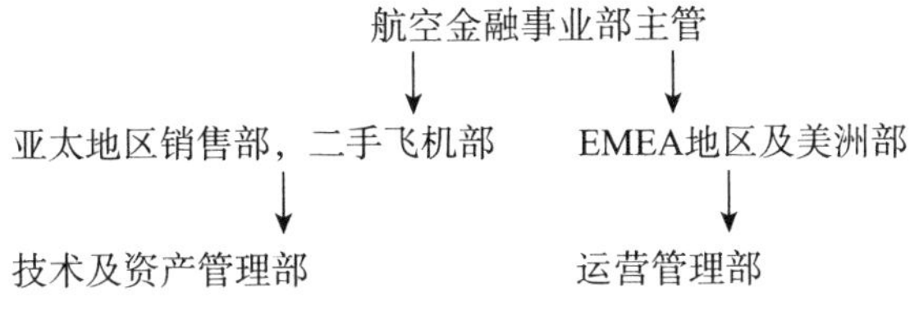

图 1－8　金融租赁公司航空金融事业部主管架构

资料来源：工银金融租赁有限责任公司官网。

从图 1－8 可见，事业部下除了配置传统的市场营销人员来涵盖全球飞机租赁业务，还配备了技术和资产管理团队，从事自有飞机订单的采购、发动机及其他买方选装设备的选购，还从事资产管理工作。资产管理工作包括管理自有机队，使租赁资产保值，还利用自己的专业团队和经验，逐步拓展到为其他中小型的飞机租赁公司管理机队。运营管理部一般包含法务团队、项目审批、项目执行团队等职能。从其他公开披露的消息显示，除了在租赁公司整体框架下以事业部方式运营航空租赁业务，工银金融租赁还在我国香港地区设立了飞机租赁专业子公司。

（二）航空公司附属租赁公司

目前海航集团和东航集团、国航集团、南航集团等都设立了附属租赁公司，为各自母公司引进飞机。海航集团旗下主要是长江租赁和渤海租赁，渤海租赁2015年收购了Avolon租赁公司100%股权，从而成为全球第三大飞机租赁公司。东航集团设立了东航金控，注册资本金10亿元。国航、南航、吉祥、奥凯等航空公司也成立租赁公司，为集团引进飞机。

根据公开信息显示，南航集团的南航国际租赁公司成立于2016年7月，飞机主要通过南沙保税区以保税租赁的方式提供飞机租赁业务，首单业务是为南航提供的一架空客A321的融资租赁项目，此外还为集团内一批机龄较大的飞机提供了回租业务，截至2018年11月，经营和管理的飞机数量为50架，规模约为150亿元，大部分业务为集团内业务。东航成立租赁公司的时间较早，为2014年，业务目前也主要以集团内飞机引进为重点。国航的租赁公司中航（北京）融资租赁公司，成立于2015年，业务也主要以集团内需求为主。综合来看，航空公司设立租赁公司从事飞机租赁业务，业务侧重点有所不同，有的以提供融资、支持飞机引进为主，有的以整个集团机队资产管理为服务对象。

航空公司附属租赁公司的优势在于：业务开展有保障，飞机来源和租约都由母公司提供；机队规划、资产管理等职能可以直接利用母公司资源；操作简单，效率高。但其劣势是独立性差，客户单一，资本实力薄弱，融资能力一般，风险分散措施不足。即便如此，航空公司附属的飞机租赁公司也逐渐发展壮大，通过集团联动优势消化了部分飞机引进的需求，也是飞机租赁市场上目前强劲的一支竞争队伍。这支竞争队伍的出现，使以往市场上银行系租赁公司垄断市场的情况发生变化，飞机租赁市场的情况也更加复杂。

（三）飞机制造商附属租赁公司

目前国内只有一家，即中航工业集团下属的中航租赁。该公司设立以促进国产新舟60等飞机销售为主，但后来业务也扩展到波音、空客机型，涵盖干线客机、支线客机及公务机、直升机的多样化机队。截至2017年9月，中航租赁机队规模达到259架，租赁资产余额249亿元人民币。中国商飞2012年投资入股浦银租赁,持有后者20%左右的股权,为促进ARJ21和C919的销售,也正在筹划组建自己的附属租赁公司。

飞机制造商附属租赁公司的优势在于有制造商支持,在飞机价格、残值管理上具有较强优势,是制造商销售飞机的重要渠道。随着中国商飞在大飞机制造方面的进步,未来C919和C929的销售走出国门,服务于全球航空公司,通过借鉴波音公司下设的波音金融在老旧飞机回收、新飞机租赁促进销售方面的经验,或许中国商飞也将成立自己的金融服务公司,为大飞机的销售开拓道路,为二手大飞机的残值保障、拆解、改装等提供渠道和服务。

(四)独立飞机租赁公司

独立飞机租赁公司与银行、航空公司及制造商都没有股权关系。国内主要有三家:中国飞机租赁公司、奇龙租赁公司、朗业租赁等。

中国飞机租赁公司设立于2006年,是国内最大的独立飞机租赁公司,根据其公开的财务报表显示,截至2018年3月,已交付飞机111架,飞机订单193架,主要股东为光大控股和私人投资者,2014年7月在我国香港地区上市。中国飞机租赁公司的股价表现,如图1-9所示。

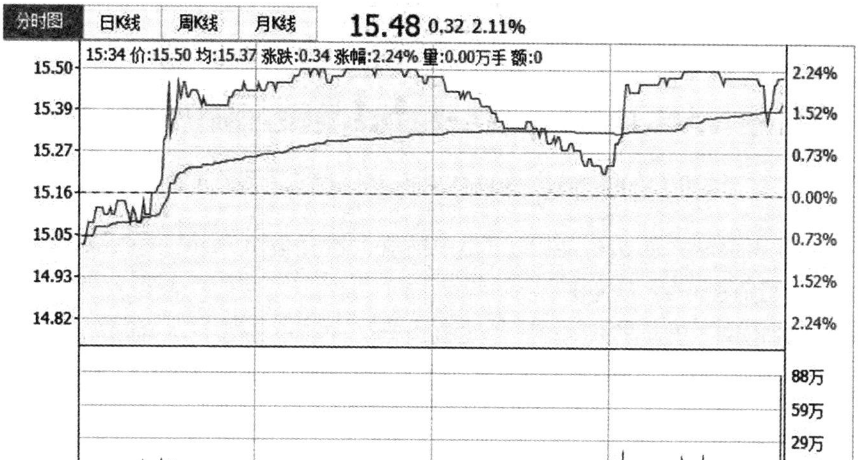

图1-9 中国飞机租赁公司2014年股价变化情况

资料来源:同花顺股票查询。

根据公开方式查询到的信息显示,如图1-10所示,在2014~2017年中,中国飞机租赁的股价走势平稳。其股东方面,除了光大相关股份,还有29.99%的股权由富泰资本管理公司持有。作为在我国香港地区上市的公司，中国飞机租赁公司除了操作传统的售后回租业务，也直接向制造商采购飞机，此外还尝试了老旧飞机拆解业务。飞机拆解业务目前在国内飞机租赁公司中为首次尝试，但飞机拆解的价值实现大部分依赖技术和销售，如何让飞机重要部件保值增值、如何响应民航标准，如何成功销售给客户，成为盈利的重点。这对飞机租赁公司来说，也是全新的领域，其客户与传统的飞机租赁客户并不完全重合，需要从业务模式、客户开发等全链条进行探索。

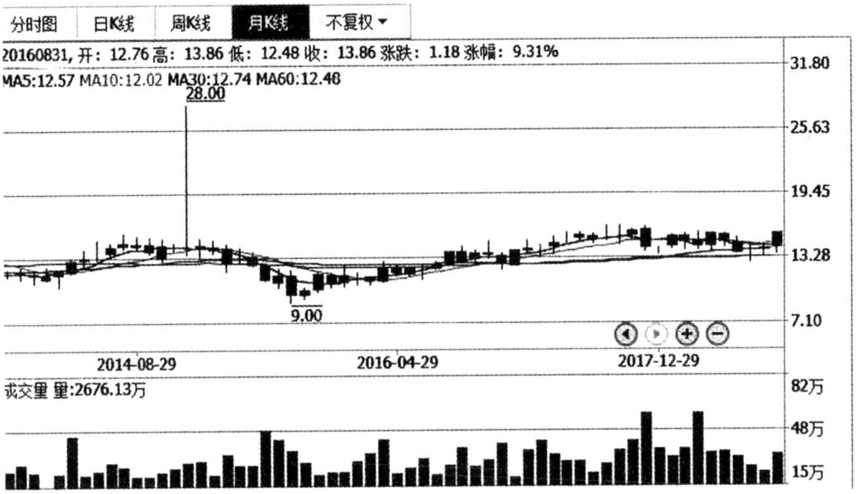

图 1－10　2014～2017 年中国飞机租赁公司股价走势

奇龙租赁设立于 2006 年，股东是中国航空器材集团、AerCap、CA-CIB 和东方时代，目前拥有 29 架飞机。

目前市场上出现了专门以二手飞机为目标的航空租赁企业，如厦门飞机租赁公司，依托较为雄厚的技术实力和营销渠道，对二手飞机进行经营租赁，同时在市场上购买老旧的二手飞机进行拆解，将拆解后的重要部件进行二次挂签、销售，从而获取利润。

国内航空租赁业由于在过去十年中，新进入者众多，竞争已经进入了“红海”，如何避免同质化竞争，下一步是否要全部“走出去”？如何依托股东实力，开辟自己的业务“蓝海”成为新进入者和成熟航空租赁企业思考的重要问题，如图 1－11 所示。

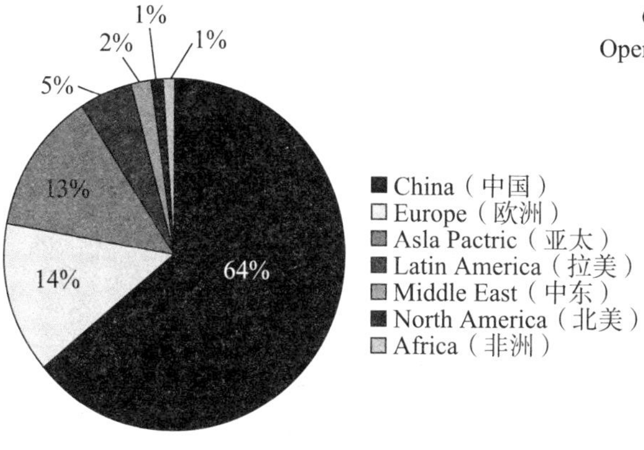

Chinese lessors total fleet
Operator countries and fleet share
（中国租赁公司的机队
运营商和机队占比）

运营国别	机队占比
中国	64%
俄罗斯	4%
印 尼	3%
巴 西	3%
印 度	2%
匈牙利	2%
韩 国	2%
其他地区	20%

图 1－11 2018 年我国航空租赁一览

资料来源:空客 2018 年市场。

第三节 国际航空器制造商概况

一、波音

航空公司通过分析自身的市场情况、航线情况、飞机的购买价格、运营成本、航油价格、人力成本等主要经济因素来进行机队规划,从而确定引进并运营的飞机的机型。对以航空公司为客户的租赁公司来说,航空公司的需求就是租赁公司业务的"指南针"。目前,飞机租赁公司租赁资产绝大部分集中在波音和空客生产的飞机,占据半壁江山的为使用量大、流通性较好的窄体机,包括波音 B737 系列和空客 A320 系列,如图 1－12 所示。

波音公司是全球最大的航空航天公司,也是世界上最大的军用和民用飞机制造商之一。作为美国最大的制造出口商,波音公司为全球 150 多个国家和地区的航空公司和政府客户提供支持。目前波音下设 3 个业务部门:民用飞机集团,防务、空间与安全集团,以及波音全球服务集团。波音在军机领域的巨大成功,给波音带来了丰厚的回报,也使波音有实力进入需求逐渐上升的民机研发、生产领域。

波音民机板块在第二次世界大战后有了较大的发展,陆续研发并生产过 Dash-80 飞机、三发发动机飞机 727、双发发动机 757。波音在 1997 年同麦道公司合并,当时波音在世界航空制造业排名第一,美国麦道在航空制造业排名第

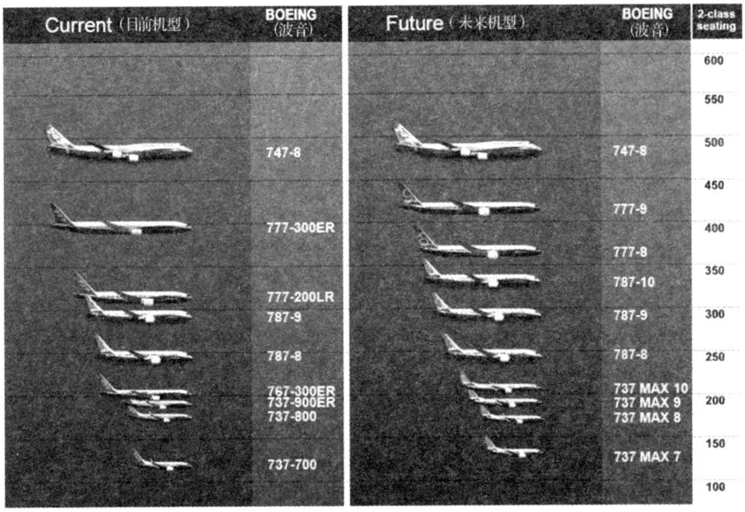

图 1－12　波音民用飞机占租赁市场的半壁江山

资料来源：波音市场预测。

三，且均为美国的公司。在波音与麦道合并成为新波音公司后，世界航空制造业从波音、麦道和空中客车三家竞争的局面，变成波音和空客两家之间的超级竞争。

波音的产品在航空运输业和航空租赁业中最受欢迎的飞机莫过于波音 737 系列，该飞机是中短程双发喷气式科技，成为民航史上最成功的窄体民航客机之一，如表 1－4、1－5 所示。

波音 737 飞机萌芽于 1964 年，最初用来和道格拉斯生产的双发飞机 DC－9 竞争，最先问世的产品为 737－100 飞机，并持续改进该机型，其中 737 经典（classic）系列包括 737－300、737－400、737－500。

1990 年左右，为了应对空中客车 A320 系列的竞争，737 经典系列之后波音推出了 737 新一代（Next Generation）系列，并于 1998 年投入使用，该系列包括 737－600、737－700、737－800 和 737－900。

2011 年，波音为 737NG 系列配备了新发动机的衍生机型，产生了 737MAX，包括 737MAX7、737MAX8、737MAX9 和 737MAX10 四款飞机，737MAX 飞机主打特点是更低的油耗、更低的航油成本，如表 1－6 所示。

表 1－4 波音公司生产的波音系列飞机相关数据一览

Generation（系 列）	Model series（机 型）	ICAO code（ICAO 代码）	Orders（订单量）	Deliveries（交付数）	Unfilled orders（未披露订单）	First flight（首航时间）
737 Original	737－100	B731	30	30	—	April 9,1967
	737－200	B732	991	991	—	August 8,1967
	737－200C		104	104	—	September 18,1968
	737－T43A		19	19	—	March 10,1973
737 Classic	737－300	B733	1113	1113	—	February 24,1984
	737－400	B734	486	486	—	February 19,1988
	737－500	B735	389	389	—	June 30,1989
737 Next Generation	737－600	B736	69	69	—	January 22,1998
	737－700	B737	1128	1127	1	February 9,1997
	737－700C		22	20	2	April 14,2000
	737－700W		14	14	—	May 20,2004
	737－800	B738	4991	4817	174	July 31,1997
	737－800A		138	98	40	April 25,2009
	737－900	B739	52	52	—	August 3,2000
	737－900ER		505	461	44	September 1,2006
737 Boeing Business Jet	737－BBJ1(－700)	B737	121	120	1	September 4,1998
	737－BBJ2(－800)	B738	23	21	2	N/A
	737－BBJ3(－900)	B739	7	7	—	N/A
737 MAX	737 MAX(－7,－8,－9,－10)	B37M/B38M/B39M	4523	139	4384	January 29,2016

截至 2018 年 3 月,波音 737 系列共销售了 10,000 架以上的飞机。

表 1－5 波音 737 系列销售情况一览

Total Orders（总订单数）	Total Deliveries（总交付量）	Unfilled（未披露订单）	2018 年	2017 年	2016 年	2015 年	2014 年	2013 年	2012 年
14,725	10,077	4648	213	529	490	495	485	440	415

Year（年份）	2006	2005	2004	2003	2002	2001	2000	1999	1998	1997	1996
Deliveries（交付量）	302	212	202	173	223	299	281	320	281	135	76

资料来源:wikipedia。

表 1-6 波音 737 技术参数

型　号	737-600/700/800/900	737MAX-7/8/9/10
两舱布局	108/128/160/177	138/162/178/188
单舱布局	123-130/140/175/177-215	153/178/193/204
长　度	31~42 米	35.56~43.8 米
翼　展	34.32 米(带沙鳍小翼 35.79 米)	35.92 米
高　度	12 米	12.29 米
最大起飞重量(MTOW)	144,500~187,700 磅	177,000~194,700 磅
巡航速度(Cruise)	0.785 马赫/838 千米/小时	
续航距离	5436~5575 千米	6110~7130 千米
发动机	CFM56-7 系列	CFM LEAP-1B

在 737 系列飞机中,最受租赁公司欢迎的当属波音 737-800 飞机,这也是市场上流动性最强的窄体机,目前全球有 4600 架在服役,同时拥有 360 架飞机订单,全球的运营客户大约为 180 家航空公司。其中,亚太地区有 72 家航空公司运营 1997 架-800 飞机,欧洲有 58 家航空公司运营 1330 架-800 飞机,北美有 12 家航空公司运营 928 架-800 飞机,拉丁美洲和加勒比海地区有 12 家航空公司运营 252 架-800 飞机,非洲有 21 家航空公司运营 171 架-800 飞机,中东有 5 家航空公司运营 105 架-800 飞机,如图 1-13 所示。

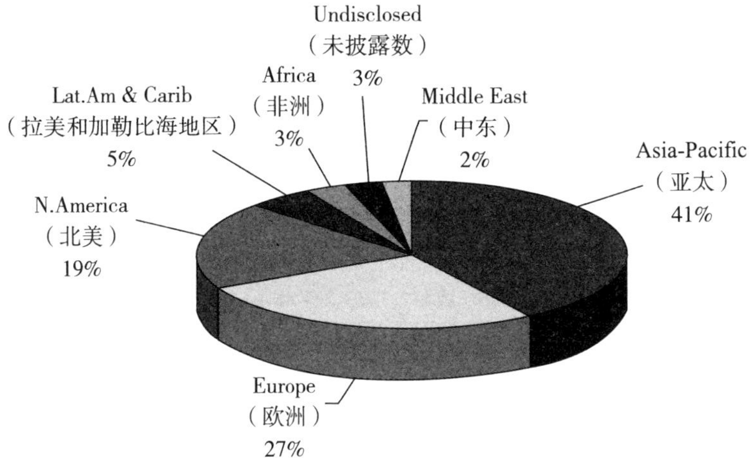

图 1-13 世界各地 737 系列的运营情况

资料来源:ASCEND2018 年第一季度机型报告。

这款飞机受到所有航空公司的青睐,不论是全服务航空公司、低成本航空、超级低成本航空等都有运营。其中欧洲最大的廉价航空公司瑞安航空目前运营462架－800飞机,也是全球－800飞机机队规模最大的公司,其次是美国航空,运营304架－800飞机,美西南航空运营206架－800飞机,中国的南方航空是－800飞机的第四大运营商,目前在役155架,此外海航集团也有150架的－800飞机,位列全球第五,如表1－7所示。

表1－7　前5名航空公司拥有波音B737－800飞机运营情况

Top 5 Boeing 737－800 Airline Operators (In Service/On Order) (5大航空公司拥有波音B737－800飞机运营情况)	Qty.(数量)
Ryanair(瑞安航空公司)	462
American Airlines(美国航空公司)	304
Southwest Airlines(美国西南航空公司)	206
China Southern Airlines(中国南方航空公司)	155
Hainan Airlines(海南航空公司)	150
TOTAL(总计)	1277

资料来源:ASCEND2018年第一季度机型报告。

租赁飞机资产的流动性和保值性对租赁公司来说至关重要,－800飞机全球巨大的保有量,以及众多的运营客户,使－800飞机在飞机租赁公司中也非常受欢迎。目前,全球最大的租赁公司GECAS经营和管理的机队中有232架－800飞机,约占总机队规模的17.5%;全球第二大的租赁公司AerCap经营和管理的－800飞机有242架,约占总机队规模的22.5%。此外,SMBC租赁资产中有192架－800飞机,约占总机队规模的43%,Avolon租赁资产中－800飞机有131架,约占总机队规模的22.3%,BBAM机队中有130架－800飞机,占总机队规模的40%,如表1－8所示。

表1－8　五大波音B737－800租赁公司

Top 5 Boeing 737－800 Operating Lessors (In Service/On Order) (前五大波音B737－800飞机租赁公司)	Qty.(数量)
AerCap	242
GECAS	232
SMBC Aviation Capital(三井住友飞机租赁公司)	192
Avolon(中银航空租赁公司)	131
BBAM	130
TOTAL(总计)	927

资料来源:ASCEND2018年第一季度机型报告。

737－800飞机受欢迎的主要原因在于较－600/－700飞机加长了机身，增加了载客量，而发动机没有改变，和－600/－700相比具有极高的通用性，同时又增加了经济性，可以满足中短途、多旅客、物流货运的需求。由于有－600/－700的运营经验，－800的可靠性非常强，运营和维护的成本较低，在两舱布局的情况下可搭载旅客162人，在全经济舱配置下，载客量可达189人，续航里程为5665公里，对于航空公司中短途航程非常合适。

波音737－800飞机目前每月产量为52架，2019年将达到57架/月，随后将被737MAX系列飞机所替代。短期来看，737－800飞机的订单数锐减，主要是由于新机型737MAX的冲击，如图1－14所示。

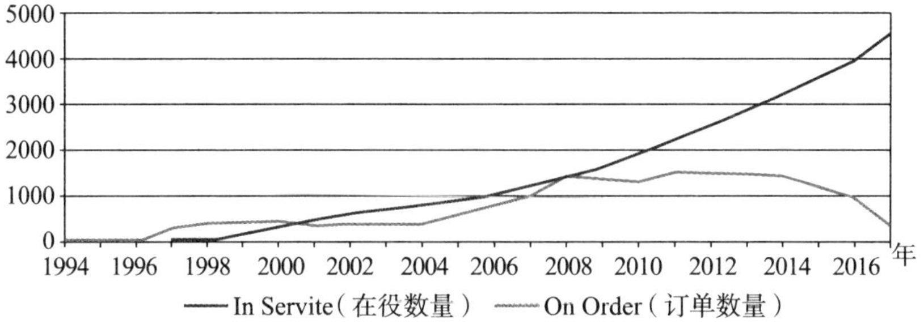

图1－14　波音737－800在役飞机及订单情况

资料来源：ASCEND2018年第一季度机型报告。

长期来看，737－800飞机在全球巨大的保有量，使该飞机仍然是流动性很强的窄体机，但值得注意的是，全球的低成本航空公司将陆续淘汰那些机龄在10～15年左右的波音737－800飞机，从而选择燃油效率更高、油耗更低的新技术机型，如737MAX和A320NEO，可能造成737－800飞机的流动性下降和价值下降的问题。

在经历了一段时期的疲软之后，全球货运开始复苏。截至2016年年底，全球共有宽体货机1002架，窄体货机647架，占整个商业航空货运机队的39%。①随着国际货运需求的增长趋缓，加上中国等国家新型电商和快递行业的发展，对于窄体货机的需求随之提升。

引进货运飞机有两种方案，一种是购买波音、空客等制造商原厂生产的新货机，另一种是将临近运营退役点的老旧飞机进行改装，改装成货机。目前波音原

① 蓝楠：《客改货市场现状分析》，载《航空维修与工程》2017年第3期。

厂生产的货机包括波音 B777F 和波音 B747 - 8F，均为大型宽体货机；客改货方面，波音可进行改装的机型有波音 B737 - 300/ - 400 等。由此可见，购买全新货机一方面成本高昂，对于货运公司来说初期资金投入大，且原厂生产的货机基本为大型宽体货机，购置窄体货机的渠道目前基本是客改货。

同时波音 737 - 800 的客改货项目已经启动，将机龄在 15 ~ 20 年左右的客机改装成货机，为 - 800 飞机生命周期的第二阶段提升价值，在一定程度上延缓了该机型在交付后的价值下降曲线，这对航空公司和租赁公司来说都是非常正面的消息。

在波音 B737 新一代的基础上，波音公司 2011 年启动了配备新发动机的衍生机型 737MAX，该升级机型只有一种发动机可选即 CFM LEAP 发动机，其中波音 B737 - 800 的对应升级机型为 B737 - 8MAX，根据波音官方数据显示，相比 737NG 系列，MAX 飞机将节油 14%。首架 B737 - 8MAX 于 2017 年二季度交付客户运营。MAX8 有望成功替代 737 - 800 成为流通性最好的窄体机，此外还能根据廉价航空的需求最多可容纳 200 座位。根据航升预测，在未来 20 年，航空市场对于 125 座到 200 座级的单通道飞机需求量将超过 28,000 架，其中 85% 以上为 150 座到 180 座飞机。①

截至 2018 年第一季度，波音 737MAX 系列共交付 112 架飞机，其中 111 架 B737MAX8，1 架 B737MAX9 运营商 26 家，此外订单数量为 4350 架，如图 1 - 15 所示。

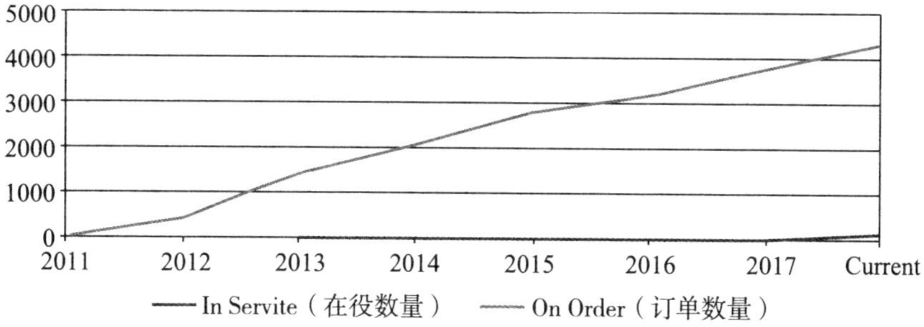

图 1 - 15　波音 B737MAX8 的预订情况

资料来源：航升 2018 年第二季度机型报告。

订单来自全球的航空公司，其中亚太地区比例最高，占比为 27%。亚太地区作为航空运输市场的新兴增长区域，对于窄体机的需求非常旺盛；北美和欧洲地区作为传统的航空运输主力市场，订单数量分别为 18% 和 14%，主要来自传

① 航升 2018 年第二季度机型报告，B737MAXQ2，Asset Market Commentary。

统的全服务型航空公司以及规模较大的低成本航空公司订单；此外，还有25%的订单尚未披露具体的客户名称，如图1-16所示。

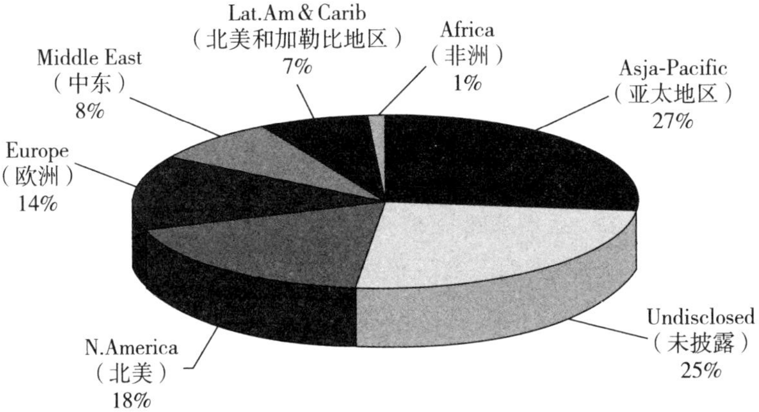

图1-16　全球各地区波音B737MAX8所占订单比率

资料来源：航升2018年第二季度机型报告。

根据航升2018年第二季度的波音飞机市场报告显示，2017年下线的MAX8飞机当年市场价格为4725万美元，2018年为4450万美元，价格下降了5.8%。该比例较一般租赁公司的20年折旧、15%残值相比的每年4.25%的折旧率要高出不少。这意味着租赁公司从拥有这架飞机资产开始，第二年公司账面上的资产价值刨除折旧后将高于评估机构给出的市场价值，这对于租赁公司来说一种资产价值的下行波动。不过通常租赁期限最长在10～12年，资产价值的短暂的上升或下降都是正常的波动，对于租赁公司来说选择合适的时点处置资产或者在第二租期内盈利，都是专业化经营的重要方式。

表1-9　波音MAX8系列飞机2017年、2018年价格变化情况

Boeing 737 MAX 8 VALUE TRENDS（波音B737MAX 8飞机价值趋势）

MARKET VALUES（市场价值）			
Build Year	Apr-16	Apr-17	Apr-18
2017	—	$47.25m	$44.50m
—	—	—	—
—	—	—	—

Source：Flight Ascend Values Analyzer（来源：航升价值分析）。

Generic spec，Halt - Life of better（一般机型/半寿寿命状态）

除737系列飞机外，波音生产的宽体机B787系列在市场上也非常受欢迎。波音在1990年与空客竞争中，其767飞机与空客A330竞争中处于下风，波音公司决定研发新产品，从而推出了“7E7”的新计划。该款飞机是波音产品中超远程的中型客机，也被市场称为“梦想客机”，计划2008年上半年交付运营，后来由于零部件、组装、罢工等问题，该飞机推迟交付，一直到2010年第四季度才交付了第一架波音787飞机。

梦想客机包括787－8/9/10 3款飞机，3舱标准布局座位从223座到330座。截至2018年3月底，全球共有68家客户运营超过1377架波音787系列飞机，如图1－17所示。

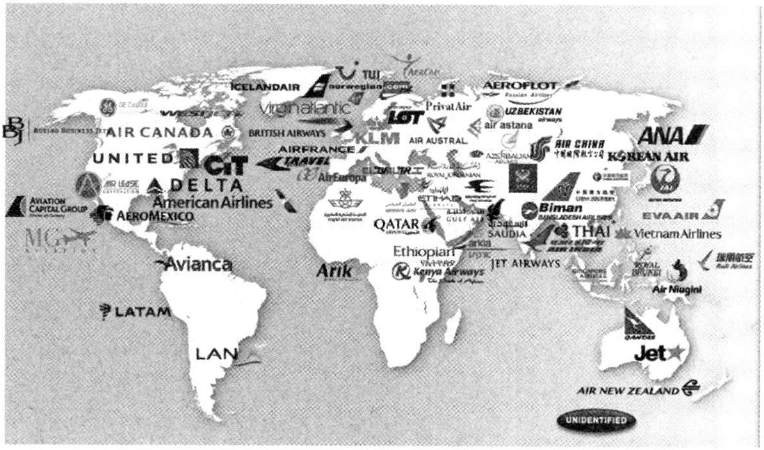

图1－17　波音梦想客机全球分布示意

资料来源：波音公司。

对于飞机租赁公司来说，由于波音787系列属于宽体客机中技术先进型飞机，从市场上来看，较波音B777飞机和空客A350宽体机更受租赁公司欢迎。由于宽体飞机无论从保有量还是客户运营数量上都明显少于窄体机，对于以资产价值为核心的租赁公司来说，选择飞机技术保值性好、流通性强的资产成为首要目标。所以，技术上更先进的波音B737飞机以及空客A350飞机更受租赁公司欢迎，目前大约占到租赁公司机队价值的10%～20%。这和多年前航空公司选择技术先进的A330飞机和B777飞机，所以，租赁公司保有一批A330和B777租赁资产一样，经过了10～15年的第一租期，在A330和B777逐步开始退租时期，如何处置这些二手的宽体机将成为租赁公司不得不面对的“考试”。

二、空客

与波音公司相比，空客是一个较新的飞机制造公司。目前，根据空客官方网站显示，其股东为欧洲宇航防务集团（EADS），目前全球约一半的飞机订单由空客生产制造，并在美国、中国、日本和中东设有全资子公司，在汉堡、法兰克福、华盛顿、北京和新加坡设有零备件中心，与全球30个国家的1500名供货商建立了关系。

在北美飞机制造业方兴未艾之时，欧洲的航空制造业也经历了几家制造商起落、整合的过程。1967年，法国、英国和德国政府的领导讨论联合研制开发飞机，并建议整合成立一家合资的航空制造公司。1970年，成立了最初的空客公司，后来又陆续加入荷兰、西班牙两国，成立了空中客车公司。2000年，欧洲宇航房屋集团成立，并拥有空客80%的股份，而后又于2006年购买了空客另外20%的股份，从而成为空客的唯一股东。

和波音类似，空客拥有三大主要板块业务，空客民机、空客军机、空客直升机。空客民机生产线覆盖从100座到500座级的飞机，主要包括单通道窄体机A320系列、宽体飞机A330系列、A350系列，以及双层的空中巨无霸A380飞机。此外，空客还于2017年将加拿大庞巴迪公司旗下的C系列窄体机项目购入旗下。完成购买之后，空客股权为50.01%的多数股权，C系列飞机从原来的CS100和CS300变更为A220－100飞机和A220－300飞机，这两种机型座级可以从100座到150座，从而进一步丰富了空客旗下产品。

空客自成立以来，陆续研发过A300飞机、衍生型的A310飞机。A300是世界上第一款双发宽体客机，也是空客投产的第一款客机。由于A300飞机研发出厂以后遭遇20世纪70年代的石油危机，为避免没顶之灾，空客曾免费租赁4架A300飞机给美国东方航空使用，并成功吸引东方航空订购了23架该飞机。这让空客不仅从逆境中走出来，而且一跃成为波音最大的竞争对手。

此后，空客在A300的基础上，研发生产了衍生机型A310飞机，这款飞机尺寸比A300小，航程比A300远，也增加了新的技术。通过A300和A310飞机优良的可靠性、较低的运营成本，空客不仅有了一定的客户基础，还有了较为雄厚的研发和技术实力，从而开发出了电传操纵系统。

对于空客来说，保有量最大的飞机为A320系列飞机，包括A319ceo、

A320ceo、A321ceo以及新一代的A319neo、A320neo、A321neo,其中A319和A321分别是A320飞机的缩短和加长版飞机,3种飞机有非常高的共通性。A320飞机自1987年推出时开始使用电传操控系统,替代了传统的操纵杆,成为最受欢迎且保有量巨大的窄体机。

A320系列飞机自1988年投入运营以来,不仅采用了电传操控系统,而且大量运用复合材料为主结构材料,成功奠定了空客在民机中的市场地位,打破了美国垄断客机市场的局面。

截至2018年3月,A320系列飞机共交付8074架飞机,此外还有6083架飞机订单。① 该款飞机在廉价航空、全服务航空公司中都有非常高的认可度,如印度的靛蓝航空(Indigo)、英国的易捷航空(Easyjet)等均为全空客机队公司。

其中,A320－200飞机保有量为4087架,服役于全球244家航空公司。② 该飞机配备两款发动机CFM发动机和IAE发动机。从全球范围来看,亚太地区的A320－200数量最多,达1775架,占比为42%;欧洲其次,约1111架飞机占比26%;北美地区排名第三,占比13%,如图1－18所示。

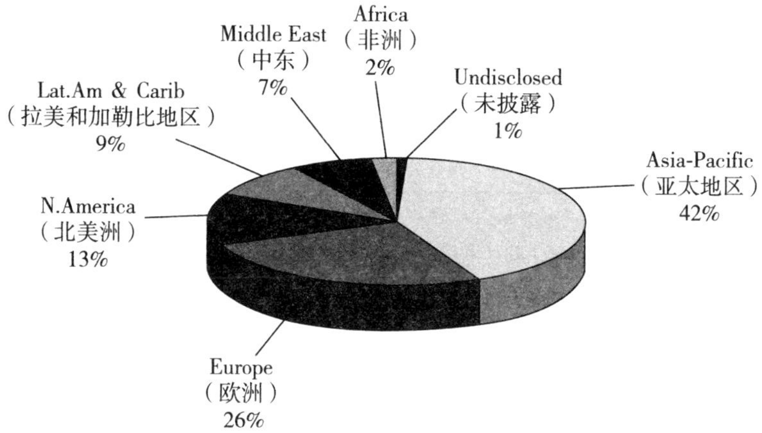

图1－18　空客A320－200全球分布示意

资料来源:航升ASCEND第二季度A320－200ceo机型报告。

亚太地区作为A320ceo的主要运营区域,中国区的东方航空目前运营147架A320飞机。印度的靛蓝航空(Indigo)运营125架A320飞机,是一支全A320

① 资料来源:wikipedia。

② 资料来源:航升ascend第二季度机型报告。

机队的航空公司。单一的机队配置，为该印度第一大的低成本航空在降低飞机维修成本、降低飞行员培训费、批量订单降低采购价格等方面带来了显著优势，如表 1－10 所示。

表 1－10　空客 A320－200ceo 在亚太地区运营情况一览

Top 5 Airbus A320－200ceo Airline Operators (In Service/On Order) （前五大空客 A320－200ceo 飞机运营商）	Qty.（数量）
China Eastern Airlines（中国东方航空公司）	147
JetBlue Airways（捷南航空）	130
IndiGo（靛蓝航空）	125
China Southern Airlines（中国南方航空）	122
EasyJet（易捷航空）	105
TOTAL（总计）	629

A320 飞机除了在航空公司非常受欢迎，在租赁公司的机队中也备受欢迎。作为占据窄体机半壁江山的空客 A320 飞机，其流通性和保值性在过去的多年实践中经受住了市场的考验。目前，超过千架飞机的租赁公司中，GECAS 拥有 237 架 A320 飞机，AerCap 拥有 191 架 A320 飞机，此外 Avolon 和 SMBC 分别拥有 152 架和 141 架 A320 飞机，如表 1－11 所示。

表 1－11　租赁公司拥有 A320 架数一览

Top 5 Airbus A320－200ceo Operating Lessors (In Service/On Order) （前五大空客 A320－200ceo 经营租赁公司）	Qty.（数量）
GECAS（中银航空租赁公司）	237
AerCap	191
Avolon	152
SMBC Aviation Capital（三井住友飞机租赁公司）	141
BOC Aviation	102
TOTAL（总计）	823

在 A320ceo 飞机的基础上，空客 2010 年 12 月宣布将进一步革新技术，推出 A320neo 飞机，进一步扩充完善空客窄体机队伍。与波音 B737max 飞机一样，A320neo 飞机主要是进一步提升发动机的效能，与原有机型相比节油效果约为 15%，同时进一步改进机身的材料，以及将 A320ceo 系列中的选装设备沙鳍小翼（Sharklet）变成标准配置，如图 1－19 所示。

图 1-19 配备有沙鳍小翼的 A320 飞机

A320ceo 飞机于 2014 年 9 月进行首飞，2016 年 1 月交付汉莎航空作为启动用户，同年配备 CFM 发动机的 A320ceo 于 7 月交付土耳其天马航空（Pegasus），加长型的 A321neo 飞机也已经于 2017 年 4 月投入运营。和波音 737max 仅有 CFM 一款发动机不同，A320neo 有 CFM LEAP-1A 和 PW1000G 两款发动机可选装。A320neo 有 3 款变型机型，A319neo、A320neo 和 A321neo，截至 2018 年 3 月，空客已拥有 6031 架 A320neo 订单，其中截至 2018 年 6 月 A320-200neo 订单数量将近 4000 架，占比约为 66%，如图 1-20 所示。

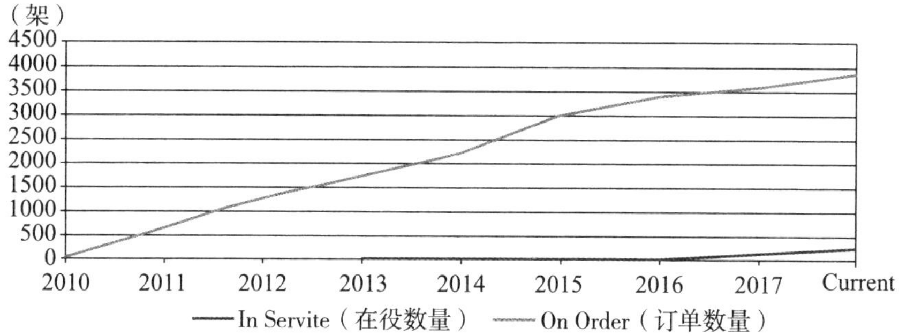

图 1-20 截至 2018 年 6 月底，空客 A320-200ceo 的订单数逐年递增

正如每一款新产品在初始阶段会遇到这样那样的问题，A320neo 飞机也遇到了发动机的问题。其中普惠发动机（PW）面临延迟交付问题，导致大约有 30 架左右已完成生产的飞机在机库中等待装配发动机。普惠发动机由于厂商进行改装升级，带来了其他新的问题，问题可以归为三类：一是发动机充分冷却的条件下，将其再启动时间缩短至可接受的范围，二是解决印度靛蓝航空和 Go Air 在潮湿、多盐环境下的运营问题，三是匹配飞机交付进度的问题。①

① 成磊：《A320neo 的初始商业运营之路不平坦，动力之争进入新阶段》，载《国际航空》2017 年第 5 期。

波音、空客作为全球两大飞机制造巨头，在窄体机领域的竞争也非常激烈，交替占据上风，但综合来看，由于A320系列和B737系列飞机可靠的性能、较低的运营维护成本，成为航空运输企业的首选机型。从20世纪80年代空客研发并生产A320系列（如图1－21所示）飞机以来，该系列飞机已经运营超过30年的时间，从实践来看，是一款非常成功的窄体飞机，即使现在的neo系列也是在原有的基础上进行进一步的升级，并非全新的一款机型，有相关机构预测在2030年以前，波音和空客都不会有全新的替代机型出现。这对租赁公司来说，目前机队中的窄体机的价值波动将按市场规律来变化，不会由于制造商的技术情况受到严重冲击。

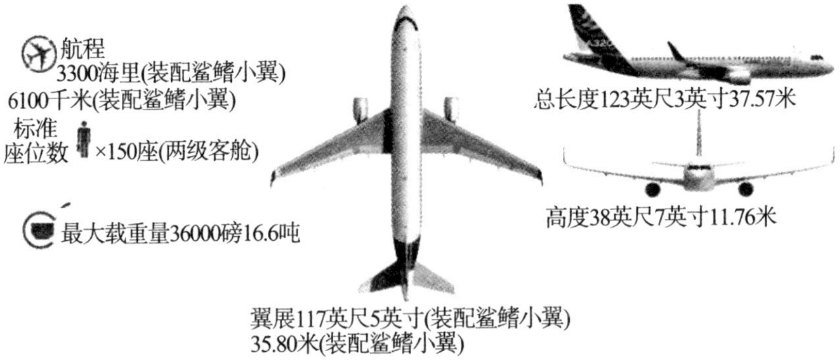

图1－21　空客A320机型相关数据

资料来源：A320neo飞机技术参数。①

根据空客生产计划，到2021年将停止生产A320ceo系列飞机，全部转为A320neo飞机。根据目前空客A320ceo的保有量和A320neo的产量，预计到2020年以后neo飞机才能逐渐成为A320机队的主力。从这个时间角度来看，ceo系列短期不会受到停产的影响。但是，从租赁公司角度来看，尤其是机队规模中等以下的租赁公司，将逐渐适度根据航空公司的选择过渡到A320neo机型，并逐步对ceo机型提前作下一步的市场安排，如转租给廉价航空公司、拆解、改装成货运飞机等。

除了经典窄体飞机，空客机队中较受租赁公司欢迎的宽体机有A330和A350飞机。在A320首飞之后，空客开始着手在A300基础上研发宽体客机A330系列，1987年首飞，1993年投入运营。该款飞机适合人口密集、客流量大的短程航线，能有效提高载客量和航线收益情况。该机型此前在市场上较为成功，截至2018年6月，A330系列已交付1100架。

① 参见空客中国官方网站。

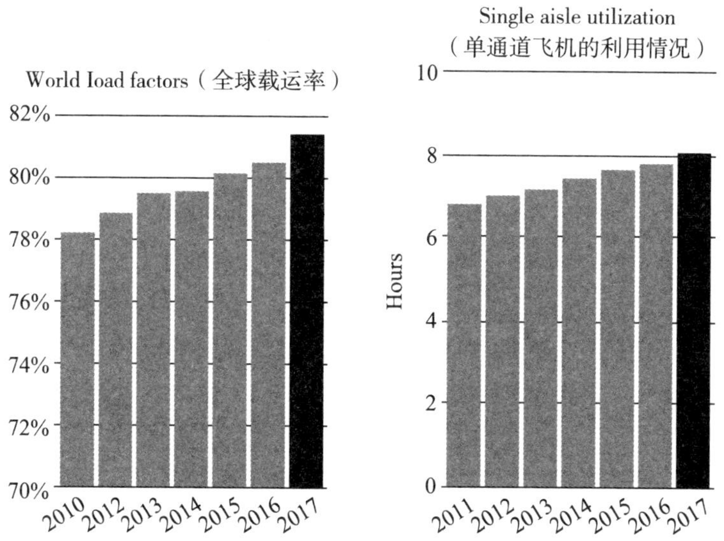

图 1－22

资料来源：空客 2018 年市场。

根据空客 2017 年市场预测显示，未来 20 年对于 250－300 座级的飞机需求将达到 5100 架。目前对于 A330 系列飞机来说，主要的市场压力和竞争来自于波音 787 飞机和空客自己的 A350XWB 飞机，其中波音 787 于 2014 年投入运营，空客 A350XWB 也于 2014 年 12 月交付运营。这几款飞机的目标市场均为长航程、250－300 座级市场，且均在维修运营成本、技术通用性方面有非常显著的优势，作为后来推出的机型对于 A330 的冲击较大。所以，空客在 2014 年宣布对 A330 宽体机进行换发技术升级，升级后的机型分别为 A330－800neo 和 A330－900neo，分别用来替代 A330－200 和 A330－300 飞机，如图 1－23 所示。

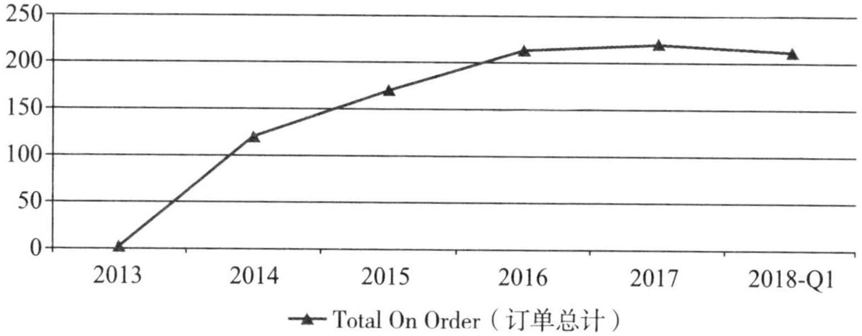

图 1－23　升级后的空客订单数量情况

资料来源：航升 ASCEND 第二季度机型报告 A330neo。

换发之后的飞机将和原有机型保持95%的通用性，对于飞行员培训、航材储备、运营成本等影响非常小。2018年5月葡萄牙航空对A330neo飞机进行了首飞。A330系列飞机曾经是非常成功的一款宽体发动机，但不得不承认，目前面临越来越多的竞争，即使空客宣布了换发计划来更新该机型，但相对来说，并不是彻底的升级。该机型对于航空公司来说，能有效提高航程、增加荷载、降低单座成本，还能保持机队的高度通用性，这对低成本航空公司来说具备一定的吸引力。所以，第一大订单公司亚洲的知名廉价航空公司AirAsia X订购了66架A330neo。根据空客对这一产品的预测，市场对这一产品的订单约为600架，如表1－12所示。

表1－12　国际主要航空公司对A330neo的需求

Top 5 A330neo Airline Operators (On Order) [前五大空客A330neo飞机运营商(订单量)]	Qty.(数量)
AirAsia X(亚航X航空)	66
Iran Air(伊朗航空)	28
Delta Air Lines(达美航空)	25
TAP Portugal(葡萄牙航空)	18
Garuda Indonesia(印尼鹰航)	14
TOTAL(总计)	151

从租赁公司角度来看，对该产品的订单数量并不是特别多，主要是基于该产品的座级部分与A350和B787产品重合，但在技术方面明显较这两个机型落后，从全生命周期来看，并不是租赁公司特别受欢迎的机型。截至2018年第二季度，A330neo共收到了61架来自3家租赁公司的订单，如表1－13所示。

表1－13　租赁市场对A330neo的需求

Top A330neo Operating Lessors (In Service/On Order) [空客A330neo经营租赁飞机租赁公司(在役或订单数)]	Qty.(数量)
Avolon Aerospace Leasing Limited	30
Air Lease Corporation	29
BOC Aviation	2
TOTAL(总计)	61

资料来源：航升二季度机型报告A330neo。

为了应对波音787造成的冲击，空客宣布了A350的计划，起初空客仅打算进一步更新A330的设计，配备新的机翼、发动机等，但遭到了航空公司客户的反对，不得不在2006年启动一款全新机型的研究设计。A350有4款飞机，分别是A350－800、A350－900和A350－1000以及A350－900ULR，上述几款也被称为A350XWB。首架A350飞机于2014年交付给卡塔尔航空运营。截至2018年4月，根据空客官方网站披露的信息显示，已获得832架飞机订单，其中已交付167架。

表1－14　截至2018年4月国际航空市场对A350型空客的需求

订单及交付	
A350	April 2018
总订单	832
总交付	167
现役飞机总数	167

从订单分布来看，亚洲区域订单数量和占比最大，约为317架，占比39%，其次为中东地区，订单数量为176架，占比为22%。中东的卡塔尔航空作为A350的启动和首发用户，定单为78架，阿提哈德航空订单数量为62架，亚洲地区的新加坡航空订单数量为67架，国泰航空为48架。上述几家航空公司均为枢纽型全服务航空公司，A350XWB具备的远程飞行能力，以及覆盖250－400座级的市场，对于卡塔尔航空和阿提哈德航空飞往亚洲和欧洲，对于新加坡航空和国泰航空飞往美洲、欧洲都是非常合适的长航程机型，如图1－24所示。

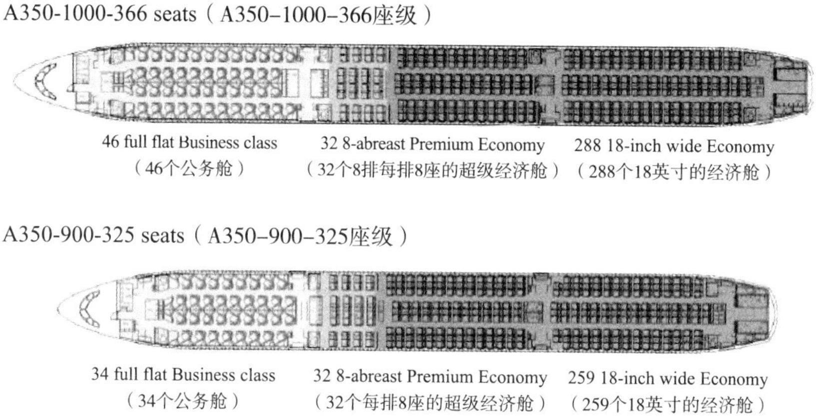

图1－24　空客A350系列剖面效果

三、庞巴迪和巴航工业

以上讨论波音和空客的产品时，主要关注的是120座级以上的窄体机和宽体飞机。对于民用航空运输市场来说，还有另一个支线飞机市场。支线飞机的座级大致从30座到120座，用来执飞旅客量较少或将旅客从点对点运输到交通枢纽的航线。在支线飞机市场，也有两大主要的飞机制造商，即加拿大的庞巴迪公司和巴西的巴航工业公司。

根据庞巴迪2017～2036年的市场预测显示，目前市场上60座级到150座级的在役飞机数量为6900架。在未来20年中，将有12,550架60座级到150座级的飞机交付，金额约为8200亿美元。其中，大型的支线飞机将交付5750架，中小型的支线飞机交付数量预计为6800架。① 以区域进行划分，可以看到北美地区和欧洲依然是支线飞机的主要市场，占据飞机总预计交付量的45%，包括中国市场在内的亚太地区作为排名第二的支线飞机市场，预计未来交付量将占到全球总交付量的29%，如图1－25所示。

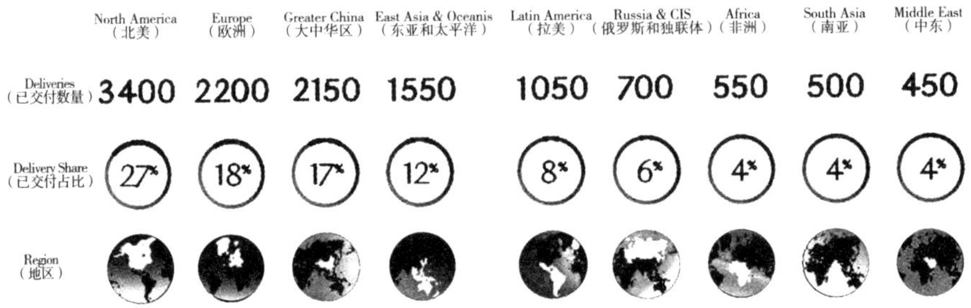

图1－25　全球大型支线飞机、中小型支线飞机市场概况

一般来说，支线航空是干线航空的重要补充部分，通过代码共享、品牌共享等服务，将旅客从较少的区域运输到大型的交通枢纽地区，从而有效协助干线航空的运营。美国和欧洲是支线航空发展成熟的区域。以中国和印度为代表的亚太市场目前支线航空发展较为薄弱。

中国市场方面，从国家层面来看，对新设立航空公司的审批日趋严格。一是严格控制新设航空公司，在“十二五”期间，民航运输总周转量年均增长达到9.6%。随着行业的快速发展，航空运输的快速增长与飞行等专业技术人员、空

① 资料来源：庞巴迪2017年到2036年市场预测。

域资源和地面保障资源不足的矛盾越发突出,影响飞行安全、服务品质和航班正常水平。“十二五”期间新成立航空公司近20家,部分新设航空公司实力不强,规模不大。目前全行业共有航空公司57家,其中客运航空公司51家,全货运航空公司6家,运输飞机2800架,“十三五”期间将达到4500架左右。航空公司已在各地积极布局设立分公司,投放运力,开拓航线,适应地方经济社会发展对航空运输的需求。

二是支持设立支线和全货运航空公司。当前,支线与干线、客运与货运不平衡的矛盾比较突出,支线与货运航空发展滞后。按照中国民航局《关于进一步深化民航改革工作的意见》要求,围绕完善航线网,特别是支线航线网,支持投资人使用支线飞机,尤其是国产飞机设立支线航空公司从事支线航空运输业务;支持投资人设立全货运航空公司,开拓货运市场,完善货运航线网络,促进航空货运发展。

支线航空公司机队规模达到25架且月均飞行小时达到3000小时,方可申请引进干线机型,从事干线运输。全货运航空公司机队规模达到20架且月均飞行小时达到2400小时,方可申请引进客运机型,从事客运业务。

在印度市场方面,2016年10月,印度政府出台UDAN支线航空连接方案,以增强印度70多个中小城市与大城市之间的连接,带动中小城市经济发展,其中31个城市尚无航班通过。连接方案中目前第一批次已授权5家航空公司运营以上支线航线,包括印度航空(Air India's regional arm Alliance Air)、香料航空(SpiceJet)、Turbo Megha(原为支线航空公司)、Air Odisha(原为政府包机服务公司)和Air Deccan(原为包机服务公司),第二批次的航空公司将涉及更多主流航空公司。被授权的航空公司可以运营指定的支线航线并可享受相关优惠税收等政策,包括相关支线航线有50%的票价售价将在2500卢比左右(飞行时间小于1个小时的航线),差价由政府进行补助;燃油附加税将低至1%;运营人可享受相关航线3年的独享权,3年内不会有其他航空公司在该类航线上共飞;机场费用减免等。政府方面为了筹集相关经费,或将在国内航班现有票价基础上增加税费,并且规定相关税费全部上缴至印度机场管理局。

(一)巴航工业

1969年,巴西政府成立了巴西航空工业公司(以下简称巴航工业),其中政府控股96.5%的绝大多数股份,并在巴航工业成立之初给予了全方位、持续的支持。巴航工业在起步之初,生产了非常受市场欢迎的军机“巨嘴鸟”螺旋桨军用教练机和“先驱号”飞机,除巴西军方全力支持购买巴航工业所生产的飞机外,这两款飞机在美国也广受欢迎,从而奠定了巴航工业在飞机研发、设计、制造、产业链管理等方面的经验。

20 世纪 80 年代末至 90 年代前半期，由于海湾战争和苏联解体导致全球航空工业市场萧条，加之巴西本国债务危机使经济遭受重创，巴航工业也遇到了巨大的财务危机。由于巴西政府无力继续全方位支持巴航工业，出台了巴航工业私有化的救助政策。1994 年，巴航工业实现了私有化，巴西政府最终保留 1.45% 的股份，但这部分股权可以对公司的重大事项拥有否决权，从而将巴航工业的导向从以技术为核心，变成以市场需求为核心，在一定程度上刺激了巴航工业提供更适合市场需求的产品。

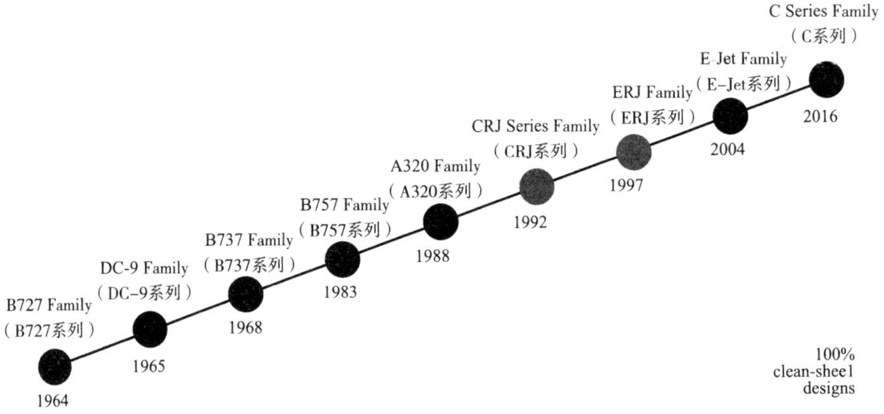

图 1－26　2017～2036 年国际航空市场预测

资料来源：庞巴迪 2017～2036 年市场预测。

在私有化之后，巴航工业经过分析市场，在波音、空客已经占据干线喷气市场的前提下，以支线飞机为目标市场，成功推出 ERJ145 飞机，这也是巴航工业最成功的支线飞机，订单量和交付量都远超过其他款飞机。以 ERJ145 飞机为基础，巴航工业研发了多种不同长度的机身和载客量的机型，包括缩短版的 ERJ145、最小版的 ERJ135 等。ERJ 系列飞机的基本座级为 50 座，是涡扇发动机支线客机，缩短型的 ERJ135 和 ERJ140 的座级数分别为 37 人和 44 人。ERJ 系列飞机有非常高的通用性，3 款机型的发动机型号相同，使航空运营公司具有较低的运营维护成本、较低的飞行员培训、较少的航材储备优势，增加了运营的灵活性及降低了成本。

在 ERJ 系列之后，巴航工业又研发推出了 E 系列飞机，1996 年该系列飞机在巴黎航展上推出。该系列飞机的飞机尺寸更大、业载更大，包括 E170、E175、E190 和 E195 4 款飞机，座级从 78 座到 118 座。E 系列飞机配备了全新的发动机,不仅填补了70座到120座级市场的空白,其最高座级的安排使其与波音和空客的窄体机重合产生了的竞争关系。但是由于波音和空客专注在干线窄体机以及大型宽体客机领域,并未产生过多市场竞争。巴航工业生产的支线飞机在美国市场也很受欢迎,成为大型航空企业枢纽到枢纽运输之后,将旅客分散到最终目的地或将分散旅客集中到枢纽机场的有效补充,这也是巴航工业在找准市场定位之后,能逐步稳扎稳打从50座级飞机到研发推出更大飞机的前提和基础。

截至2018年第二季度,E170和E175飞机目前全球有30家客户运营863架飞机,其中E175飞机占据绝大多数,共有511架飞机由16家航空公司运营。另外,E170和E175的77%机队集中在北美地区运营,市场过度集中也对该产品有一定的负面影响,市场较为脆弱。此外,E170已经接近生产线末期,将于2021年被E170－E2系列替代,如图1－27所示。

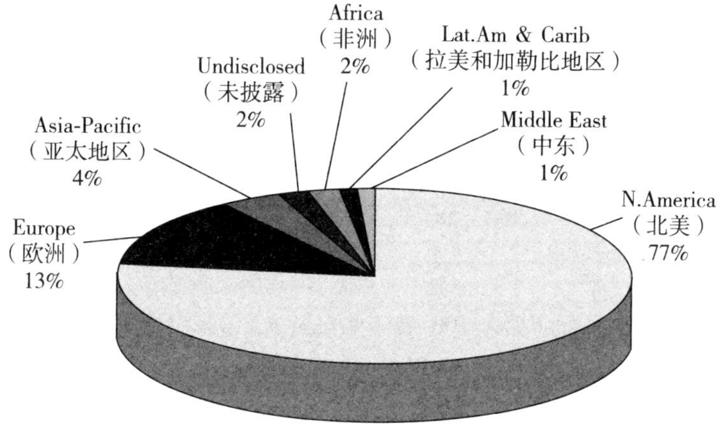

图1－27 航空市场对E170和E175型飞机的需求

资料来源:航升ASCEND第二季度机型报告。

在北美运营的77%的E170和E175机队中,美天西航空公司(Skywest Airlines)运营249架、共和国航空(Republic Airline)运营189架,占据绝对的主力。在支线航空市场,巴航工业的支线飞机已经占据50%的市场份额。此外,以支线航空公司为主要目标客户的租赁公司也较为看好巴航工业的飞机,截至2018年第二季度,Nordic Aviation Capital和GECAS分别拥有28架E170/E175租赁资产。

2013年,巴航工业在E系列的基础上,推出了E－Jets E2的计划,座级继续扩大,涵盖70座到130座级,在E系列的基础上升级了3款机型,即E175－E2、

E190－E2 和 E195－E2。E2 系列的主要竞争对手为加拿大庞巴迪宇航公司新推出的 C 系列新支线飞机。首款机型为 E190－E2,另外两个机型为该机型的缩小和加长版,直接竞争机型为加拿大庞巴迪生产的 CRJ700 和 CRJ900 飞机。和 E 系列飞机一样,E－Jets E2 继续保持了高度的通用性,如图 1－28 所示。

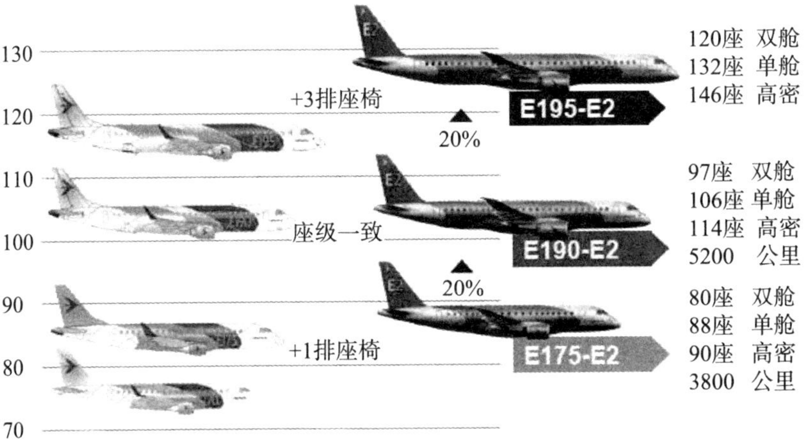

图 1－28　E 系列飞机相关数据

资料来源:巴航工业。

E175－E2 系列目前拥有 100 架订单储备,全部来自美西南航空公司。此外,E190－E2 已于 2018 年 2 月获得来自巴西民航局(ANAC)、美国联邦航空管理局(FAA)和欧洲航空安全局(EAS)的型号合格证,该飞机已经进入全球的支线航空市场竞争中。斯堪的纳维亚地区最大的支线航空威德罗航空第一架 E190－E2 已经正式于 2018 年 4 月投入运营。E195－E2 和 E175－E2 预计分别于 2019 年和 2020 年投入使用。

在中国市场上,E2 系列机型共获得天津航空 22 架订单,天津航空先后运营过 ERJ145、E190 和 E195 等机型,目前机队中有 33 架巴航工业飞机在运营。此外,天津航空、河北航空、多彩贵州航空也是巴航工业产品的运营用户。南航目前有 20 架 E190 的支线机队,截至 2017 年底多彩贵州航空拥有 9 架 E190 飞机,河北航空运营 6 架 E190 飞机。

近年来,随着国际航空运输市场持续发展,无论是全服务航空或廉价航空公司都倾向于选择座级更多的机型,在这种大趋势下,波音和空客生产的干线飞机及超大型飞机开始挤压支线飞机市场。巴航工业在这个前提下,2013 年仍然选择进一步升级现有支线机型，仍聚焦在 70－140 座级支线产品领域。对巴航工业的对手庞巴迪来说，选择将可容纳 100 座级至 150 座级的 C 系列与空客公司合作，一定程度上将会助力 C 系列飞机的销售市场、技术、客户服务等方面，同时部分消除支线飞机对于单通道客机市场的影响，对全球航空制造业格局产生重大影响。

所以在 2017 年底，波音也公开转向巴航工业寻求合作，希望通过收购或合作关系来对抗空客和庞巴迪形成的联合。2018 年 7 月，根据波音公开的信息显示，波音已经与巴航工业签署了备忘录，双方通过组建合资公司的方式，将巴航工业的全部民用飞机业务整合到合资公司中，实现两个公司产品的高度互补，涵盖 70 座级至 450 座级的飞机市场。双方仍须各自获得相关审批，交易预计在 2019 年年底完成。

波音、空客、庞巴迪、巴航工业作为全球最主要的 4 家飞机制造商，在商用飞机领域竞争异常激烈，虽然后两者聚焦支线航空，但依然是波音、空客的窄体机的强有力竞争对手。对于空客来说，A319 飞机作为 A320 的缩小版，自 2012 年后就再也没有新增订单，对于波音来说，2006 年不得不停产 100 座级的 B717 飞机，这两个决策均与庞巴迪、巴航工业在支线飞机领域绝对的垄断有直接关系。

（二）庞巴迪

庞巴迪宇航集团（以下简称庞巴迪）旗下共有两块业务，飞机板块和轨道交通板块。其中飞机板块业务包括商用飞机、公务机和特殊用途飞机（包括灭火飞机等）。1942 年庞巴迪成立之初，并不是以飞机制造起家，而是生产雪地摩托车，后来陆续研发大规模运输技术，进入欧洲市场。其航空制造业的前身为加拿大政府国有的加拿大飞机公司（Canadair），1986 年被庞巴迪并购。此后庞巴迪又陆续并购了波音的子公司德・哈维兰公司（De Havilland Aircraft of Canada）和北爱尔兰贝尔法斯特的肖特兄弟公司（Short Brothers），1990 年收购了生产公务机的加拿大里尔公司（Lear Jet），产品基本涵盖除了干线客机以外的民用领域飞机产品。

通过兼并和收购，庞巴迪积累了生产喷气客机和公务机的基础。在支线商用飞机领域，目前庞巴迪较为活跃的有 3 款机型，Q 系列飞机、CRJ 系列飞机以及 C 系列飞机。但 C 系列目前已经转让给空客公司。庞巴迪累计交付飞机近 4000 架，是中小城市中转到航空枢纽接驳的有效载体。庞巴迪的支线飞机主要服务于“瘦薄市场”，干线航空营收无法覆盖、高铁尚未普及的地区，是支线航空的用武之地，在提高交通的互联互通，并配合大航空公司提供网络通达性方面有不可替代的作用。

CRJ 系列飞机于 1991 年投产,是迄今为止销量最大的支线飞机,以较好的经济性和可靠的运营情况服务于支线航空市场。在巴航工业遭受金融危机打击的时候,庞巴迪公司借助这款 50 座级的喷气式 CRJ200 飞机一举打入支线飞机市场。为进行量产,庞巴迪将成立于 1908 年的肖特兄弟公司并入旗下。肖特兄弟是全球第一家生产飞机的公司,主要产品是涡轮螺旋桨飞机,同时也是航空航天产品的重要供应商,此后肖特兄弟主要为 CRJ 系列生产飞机部件。

CRJ 在市场上非常受欢迎,属于大型支线飞机,陆续推出了 5 种机型,分别是 CRJ100、CRJ200、CRJ700、CRJ900 和 CRJ1000。目前庞巴迪仍在生产的飞机包括 CRJ700、CRJ900 和 CRJ1000 3 款。在巴航工业 ERJ 飞机进入市场时,发现 CRJ200 支线飞机几乎统治了 50 座级市场。1999 年,庞巴迪在 CRJ200 的基础上开发了 CRJ700 飞机,可搭载 70 位乘客;CRJ900 继续在 CRJ700 的基础上进行结构和设计改进,于 2001 年进行了首飞,可容纳 86 ~ 90 座级。

CRJ 900 的强化机翼带有重新设计的小翼,翼展 81.50 英尺。飞机配备有两个通用电气的 CF34 – 8C5 发动机,可提供 0.83 马赫的巡航速度以及 1976 海里(3408 公里)的最大航程。C5 引擎的推力与原有引擎相比增强了约 7%。CRJ 900 的标准设计加大了腹舱和尾舱,使每位乘客能拥有平均 10.5 立方英尺的储物位置。CRJ 900 的主要竞争机型是巴西工业 E190。

根据庞巴迪官方公布数据,截至 2018 年第二季度,庞巴迪 CRJ 系列飞机共有确认订单 1904 架,其中已交付 1804 架。其中 CRJ900 机型确认订单 430 架,已交付 365 架。

该机型 50% 以上的用户集中在北美地区,其次为欧洲和亚太。中国国内该机型最大客户为华夏航空,共有 38 架 CRJ900 订单,其中已交付 20 架。东航云南、上海航空、山东航空也是 CRJ 机型的用户。

截至 2018 年第二季度末,全球共有 21 家航空公司运营 418 架 CRJ900 飞机。随着 C 系列以及竞争机型 E2 的推出,CRJ 系列飞机的订单量在 2005 年到达顶峰之后,目前已经基本趋于零,如图 1 – 29 所示。

在目前 CRJ900 和 CRJ1000 共计 496 架在役飞机中,占据 58% 的机队集中在北美地区,欧洲地区占比为 26%。地域分布较为不均,虽然市场保有量较大,但客户数量明显较少,如图 1 – 30 所示。①

① 资料来源:ASCEND 航升 2018 年第二季度机型报告 CRJ900/CRJ1000。

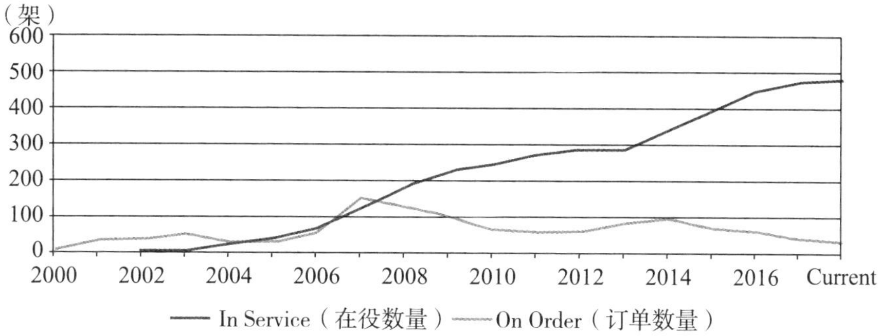

图 1－29　CRJ 系列飞机的订单数量逐年下降

资料来源：ASCEND 航升 2018 年第二季度机型报告 CRJ900/CRJ1000。

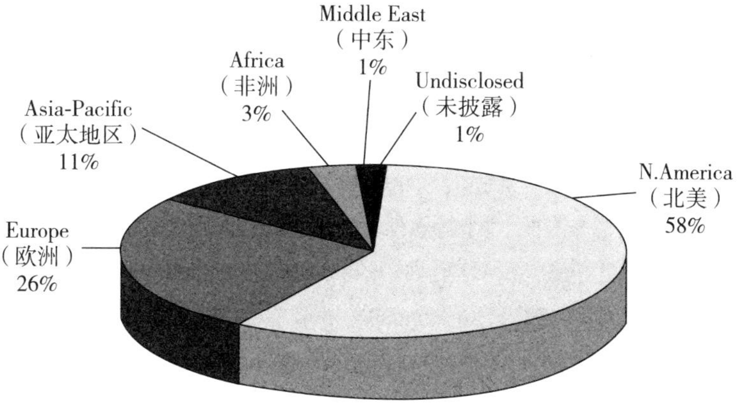

图 1－30　CRJ900 和 CRJ1000 两种机型在北美、欧洲市场所占的份额

除了 CRJ 系列飞机，庞巴迪还生产了更少座级的飞机 Q 系列飞机，Q 系列是大型的涡轮螺旋桨飞机，包括 Q100、Q200、Q300 和 Q400 飞机，目前仅 Q400 飞机仍在生产。Q100 飞机于 1983 年进行首飞，陆续获得美国航空快运、西北航空、地平线航空等订单；Q400 飞机于 1998 年首飞，获得了 Q 系列飞机中最高的订单数量。该款飞机是目前民用航空领域飞行速度最快的涡轮螺旋桨飞机，采取最高密度座位布局，可容纳 86 ~ 90 座级，这个座级超过了法国的 ATR72 飞机。

2010 年，该机型被改进升级为 Q400NextGen（Q400NG），即 2010 年后生产的 Q400 均为 Q400NG 机型。2014 年，该机型进一步提高载客量，基础载客量可达到 86 座，是当时涡轮螺桨支线客机中载客量最大的机型；同年，推出了客运和货运的结合构型 Combi 构型，主要针对较为偏远、地面交通无法通达的航线市场。庞巴迪已公布了对于Q400机型下一步的改进计划,预计将通过移除一个逃生门以进一步减轻重量和维修成本。

Q400飞机目前共拥有48个运营商,在役飞机数量为517架,包括Q400,以及Q400新一代飞机。运营数量最多的航空公司为美国地平线航空,运营53架,其次为英国Flybe航空,运营52架,如表1－15所示。①

表1－15　Q400型飞机在48运营商中的所占的份额

Top 5 Bombardier DHC－8－Q400 Airline Operators (In Service/On Order) [全球前五大Q400飞机运营商(在役数量/订单数)]	Qty.(数量)
Horizon Air(美国地平线航空)	53
Flybe(英国Flybe航空)	52
SpiceJet(印度香料航空)	47
Westlet Encore(加拿大Westlet Encore航空)	45
Jazz(加拿大爵士航空)	44
TOTAL(总计)	241

Q400飞机是一款机身加强的涡轮螺旋桨飞机,巡航速度可以达到667公里/小时,几乎接近喷气式飞机,这个特点使经营短途航线的航空公司用该机型替代支线喷气飞机,从而更经济,盈利性更高。该款飞机在印度的香料航空业备受欢迎,目前在役和订单Q400飞机数量截至2018年第二季度为47架,用来执飞偏远地区、客流量较少的航线,在一定政府补贴的基础上达到较好的经济效果。从租赁公司角度来看,第一大支线航空租赁公司Nordic Aviation目前机队中共有80架Q400飞机资产,GECAS机队有16架。在一定程度上说明,该机型在航空公司和租赁公司有较强的流动性。对于有一定机龄的老旧Q400来说,市场情况并不乐观,随着飞机制造技术的进步、节油性经济性更好的机型陆续推出,如ATR72。大部分二手Q400飞机进行了拆解,此外机队的封存数量也在增加。

航空公司对于新飞机的需求源于旅客对于航空飞行的需求,从目前趋势来看,60座级到100座级的中小型支线客机由于油价的低位运行、旅客对于航空运输的旺盛需求而增长缓慢,反而在100～150座级的支线飞机领域,受市场驱动、油价驱动的影响下,需求日益旺盛,这也是巴航工业推出E2系列、庞巴迪推出C系列的重要原因。

① 资料来源:航升2018年第二季度机型报告Q400。

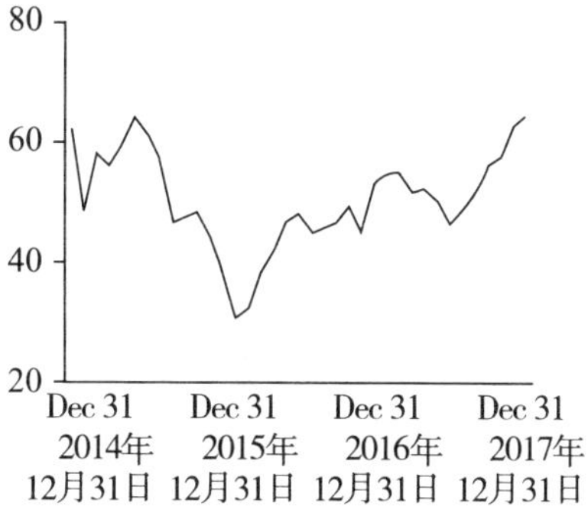

图 1－31

资料来源:2017 年庞巴迪财报。

庞巴迪在 2004 年宣布将研发比 CRJ 更大的 C 系列飞机,座位数在 100～149 座之间,是一款喷气式大支线/小干线客机。2007 年 11 月宣布 C 系列采用普惠发动机 PW1500G,其油耗和运营成本相对于 CRJ 来说分别会降低 20% 和 15% ,有 CS100 和 CS300 两个型号,目录价格在 7950 万美元到 8950 万美元之间。该座级的飞机竞争目标为波音和空客垄断的小型干线客机市场,以及巴航工业的 E2 系列。

其中 CS100 飞机于 2016 年 6 月正式向启动用户瑞士航空交付,2017 年 5 月向瑞士航空交付首架 CS300 飞机。

C 系列对于庞巴迪来说,是进军小干线客机的敲门砖,在启动项目计划时,恰逢全球油价 145 美元/每桶的高位,加上全球趋严的碳排放标准,C 系列对外宣布的 20% 节油和 15% 节约运营成本,无疑非常符合市场需求。而后由于研发时间的拖延、发动机的技术延迟、全球油价降低到顶点,C 系列的优势几乎被市场的变动抵消到全无。对航空公司来说,市场上 A319 和 B737－700 的供应量充足,这两款成熟机型的运营维护成本低、可靠性高等特点,使航空公司没有动力去选择 C 系列飞机。同时,波音和空客通过升级 A320 和 B737 的发动机来进一步促使航空公司选择更大的飞机,进一步压缩了小干线飞机的市场。

截至 2018 年第二季度,市场上在役及订单的 C 系列飞机共 245 架。其中北美两家航空公司占据 120 架 49% 的规模,欧洲地区 5 家航空公司占据 70 架规模,如图 1－32 所示。

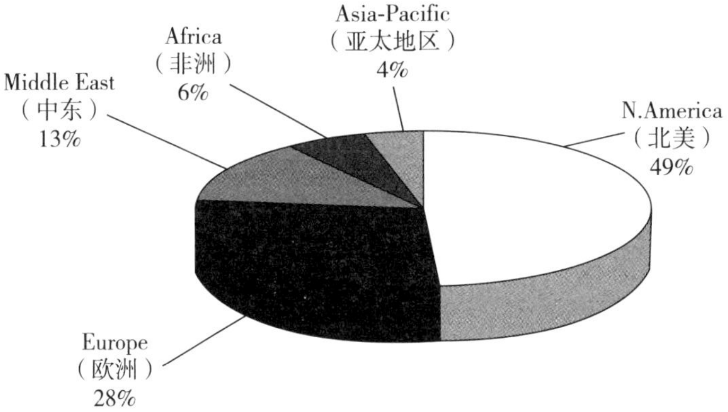

图 1-32　C 系列飞机在北美、欧洲所占的市场份额

资料来源:航升 2018 年第二季度机型报告 C 系列。

北美两大运营航空公司为美国 Delta 航空以及加拿大航空,订单和在役机队数量分别为 75 架和 45 架。此外,瑞士航空订单及在役数量为 29 架,是 CS100 和 CS300 的双机型用户,如表 1-16 所示。

表 1-16　C 系列飞机在北美及欧洲航空公司的数量

Top 5 Bombardier CSeries Airline Operators (In Service/On Order) [全球前五大庞巴迪 C 系列飞机运营商(在役数/订单数)]	Qty.(数量)
Delta Air Lines(达美航空)	75
Air Canada(加拿大航空)	45
Swiss(瑞士航空)	29
AirBaltic(波罗的海航空)	20
SaudiGulf(沙特 SaudiGulf 航空)	16
TOTAL(总计)	185

资料来源:航升 218 年机型报告 C 系列。

截至 2018 年第二季度,波罗的海航空、大韩航空和瑞士航空共运营 29 架 C 系列飞机,此外还有埃及航空在 2017 年末成为 C 系列的新客户。在美国市场,2017 年波音向美国政府提起诉讼,指控庞巴迪出售给美国 Delta 航空的 C 系列飞机价格低,加拿大政府、魁北克和英国政府对庞巴迪进行了不公平补贴,要求美国政府对 C 系列客机征收反补贴税和反倾销税。

庞巴迪拿到了美国 Delta 航空 75 架订单,也是 C 系列最大的订单,最终 2018 年美国国际贸易委员会全票否决了波音的起诉。在受到波音打压的同时,

2017 年 10 月,空客宣布与庞巴迪在 C 项目进行合作,其中空客持有合资公司 50.01% 的股份,庞巴迪与魁北克政府投资署持有剩余股份,目前该系列飞机在空客已经相应变为 A220 - 100 和 A220 - 300。该举措对于 C 系列产品来说,可以利用空客的销售渠道以及融资能力进一步扩大市场份额,但从目前的情况来看,空客对于 C 系列一种策略是协助其在市场的销售,成为 A319neo 的替代产品,另一种策略是维持 C 系列现状,用兼并的方式避免潜在的竞争。对于庞巴迪来说,C 系列作为旗下最新、最优的产品,让出控制权应是其综合衡量各种经济结果的考虑。未来 C 系列的走势,还需要看空客公司对其市场定位。但从空客在波音打压庞巴迪的背景下反其向积极拉拢庞巴迪,应该对 C 系列产品认可并期望该产品有一定市场作为。

绝大部分民用客机的生命周期在 15 ~ 30 年之间,截至 2017 年 12 月 31 日,全球共有 1765 架 60 座到 150 座级之间的飞机在 15 年机龄以上,这个数字占总体支线飞机数量的 25% 。① 这部分飞机都有更新换代的需求,全球市场的油价在 2015 年到达最低点以后,在过去两年已经逐渐回暖上升。航油成本占航空公司总成本的 40% 左右,航油价格的波动对航空公司的盈利敏感性非常强。在航油价格逐渐上升、市场需求更大飞机、飞机技术发展革新等因素综合影响下,可以预测 25% 的老旧飞机中绝大部分将被新机型替代。

四、中国商飞

中国经济快速增长,步入中等收入国家行列。收入的提升,使居民有更多的资金用来进行航空出行。从 2013 年到 2017 年,国内民航运输总周转量年均增长 12.2% ,2017 年全行业完成旅客运输量 5.52 亿人次,其中国内航线 4.96 亿人次,国际航线 5545 万人次,较 2016 年分别有 4.3% 和 7.4% 的增长,如图 1 - 33 所示。

作为全球重要的航空运输市场,中国 2017 年波音和空客飞机的交付量共为 378 架,其中波音 2017 年向中国各航空公司交付 202 架新飞机,此前连续 6 年每年交付的波音飞机数量均超过 140 架,而波音 2017 年在全球的飞机交付数量为 763 架,中国市场交付量占 26% 。2017 年波音和中国商飞在浙江舟山合作成立 737 完工和交付中心项目。

空客方面,2017 年空客向中国航空公司交付了 176 架新飞机,空客向全球

① 资料来源:庞巴迪 2017 年财务报告。

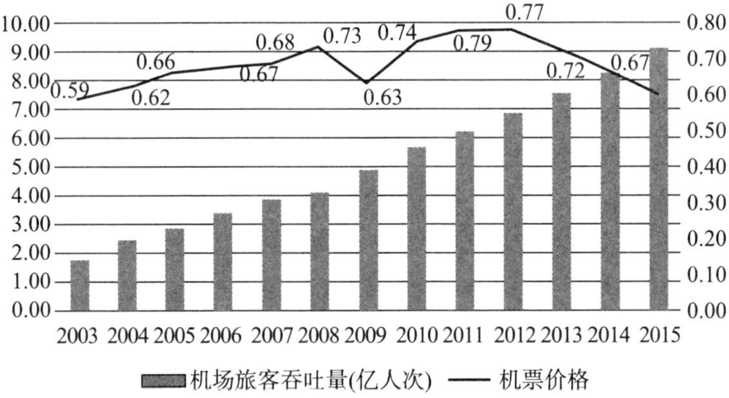

图 1－33　2003～2015 年中国航空市场态势

资料来源:《中国民航业发展与居民增收互动关系》。

交付的新飞机数量为 718 架飞机,中国占空客全球交付量的 25%,并连续 8 年交付量超过 100 架。此外,空客还在 2008 年和 2017 年于中国天津成立了 A320 和 A330 的总装中心,A320 总装线截至 2017 年底交付 48 架窄体飞机。

庞大的市场需求为国内航空制造业提供了良好的市场机遇,2008 年中国商用飞机公司(以下简称中国商飞)成立,目标是制造与波音和空客竞争的窄体机,通过国际领先的生产制造技术来发展本土的大型喷气飞机制造业。中国商飞在成立之初开始运营 ARJ21 支线飞机项目,该款飞机 2010 年首飞,截至 2018 年 5 月,已成功向成都航空交付共 5 架 ARJ21－700 支线飞机,ARJ21 支线飞机的成功运营为中国商飞自主研发喷气式客机奠定了基础。

中国商飞的主打产品是 C919 大型客机。C919 是中国商飞具有自主知识产权的大型喷气式民用客机,2017 年成功首飞,目前的拟交付时间为 2021 年,截至 2018 年 2 月订单数量为 28 家客户的 815 架飞机。客舱布局设计方面,两舱布局座位设计数量为 156 架,单舱座位布局为 168 座,高密度客舱布局可达 180 座。

除了支线飞机、干线窄体飞机,中国商飞 2017 年 5 月与俄罗斯联合航空制造集团成立了合资企业,共同研发中俄远程宽体客机项目。中国在航空领域有一定的窄体机制造经验,如运－11 和运－12,以及巴航工业和哈尔滨飞机制造公司合作生产的 ERJ145 飞机、天津空客总装线的 A320 飞机等,但在宽体机领域的经验薄弱。俄罗斯在苏联时期积累了丰富的飞机制造技术和经验,此前苏联伊留申设计局曾成功研制过四发大型宽体客机,包括伊尔－86 和改进型的伊尔－96,载客量达 300 人,具备一定的宽体机研发、生产经验。C929 宽体机项目的基本航程为12,000公里,基本座级为280座,目标竞争机型为波音787和空客350系列飞机。中俄两国拟以共同开发的方式,希望在宽体机市场上打破波音和空客的垄断,同时进一步扩大我国民机的队伍,带动民航制造业的发展。

在干线客机市场,由于波音、空客两大巨头竞争,对于中国商飞C919来说,生存环境不容乐观。在干线窄体飞机发展史上,波音、空客两家巨头你追我赶,在节油性、可靠性、经济性等方面穷尽极致开展竞争。对于C919来说,国内蓬勃发展的航空运输市场为航空制造业发展提供了土壤,国家在战略层面进行扶持为其发展提供了动力。

对于飞机租赁公司和航空公司来说,波音空客两大制造商产品垄断了全球航空运输业的窄体机和宽体机干线市场,在飞机购买价格的谈判方面航空公司、租赁公司都处于较为劣势的地位,如果能有波音空客以外的第三种干线飞机选择,那么对于租赁公司和航空公司来说都是更乐于见到的情形,如果这第三种可选择的飞机是中国国产飞机,中国租赁公司将在以金融支持国产制造业方面发挥更大作用。目前,浦发银行的全资租赁公司浦银租赁2018年成功向成都航空交付一架国产ARJ21－700飞机,开创了金融租赁公司支持国产飞机租赁的先例。此外,中国飞机租赁公司纷纷以下订单的方式支持ARJ21飞机和C919飞机,从而凭借自身的金融企业优势,支持国有飞机制造业,使飞机租赁与飞机制造行业共同成长。

在中国飞机制造业持续发展的未来,从事飞机租赁业务的公司将继续深化与航空制造企业的合作关系,重点通过发挥金融租赁集融资融物为一体的优势,为企业提供设备融资和产品融资,优化企业负债结构,加大支持力度,助力我国航空制造产业的发展。

租赁公司将通过直接采购相关产品作为租赁物出租,如飞机、发动机、航空器配件等,积极依托公司现有的客户资源和业务渠道,助力航空制造企业的市场拓展和产品推广,特别是为海外市场的拓展提供专业融资支持。助力国产飞机走向政局稳定、经济形势向好、国民收入增加、跨国跨区域贸易发展、机场建设力度加大、航空业有发展潜力的国家。同时,在“一带一路”的广阔舞台上,通过金融租赁和制造企业的互联互通,实现产能和资源的优化配置,充分盘活“一带一路”范围内的飞机产业优势资源。

未来,我国航空制造业特别是民用航空制造业仍有较大的发展空间。为深化国际合作,拓展航空制造业海外客户,国内金融租赁公司面临着在境外设立专业子公司或特殊目的公司的需求。相关监管机构应对此给予支持并简化审批手续。

同时,航空制造类企业的产品尚处于培育期,市场认可度有待提高。相关业务除利用传统商业保险和融资外,也需要中信保、进出口银行、国开行等政策性金融机构的大力支持,应统筹各类金融机构的优势,形成合力,共同提升我国航空制造业和金融租赁企业的国际综合竞争力。

第四节　主要租赁公司概况

飞机资产由于以美元为交易币种,同时拥有全球众多的运营客户,所以具有较高的国际流通性,这成为金融行业青睐飞机租赁及飞机融资的重要原因。除了飞机租赁环节的业务,国际上成功的租赁公司大多从飞机的整个生命周期中获得收益,除了飞机批量采购降低租赁资产成本外,租赁到期的续租、转租、生命周期末期的拆解、带租约的资产交易等环节也成为租赁公司盈利的来源。

在租赁环节,飞机租赁公司起初大多以为航空公司的订单提供售后回租业务为主,在积累了一定经验之后,便从飞机制造商处以批量采购的形式直接订购飞机,从而使业务从被动的售后回租业务发展到主动的营销及资产、客户优化配置。以资产交易为例,主要的国际租赁公司在各个主要区域配备市场开拓和销售人员以外,会按一定比例配置资产交易人员。在一单租赁业务决策是否投放之初,便会有资产交易人员对于项目发表意见,从资产的流动性角度对项目提出意见和建议,从而在项目投放之初,便从公司整体机队情况出发,从是否匹配与租期相符合的长期贷款或近期拟进行交易匹配过桥贷款方式,使整个机队流动,动态调整机队的构成,从而保持一个机龄可控、机队保值性技术性较好的机队。

以日本三井住友(以下简称“SMBC”为例)飞机租赁公司为例,该公司在大中华区配备一名资产交易人员,从2010年开始,中国飞机租赁市场起步阶段,该公司抓住中资租赁公司扩大机队规模、客户网络的需求点,在中国市场成功出售了几十架飞机。大部分交易采取资产包方式,以打包方式将A319等市场上不太受欢迎的机型或者航空公司集中度较高的资产转让给中资租赁公司。

中资租赁公司通过资产包购买的方式,在较短的时间内积累了租赁资产并储备了客户,同时通过资产购买快速了解了飞机租赁合同、租赁主要环节和法律、税务风险点。资产包购买同时存在相应的风险,主要体现在购买的资产或承租人均为租赁公司尚未开展业务的企业，境外飞机租赁的法律和税收风险对于购买方都是全新的。

以印度尼西亚的航空公司为例，由于印度尼西亚和爱尔兰没有直接的双边税收优惠协定，一般的结构是爱尔兰的租赁公司去法国设立项目公司再转租到印尼。但是，法国是 OECD 成员国，国内对于税收优惠的享受者有较为严格的要求，一般意义上的项目公司并不符合法国对项目公司实体化的要求，所以国内租赁公司在决定购买之初，并未意识到这种税务风险，从而在交易之后如没有履行对法国的项目公司进行当地税务法律合规要求时，不得不承受相关的惩罚。

国内租赁公司在起步阶段，经历了人民币融资租赁业务、国内经营租赁业务、资产包购买业务、国际经营租赁业务和飞机批量采购等环节，这对租赁公司来说也是一个“有机”的成长过程。一般的租赁周期为 10 ~ 12 年，通过新飞机的租赁或购买剩余租期较长的资产包业务，使公司和团队的市场营销、风险、法律、融资、技术等板块的能力得到锻炼和提升，从而为租赁的到期退租、不正常到期的飞机取回、飞机再租赁等积累了相应的经验。

在经过了十多年的快速发展之后，国内飞机租赁业已经进入了竞争的“红海”阶段，部分租赁企业做大了规模，较为成功地找到了市场定位，其中国银租赁、工银租赁等以商业飞机为业务重点，民生租赁以公务机业务为重点，不断开拓业务模式。除了银行系租赁公司积极挺进飞机租赁业务，各类资本支持的资金也陆续进入飞机租赁业务，如航空公司为股东的租赁公司（国航租赁、南航租赁等）、机场集团为股东的租赁公司（天合租赁）、民营资本（西藏经租）为股东的租赁公司等，纷纷开展飞机租赁业务，此外还在国际市场上不断有所作为。

在目前国内竞争白热化的情况下，资金端的上涨使部分融资能力较弱或股东对资本收益率有一定要求的租赁企业无力参与新飞机融资租赁和经营租赁业务的竞争，逐渐处置资产并退出该领域，这也是中国飞机租赁业十年发展以来的新现象。

与此同时，在部分飞机租赁公司选择退出这个行业的时候，部分企业在整体经济出现拐点的情况下选择适度推进飞机租赁业务，部分实业集团控股的租赁公司以及部分中小规模的金融租赁公司开始降低每年的投放规模，以应对资本端价格高企、客户端成本竞争激励价格较低的市场冲击。此外，还有小部分企业，借助以往十年的业务积累和经验积累，将业务中心转移到海外部分，以爱尔兰为平台开展境外飞机租赁业务，以全球的航空企业为目标客户，并借助中国香港地区新出台的税收优惠，在香港地区开设子公司进行筹融资、开拓飞机租赁业务。

本节选取五家租赁公司，以其公开的信息为基础，分析其机队构成和客户情况。

一、GECAS

GECAS 是美国通用（GE）集团旗下子公司，1967 年开始从事飞机融资租赁业务，到目前已经有 50 多年的从业经验，是商用飞机租赁领域的知名机构和服务提供商，是通用集团的金融板块。GECAS 无论从机队规模还是机队价值来看，都是全球数一数二的大型飞机租赁公司。

从 GECAS 官网上公开的时间发展图可见，该公司 1983 年即成立，大约 20 年后，开拓了第一单美国以外的业务，此后 1986 年并购了美国的 Polaris 飞机租赁公司，1993 年并购了 GPA，在 1996 年成为全球最大的飞机租赁公司，1999 年开展发动机租赁业务，2000 年并购了 PKAirFinance 公司，2002 年开始涉水客改货业务。1967 年的最初业务是 3 架 DC930 飞机的租赁业务。

GECAS 的主要业务包括经营性售后回租和直租业务，直租业务的开展依赖于向波音和空客直接采购大批新飞机。其客户遍布全球 75 个国家的 270 多个客户，同时在全球有 26 个办公室来推进不同区域的业务开展。

GECAS 不断在业务品种方面拓宽、创新，陆续增加了支线飞机和宽体机订单及租赁业务，同时针对机队中波音、空客窄体机的情况增加了客改货的服务，用来最大限度地保障窄体机的资产价值。

飞机租赁业务是 GECAS 的主要盈利来源，占其收入的 70%，此外，GECAS 还提供包括备用引擎租赁、机场和航空公司咨询服务和备用零备件融资与管理在内有效的解决方案。

根据其官方网站披露的信息显示，截至 2018 年底，该公司在全球 75 个国家和地区拥有和管理 1900 多架飞机。租赁物选择方面，不仅有波音空客的窄体机，包括 A320、B737 等，还有 400 多架飞机订单，包括空客 A20neo 系列、波音 max 系列、波音 777 系列和 787 梦想客机系列，将市场上流通性和保值性好的机型做到了基本的全覆盖，从而不仅能给航空公司提供售后回租的支持，还能主动根据手里的订单情况向航空公司营销。从其机队分布图来看，含中国在内的亚太地区成为该公司的资产布局重点，投放占全部机队的 29%，其次是北美和欧洲、非洲区域，投放分别为23%、17%、23%和29%，如图1－34所示。①

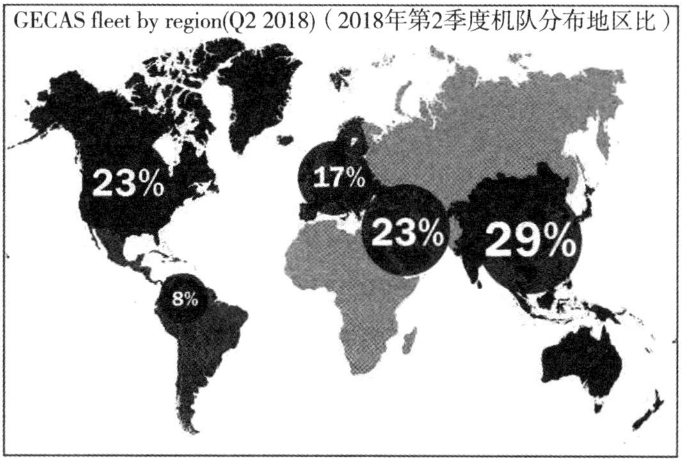

图1－34 GECAS公司航空业务在全球分布示意

除了客机，GECAS还拥有一定数量的货机，目前机队中有波音777、747、767、737等型号的90多架货机。此外，GECAA还是波音B737－800NG客改货的用户。

在支线飞机和涡桨飞机方面，GECAS目前拥有租赁到全球24个国家的37架涡桨飞机，同时有360多架支线飞机，这些支线飞机有庞巴迪飞机、巴航工业飞机以及ATR支线飞机。直升机方面，目前在25个国家开展了租赁业务，主要用于开展搜索和救援、医疗紧急救护、警用和其他领域。GECAS在直升机领域，还从制造商意大利阿古斯他、空客等处直接订购。产品线较为丰富。

除了直接提供经营租赁、售后回租等业务，GECAS还通过PKAirFinance向航空公司提供预付款融资。GECAS旗下的这家公司能提供多种结构化融资方案。此外，GECAS还拥有400多台发动机资产。

GECAS的机队极具竞争力，以窄体飞机为主，平均机龄为7年，主要与世界著名飞机制造商合作，如波音、空客、道格拉斯及庞巴迪等。

GECAS的交易能力很强，是市场上最大、最活跃的资产包和二手/老旧飞机的交易者。近年来，GECAS资产规模稳定，维持在470亿～500亿美元，每年在新增60亿～70亿美元业务的同时，出售价值约30亿～40亿美元的资产，在过

① 资料来源：GECAS公司官方网站。

去的几年中，GECAS 抓住中国飞机租赁市场发展的机会，向中国的飞机租赁公司出售大批带租约的飞机资产。

其资产交易以批量销售为主，搭配不同机龄、不同机型、不同承租人的资产包，并以捆绑销售方式化解单一客户集中度较高、某种机型市场价值下降过快、某个区域地缘政治风险过高等风险。

GECAS 的交易能力不仅体现在买卖飞机资产包方面，更体现在其强大的产业链延伸和投资并购能力上。GECAS 业务范围涵盖整个飞机租赁产业链，具备全寿命投资能力，不但进行新飞机投资，也进行二手飞机租赁甚至拆解和贸易，从事飞机租赁 5 个阶段的全部业务，即飞机订购、出租、资产管理、出售或二次出租、拆解。GECAS 拥有飞机拆解和部件贸易的下属公司，还依托 GE 集团的飞机发动机业务，开展发动机租赁业务，将飞机租赁向上下游产业链延伸。

飞机租赁业是资本密集和技术密集型行业，随着租赁市场快速扩容和行业大型并购整合，行业规模效应越发明显，一般认为当租赁渗透率达到 40% 以上，200 亿美元以上的资产规模能够实现较好的规模效应。GECAS 投资、交易模式就是建立在规模效应的基础上，建立足够的规模，以提高市场覆盖率和议价定价能力。其庞大的规模以及强大的并购整合能力，是很多租赁公司难以企及的。

此外，GECAS 由于飞机租赁业务难以增长，已考虑分散投资寻找新的增长点，包括航运和直升机。从 GECAS 的母公司来看，由于 20 世纪 90 年代大举进军金融业，金融业与其实体行业协作不仅拓展了客户网络，还带来了丰厚的收益。后续通过大胆的跨国并购、金融杠杆等，GE 集团的金融板块营业收入和利润率都遥遥领先于公司的其他板块业务。2008 年的金融危机使其金融板块大受冲击，加之监管的要求不断提高，GE 集团开始逐渐剥离金融业务，而航空租赁业务使 GECAS 成为国际航空租赁巨头，在市场上由于集团财务状况不好、剥离金融板块的原因，在 2018 年屡次传出要被出售的消息。

二、SMBC 飞机租赁公司（SMBC Avitation Capital）

该公司成立于 2001 年，并于 2004 年变成 RBS Aviation Capital（苏格兰皇家银行飞机租赁公司）。在 2012 年 6 月由日本住友商事旗下分公司三井住友金融集团以 73 亿美元从苏格兰皇家银行（RBS）手中收购 RBS Aviation Capital，并将其重新命名为 SMBC Aviation Capital。

根据图 1 – 35 可见，该公司在成立 5 年之后，机队规模即达到了 200 架，以每年 40 架规模的速度在增长；2007 年即启动了 36 架飞机的资产证券化，在机队规模到达一定程度后进行资本运作，成立 7 年后的 2008 年便到达了 300 架飞机的规模。此后在 2014 年获得了国际上普遍认可的评级，顺利在 2016 年发行美元债券。全球客户如图 1 – 36 所示。

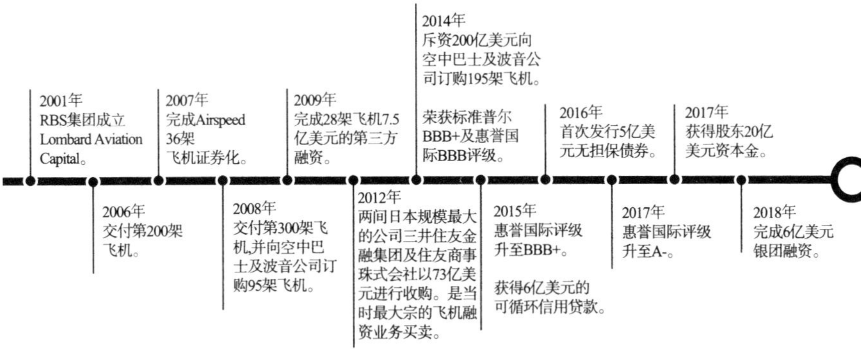

图 1 – 35　SMBC 飞机租赁公司从 2001 年 ~ 2018 年的商业布局

图 1 – 36　SMBC 飞机租赁公司全球客户分布

2013 年，SMBC 进一步在迅速增长的飞机租赁行业进行整合，将住友商事株式会社（Sumitomo Corp）旗下航空业务分支合并，合并后 SMBC 的机队规模达到 350 余架，此举使 SMBC 成为世界第四大飞机租赁公司，与拥有 200 多架飞机的竞争对手们拉开距离。

2005 年以前，RBS 采取典型的销售驱动型策略，即争取大量新飞机订单、积极竞标售后回租市场，尽可能多地买进新飞机资产，内部技术和资产管理能力薄弱，多采用外包方式。其后，公司花了 3～4 年的时间引入交易的概念，2007 年前后在内部建立了交易团队，围绕交易开展业务。SMBC 还建立自己的价值评估体系，摆脱对第三方评估价值的依赖，主动管理资产，掌握飞机交易价格，将投资分析进行量化、机制化、模型化。截至 2018 年，该公司销售的飞机资产合计 404 架，其中日本市场由于有日税结构，很多投资者希望购买飞机租赁资产以达到节税目的，销售数量共计 68 架，此外亚洲地区作为航空运输市场和飞机租赁市场需求旺盛区域，新成立的飞机租赁公司通过购买资产包的方式扩大客户和机队规模，共购买了 29 架。美洲市场和欧洲市场作为传统资产交易大户，分别销售了 169 架和 97 架飞机，如图 1－37 所示。

图 1－37　截至 2018 年底，SMBC 共销售 404 架飞机

SMBC 的机队资产平均机龄为 4.5 年，是全球飞机租赁行业较为年轻的机队。根据官网披露的机队信息情况，该公司目前共有 665 架飞机，其中波音 B737－800 系列数量最多，为 177 架，占比约为 26%；其次分别为 A320 系列和 737MAX 系列以及 A320neo 系列，架次都在 100 架以上。相比于 GECAS 支线飞机、涡桨飞机、直升机、发动机等全产品类型，SMBC 将自产重点放在波音和空客的流通性强的窄体机和宽体机上，同时还有 3 架巴航工业的支线飞机，此外没有其他涡桨飞机、支线飞机或直升机等产品，如表 1－17 所示。

表 1 – 17　SMBC665 家公司拥有各种类型的飞机

Aircraft Type（飞机机型）	Owned（拥有数量）	Managed（管理数量）	Committed（已承借数量）	Total（总计）
B737 – 800	103	71	3	1778
A320 – 200	98	35	—	133
A320neo	15	7	126	148
B737 – Max	4	4	113	121
A321 – 200	10	7	4	21
A319 – 100	6	2	—	8
B787 – 8	8	7	—	15
A350 – 900	8	—	—	8
B787 – 9	—	8	—	8
B777 – 300	—	10	—	10
B737 – 700	—	5	—	5
A330 – 300	—	4	—	4
ERJ – 190LR	—	3	—	3
B737 – 900	—	2	—	2
A321 – Neo	2	—	—	2
Total（总计）	254	165	246	665

整体机队资产中可以看到，亚洲地区是 SMBC 的资产投放重点，占比约为总资产的 38%，欧洲和南美分别位列第二和第三，占比分别为 30% 和 22%。从该公司在全球设立代表处的地点选择可以看出，亚太地区在北京、中国香港地区、上海、新加坡和东京均有办事机构，而在投放量较少的非洲和中东区域并没有设立办公室，如图 1 – 38 所示。

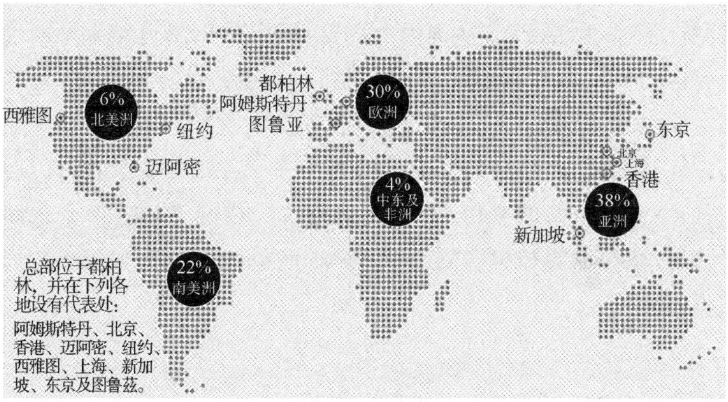

图 1 – 38　SMBC 公司在全球亚洲设立的办公室

根据SMBC飞机租赁公司官网公布的财报显示，该公司2017年全年的税前利润为3.19亿美元，较2016年同期相比上升了2.2%，飞机租赁资产约为100亿美元。在飞机资产交易方面，全年共处置了50架飞机，其中19架卖给了Aircastle公司。机队构成方面，其中22%为波音和空客的最新窄体飞机，宽体机方面，11%为波音的787系列和空客A350系列。①

该公司的机队机龄调整较快，在交易了50架飞机的基础上，同年新签署了43架飞机的售后回租业务，使其整体机队的平均机龄保持在4.5年左右。

从其财务报表中可见，该公司非常注重保持一支机龄较轻的机队，通过新增业务以及一定比例的带租约的飞机销售来调整机龄、机型构成，从而使整个公司业务的租赁期资产管理、退租、二次租赁等业务有条不紊地推进，并通过交易来实现机队优化和溢价。

根据其官方网站披露的业务情况显示，该租赁公司广泛与全球的航空公司开展了业务，并不限于全球一流的航空公司。以俄罗斯市场为例，虽然该市场此前受到美国的制裁，融资困难，但该公司与俄罗斯的S7公司开展了8架A320neo飞机的经营租赁直租业务。虽然在中国市场上也有租赁公司陆续与俄罗斯的航空公司开展业务，但大多从风险控制角度考虑，只与最大的载旗航空公司Aeroflot公司开展了业务，对于其他的包括S7在内的公司，在没有考虑清楚如何化解风险的前提下，并没有开展业务。这在一定层面说明，SMBC飞机租赁公司对于即使违约下的飞机再处置有一定的信心，也能在风险和收益匹配的情况下合理开展业务，如图1－39所示。②

除S7，SMBC飞机租赁公司还将4架波音B737MAX飞机经营租赁给国内的祥鹏航空（Lucky Air）。从国内市场来看，海航集团近年来不断通过资本的运作，与国内各地方政府进行合作成立了一批航空公司，包括乌鲁木齐航空、北部湾航空、福州航空等，在航空主业板块大规模扩张，同时还在海外投资、收购方面频繁操作，造成资产负债率逐步升高，融资需求和缺口较大。海航旗下的航空公司以海航股份为代表，运营情况较好，但是，由于集团对于各子公司的财务把控能力较强，导致部分企业虽然经营良好，但仍发生迟付租金的情况。

---

① 资料来源：SMBC飞机租赁公司官方网站2018performace。

② 资料来源：2018年中国民航官网披露的财务报表。

S7 AIRLINES（俄罗斯S7航空）

S7 Airlines

8 × A320neo Direct | Order Placement（8 × A320直租/订单数量）

GENESIS

Genesis Aircraft Services

Portfolio of 8 owned & managed aircraft sold（8架自有及管理的飞机销售）

JET AIRWAYS（印度捷特航空）

JET AIRWAYS

13 × B737 MAX | PDP Financing & SLB（13 × B737MAX/预付款融资售后回租）

WIZZ（匈牙利威兹航空）

WIZZ

5 × A321ceo | SLB（5 × A320ceo/售后回租）

AIR ASTANA（阿斯塔航空）

air astana

3 × A320neo Aircraft | Direct Order Placement（3 × A320neo飞机/直租订单处置）

AVIANCA

Avianca（哥伦比亚航空）

11 × A320 family | PDP Financing & SLB（11 × A320系列/预付款融资&售后回租）

图 1－39 SMBC 飞机租赁公司与全球航空公司的合作(部分)

2017 年受国内外经济形势影响,以及关于海航集团可能违约的负面消息影响,很多金融机构停止给予海航集团及其下属公司授信、放贷,甚至要求提前偿还借款,造成海航集团的现金流紧张,导致信用危机。在这种情况下,国内金融系飞机租赁公司大部分已经暂缓与海航集团的合作,但是,从 SMBC 的财报中可见,该公司与海航旗下并非最大的航空公司祥鹏航空开展了 4 架窄体机的租赁业务。①

SMBC 2017 年 3 月到 2018 年 3 月财年的收入中,绝大部分为租赁获得的收入,为 9.62 亿美元,占总收入的 98.6%,租赁收入中含租金收入、维修储备金收入。除了租赁收入,SMBC 还有其他收入,主要是飞机管理费用为 1283 万美元,占比 1.3%。

截至 2018 年 3 月 31 日,SMBC 飞机租赁公司机队规模为 675 架(包括自有、管理、签署意向的飞机),将其所有收入分区域来看,欧洲地区收入来源最多,占比 41.1%,南美地区占比 21%,从这个比例来看,该公司将大约一半的飞机处置到了经济相对较为成熟、法律制度较为健全的欧洲国家,同时在全球其他区域有一定比例的投放,具体情况如表 1－18 所示。②

① 资料来源:SMBC 官方网站披露的 2018 年财报。

② 资料来源:2018 年 SMBC 披露的财务报表。

表1-18

Total revenue distribution by geographical region (全部营业收入按地区分布)	Bercentage (百分比)%	Bercentage (百分比)%
Developed Europe(欧洲发达地区)	29.2	27.1
Emerging Europe(欧洲新兴市场)	11.9	12.3
South America(南美)	21.0	20.5
Emerging Asia(亚洲新兴市场)	18.5	22.3
Asia(亚洲)	8.1	5.2
North America(北美)	6.8	7.8
Middle East & Africa(中东和非洲)	4.5	4.8
	100.0	100.0

三、Aercap

该公司是一家在纽约证交所上市的租赁公司,最初成立于1995年,在全球都柏林、香侬、洛杉矶、新加坡、荷兰阿姆斯特丹、上海、西雅图等多地设有办公地点。在2013年底兼并了ILFC(International Lease Finance Corp.),从而成为和GECAS相抗衡的超级大型飞机租赁公司。该公司从事飞机租赁业务(直租和售后回租)、飞机资产交易、飞机资产管理(包括飞机再处置、技术管理、合同管理等服务)。该公司目前在全球80多个国家和地区拥有200个客户。目前,Aercap公司股票的最新股价为47.95美元/股。

截至2017年底,Aercap共拥有和管理980架飞机,主要以波音和空客的窄体飞机为主,占比大约为50%,并辅助以波音空客的宽体机,其中占比最大的为波音787飞机;同时还有少量的支线飞机订单,具体机队构成如表1-19所示。①

表1-19 Aercap公司机队构成一览

机　型	自有飞机数量(架)	占比(%)	管理飞机数量(架)	飞机订单数量(架)
空客A320系列	370	21	52	—
空客A320neo系列	48	7	—	222
空客A330	83	11	10	—
空客A350	17	7	—	9

① 资料来源:笔者根据财报及公开数据整理。

续表

机　型	自有飞机数量(架)	占比(%)	管理飞机数量(架)	飞机订单数量(架)
波音 737NG	274	22	43	—
波音 737MAX	—	—	—	104
波音 767	34	1	—	—
波音 777－200er	23	2	2	—
波音 777－300er	29	6	2	—
波音 787	63	22	—	53
巴航工业 E190/195－E2	—	—	—	50
其他	39	1	4	—
合计	980	100	113	438

从表 1－19 可见，该公司除了通过租赁方式获取飞机，还有 438 架的飞机订单，制造商包括波音、空客和巴航工业，其中，空客 A320neo 为 222 架，这个数量可以说相当于大中型航空公司的总体机队规模，通过自有订单的方式，来主动实现战略目标。

该公司前 5 家大客户分布于美国、中东、法国等区域，虽然有一定的客户集中度，但是，这些客户的信用风险相对可控，国别风险也较低，在飞机运营和维护方面有较为丰富的经验，具体情况如表 1－20 所示。①

表 1－20　Aercap 公司五大客户分布示意

前五大承租人	地区分布	2017 年租赁收入占比
美国航空(American Airlines)	北　美	6.90%
阿联酋航空(Emirates)	中　东	4.70%
法国航空(Air France)	欧　洲	4.60%
中国南方航空(China Southern Airlines)	亚　洲	3.70%
Latam Airlines	南　美	3.60%
合　计	23.50%	

① 资料来源：笔者根据财务报表及公开数据整理。

除了与全球的航空公司广泛开展业务，Aercap还有非常强的飞机服务业务，主要包括帮助其他租赁公司再处置飞机、帮助其他租赁公司收取租金维修储备金、租赁期内飞机维修检测、为飞机交付提供技术服务、帮助进行飞机退租检查、按合同约定对飞机进行现场检查、飞机违约情况下的取回工作、飞机注册及取消注册等。关于这方面服务的收费通常以租金为基础进行设定，但对于飞机检查等将根据飞机处置的费用等进行收取。

一般成熟的飞机租赁公司均有活跃的交易团队和交易量，通过买进其他租赁公司的资产、卖出自己的租赁资产来发现带租约飞机的真实价值。从下图可见，从2015年到2017年，该公司在新飞机租赁方面保持较为稳定的速度，但2015年对于二手飞机的处置数量达到108架，这对租赁公司专业能力来说非常具有挑战性。根据Aercap公司官方网站披露的数据显示，从2014年7月1日到2017年9月30日，Aercap共有在租飞机937架，出售了340架飞机，同时还购买了137架飞机，显示出较强的市场交易能力和资产流动能力，如图1－40所示。

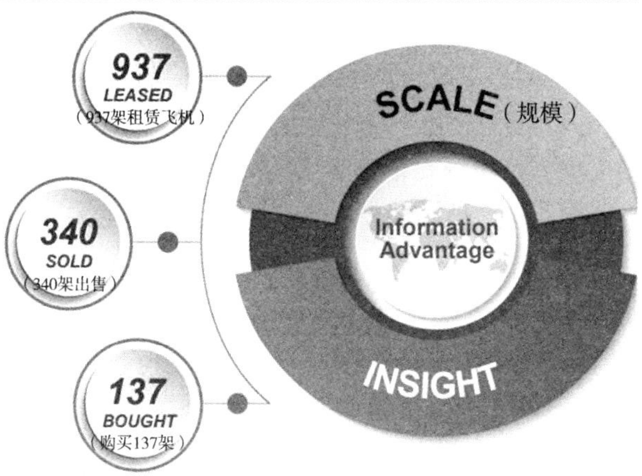

图1－40　Aercap公司用于营运的飞机架数

飞机的再处置包括现有租约的退租、飞机改装、飞机再租赁等重要环节，对于租赁公司的技术能力、市场营销能力、客户储备有很高的要求。Aercap每年还有大约100架的租赁合同展期和续租业务，同时还有将近100架的飞机拆解与销售工作，这些均凸显了该公司在飞机租赁专业方面的能力。

表 1-21 Aercap 公司相关业务情况一览

	Year Ended December 31. (截至 12 月 31 日)		
	2017 年	2016 年	2015 年
Owned portfolio(自有机队)			
New leases on new aircraft...(新飞机租赁数量)	59	72	56
New leases on used aircraft...(二手飞机的租赁数量)	51	75	108
Extensions of lease contracts...(租约续租)	105	113	97
Aircraft purchases...(飞机购买)	58	38	46
Aircraft sales and part-outs...(飞机售销及拆解数)	99	124	68
Managed portfolio...(管理机队)			
New leases on used aircraft...(二手飞机的租赁数量)	4	7	3
Extensions of lease contracts...(租约续租)	11	12	12
Aircraft sales and part-outs...(飞机售销及拆解数)	15	17	15
Total aircraft transactions...(飞机交易量合计)	402	458	405

从 2015 年第四季度开始到 2017 年第三季度,该公司平均每季度净收入为 2.65 亿美元,其中 2016 年四季度该公司净收入为 3.65 亿美元,显示出强劲的盈利能力。对于 2018 年、2019 年和 2020 年的股价方面,该公司预测 2018 年之后的 3 年股价将继续保持增长,如图 1-41 所示。

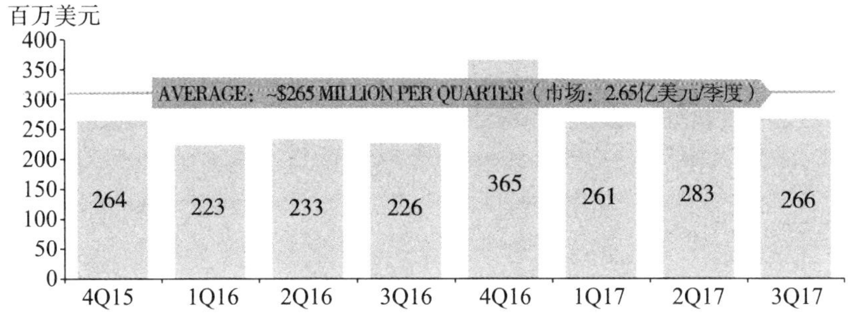

图 1-41 Aercap 公司营业利润一览

作为一家上市公司,在每股票面价值增长方面,该公司在过去 4 年中保持稳定上升,年增长率为 16%,如图 1-42 所示。这得益于全球航空运输市场的发展,带动了航空租赁市场、航空租赁资产交易市场的活跃。从 1986 年以来,航空运输业每 15 年翻一番,在飞机制造商波音的 20 年飞机需求预测中,中国市场的年增长率为 6%,2017 年全球旅客运输量增长为 7.7%,全球的航空载运率为 81.7%。

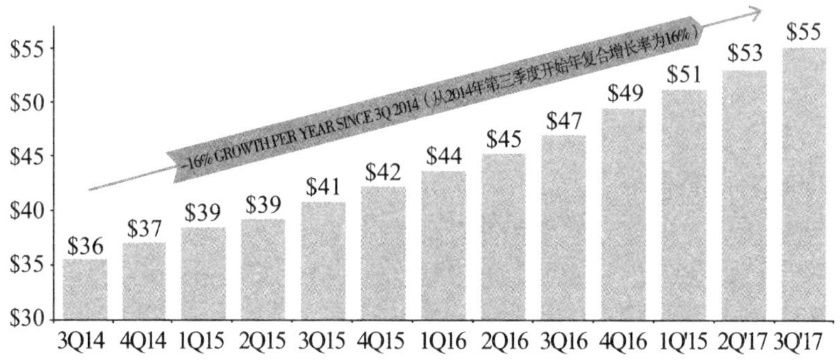

图 1－42　Aercap 公司在 2014～2017 年间利润增长一览

四、工银租赁

国内航空租赁业的代表企业为工银租赁、国银租赁，两家企业从 2007 年开始从事航空租赁业务，经过十多年的发展，管理的机队规模在 500 架以上，在国内市场打破了境外租赁公司垄断的行业地位，开创了保税租赁等业务模式，同时在国际市场也颇有作为。在飞机批量采购、新飞机租赁、到期飞机转租、续租、飞机拆解等产业链全流程中积累了一定的经验，成为活跃在国际航空租赁市场中的一支重要力量。

工银租赁是工商银行的全资租赁公司，成立于 2007 年，也是国内租赁公司中最早开展航空租赁业务的金融租赁公司。根据公开信息显示，截至 2018 年 5 月工银租赁共交付 325 架商用飞机，其中，152 架波音飞机、154 架空客飞机、15 架巴航工业飞机和 4 架庞巴迪飞机，如图 1－43 所示。①

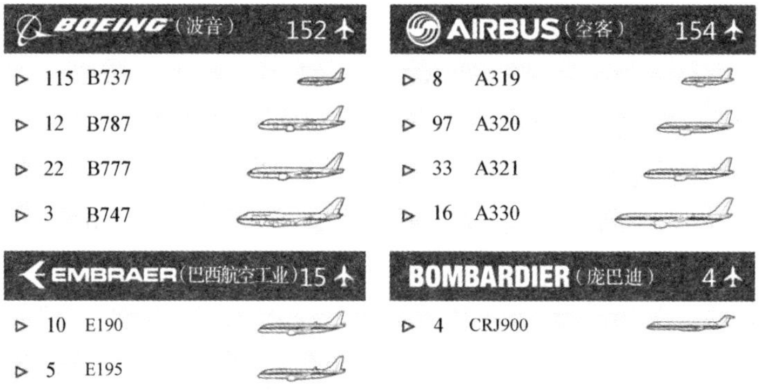

图 1－43　工银租赁拥有 4 种主要机型一览

① 资料来源：工银租赁官方网站。

五、中银租赁(BOC Aviation)

中银航空租赁成立于1993年11月25日，是首家设立于新加坡的飞机经营性租赁公司，前身是新加坡飞机租赁企业(S. A. L. E.)，1997年引进淡马锡控股和新加坡政府投资公司作为股东，2006年12月由中国银行全资收购。截至2017年年末的财务报表显示，该公司资产总额160亿美元，自有及管理的机队规模达318架，平均机龄为3年，平均剩余租期为8.2年，全球拥有80家客户，位于33个国家和地区。该公司近年来的主要发展历程如表1－22所示。①

表1－22　中银租赁公司从2009年以来的发展概况

年　份	事　项
2009	Owned fleet exceeded 100 aircraft(自有机队超过100架)
	Office opened in Dublin(都柏林办公室开业)
2011	Owned fleet exceeded 150 aircraft(自有机队超过150架)
	Placed first order with Embraer for E190 family aircraft(处置第一架巴航工业E190飞机订单)
2013	Owned fleet exceeded 200 aircraft(自有机队超过200架)
2014	Owned and managed fleet reached 250 aircraft(自有及管理的机队达250架)
	Aircraft on order at the end of the year exceeded 200(年末飞机订单超过200架)
2015	Office opened in Tianjin(天津办公室开业)
	First portfolio sale of 24 aircraft to a special purpose purchaser funded by the capital markets(首次在资本市场上将24架飞机销售给一家购买商)
2016	The Company was converted to a public company limited by shares and changed its name to BOC Aviation Limited(公司2016年完成上市并更名为中银航空租赁)
	The Company was listed on the Main Board of the Stock Exchange of Hong Kong on 1 June 2016(2016年6月1日在香港证券交易市场主板上市)
2017	Office opened in New York(纽约办公室开业)

根据表1－22所示，中银租赁在2013年超过200架飞机规模之后，将主营业务放在以下几部分上：

(1)经营租赁(operating lease)，即从飞机制造商处直接批量采购飞机，并将飞机经营租赁给有需求的航空公司运营，飞机到期后进行二次处置；

① 资料来源：中银租赁官方网站。

(2)售后回租(sale and leaseback),即选择流通性较好的空客和波音等机型向航空公司提供资金支持;

(3)债务融资(Debt financing),该部分服务主要依托于母行中国银行全球的分支机构与中银租赁本身的飞机租赁业务结合起来,向航空公司提供服务和支持;

(4)租赁资产管理(lease management),即依托自身强大的技术团队、专业营销和飞机处置能力,协助其他飞机租赁公司或金融机构对租赁机队进行管理;

(5)飞机销售(aircraft sales),这部分主要是将已经租赁给航空公司的飞机资产带租约销售给其他租赁公司或金融机构,以实现资产盘活,提前实现盈利,调节机队构成和机龄等。

仅2017年,中银租赁交付飞机74架,并签署103架飞机的租赁协议,销售了30架带租约的飞机,并同时拥有173架飞机订单,如表1-23所示。①

表1-23 中银租赁公司拥有波音及空客系列飞机一览

机型	自有(架)	代管(架)	已定购而尚未交付(架)	总计(架)
空客A320CEO系列	135	11	3	149
空客A320NEO系列	5	0	61	66
空客A330CEO	12	7	0	19
空客A330NEO	0	6	2	8
空客A350	2	0	4	6
波音737NG	99	9	15	123
波音737MAX	0	0	84	84
总计	253	33	169	455

资料截至2017年12月31日。

资料来源:BOC AVIATION网站。

中银航空租赁2006年被中国银行以32.5亿美元收购,目前资产已经增加至160亿美元,实现自1993年11月成立以来连续20年持续盈利。2017年以来,航空公司越来越多地要求固定租金,可以看到固定租金的比例在2017年达到最高点,占比为66%,如图1-44所示。②

① 资料来源:中银租赁2017年年报。

② 资料来源:中银租赁2017年财务报表。

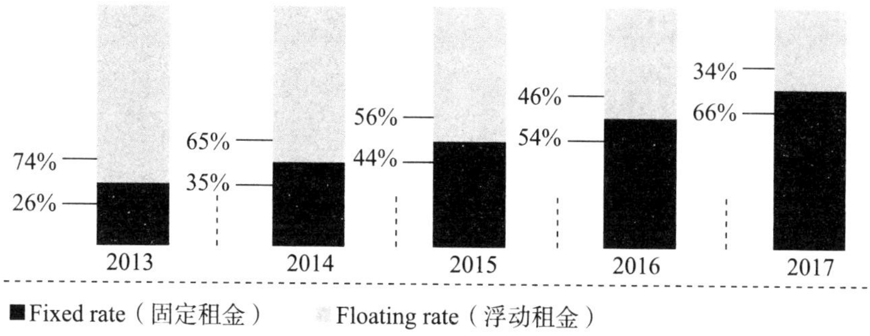

图 1－44 中银航空租赁从 2013 年～2017 年固定租金比例递增情况一览

在成本端，为了与固定租金相匹配，避免利率波动风险，中银租赁将 47% 的贷款匹配成固定贷款，但是，仍有超过一半以上的贷款为浮动利率，该公司管理利率与租金错配变成提高盈利，如图 1－45 所示。①

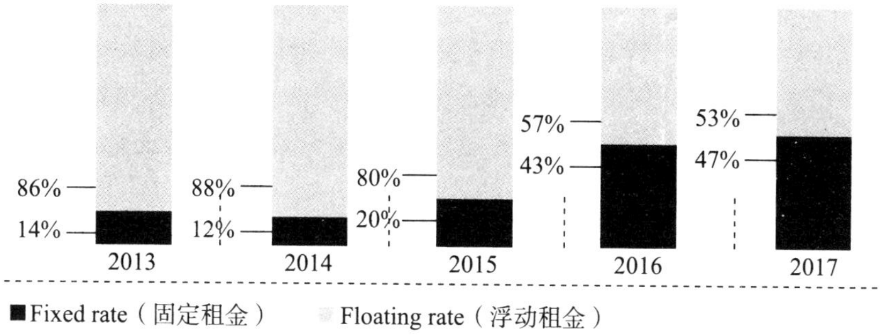

图 1 45 中银租赁公司贷款及贷款利率变化情况一览

中银租赁将规模上限设定在 350 架飞机、150 亿美元飞机资产组合。为便于日后出售，中银租赁将机队平均机龄控制在 5 年以下，一般在租期的三分之一到三分之二时出售飞机，以维持滚动投资保持年轻机队和投资回报，提早在第一个租期带租约转让，规避二次出售和退租对资产价值和收益的负面压力。采取首个租期带租约转让，转让价格通常比账面价格溢价 7% ～14% 。

2017 财年，中银租赁营收中，91. 6% 为租金收入，5. 6% 为飞机销售收入，排名第二。虽然占比较小，但通过资产交易获取飞机溢价，同时使机队保持相对年轻的机龄，对投资者来说有一定的吸引力，如图 1－46 所示。

① 资料来源：2017 年中银租赁财务报表。

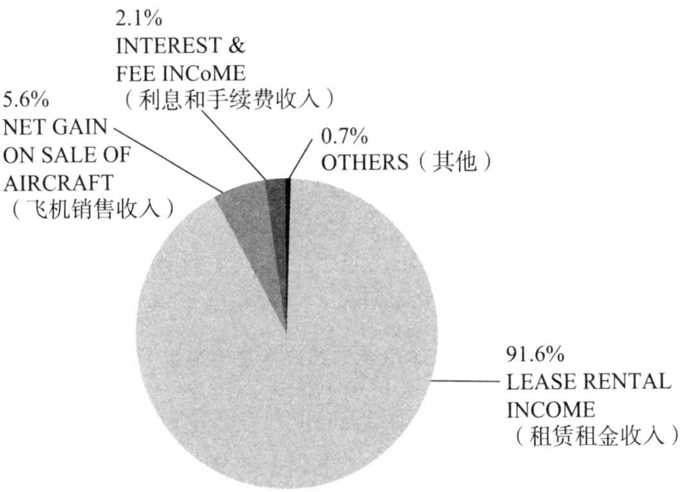

图 1－46　中银租赁营业收入构成

经过持续的资产交易活动，中银租赁从2018年开始，每年租赁到期的飞机架次保持一定的平缓增长，对于飞机退租、转租、续租的压力较为可控。73.6%以上的租赁资产在2024年或以后到期，这对公司来说易于发展新业务，减少已有业务带来的包袱，如图1－47所示。

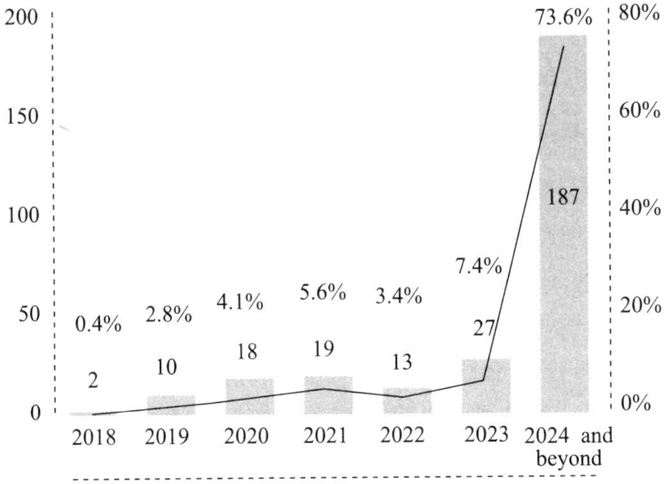

图 1－47　中银租赁所面临的发展压力

第二章　航空租赁业务概述

第一节　招标和投标

广义上的航空租赁市场包括商用飞机和通用航空飞行器的租赁，由于商用飞机租赁市场上目标客户主要为干线、支线等航空公司，所以无论国际市场还是国内市场都是一个相对透明、竞争较为充分的市场。加之国内航空公司数量有限，且目前国家对于新设航空公司的审批监管较为严格，自2015年9月桂林航空有限公司获批筹建以来，中国民航对于新成立干线客运航空（CCAR121部）的审批收紧，直到2018年9月民航局才发布公告，宣布北京航空有限责任公司颁发公共航空运输企业经营许可证进入公示期。从国际市场上来看，航空运输市场相对也较为成熟。

对于通用航空飞行器租赁市场来说，客户类型多样、产业分布较广，可以给通用航空器的经销商提供融资租赁服务，帮助其盘活存量资产，补充增加营运资金，如北汽通航等阿古斯他直升机的经销商；还可以向通用航空运营单位提供经营租赁或融资租赁服务，如金汇通航等企业，租赁公司通过对于飞行器本身资产的专业化处置能力，在业务中实现盈利。与商用飞机用户相比，通用航空客户通常规模较小，股东大多为民营企业，这对于其在租赁市场上获得融资较为不利，而一些有国有背景的通航企业相对来说较容易获得资金支持。对于国内通航市场，业务大部分为融资租赁。

对于商用飞机租赁业务来说，招投标方式分两种，一种以三大航空集团及其下属的航空公司为例，主要以公开发布招标书的方式,邀请投标;另一种是以民营企业为主,主要根据运营中的需求,以不公开方式向租赁公司、银行等发布标书,邀请租赁公司、银行等金融机构进行投标。通航业务通常不采取公开招投标方式。

从业务实践来看,三大航空集团是指中国国航集团、东方航空集团和南方航空集团,三大航空集团通常提前将飞机引进计划做好并报批,而飞机的融资需求一般提前半年到1年的时间公开向飞机租赁公司、国内外银行等金融机构发出招标邀请。根据三大集团公开的财务报表显示,国航集团包括旗下中国国际航空股份有限公司、深圳航空有限责任公司等公司,山东航空属于国航参股但并入集团财务报表的航空公司。中国南方航空股份有限公司所属的中国南方航空集团公司中,厦门航空通常也是独立对外招投标。中国东方航空股份有限公司和其所属的中国东方航空集团公司通常由东航作为统一的招投标方,对外与租赁公司及金融机构对接,将飞机按照不同分公司的需求由其运营,并最终将所有权转移至分公司。

除了三大航空集团及其附属的航空公司以外,以浙江长龙航空、云南红土航空等为例,通常这类公司的总订单数较少,或临时根据申请到的航线等原因需要增加机队规模,这种情况下飞机引进的规划性较弱,机动性较强。这就需要航空公司的财务部门及飞机引进部门,将方案发给相应的租赁公司和金融机构,根据报价情况择优选择合作方。

一般来说,招标书中通常明确规定了融资的需求币种(美元或人民币)、业务模式(融资租赁或经营租赁)、交易模式(是否为保税区租赁)、对于带租约的飞机资产转让的相关限制、飞机具体型号、飞机交付时间、飞机价格等信息,供投标方作出价格及重要条款的决策。通常对于发展初期的航空公司,有时候会将投标内容的选择权交给投标方,即要求投标方提供业务模式、价格、期限等,航空公司根据收到的所有方案进行最终选择。但对于大型航空公司来说,某种机型是否在租赁到期后选择持有,则通常是在招标阶段已经规划好。

一、招投标的要素

(一)商务要素

为了能持续地运营飞机,而不受出租方破产、飞机取回的影响,招标方通常还会要求投标方具有一定的资质,如现拥有的租赁机队在一定规模以上、公司净资本具备一定的额度、公司具备飞机租赁相关的专业人员、具备在保税区设立项目公司相关的资质能顺利开展业务,有能力募集足额资金购买飞机等。这些关于潜在出租人的材料，通常需要与投标书一起提供给航空公司，这是评估融资提供方案的重要基础指标之一。

在投标方符合招标方的要求之后，其提供的方案的商务条件、技术条件两大部分成为评估方案的重要因素。通常商务条件比较直观，以人民币的融资租赁方案为例，是在人民银行公布的5年期以上贷款基准利率上浮或者下浮相应的点数，还是在3年到5年期贷款基准利率基础上浮动，或者美元是在1个月Libor基础上上浮相应点数，还是在3个月Libor基础上上浮一定的点数，能较为直接地得出结论。

此外，租金支付的频率也影响整个项目的收益率，如按月先付或按季先付，则对航空公司现金流占用的影响不同，按月先付的频率优于按季先付的频率，或者按半年先付还是后付，航空公司根据自身现金流情况，也会评估这点。但通常来说，融资租赁类似于银行贷款，通常采用“后付”的方式，对于经营租赁，则采用“先付”的方式。

除了租金及频率，保证金也是航空公司考量要点之一。通常对于信用资质较好的航空公司，可以考虑以较少保证金或信用证方式，对于信用风险较高的航空公司，可以用3～6个月租金方式作为保证金，以作为在违约情况下，出租人再处置飞机的风险缓释措施之一。

（二）技术要素

除了商务要素，对于经营租赁来说，技术要素也是考量的另一重要方面。主要包括飞机的租赁期间的运营要求、飞机的退租技术条件两大类。

在飞机运营期间，通常将根据行业管理和具体公司的情况，以矩阵方式假设航空公司的飞机日利用小时数，并以此为基础，假定飞机的发动机、起落架、时寿件等重要部件的总使用小时和维修储备金金额（如有）、飞机退租的条件。

这部分通常需要专门的发动机工程师、飞机维修人员、其他方面的技术人员协作，与飞机制造商、发动机生产商等企业进行联络，对飞机及重要部件的维修频率、维修费用等有一个较为具体的把握，以确定维修储备金收取的利率、飞机退租的技术条件等，确保出租人所收取的维修储备金足以将飞机恢复到一定的技术状态，以及不会因为退租补偿计算偏差引起经济损失。

通常飞机机身及发动机等重要部件维修费率的确定，与飞机价格一样，每年有一定的浮涨比例（通货膨胀比例）。此外，不同机型的维修频率、费用、通货膨胀比例也不同，需要专门的技术工程师把关。招标书大致内容包括：

(1)融资币别

融资租赁与商业贷款按人民币报价,售后回租必须同时提供人民币和美元两种报价。

(2)融资方式

考虑采用商业贷款、融资租赁、售后回租(经营租赁)等方式。

(3)融资期限

售后回租(经营租赁)必须同时提供8年和12年报价,承租人可根据退租检完成日期选择提前6个月退租飞机;商业贷款或融资租赁等方式10~12年。

(4)飞机价格(略)

(三)发动机招投标

对于航空公司来说,飞机的持续、安全运营对于其经营至关重要。但通常发动机等重要耗材需要定期检修,或偶然出现故障需要停厂维修,这时候就需要以最短的时间更换耗材,使飞机继续运营。通常对于三大航空集团及其附属航空公司来说,在新飞机采购时,除了采购配套数量的发动机,还会根据机队数量额外采购一定比例的发动机及其他耗材。其中发动机的单体价值较高,所以在租赁市场上除了整机的招投标,也会见到备用发动机的租赁招投标业务。

香依发动机支援公司(Shannon Engine Support Limited,SES)作为全球最大的CFM56和LEAP备发租赁公司,不仅为航空公司提供备用发动机的租赁支持,还主动向发动机生产厂商订购全新的发动机,用来向航空公司提供主动营销。在备发市场上,较为主流的发动机为窄体机的发动机,这与飞机租赁市场的趋势一致。

通常国内的备发租赁为融资租赁模式,主要是航空公司从现金流角度出发采取的财务策略。在发动机租赁中,对于出租人来说,主要的风险在于所有权风险。通常整架飞机的所有权可以在民航局作相应的处理,但目前民航局无法对单独的发动机(不依托机身)进行权利登记(包括所有权登记以及抵押权登记),各地的工商机构对于发动机所有权的办理政策不一。

在实践中为了避免备发重复抵押的风险,出租人就须采取其他公示手段就其对发动机享有的所有权进行公示,以此来对抗承租人的处置行为(包括善意第三人),通常有如下两种:(1)在发动机上设置显示出租人为所有权人的铭牌;(2)以承租人为抵押人并且出租人为抵押权人就发动机于工商登记部门办理抵押登记。上述两种方式作为公示手段均已被最高人民法院的司法解释所认可。

1. 对于铭牌的司法解释

最高人民法院《关于审理融资租赁合同纠纷案件适用法律问题的解释》(以下简称《融资租赁司法解释》)第9条将“出租人已在租赁物的显著位置作出标识,第三人在与承租人交易时知道或者应当知道该物为租赁物的”作为排除第三人善意的情形之一,亦即若承租人未经出租人同意处置发动机,并且届时发动机的铭牌显示出租人为发动机的所有权人,那么承租人相关的处置行为便不适用善意取得制度,发动机的处置行为便不会发生效力。同时在每年租后检查中也可对发动机铭牌在位情况进行检查。

2. 对于抵押登记的司法解释

《融资租赁司法解释》第9条亦将“出租人授权承租人将租赁物抵押给出租人并在登记机关依法办理抵押权登记的”作为排除第三人善意的情形之一。为了促进一般动产的融资租赁交易,最高人民法院认可实践中存在的将租赁物进行抵押登记的做法,将之作为动产所有权公示的替代手段,具体的作法:出租人作为抵押权人与承租人作为抵押人就发动机签署抵押合同,所担保的债务指向融资租赁合同,而后依据抵押合同和融资租赁合同向承租人所在地的工商局申请抵押登记。在项目操作时向当地工商部门咨询具体操作细节。

综上所述,发动机虽不能在民航局作所有权登记,但是由于安装所有人铭牌和工商抵押登记均被司法解释所认可,在行业实践中也通常按此操作,因此发动机租赁的业务发生重复抵押的风险可控,实践中部分租赁公司也通过发动机租赁作为起点进军航空租赁业。

二、招投标书

在航空公司发出对于飞机租赁的需求后,租赁公司一般组织一个包含商务、技术、法律、税务、融资等板块人员构成的项目团队,由项目团队共同合力分析招标需求并分析客户的信用风险、租赁资产的价值投资性,从而得出投标的意向书。

在撰写投标意向书时,首先要对本租赁公司做一个整体的介绍,包括股东情况、注册资本金、现有机队情况、飞机租赁业务相关经验等,以满足航空公司对于出租人的一定资本和信用要求。

×××Financial Leasing Co., Ltd., is approved by China Banking Regulatory Commission and it was set up in××××. ×××is wholly owned by×××and is registered in the Tianjin Economical-Technological Development Area with registered capital in the amount of RMB ××billion. As at the end of 2017, the total asset amounts to RMB × × × billion.

其次，应明确本方本次报价的结构和币种。鉴于近期人民币贬值、美元升值的压力，通常航空公司倾向于人民币为币种的租赁。同时，由于2019年将有新的会计准则颁布实施，即无论经营租赁还是融资租赁都将计入航空公司的财务报表中，这将经营租赁不计入其资产类的好处抵消，从而将显著影响航空公司的资产负债率，所以近期国内市场的租赁以融资租赁为主。

实践中，境内航空公司对于人民币和美元报价，以及融资租赁和经营租赁报价均持较为开放的态度，并依据具体标书情况进行比较，所以租赁公司应从己方角度出发，明确本次报价的币种和交易结构。交易结构方面，可以选择天津东疆保税区作为出租人的结构，或者由位于全球其他税收优惠区域的公司作为出租人，以降低承租人所需要缴纳租金以外的税金，提高报价竞争力。

国内以保税区操作的融资租赁项目，本金和利息部分将按16%征收增值税，由于本金部分金额较大，设立在保税区的出租人项目公司经与相关机构谈判，在天津发展飞机租赁业务的大背景下，可以获得部分增值税地方留存部分的返还。在目前国内融资租赁竞争白热化的情况下，通常需要对于该部分增值税返还在出租人和承租人之间进行一定比例的切分。同时鉴于国内降税的大趋势，航空公司会要求租赁公司在报价时提供税率变动情况下的租金报价方案，从而综合比较报价。

We, × × ×, are pleased to present our proposal to × × AIRLINE for the sale and operating lease-back of fiveBoeing 737 MAX 8 aircraft upon the terms and conditions summarised herein.

Lessor/ Purchaser	SPV or company(s) affiliated to × × × incorporated in Ireland or other region.
LeaseTerm	12 years / 144 months from thedate on which the relevant Aircraft is delivered by Lessor to Lessee(the “Delivery Date”).

租金情况及支付情况。应在投标书中明确租金价格和支付频率，通常租金价格是航空公司筛选标书的第一要素，在全部投标者符合准入的基础上，价格有竞争力的租赁公司无疑有更大的胜算。通常，经营租赁的租金需要先行收取，融资租赁的租金后付，频率方面经营租赁通常为每月支付，而融资租赁可以选择按月或按季度、半年来支付。以融资租赁为例，租金部分可有如下表述：

Rent	Payment of Rent(including principal and interest) will be madequarterly(in the case of option 1 of Interest Rate) or monthly(in the case of option 2 of Interest Rate) at the end of each rent period. The first rent period will commence on the Delivery Date of the relevant Aircraft. The principal portion shall amortize in equal amount to the Balloon Amount.

鉴于融资租赁的类信贷属性,如果出租公司提供的是融资租赁的方案,如航空公司在没有违约出现的前提下,会给其一个提前终止的权利,提前的期限可以有1年或其他双方协议的时间,或者是在租期开始一定时间之后,给予航空公司此类权利。不管何种情况,均需要航空公司提前一定的期限告知租赁公司,以便于租赁公司进行融资段的安排。由于租赁公司通常将飞机抵押给银行匹配与租期相同的长期贷款,如果航空公司实行了提前购买权利,那么则意味着银行端的贷款有可能被银行收取一定的费用(Breakage cost),所以,同样的租赁公司可在意向书中约定向航空公司收取一定的提前终止安排费用,缓释提前终止的经济风险。

在经营租赁报价中,提前终止的安排不常见,但是,基于飞机的大修(heavy check)的完成时间,通常会给一个灵活期间,即在飞机完成退租检大修的时间和合同规定的到期时间之间可以进行选择,最终的租期可能稍微长于或短于约定的租期。

Early Purchase Option	Provided that no Default has occurred, the Lessee has an option to purchase the Aircraft(by giving a three months' prior written notice to the Lessor) by paying the Principal Outstanding and all other amounts due under the Finance Lease Agreement plus an early termination fee in an amount equal to the Prescribed Percentage of the Principal Outstanding prepaid. Purchase Option can be exercised[on any Rent payment date] falling on or after the ××anniversary of the Delivery Date. The Lessee shall pay to the Lessor all break-funding costs with respect to such prepayment.

不管是经营租赁还是融资租赁投标书中,通常飞机的维修保养义务均由航空公司承担,只是两种交易安排对于该条款的要求程度有所不同。在融资租赁中,通常是一般类的描述飞机在租赁期间应当遵照EASA或FAADE适航指令和要求运营,航空公司对于本飞机的维修计划应基于被当地局方所批准的制造商维修大纲、飞机机身、发动机、APU及起落架的维修人,均应是由EASA和FAA批准的具有相关资质的企业。对于飞机数据方面,应最少有英文的版本,在国内通常还应有中文的版本,并符合EASA和FAA的现行标准(见下表)。

Maintenance	Lessee shall be responsible for all maintenance required for the Aircraft during the Lease Term, including compliance with all airworthiness directives and mandatory orders issued by the Aviation Authority and the Airworthiness Directives and Mandatory Orders issued by EASA/FAA(or their respective successors) and requiring compliance during the Lease Term or during the 180 days following redelivery. The Maintenance Programme shall be based on the Manufacturer's Maintenance Planning Document as approved by the Aviation Authority. The Maintenance Performer(for Airframe Checks or Engine or APU or Landing Gear maintenance or repair) shall be EASA/FAA(or successors) approved. All Aircraft records shall be as a minimum kept in English and redelivered to the then current standard required by EASA/FAA(or successors).

飞机保险部分,标书中会要求由航空公司负责购买足额保险,同时应购买战争险、一切险、责任险等三大部分,这三类保险目前最新的标准为 AVN67B。通常还包括保额、每年递减额、责任险的最低额等。保额一般会要求航空公司投保飞机价值的 110% 以上,对于部分国家风险、客户风险、运营风险较高的企业,可以要求 115% 或者更高的保额;每年的递减额,通常可约定在 3% ~4% 之间,这可以与租赁公司剩余本金敞口(融资租赁)或账面价值(静音谷祖琳)相结合,确保递减后的保额仍对己方的敞口有安全覆盖。对于责任险,通常支线飞机、窄体机和宽体机会有不同的额度,以支线飞机庞巴迪的 Q400 为例,责任险投保最低额度可以为 5000 万美元,窄体机 737 等可以为 7500 万美元以上。

Insurance	Lessee shall be responsible, at its expense, for the procurement of hull, war risk, and liability insurance, which shall comply with AVN 67B. The terms and amounts shall be those customarily maintained by comparable airlines or otherwise acceptable to Lessor and shall be set at a minimum as follows: • Insured Value: Not less than 115% of theFinance Lease Amount on the Delivery Date and not less than 115% of the Principal Outstanding on each anniversary of the Delivery Date; • Deductible: No greater than USD 750, 000 ; and • Combined Single Liability: No less than USD750, 000, 000.

从国际飞机租赁发展来看,如何让航空公司支付更低的租金以外的税务费,成为租赁公司安排结构的重要因素。以印尼的航空公司为例,由于爱尔兰和印尼并没有签署双边税收优惠协定,所以通常租赁公司通过法国设立一家公司,将飞机再转租给印尼的航空公司,这样的结构安排可以保证航空公司无须或尽量

少地向国内税局支付预提所得税,该预提所得税是当地税局代为征缴本应由租赁公司缴纳的收入税。所以,所有的飞机租赁安排,首要考虑的是税务风险和安排。对于出租人来说,会要求自己收到的租金为净租金,针对租金应缴纳的、航空公司所在国的预提税、收入税、销售、使用、增值税等均由承租人支付,但是对于租赁公司经营行为本身的所得税、印花税等应纳税种由出租人承担。

从国际形势来看,全球对于避税审查越来越严格,同时由于租赁期较长,面临税务变动的风险,出租人通常将该部分变动风险转嫁给航空公司,当航空公司较为强势时,双方也会约定友好协商进行重组,如重组不成可提前终止合同等安排。

Taxes	All payments by Lessee to Lessor shall be made free and clear of all taxes and duties, including but not limited to, withholding tax, income tax, sale, use and excise taxes and VAT and Lessee will gross up all payments under the Lease Agreement that are subject to any tax, withholding or deduction. All taxes other than those on the overall net income of Lessor in its jurisdiction of incorporation (and subject to certain other exclusions to be agreed during the documentation stage) shall be the responsibility of Lessee.

除了上述重要条款,通常标书中还包括律师费和交易费条款(由双方各自承担,或由承租人承担)、保密条款(双方均有向对方保密的义务)、适用法律条款(通常境内的业务适用中国法,境外业务适用英国法)、标书的有效期(主要是防范利率变动风险)、无约束力条款(保留商务条款受公司有权机构内部审批的权利)等。

Legal Fees and Transaction Expense	Legal fees, registration fees and other expenses incurred by the Lessor in connection with the transaction contemplated by this proposal shall be for the account of ×××AIRLINES.
Confidentiality	The terms and conditions set forth in this proposal aremade available only to Lessee. Lessee acknowledges that this proposal contains commercially sensitive and proprietary information. Each party agrees to maintain this proposal strictly confidential and not to disclose it (or any information contained therein) to any person other than its board of directors, officers and employees and professional advisers, if any, advising such party in connection with the subject matter of this proposal.
GoverningLaw	This proposal, the Letter of Intent, the Lease Agreement and other related transaction documents shall be governed by the laws of England.

ExpireDate	This proposal is valid for acceptanceat or before × × ×2018. The parties will negotiate in good faith to finalise the Letter of Intent on or before [·] 2018 and subsequently the Lease Agreement in respect of each Aircraft.
Non-binding	The terms of this proposal are not intended to create legal obligationson the parties, except for the provisions of "Confidentiality", "Expiry Date", "Governing Law" and this provision which shall be binding on the parties.

上述投标意向书的主要内容为融资租赁业务，在经营租赁项目中，通常会对退租条款（包括机身、适航标准、构型等方面）有详细的约定。在机身方面，通常需要完成6C/12Y检（或类似的其他大检）；发动机方面的退租条件，如果是窄体机，通常距离下次定检需要不少于4000飞行小时或3000个飞行循环。

Airframe：

Be fresh from6C/12Y check (or equal) and all lower checks due prior to the scheduled redelivery Date. The redelivery check will be completed by an EASA or FAA approved MRO.

Engines Condition：

Each Engine shall have no less than 4000 flight hours and 3000 flight cycles life remaining until the next shop visit (basd on the Engine Manufacture's mature engine date for this model engine).

Engine LLPs：

Each Engine LLP shall have no less than × × × flight cycles life remaining until next removal.

由于国内飞机租赁项目收益率受税收政策影响较大，通常在意向书中双方对税收安排作较为详细的安排，以应对未来增值税率变动或天津地方税留存返还比率变动的风险，给予双方一定期限的重组权、项目终止权。国内项目和国外项目一样，租赁公司收到的租金通常为净价或含税的价，其他的飞机进口关税、进口环节增值税、保险费用由航空公司承担。通常会有如下安排：

租赁期内，如发生重大税收政策变动，包含但不限于融资租赁的利息增值税差额征税政策的变化、保税区税收政策变化等，使本项目下出租人或承租人成本显著增加的，出租人或承租人有权就此书面通知另一方。双方应本着税收最小化原则努力协商并采取必要措施，尽力避免或降低该等税收变动的影响。

第二节　项目立项/尽职调查/项目审查

对于符合公司要求的合格承租人和项目，租赁公司的业务部门应收集、整理、分析和评估潜在的承租人和飞机租赁资产相关信息和资料，向公司申请报批。其中，首要的是要符合公司业务准入的要求。

一、业务准入

对于各家租赁公司来说，市场上业务机会和业务种类繁多，如何选择业务、选择何种业务是各家租赁公司进入飞机租赁行业首先要面临的问题。并不是市场上所有的航空公司业务都是自己的目标，一般都会有相应的准入要求，其中银行系租赁公司的风险体系与母行保持一致，其他类型的飞机租赁公司也都有自己的业务准入要求。

（一）客户主体方面

成为租赁公司客户的航空运输企业，通常为具有民航客货机运营资质的民航运输企业，各类证照齐全有效[包括但并不限于航空，营运许可证（Air Carrier Operating Certificate）、公共航空运输企业经营许可证等]、具备国有背景或较强的盈利能力，近年来无拖欠其他租赁公司租金的负面消息，近年来无不良信贷记录，具有偿还租金的能力等。各国的承运人合格证表现不一，需要由当地律师协助把握相关执照的法律风险，以南非为例，其承运人合格证、运营许可证等特殊资质证照，如图2－1所示。

AIR SERVICE LICENSING COUNCIL

AIR SERVICES LICENSING ACT, 1990 (ACT No. 115 OF 1990)

CLASS I AIR SERVICE LICENCE

Issued in terms of section 17(1) of Act No. 115 of 1990
Uitgereik kragtens artikel 17(1) van die Wet No. 115 van 1990

Licence Number/Lisensienommer: S552D

SOUTH AFRICAN AIRWAYS (PTY) LTD trading as SOUTH AFRICAN AIRWAYS
(Name of licensee)

has been authorized by the Air Service Licensing Council to operate the type(s) of air service(s) with the category(ies) of aircraft as specified hereunder/is deur die Lugdienslisensiëringsraad gemagtig om die tipe(s) lugdiens(te) met die kategorie(ë) lugvaartuig\lugvaartuie wat hieronder gespesifiseer word, te bedryf:

Type(s) of air service(s)/Tipe(s) lugdiens(te):
S1 AND S2

Category(ies) of aircraft/Kategorie(ë) lugvaartuig\lugvaartuie:
A1 (utilising two airbus A330-200 aircraft Reg. PT-MVA &PT-MVB for a period of six months from the date of issuing the operating certificate), A2 and A3

Issued subject to the following conditions (section 16(5) and (6))/Uitgereik onderworpe aan die volgende voorwaardes (artikel 16(5) en (6)):
N/A

Uitgereik te PRETORIA op/Issued at PRETORIA on the 5th day of November 2003.

For AIR SERVICE LICENSING COUNCIL

OPERATING CERTIFICATE(运营许可证)

(PART 121)

TO BE READ TOGETHER WITH THE ATTACHED OPERATIONS SPECIFICATIONS

State of the Operator

SOUTH AFRICA

Issuing Authority

SOUTH AFRICAN CIVIL AVIATION AUTHORITY

Certificate No. 5618	AOC & File No: CAA/S552D	Operator's Address:
Expiry Date: 30 JUNE 2012	Name of Certificate Holder: SOUTH AFRICAN AIRWAYS (PTY) LTD Trading as: SOUTH AFRICAN AIRWAYS	Airways Park Private Bag X13 O.R. Tambo Int'l. Airport South Africa
Operator Main Base of Operation: Airways Park Jones Road O.R. Tambo Int'l. Airport Kempton Park South Africa	Is the holder of air service licences N553D, S552D, I/N095 and I/S094	Telephone:+27 11 978 5438 Fax: +27 11 978 2965 Cell: +27 82 447 8470 JohnnyWoods@flysaa.com

The above holder of this certificate has been authorised to operate air service(s) in terms of the above license(s) held in accordance with-

*the attached operations specifications;

*the provisions of Part 121 of the Civil Aviation Regulations of 1997;

*the provisions of the Air Service Licensing Act of 1990 (Act 115/1990) and the International Air Services Licensing Act of 1993 (Act 60/1993) as applicable.

Date of Issue: 27 JUNE 2011	[signature]	THABO FISHA SENIOR MANAGER FLIGHT OPERATIONS DEPARTMENT CIVIL AVIATION AUTHORITY
Issued at: MIDRAND SOUTH AFRICA	SIGNATURE	NAME AND TITLE
	SENIOR MANAGER: FLIGHT OPERATIONS	

This certificate was issued without any alteration or erasure

CIVIL AVIATION AUTHORITY CAA/FOD/AOC 0000000202

FO № 5618

有些出租人除了上述相关规定，还会考虑飞机投放是售后回租业务还是自有订单投放而有所区别对待。因为如果是航空公司订单的话，出租人可以在准入方面要求更严格，但如果是出租人自己的机位订单，有时候为了飞机能准时下线交付给航空公司运营，通常在市场环境较差的时候，而不得不选择与资质相对较差的航空公司合作，以解决机位销售问题。

在准入方面还应参考特殊国家和区域的航空运营安全问题。以非洲和东南亚部分国家为例，该区域的民航监管措施普遍较其他航空运输业成熟区域不完备，缺少完备的强制性的制度规章，在组织架构和管理制度方面较为松散，所以航空安全方面在全球属于较糟糕的地区之一。近期发生的坠机事件等，使东南亚的航空安全信任度进一步缩水。

安全飞行是航空公司维持正常运营和良好声誉的前提条件。飞行事故或事件不仅将导致受损飞机的修理，造成飞机暂时停运或永久退役，而且还牵涉受伤及遇难旅客的潜在高额索赔。除了航空公司的市场份额、机队规模、盈利能力以外，在项目尽调及审查阶段对于航空公司的安全运营情况也进行了重点关注，作为项目准入的考量要点。

(二)租赁资产方面

飞机资产一般来说应由主流厂家生产(波音、空客、庞巴迪、巴航工业等)，具备良好的保值性和流通性。机场项目租赁物应为机场跑道、传送带、廊桥、航站楼等机场相关固定资产，其他航空设备制造企业的设备、厂房、办公楼、生产线等固定资产。

同时在所有权方面，要确保租赁物的所有权、经营权、收益权和处置权清晰，不存在任何权属的瑕疵，未设置或附有任何他项权利，不存在权属和债务纠纷，未被司法查封、扣押。

在公务机租赁方面，公务机或通用航空飞机应获得原始卖据复印件及ASCEND、BLUEBOOK、AIRCRAFT VALUE REFERENCE等相关外部机构的评估值，以飞机原始购买价以及3家评估机构评估值中的孰低值为参考价值(无法取得全部3家的评估值的，至少取得2家评估值)，公务机和通用航空飞机的承运人较一般客机数量较少，所以通常对于飞机融资价格或租金率方面较高，体现其风险与收益相匹配。

(三)机场业务方面

除了飞机相关的业务，有些出租人同时还考虑机场相关的业务。在机场业务选择方面，一般优先考虑国内航空枢纽盈利机场改扩建工程，客户选择国内机场行业中综合实力处于中上水平，具良好发展前景的干线及二、三线机场。

同时，对于那些吞吐量较小、或者有亏损机场的改扩建项目，在取得相关项目建设批复，落实资金拼盘的情况下，可适度介入所在地政府财政实力较强的机场。

对于吞吐量较小的亏损机场售后回租项目，在取得财政对中小机场的补贴款质押担保的情况下可适度介入，融资金额和期限根据补贴款额度情况相应调整。

同时对于航空设备制造企业，由于其资金需求较强，同时有较强的股东背景，如果其技术优势较强、市场占有率较高、盈利能力较好，与其开展一般设备类的融资租赁业务也有一定的收益保障。

（四）国别准入

在跨境飞机租赁项目中，国别风险为首要考虑的因素。对于传统的欧洲、北美等航空运输成熟的市场，由于其稳定的商业、法律环境，通常各国的国别风险较小，对于非洲地区则作为国别风险较高的区域。通常国别风险的因素主要包括政治是否稳定、经济金融发展情况、社会发展情况和商业环境等几大类。

中国的飞机租赁公司在走出去的过程中，为了进一步降低风险，通常与国家的“一带一路”等宏观政策结合，合理规避国别风险。除了国际评级机构对于各国主权的评级，国内中国出口信用保险公司每年还对全球主权国家进行风险评级，共分为9级，从1到9的风险水平依次升高。

其中，1到4级为政治和经济形势较好、商业环境稳定，国家风险水平处于中等偏低，从5级开始到9级，风险等级系数依次升高。除了主权评级，中国出口信用保险公司还提供每年的全球风险地图，以不同颜色代表不同的风险系数提示全球的风险情况。

二、立项及签署合作意向书

在项目立项阶段，由业务部门或市场营销部门收集相关资料，了解客户需求和租赁项目概况，并向公司的项目审批部（或其他同等职能部门）说明如下内容及情况：

（1）客户的基本情况：简要介绍客户股东情况、目前机队规模和运营情况、资金财务和损益情况等；

（2）租赁方案内容：租赁方式（是否保税租赁）、租赁物件（包括飞机机型，发动机型号，最大起飞重量等影响价值评估的内容）、所有权和抵质押情况、购买价款、残值、租赁期限、租金、租金收取方式、保证金、维修储备金、退租条件、退租补偿、担保方案等；

（3）附件资料：在情况许可的条件下，还应尽量提供营业执照、航空承运人许可证等，财务报表、租赁物客舱布局等基本资料。

通常在项目审批部门收到相关信息后，应及时向业务部门反馈立项意见，立项审核意见可采取书面反馈，也可通过 OA 系统进行反馈。对立项审核同意的，业务部门应按照公司尽职调查规定和相关业务管理规定要求做好尽职调查工作。

合作意向书指因出租人与航空公司为业务拓展需要，以公司的名义签署并对外出具的正式文件，包括意向书、备忘录、安慰函以及合作协议等。实践中意向书包括以下内容：

（1）出具对象应符合出租人的业务投向，具有适当的行业地位和影响力，意向书的内容应具有可行性及可操作性，并有较大可能获得内部最终审批通过。

（2）业务意向书应明确不构成双方对对方及社会公众或第三方的任何承诺和责任、不具备法律效力并以双方最终审批要求或最终签约为准、未经书面许可不得披露等常规性条款。

（3）对意向书的审核不能代替业务审批流程，业务拓展部在办理意向书中所涉及业务时，应按相应的审批流程报审。

三、设立项目公司

无论是操作国内飞机租赁业务还是境外飞机租赁业务，都需要有一定的提前量设立该项目所需要的项目公司（以下简称 SPV）。SPV 作为风险隔离、便于后续融资和资产转让的重要手段，越来越成为租赁公司的通用做法。通过 SPV，项目可以独立进行融资，避免交叉违约的风险，在存续期内还能使租赁公司动态管理存量资产，在合适的时点进行资产交易，从而盘活资产、调整机龄、机队组成、单一客户或集团集中度等，为租赁公司的经营决策提供便利。

对于国内的飞机租赁业务来说，业务部门根据实际需要，主动发起或由公司专业部门启动设立项目公司流程，向拟成立项目公司所在地的工商行政管理等相关部门履行相关手续，申请设立项目公司，以及项目公司相应的对外收付汇和进出口等资质申请。

同时，业务部门在公司内部还要做好与金融市场部门的沟通工作，明确项目公司资金来源方式。若采取项目融资模式，应配合做好有关授信的申请工作，准备项目相关的材料和信息;若涉及外汇头寸,公司相关部门应针对外汇资金的筹措做好准备。

除了部分起步较早的租赁公司,已经开展海外飞机租赁业务,对于大部分中资租赁公司来说,尚处于以国内SPV保税租赁模式落地境内飞机租赁业务。在实践中由于飞机交付时间可能较为紧张,租赁公司有时候会采取母公司将资金以委托贷款的方式转由SPV使用,但2018年1月中国银监会颁布了《商业银行委托贷款管理办法》,该办法第10条规定,商业银行的授信资金不得用于发放委托贷款。这对于以美元为币种的飞机租赁来说,有了较大的限制,因为美元资金基本通过同业借款(拆借)、美元银团贷款、外债等方式获得,同时如果航空租赁业务均通过国内天津或厦门等地自贸区项目公司开展,那么SPV购买飞机的美元资金不得不通过委贷方式从母公司获得。因此,《商业银行委托贷款管理办法》的出台对部分租赁企业的航空租赁业务造成了一定影响。

四、尽职调查

(一)基本材料分析

资料收集,业务客户经理应根据公司租赁业务尽职管理有关规定要求收集承租申请人、担保人、抵质押、所有权、租赁物件等各方面的材料,并对相关各类材料进行核实,确保各类材料的真实性。

在查验各项资料真实性的基础上,业务经办人员应按照公司租赁业务尽职管理规定进行深入调查和分析,重点调查分析租赁物件技术发展情况、二手市场流通性、保值性、残值评价、回收处置能力评价、航空行业分析、租赁项目的筹资评价(如适用)、申请人(担保人)的基本情况、申请人(担保人)经营管理状况、营运情况、财务及资信状况、外部支持情况、与租赁业务相关的项目情况、抵质押物情况等。

业务人员应在业务调查阶段与承租人商定退租条件和退租补偿,并在调查报告中阐述。

(二)评估值的选择

业务经办人员应获取由公司认可的国际专业飞机价值评估机构ASCEND/AVAC/AVITAS/IBA/BLUE BOOK等对租赁物件进行价格评估。上述评估机构的估值选择,通常有不同的假设条件,由于租赁期通常为10年到12年,通常需要查询未来10年到12年的价值走向,其中重要的一点是未来通货膨胀率的选择,有1.5%、2%和2.5%或更高的通货膨胀率可以选择,各家租赁公司通常根据自身的商务决策选择不同的通货膨胀率。一般来说,通货膨胀率系数选择越高,则飞机未来价值也越高。

除了通货膨胀率,还有飞机的技术状态,有全寿命状态(full life value)和半寿命状态(half life value),两者的不同在于是否考虑了维修储备金对于价值的影响。选择全寿或半寿状态,通常根据租赁协议的安排,如租赁合同中约定了飞机是以全寿状态退租,或合同中有维修储备金现金条款等,通常选择全寿命状态。

对于从厂商直接购买的新飞机或通过购买协议转让协议(Purchase Agreement Assignment,PAA)从厂商购买的新飞机,如果购买价款高于市场评估值,则须综合考虑项目收益和项目风险进行评价。

(三)单机预测

通常对于经营租赁项目,为了科学预测承租人航空公司能否在未来租期内偿还租金,在材料齐全的情况下还应做单机现金流测算。该测算主要以航空公司过去3年的各项经营成本为测算基础,根据拟租赁飞机的机型、座位数,根据该航空公司过去3年的飞机日利用率、客座率等数据,模拟该架飞机的营收情况,具体包括以下方面。

收入方面:以飞机座位数、日利用小时数、排除大修停厂后的年执飞天数、每座收入等因素做乘法;

成本方面:以过去3年的成本为基础,核算到单架飞机上,并以每年一定幅度的通货膨胀率浮涨,主要成本包括航油成本、折旧和摊销、飞机维修费用、起降和机场服务费等、人力成本等。

以上述单架飞机的收入和成本剩下的毛利润与飞机租金相比,测算未来10年或12年的整个租赁期,如果差为正,则该架飞机在租赁期内运营现金流为正,如为负,则意味着该公司的各项成本较高,有不能覆盖租金的风险。假设一架A320飞机,每年执飞340天、每天执飞13小时、两舱布局108个座位,单机测算结果如表2-1所示。

表2-1 单机的年收入、成本及收入预测

单位:万美元

年 份	2013	2014	2015	2016	2017
收入合计	3959.70	4157.69	4365.57	4583.85	4813.04
成本费用合计	3868.50	3926.47	3987.33	4051.24	4118.34
航 油	1159.32	1217.29	1278.15	1342.06	1409.16
折旧、摊销	270.66	270.66	270.66	270.66	270.66

续表

年份	2013	2014	2015	2016	2017
维修	388.79	388.79	388.79	388.79	388.79
起降、机场服务	382.26	382.26	382.26	382.26	382.26
人力成本	1291.74	1291.74	1291.74	1291.74	1291.74
其他	0.08	0.08	0.08	0.08	0.08
经营租赁租金	375.6456	375.6456	375.6456	375.6456	375.6456
利润	91.20	231.22	378.24	532.61	694.70

(四)项目收益测算

经营租赁项目收益测算要综合考虑购买价款、租金、租期、残值等因素测算项目的IRR/ROA/ROE,并考虑租赁物市场租金水平等因素进行分析;如有与项目匹配的贷款,须确保租金至少能够完全偿还贷款本息及其他成本;确保租期结束后,资产处置收益至少能够完全覆盖公司预留残值。

对于飞机租赁项目,由于单机价值较大,对于飞机租赁公司来说,资金能否到位、资金成本是否有竞争力,是其在市场上立足、获得相应利润的基础。通常来说,在对外报价之前,资金团队就需要与市场上活跃的能提供飞机融资的银行获得联系,提供航空公司名称及基本资料、拟租赁的机型等基本信息,获得银行对于项目的初期报价。飞机租赁公司根据银行报价进行内部测算,加之对航空公司的风险溢价进行考虑,综合租赁资产的市场流通性、保值性等得出报价方案。

对于残值,应根据对租赁物件情况的调查拟定残值管理预案,从租前引入残值担保(如适用)、租期内强化残值评估与管理、租赁到期前落实残值处置等各阶段对租赁资产残值的全流程管理和风险控制措施,确保残值风险可控。

业务经办人员在调查的基础上,应及时形成书面调查报告(须在报告中列明拟聘请外部机构名称和费用,以备测算项目收益),对申请人进行信用等级初始评定及业务风险度测算,并将相关结果与调查过程中收集的申请人、担保人、抵(质)押物、回租物件等的各类资料进行整理,形成送审材料报送项目审查部门审查。

五、项目审查与审批

项目审查部门接收项目申请材料后,首先审核相关资料的真实性和完整性,对调查过程中收集的有关申请人、担保人、抵(质)押物、供货商等各类资料,审查人员应审核收集资料是否符合公司租赁业务尽职要求,若不符合要求,应要求经办调查人员补充收集，对无法获取的资料，应要求经办部门进行解释说明。

审查人员应根据国家有关方针政策、法律法规和本公司内部的规章制度对项目进行审查，重点审查以下内容：

(1)审查承租申请人的主体资格[包括但不限于营业执照、公共航空运输企业经营许可证(如适用)、航空承运人运行合格证(如适用)]、股东结构、股权占比、组织架构、管理状况、经营状况(包括但不限于维修能力、机队规模、机队构成、机队飞机所有权情况、飞机日利用小时、RPK、RTK、客座率、载运率、单位客公里成本、单位客公里收入等)、财务状况、资信状况、关联关系、重大事件、外部支持等。银行系金融租赁公司内部都有自己的统一授信系统，通常在项目尽调之初，就需要在系统中查询该客户的内部评级情况，特定评级之下的客户原则上不予以介入，而在一定评级之上的客户通常在内部资金转移定价方面有一定的优惠。

除了集团系统内部的评级，对于境内客户通常还会查询近期的外部评级，尤其是发债的评级，国际上的公司通常会看三大评级机构的结果进行审查。

(2)审查使用租赁业务的项目是否具有技术、经济和商业可行性，项目的经济效益和盈利能否提供充足的还款来源，审查业务拓展部提供的财务预测是否合理。

(3)审查承租人的租金给付计划是否合理，承租人是否有意愿和能力按时给付租金。

(4)审查飞机所有权是否清晰，飞机的机型、数量、价格、购置方案、管理和维护方案是否符合公司管理规定，审查飞机的国籍登记证、适航证、无线电台执照是否取得/何时取得，审查同型号飞机在全球市场分布情况，判断飞机是否具有较强二手市场，审查飞机引入批文是否取得，审查飞机发动机、最大起飞重量等影响价值评估的因素是否提供，审查飞机的估值是否合理。

(5)审查担保人的担保资格、担保能力、信用状况、以及担保的有效性等；采取抵(质)押方式的，审查抵(质)押物的合法性、有效性和充分性，并分析抵(质)押物的变现能力。

(6)审查租赁业务方案中租金、租期、租赁利率、手续费、保证金、维修储备金、残值、退租条款、退租补偿等业务要素是否符合公司管理规定，是否合理，审查租赁方案中涉及外管和海关操作是否符合国家政策(如适用)，审查租赁方案中对保险、保修的约定是否符合公司要求。

(7)审查租后管理方案是否完善，是否能够对承租人和租赁资产进行有效管理。

(8)审查租赁业务调查报告对租赁项目的主要风险点分析是否准确，相应的风险规避和防范措施是否有效。

(9)审查租赁项目的风险和收益情况是否匹配。

(10)审查残值管理预案是否合理,是否具有可操作性,是否能覆盖残值管理的全过程,残值风险是否可控。

六、航空租赁项目一般的风险点

(一)权利清晰风险

飞机二手市场活跃,部分资产经历多手买卖,交易往往伴随着复杂的结构,以及存在飞机资产抵押等现象。

(二)价值波动风险和残值风险

飞机价格随着经济周期的变动存在上下波动的现象,随着飞机机龄的增加,飞机价值也呈持续下降趋势。经营租赁飞机在租期内无法收回全部投资,尤其是与国内航空公司开展售后回租经营租赁项目,飞机购买价普遍高于市场评估值,但租金率又位于行业较低水平,且 A320CEO 和 B737-800 的替代机型已经出现,待 12 年经营租赁租期结束时,正是老旧机型被大量替代的时间,此类业务将面临较大的价值波动风险和残值风险。

(三)飞机取回风险

公司未来拟大规模拓展国际飞机租赁业务,不同国家的飞机取回面临不同的法律环境和税务环境,有的国家取回飞机必须通过法律诉讼程序,影响飞机取回难度,从而最终影响资产的再处置。

(四)保险、保修风险

飞机投保的主要险种包括机身险、战争险、第三方责任险,但保单范围一般明确不包括相关风险较大的国家。

(五)资产管理风险

经营租赁业务中,航空公司所在国的民航标准、航空公司的维修水平和使用习惯直接影响飞机资产的状态,从而影响该资产的再处置。另外,公务机租赁业务中托管公司一般由承租人选定,托管公司的资产管理能力直接影响飞机资产的状态,从而影响变现价值。同时,由于飞机处置时需要向买方出具连续的技术资料、跨境处置需要提交出口适航证等,均需要飞机运营商/托管公司进行配合,在托管公司与承租人为关联企业的情况下,增大了处置难度。

(六)交易结构风险

在复杂的跨境交易中,交易对手较多,各交易对手所处的国家法律、税务、会计等政策存在差异,有的国家对支付外汇租金管制较严,为促成交易设计的结构需要综合考虑法律风险、税务风险、利率和汇率风险等因素。

（七）公务机项目市场风险

中国公务市场是一个对政策异常敏感的市场，随着“八项规定”、反对“四风”的走向深入而遭受冲击，政府、国企等机构过紧日子，在例行节约、清廉务实的环境下，公务机运营商的传统市场大幅萎缩，拥有和使用公务机的民营企业家、演艺明星也越发低调。此外，基础设施，特别是空域限制和飞行员短缺的问题，也可能制约公务机市场的发展。

（八）合规风险

国内民航客机的引入需要发改委的批文和民航局的批文。国内一些航空公司出于迅速扩大运力和占领市场等动机，在未获得飞机引进批文前，与租赁公司签署飞机租赁相关协议，租赁公司按约定提供特定构型的飞机，但存在飞机交付时航空公司尚未取得引进批文的案例，迫使租赁公司仓促进行资产处置或转租，影响租赁公司款项回收。这对于租赁公司自购飞机进行经营租赁的情况尤为不利。

针对上述风险，相应的缓释措施主要包括：

1. 权利清晰风险

对于新飞机，通常在制造商进行制造，并在生产完成后进行交付，产权较为明晰，无瑕疵。对于从其他航空公司或飞机租赁公司处购买带租约的飞机资产业务，应在国内民航局或开普敦权利登记系统（境外二手飞机业务）进行飞机注册登记的查询，取得飞机从出厂到购买前连续交易的卖据（bill of sale），确保飞机权利清晰，无其他所有权瑕疵。

2. 价值波动风险和残值风险

（1）经营租赁业务

经营租赁业务关注重点主要在租赁资产的机型市场情况及资金市场的走势。业务开展前应对业务涉及机型流通性进行详尽的尽职调查，包括竞争机型与替代机型、订单量和交付量、客户数量和分布、价值走势、二手市场情况等。对于带租约购买项目，必要情况下应聘请专业公司对飞机资产和租约进行尽职调查并出具意见。除收益较高、残值风险较低或打包捆绑新机型的业务外，对于A320CEO、B737NG、A330等已经有替代机型出现的机型经营租赁业务应整体评估。

对于资金走势分析方面，过去几年中，美元利率市场处于低谷，有利于飞机租赁公司开展经营租赁业务，从成本控制的角度，锁定与租赁期匹配的较低的资金成本，在固定租金的情况下，能获取较高利润。近些年以来，美元资金成本一路走高，以往的固定租金经营租赁项目如没有做好相应的成本锁定，则将遭受一定的损失。

对于飞机租赁公司来说,盈利点有两个关键点,即资产的价格和成本的价格。

(2)对于公务机融资租赁业务来说,由于公务机的使用客户较少、公务机个性化较强,导致其流通性相对商用飞机来说较弱,通常出租人会将融资比例限定在不得高于3家机构评估值的平均估值80%左右,且由于公务机承租人通常为航空运输业以外的其他企业,通常经营方面具备不确定性,为了应对承租人的信用风险,通常在测算时要求在整个租期内任一时点的未偿还本金不得高于飞机评估价值的平均值。

3. 飞机取回风险

对于国内的飞机租赁项目,飞机取回的风险较低,但对于境外项目而言,尤其是承租人所在国的国别风险较高、法律法规相对不够健全的地方,飞机取回风险对出租人来说是需要放在较高关注位置的。以欧洲、美国为例,由于法律法规较为健全,航空运输业及航空租赁业发展成熟、竞争充分,飞机取回的风险较低;但对于尚未签署开普敦公约的国家、航空运输业处于发展过程中的国家来说,通常飞机取回的难度较大。航空运输业和飞机租赁业作为全球性的行业,各国在飞机的所有权和取回方面近年来一直在发展,以印度为例,飞机取回的流程越来越简化,时间也越来越短,有利于国际资本支持印度本国航空运输业的发展。

一般在实践中,在出租人和承租人签订租赁协议时,要求承租人同时签订DPOA或者IEDRA(不可撤销的注销国籍以及出口授权书),尽管凭此授权书不一定会顺利实现飞机在所有国家民航局的注销国籍和办妥出口手续(如南非要求飞机取回必须通过法律程序),但一定程度上能够减少飞机取回的必要流程,部分缓释取回风险。

4. 保险、保修风险

取得飞机投保的保单,或要求承租人投保机身险、战争险、第三方责任险等保险,融资租赁保险金额不低于航空公司未偿还本金的110%,经营租赁保险金额不低于期初飞机购买价格110%(每年按3%~4%金额递减),并调查保单中不赔付地区与飞机使用区域是否有重叠,对有重叠的交易,争取有资质的如当地国有银行出具保函或采取其他有效风险缓释措施。合同中约定飞机的保修权益转让给航空公司。

5. 资产管理风险

经营租赁业务中,应定期对租赁资产进行现场和非现场检查,定期取得飞机运营数据,定期对飞机价值进行评估。

公务机和直升机租赁业务,托管公司应取得出租方的认可,出租人与托管公司、承租人签署三方协议，协议中约定一旦发生承租人违约，托管公司应立即根据出租人的指示配合出租人进行资产处置。对于托管公司为承租人关联企业的，相关合同中应约定托管公司在承租人违约时立即按照出租人指示配合出租人进行资产处置，原则上托管公司定期向航空公司提交飞机相关运营及维修等技术资料，保持技术资料连续性。

6. 交易结构风险

聘请专业外部法律顾问、税务师参与复杂的跨境交易，并出具意见。合理设计交易结构，规避利率和汇率风险。建议在项目尽调时聘请当地律师出具国家情况调查表、聘请税务师出具税务情况调查表，对当地航空公司支付租金受到哪些管制及法律要求进行调查了解，切实规避税务风险、国别风险、租金支付环节的操作风险。

7. 公务机项目市场风险

对租赁标的物机型的交付量、二手市场活跃情况、客户分布情况进行调研，调研飞机处置所需费用，设计切实可行的处置预案，判断租赁标的物是否能够在较短的时间内变现。

8. 合规风险

主要指国内航空公司能否获得发改委飞机引进批文或民航局短期批文，国内飞机引进通常有年度计划，对于三大航及其旗下的航空公司来说，飞机引进计划通常提前报批，无批文的风险，但对于中小航空公司来说，其批文获取情况与其安全运营情况密切相关，应关注航空公司能否获取批文的风险，对于自有订单的对待方面有所区别。在售后回租项目中，通常将获取相关机构的批文作为放款的前提条件，如无批文则不具备放款的条件。

在实践中，也有航空公司在飞机完成技术交付后未拿到相关批文，飞机无法进关。这种情况下，需要分析批文拿到的可能性及时间长短，如短期内能拿到批文，则可在完成技术后飞机仍在制造商处停厂期间起租，不影响承租人的租金支付义务，但对出租人来说须承担一定的风险，如无法办理飞机所有权证的风险等。

第三节 租赁合同起草谈判

在出租人与航空公司签署合作意向书（letter of intent）之后，通常按照行业惯例，由出租人方起草飞机租赁合同及相关法律文件，在 LOI 中还会有合同签署的最后期限，与飞机的交付时间相关联，对于双方来说，任何一方都不愿意承受对方随意解除约定,或在飞机交付前很紧张的时限内解除约定。

由于LOI通常只有其中的法律适用地等条款有法律上的约束力,其他商务条款会进一步受限于双方的内部审批,即如果一方内部审批没有通过该意向书,则可以在退还保证金或者履行完其他义务后,有解除LOI的权利。

对于境内项目来说,由于出租人和航空公司均位于国内,适用中国法,项目结构也较为常见,通常聘用一家中国法律事务所或由出租人法律部门起草飞机租赁合同及附属文件,交由航空公司审核,双方进行谈判,使合同定稿、签署、执行。

但对于跨境飞机租赁项目来说,由于航空公司所在国的法律风险、飞机所有权登记、税务风险等多重考虑,通常选聘具有英国法资质的律师事务所根据意向书的约定,代为起草租赁合同及其他文件。

一、常年法律顾问

有些飞机租赁公司的境外业务较多,通常会考虑为有效防范项目的法律合规风险,在项目立项审查、对外签订合作意向书、尽职调查阶段即能获得专业律师对合同文本及法律结构风险的揭示与建议,便会考虑聘请英国法常年法律顾问。

由于英国法法律顾问的费用较国内来说明显较高,一般会将在意向书的审查、与空客波音等制造商和发动机厂商以及MRO厂商的通用协议审阅、一般性英文保密协议、新进入国别区域和结构的一般性法律咨询等方面让其提供服务。

提供法律顾问的律师事务所须在航空租赁领域内有经验丰富的律师团队,国内同业也多次与其合作。报价方案方面可提供固定费用和计时收费两种方案。

固定收费通常以一定的工作小时为基础,确定一个打包价格,如果超出这固定的小时工作,将按一定优惠的费率收费,如未达到约定的小时数,则按其他费率计费。按时收费就是以不同等级的律师工作小时数为基础,对应不同的费率,最后进行加总。最终方案的选择应考虑到公司目前境外业务规模。

对于律师工作情况的把控上,无论采取按小时计费还是固定收费,可以要求律所按一定期限出具服务工作小时费用清单,用以总量控制。

二、专项律师聘请

除了常年法律顾问,对于具体的项目来说,针对不同区域,还可以专项聘用律师团队,提供法律服务,防范法律风险。对于境外业务来说,一个项目的律师团队通常由以下几部分构成,即英国法主代理律师、承租人所在国律师、爱尔兰(或其他区域)出租人所在地律师、转出租人所在地律师(如结构需要则有)。几方律师团队的工作由主代理律师协调，由各地律师负责从本地法律角度审核项目文件，确保项目的合规风险可控。

（一）主代律所的报价与服务范围

主代律所的报价包括两个部分，第一部分是文件的起草与谈判工作，其中为了报价更科学可以假设几天的现场谈判工作；第二部分是飞机的交付工作，该部分主要是飞机交付时候的文件准备和审查工作，一般可按架次收取。

主代律所服务范围包括几个方面：

(1)全套租赁文件的起草、谈判、审阅与定稿工作；

(2)就该项目的先决条件进行谈判与审阅；

(3)作为英国法主代律所为该项目提供各项建议，并在整个项目中协调当地律所工作；

(4)审查、建议与准备所有交易文件中的先决条件；

(5)参加现场会议与电话会议；

(6)准备项目全部文件的纸质版与电子版。

律所的报价有一定的前提与假设事项：

(1)假设需要参加一定时间的现场会议(或者相等时间的电话会议)；

(2)每架飞机的租赁协议除技术和出租人等具体信息有所改变外，其他基本保持一致；

(3)该项目工作范围不会与上述内容有太大的偏离；

(4)不提供税务建议；

(5)该项目的完成超过规定时间不多于规定时间，假设半年或者 8 个月；

(6)报价中不包括购买飞机的融资咨询服务(通常租赁与融资是合在一起，便于律师牵头各方，并确定租赁中的相关条款符合融资方的要求，但实践上也有租赁尚未匹配长期银行贷款的情形，则不含融资方面的服务报价)；

(7)谈判过程中不会出现非寻常问题，并且各方都采取合理且合作的方式。

（二）出租人所在地爱尔兰当地律所服务范围

爱尔兰当地律所的服务范围包括以下几个方面：

(1)从爱尔兰法律的角度对项目文件提供建议并进行审阅；

(2)承办所有必要的开普敦登记工作；

(3)协调并安排出租人在爱尔兰的董事会会议，并起草相关批准与授权文件。

(三)航空公司所在地律所的服务范围

航空公司所在地律所的服务范围包括以下几个方面:

(1)从航空公司所在地法律的角度审阅项目文件;

(2)就项目相关的所有方面提供航空公司所在地法律建议;

(3)对于新进入的国别区域,还可以请当地律师事务所准备关于所在国的司法调查问卷(jurisditction questionnair),该司法调查问卷包括简版与复杂版两种版本,主要是问卷问题有所不同,主要包括该国的法律环境、外汇监管、飞机取回、飞机登记等重要问题,可根据国别风险的高低进行选择。

三、租赁合同及附属文件

虽然出租人和承租人在意向书或招投标书阶段已经对项目的大致商务安排有了一定共识,但是在飞机租赁合同这一双方权利义务法律文书中还会有非常多的要点进行谈判。

(一)租赁合同及附属文件

飞机租赁合同是单机合同,即使租赁公司成功中标某家航空N架飞机,需要有N份完整的租赁合同及其他附属合同,构成单机的文件汇总。一架售后回租型经营租赁相关的合同主要包括以下文件:

1. 租赁类合同

飞机租赁合同(出租人与航空公司权利义务,如有转租的航空公司结构,则可能有 headlease agreement 和 sublease agreement)

owner quiet enjoyment letter(所有权人向航空公司出具的安享函)

2. 买卖类和所有权类文件

飞机销售合同(purchase agreement assginment consent and agreement)

卖据(bill of sale,飞机制造商向购买方即出租人出具的卖据)

卖据(bill of sale,出租人向承租人出具的卖据)

接收证书(acceptance certificate,由出租人方从制造方接收飞机)

接收证书(acceptance certificate,由航空公司从出租方接收飞机)

refund letter(由制造商向付款方出具的,规定一定时间内飞机不交付即退款的安排)

3. 质保类和保险类

发动机质保转让协议(EWA),由于在租赁项下,航空公司作为飞机的实际承运方和使用人,飞机及发动机的所有权人为出租人,所以为了保障航空公司在实际承运中的质量保障,需要出租人、发动机制造商、承租人三方进行安排,将发动机的相关质保安排由所有人处转让到承租人处。质保合同的主要条款如下:

The Lessee confirms, represents and warranties that, as at the date of this Agreement and as at the Delivery Date:

The Purchase Agreement are in full force and effect and is enforceable in accordance with its terms;

It is not in default under the Purchase Agreement;

It is the sole legal and beneficiary owner of all the rights and interests in and to- the Warranties as given by the Engine Manufacturer pursuant to the Engine Support Agreement. The Lessee confirms it has the right to assign such Warranties without restriction, subject to the consent of the Engine Manufacturer;

It has not created or allowed to subsist any Security Interest over or otherwise encumber its rights and interests in the Warranties other than pursuant to this Agreement;

To its knowledge, there are no and will at Delivery be no claims or actions against it pending in respect of the Engines or the Warranties of which, if unsatisfied, would give rise to a Security Interest over the Engines or any of them or the Warranties in favour of any third party; and

It is a company duly incorporated and validly existing and registered and in good standing under PRC Law and has the corporate power under PRC Law to own its assets and carry on its business as it is being conducted.

The Lessee does hereby assign irrevocably, absolutely and unconditionally to the Lessor (and/or its Nominee), all of the Lessee's rights, title, benefit and interest in and to the Warranties, to the exclusion of the Lessee and the Lessor hereby accepts such assignment.

此外,承租人不允许将该质保权益进一步转让、处置给其他方,通常被出租人允许的转租赁安排除外,并需要经过出租人、发动机制造商的提前书面许可。

The Lessee covenants, for the benefit of the Lessor, that it shall not (other than pursuant to the terms of this Agreement) assign, transfer or otherwise dispose of its rights, title and/or interest in, to and under the Warranties in respect of the Engines other than to a sub-lessee permitted pursuant to the Lease Agreement (it being acknowledged that any assignment, transfer or other disposal of the Warranties by the

Lessee to a permitted sub-lessee requires the prior written consent of the Engine Manufacturer and the Lessor).

在租赁期末或者承租人中途违约的情况下,出租人可以向发动机制造商要求将相关质保权益转让回出租人处,以保障所有权人对此的控制。该安排通常以发动机质保协议的附件方式,三方提前安排好相应的合同文本,待发生相应需要将发动机质保权益取回的情况,由出租人签署,发送至发动机制造商处即可。模板如下:

Notice to the Engine Manufacturer

To:ENGINE MANUFACTURE

Attn:Chief Legal Officer

Copy:AIRLINE(the Lessee)

Attn: [ ]

[Date]

THE two(2) V2527-A5 ENGINES BEARING ENGINE SERIAL NUMBERS (ESN)[ ] and [ ](ATTACHED TO AIRBUS A320CEO AIRCRAFT MSN××××

Terms used herein bear the same meanings as those set forth in the ×××Consent relating to the above-referenced Engines, dated [ ].

We hereby give notice that, (i) the Lease Agreement has been terminated or has expired pursuant to the provisions of the Lease Agreement and/or (ii) the Aircraft has been redelivered or repossessed by the Lessor in accordance with the provisions of the Lease Agreement, and as a result ××lessor/[its Nominee] is now entitled to receive the benefit of the Remaining Engine Warranties.

In accordance with Section ×××, we request you to provide your confirmation in the form of the Warranty Confirmation that the Remaining Engine Warranties shall, from the date of the Warranty Confirmation, be extended to ××LESSOR/[its Nominee](or its approved designee or transferee, as the case may be) in accordance with the terms of the Consent.

机身质保转让协议(AWA)

保单和再保险保单(certificate of insurance and reinsurance,通常包含飞机调机回国和租赁期间两个不同阶段)

承保人承诺函(broker's letter of undertaking)

对于公务机的融资租赁安排,由于公务机承租人是一般性企业,不具备飞机维修、航线申请、飞行员等资质,需要找相关的具有资质的企业进行托管,所以有三方托管协议。在该协议中,首先明确飞机的所有权人为出租人,并明确相关的托管费用由承租人承担,确保飞机在租赁期内能够适航、保持较好的技术状态。此外,托管人还有义务向出租人提供飞机的维修管理信息情况,且如果发生承租人违约时,托管人不得妨碍出租人处置该飞机。

通过托管协议中对飞机所有权、三方的权利义务关系进行明确,从而保障出租人对飞机的完全控制和知情权。合同主要内容如下:

(1)承租人需在租赁期内自行承担费用购买供应商推荐的飞机维修管理和控制系统(包括但不限于 CMP、CAMP 等),确保在整个租赁期内能够使用该飞机维修管理和控制系统并利用该系统提供的精确、详细且及时的维修工作预报和飞机需要的维修档案,确保飞机持续适航,消除飞机买卖(如有)过程中的潜在维修隐患。

(2)托管人应妥善使用承租人购买的飞机维修管理和控制系统,并向出租人和承租人提供具有阅读权限的用户账号。

(3)托管人应于每年 6 月和 12 月分别向出租人和承租人提供飞机之前 6 个月的维修管理相关信息(飞机交付后的第一个 6 月或 12 月,提供飞机交付后到该月份的相关信息),包括但不限于飞机 SB 执行情况清单、CAD 符合性清单、手册清单、单机档案清单、工程指令清单等。

(4)因承租人委托托管人管理、运营、操作、维护飞机而产生的一切费用均由承租人自行承担,相应产生的一切纠纷均由托管人与承租人自行处理。在任何情况下,出租人均不向托管人支付任何费用。如承租人欠付托管人任何费用的,不影响出租人对飞机的所有权。

(5)如租赁协议项下承租人违约的,出租人有权按照租赁协议约定及法律规定处置飞机。托管人不得以任何理由妨碍出租人处置飞机,包括但不限于承租人欠付托管费用,其他文件约定的飞行时间未满足等。

(6)托管人承诺,在托管期间由托管人保持飞机处于适航状态并符合租赁协议约定,如出租人需要处置飞机的,托管人将会无条件积极配合出租人处置、转移飞机,并且向出租人或者出租人指定的第三方移交飞机随机设备和全部随机资料文件。

(7)若飞机发生重大故障停场,托管人应在第一时间通知出租人和承租人。

(8)若飞机计划飞往可能导致飞机损伤的地区(如即将遭遇台风、地震、洪水、火山爆发、极端天气等自然灾害的地区,或存在战争、军事行动、武装冲突、恐怖主义袭击、骚乱、罢工、劳资纠纷等社会不稳定因素的地区),托管人应在第一时间通知出租人,若该地区属于飞机所投保险规定的承保范围的地区排除范围之内的,在飞机飞往该地区之前还应取得出租人的同意。

(9)如遇飞机在正常运行过程中(境内外)遭遇任何原因的滞留或扣押,托管人须在第一时间通知出租人和承租人。

(10)在承租人发生租赁协议或者管理协议项下的违约或租赁协议终止的情况下,出租人可代表承租人就飞机托管事项向托管人发出书面通知,托管人将出租人代表承租人发出的该等通知视同承租人的最终指示,但出租人代表承租人发出的该等指示应当基于并符合管理协议及本协议的约定。

(11)若承租人就飞机对托管人的应付未付债务达×××美元或等值人民币的,托管人应当及时通知出租人。

(12)出租人有权依据租赁协议对飞机进行检查或检验,或指示一名经其正式授权的检验员代表其对飞机进行检查或检验(包括但不限于所有适用于飞机的飞行记录、飞行手册、维修记录,以及其他与运行安全有关的各种记录),对安全和资质等相关事宜进行检查或检验。

(13)除出租人、承租人和出租人、承租人授权的人员以及必要的、经事先通知的政府和局方人员的检查外,托管人不得自行安排不相干人员接近、进入飞机。

(14)飞机应只用于自用或者商业航空用途,承租人不得指示托管人将飞机用于训练飞行或特技飞行,或超出飞机额定的乘员数量和重量。

4. 借款类合同(loan agreement)

loan agreement(包括 lender、facility agent 和 security trustee)

arrangement fee letter

lessor security assginment(以及相关的 notice to lessee/acknowledgement of lessee)

aircraft mortgage

acknowledgement of notice of assignment

5. 法律意见书类

lessor legal opinion

lessee legal opinion

6. 公司文件类

出租人和承租人的营业执照(certificate of incorporation)、章程(memorandum and articles of association)、有权机构的项目批准决议(resolutions of the directors)、签字授权书(power of attorney)、签字样本(specimen signatures)等文件,以及其他应出租人要求,承租人需要提交的其他材料,包括飞机引进批文等。

上述所有文件的签署,均应由相关企业的有权签字人签字,不管是租赁合同类还是现场交付类文件,均应持有此类授权书。授权书应由公司章程中约定的有权签字人的规则产生,同时在境外租赁项目中还应有相关的签字样本、董事会决策等文件用以证明签字的真实有效性。

(二)租赁合同的主要内容

飞机租赁合同通常由作为出租人的 SPV 和航空公司两方签署,并以一架飞机的型号、MSN 为标志链接到飞机上。

in respect of

one(1)Airbus A320CEO Aircraft
with Manufacturer's Serial Number [ ]
and Chinese Registration Mark B-[ ]

Contract Number:[ ]

租赁合同通常包括以下主要内容:释义部分(interpretation)、飞机交付(delivery)、租期(lease period)、租金(rent)、保证金(security deposit)、维修储备金(maintenance reserves)、付款(payments)、出租人遵守(lessor covenants)、承租人遵守(lessee covernants)、转租(sub-ieasing)、飞机维修与保养(maintenance and repair)、发动机及其他部件串件(interchange and replacement of engines and parts)、制造商承诺(manufacture's warranties)、indemnities(免责条款)、保险(insurance)、全损、损坏及取回(loss,damage and requistion)、飞机退租(redelivery)、违约事件(events of default)、税务(taxation)、转让(assignmenta and transfer)、保证和担保(reprentations and warranties)、前提条件和后续条件(condition precedent and condition subsequent)、适用法律(governing law and jurisdiction)等主要条款。

1. 前提条件和后续条件

该部分通常规定了在租赁合同项下以及在飞机交付前,出租人应满足的条件和承租人应满足的条件。一般来说,对于出租人的条件要求更简单,对承租人航空公司的要求更多。出租人主要应满足营业执照、章程、授权批准该文件的决议、如果出租人和承租人均位于国内,承租人会要求出租人母公司出具一封母公司安慰函。

该安慰函主要是由于出租人往往是一个项目公司,没有较强的经济实力,航空公司从持续安全运营的角度出发,希望母公司对于该项目公司的持续运营提供一定的保证。该安慰函通常包括 SPV 的股东情况、股东将确保 SPV 的经营情况等。大致内容如下:

PARENT COMFORT LETTER

To:××× Airlines Co. ,Ltd. ("Lessee")

Date:____________ 2018

Dear Sirs,

Re:One(1) Airbus A320 aircraft bearing manufacturer's serial number ××× (the "Aircraft") leased by ××Leasing Co. ,Limited("Lessor") to Lessee

We, ××(the "Parent"),refer to the Aircraft Lease Agreement entered into on or about the date of this letter in respect of the Aircraft entered into between Lessee and Lessor(the "Lease Agreement").

Terms and expressions defined in the Lease Agreement shall have the same meanings when used in this Letter unless otherwise defined herein.

In consideration of your entering into the Lease Agreement, we agree that, from the datof this Letter until such time as Lessor has no further liability under the Lease Agreement:

We will procure that Lessor shall remain a wholly owned(directly or indirectly) subsidiary of Parent;

We will not, nor will we permit any other person to, initiate any action that may result in the winding-up, dissolution, administration, bankruptcy, insolvency, restructuring, liquidation or any proceeding of similar nature of Lessor;

We will procure that the Lessor will perform and comply with its representations, warranties, obligations and undertakings under the Lease Documents; and

We will procure thatLessor's only business is, and throughout the Lease Period shall continue to be, leasing of the Aircraft and/or any of the Other Aircraft under the Other Leases (as applicable) and entering into arrangements relating to the financing or refinancing of the acquisition or ownership thereof and any other business incidental thereto and it will not undertake businesses other than the aforementioned.

This Letter is governed by and shall be construed in accordance with the laws of the PRC.

承租人需要满足的前提条件则较多，主要包括需要提前一定时间将飞机交付通知发给出租人准备购机价款、提前规定时间将保证金支付给出租人、提前规定时间提交符合合同约定的保单、相关授权文件、承运人证书、航空经营人证书等由局方出具的资质文件、飞机维修计划书等，在飞机交付之后一定时间内（如10天等）须向出租人提供飞机的国籍登记证、电台执照、适航证等文件的复印件，以保证飞机按照承租人所在国的民航当局要求运行。

2. 飞机交付

不管是航空公司的订单出租人以售后回租的方式交其运营，还是出租人的订单直租给航空公司运营，通常都是在飞机购买协议中，大致提前确定好了飞机交付时间，可以具体到具体的月份。所以，双方对于飞机交付都设定一个“交付日期”（scheduled delivery），双方按照此事件安排各自准备所需事项。

如果是售后回租，需要航空公司提前一定时间将交付计划告知出租人，如果是直租，需要出租人提前一定时间告知航空公司。如果发生不可预见的事件导致飞机延迟交付，通常在售后回租业务中，出租人会要求最迟6个月内交付，双方有解除租赁合同的权利；在直租业务中，由于出租人已经根据航空公司的构型采购了飞机的BFE等设备，通常会给予6个月到1年的延迟交付期。前提都是由于不可预见的事件导致的交付延迟。

If an Unforeseen Event occurs and the Delivery Date has not occurred on or before the date falling six (6) months after the Scheduled Delivery Month (or such other date agreed by Lessor and Lessee), either Lessee or Lessor may terminate this Agreement by serving notice on the other party within ten (10) days after the expiry of that six (6) month period.

如果因为在生产建造期间，建造期的飞机发生了全损，生产商无法按期交付飞机，双方同样有解除租赁合同的权利。

对于已经交付运营的二手商用飞机、公务机等，飞机卖方为飞机的实际拥有人或实际承运人，飞机的买卖协议由两方签署即可。在文件中飞机的购买和交付是两块重要的部分。在购买部分，约定飞机的交付状态，一般为“按其现状”

的情况交付，同步开始回租的安排，即买方同意购买飞机和受让被转让产权的目的是为卖方提供飞机融资租赁的安排，此外飞机制造方、发动机制造商和APU的相关质保协议应转移给买方。

在飞机交付部分，通常详细约定交付前的检查、产权转移证书的签署时间、交付前发生全损等安排：

(1)交付前的检查：经提前通知卖方，买方有权（但无义务）在交付之前对飞机进行检查，但该等检查不应对飞机的运行或维护造成不合理的影响并且买方的代表或者顾问应当遵守任何适用的安全程序和规定。买方对飞机该等检查不构成买方在飞机租赁协议项下就飞机的适航性、销售性、适用性、价值、状况、设计或性能的（无论是明示的或默示的）的任何保证和陈述。卖方应当积极配合买方的上述检查，并提供所有必要的便利和支持。

(2)产权转移证书：在交付日，卖方应在收到转让价款时立即将被转让产权根据本协议的规定转移给买方，并应按附件二的格式签署并且向买方递交产权转移证书。一旦卖方向买方递交产权转移证书，即视为卖方已根据本协议将被转让产权于产权转移证书中载明的日期和时间完全不可撤销地转移至买方。产权转移证书的签署和递交应是不可撤销的。上述产权转移证书的签署、递交和填写完成后即应视作被转让产权的转移已经完成且买方已经予以接受，本协议项下不发生飞机的实际交付，也无须买方签署飞机接收证书。

(3)风险：卖方确认，尽管自交付时起飞机的所有权由买方享有，但是飞机毁损、灭失等各种风险仍应由卖方（作为飞机租赁协议项下的承租人）承担，并且卖方（作为飞机租赁协议项下的承租人）应当承担因飞机的型号、设计、构型、性能、状态、维修、维护、改装、补给、大修、适航、使用、出租以及运营而产生的任何风险。

(4)卖方在飞机租赁协议项下的接收义务：在交付的同时卖方（作为飞机租赁协议项下的承租人）应当根据飞机租赁协议接收飞机，并向买方（作为飞机租赁协议项下的出租人）递交飞机租赁协议项下要求的飞机租赁接受证书。

(5)最晚交付日：如因任何原因导致飞机的交付在最晚交付日或之前未能发生的，经书面通知另一方，买方和卖方均有权终止其在协议及其他交易文件项下的义务，自协议任何一方终止其在协议及其他交易文件项下的义务时起，买方无任何进一步的义务向卖方购买飞机和支付转让价款。本条规定不应影响和损害协议任何一方在终止协议之前根据协议及其他交易文件的规定所享有的任何权利或救济。

(6)交付前的飞机全损:如果飞机在交付之前发生全损,卖方应当立即书面通知买方,并且协议应当在买方收到该等通知时终止,买方无任何进一步的义务向卖方购买飞机和支付转让价款。本条规定不应影响和损害协议任何一方在终止本协议之前根据本协议及其他交易文件的规定所享有的任何权利或救济。

3. 飞机生产期间的责任划分

在售后回租业务中,由于订单是航空公司直接从制造商处购买,那么航空公司对飞机的整个生产、监造负质量责任,将根据生产进度参加飞机的所有试飞、系统检查活动。但由于出租人为飞机的最终所有人,也会关注飞机的质量问题,通常在未进行物理交付之前,将飞机检查监造的行为完全委托给航空公司,仅在飞机最后的交付周时参加技术检查。

Lessee shall take full and exclusive responsibility for all aspects of the delivery of the Aircraft by the Manufacturer, including, without limitation, inspecting the Aircraft while being manufactured and attending and observing the acceptance tests for the Aircraft in accordance with the terms of the Purchase Agreement and the Purchase Agreement Assignment. Lessor shall appoint Lessee as its agent to inspect the Aircraft, observe the acceptance tests for the Aircraft; and to sign and issue the Purchase Agreement Acceptance Certificate for the Aircraft, in each case in accordance with the terms of the Purchase Agreement and the Purchase Agreement Assignment.

而在直租业务中,由于出租人是订单的购买方,通常航空公司出于成本控制角度考虑,会由出租人承担主要的监造责任。由于航空公司是最终的飞机运营方,所以在合同中,一般约定航空公司有权进行监造。

Prior to the Delivery Date, subject to any applicable purchase agreement, Lessor shall give Lessee an opportunity to inspect the Aircraft and to participate as observer in a demonstration flight of the Aircraft at such location as Lessor shall notify to Lessee.

在飞机交付前,根据飞机采购协议,对于相关的试飞和地面检查中发生的任何问题,由制造商负责解决。对于飞机交付后的发动机、机身或其他部件出现的问题,通常按照机身质量保修协议和发动机质量保修协议来进行保修。

If any material discrepancy from the Specification (as supplemented to include the Buyer Selected Optional Features) is identified during the final ground or flight acceptance, the discrepancy shall be corrected by ×× at no cost to Buyer before orafter the Delivery Date, denpending on the nature of the discrepeancy and the time required for correction.

综上所述,不管出租人是否为飞机的直接采购者,在生产建造阶段由厂商、出租人、航空公司对飞机质量进行保障。飞机的交付,意为着航空公司以满意、确定的状态接收了飞机,并开始承担租赁的权利义务,所以无论在生产期还是租赁期,出租人均不对飞机的质量承担责任。

在租赁期间,虽然机身、发动机等的质保权已经转让给航空公司,但前提是航空公司无违约行为在先。一旦发生违约事件,出租人可将上述质保权益收回。

4. 转租条款

航空公司在租赁了飞机之后,由于集团内的运力协调或淡季旺季的协调,可能会有一些租赁期间的短期转租行为。对这类行为,如果出租人认为转租人的资质优于现承租人,那么在转租赁协议的条款均附属于主租赁合同项下的,一般不对此类转租赁进行限制。但通常会提前拟定一个双方认可的转租赁名单,并要求提前一段时间通知出租人,并承担出租人对于相关转租合同审查的费用等。

Subject to the right of Lessee to deliver possession of any Item of Equipment to the manufacturer thereof for testing or other similar purposes or to any Approved Maintenance Performer for service, repair, maintenance or overhaul work on such Item of Equipment or any part thereof or for alterations or modifications in or additions to such Item of Equipment to the extent required or permitted by the terms of Clause × ×, except as provided in this Clause, without the prior written consent of Lessor (which consent shall not be unreasonably withheld or delayed), Lessee may not:

sublease, charter, hire the Aircraft; or

other than for the purpose of testing, service, overhaul work, maintenance or repair or alterations, modifications or additions permitted under this Agreement, otherwise part with the possession or operational control of the Aircraft.

此外还有一种是湿租(含包机),即航空公司将租赁所得飞机和相关机组等一起湿租给其他航空公司一段时间,通常期限也都比较短,在1年以内。对于这类的湿租,由于飞机仍由原航空公司运营使用,一般也不作限制,但有不能改变飞机的注册国籍、飞机保险仍有效、飞机不能湿租到受美国或欧盟制裁的区域等要求。

Lessee shall remain primarily liable under this Agreement for the performance and observance of all its obligations to the same extent as if no Permitted Sublease had been entered into. To the extent that the Permitted Sublessee properly performs an obligation under thePermitted Sublease, Lessor agrees that such performance shall be regarded as discharging(to such extent) Lessee's corresponding obligations under this Agreement.

无论是被允许的转租还是湿租,承租人仍然是主租赁协议项下的义务履行方。

5. 飞机退租

在飞机到期退租之前,航空公司会根据租赁合同,提前1年或特定时间准备飞机退租,出租人也会提前进场检查飞机的技术状态(redelivery check)、所有维修计划、所有飞机文件。在完成退租之后,双方签署退租证书(return certificate),该文件意味着出租人完全接收飞机的退租状态。

Upon completion of the final inspection of the Aircraft and the Aircraft Documentation by Lessor and, unless otherwise agreed in writing by Lessor and Lessee, correction of any discrepancies or deficiencies required to be corrected by Lessee prior to the Redelivery, provided that the Redelivery Conditions have been met and the Aircraft is ready for redelivery at the Redelivery Location, Lessee and Lessor shall execute the Return Certificate. Upon acceptance of the Aircraft by Lessor at redelivery of the Aircraft by Lessee to Lessor, the Return Certificate constitutes an acknowledgement by Lessor that the Aircraft is in full compliance with the Redelivery Conditions under this Agreement, except as noted in such Return Certificate.

但有时候双方对于技术状态没有达成一致,飞机超出原来的租赁期,原租赁合同仍然未终止或在退租文件中特殊标注除外条款。在这种情况下,通常租金较平时有所提高,为原租金的150% ~200%之间。

Lessee shall pay Lessor 200% of the Rent on a daily basis, payable monthly in arrears and on the last day of such period, for each day following the Termination Date until the date the Aircraft is actually redelivered to Lessor pursuant this Agreement

6. 租赁转让

在飞机租赁项目中,承租人航空公司没有权力转让租赁合同项下的任何权利和义务。但对出租人来说,可以将飞机的所有权以及租赁项下的权利转让给第三方,但航空公司通常为了保障自己的持续运营权和安享权,一般均对受让方作一定的要求,如受让方不能和承租人的业务冲突或有竞争关系、飞机转让应在一定年限如2年后方能转让、受让方的净资产应不少于一定金额等要求。同时由于出租人转让飞机所有权或租赁权利产生的调机费用、合同费用等应由出租人承担。

Lessee may not disposeof or create or permit to exist any Lien over, any of its rights under this Agreement or the other Lease Documents.

as a condition precedent to such transfer becoming effective, Lessor will procure that any Transferee which shall be the Owner but not Lessor of the Aircraft shall execute and deliver to Lessee a letter of quiet enjoyment in respect of Lessee's use and possession of the Aircraft in a form substantially similar to Lessor's covenant in Clause 11(*Quiet Enjoyment*).

(三)交付文件

除了飞机租赁合同,还会有一系列附件在协议谈判阶段确定,待飞机交付时签字使用,主要是交付时的一些文件。主要文件包括:

1. Form of Lease Supplement

其中,第一个租约补充文件(form of lease supplement)的主要内容是写明飞机的交付时间、地点、型号信息,以及飞机的购买价格、租金价格、租金调整方式等商务信息。出于后续飞机带租约资产转让等原因,通常在租赁合同正文中并不出现飞机的购机价格,这对很多出租人来说也是较为机密的信息,所以以一个附件补充的方式附在主合同之后。租金方面,出租人和承租人有时在租赁合同谈判阶段,能确定的是一个租金率,而飞机的最终价格通常以交付日期为准进行调整,最终的租金也会随之调整,所以,需要单独的文件将最终的租金价格明确下来。

THIS LEASE SUPPLEMENT, dated [ ], between [ ] (Lessor) and ××AIRLINES(Lessee).

Lessor and Lessee have entered into an Aircraft Lease Agreement dated [ ] (herein the Lease Agreement and the terms defined therein being herein used with the same meaning), which Lease Agreement provides for the execution and delivery of a Lease Supplement, substantially in the form hereof for the purpose of leasing the Aircraft (as defined below) under the Lease Agreement as and when delivered by Lessor to Lessee in accordance with the terms of the Lease Agreement.

NOW, THEREFORE, in consideration of the premises and other good and sufficient consideration, Lessor and Lessee hereby agree as follows:

Lessor hereby delivers and leases to Lessee, and Lessee hereby accepts and leases from Lessor, under the Lease Agreement, the following Airbus A320CEO aircraft, engines and aircraft documentation (the Aircraft):

(a) Airframe: Manufacturer's Serial Number [ ];

(b) Engines: × × × engines bearing, respectively, manufacturer's serial numbers [ ] and [ ]; and

(c) Aircraft Documentation: As set out in the appendix to this Lease Supplement.

The Aircraftis delivered to Lessee at ____________ a. m/p. m on ____________ × × × (____________ time) while the Aircraft is located at ________________.

Lessee confirms to Lessor that:

(d) The Airframe and Engines described above have been duly marked as showing Owner's title thereto and Lessor's, Owner's and (if applicable) Security Trustee's interest therein in accordance with the terms of the Lease Agreement; and

(e) Lessee has accepted the Aircraft for all purposes of the Lease Agreement.

By Lessee's execution hereof, Lessee confirms that Lessee has been given adequate opportunity to inspect the Aircraft and Lessee has determined (or has waived any requirement) that the Aircraft is airworthy, in accordance with specifications and requirements of the Lease Agreement, in good working order and repair, and free and clear of all Liens.

The Purchase Price of the Aircraft is USD ____________.

The Base Rent is ____________.

All of the terms and provisions of this Lease Supplement are hereby incorporated by reference into the Lease Agreement to the same extent as if fully set forth therein.

This Lease Supplement may be executed in two or more counterparts, each of which shall be deemed an original, but all of which together shall constitute one and the same instrument.

This Lease Supplement shall in all respects be governed by, and construed in accordance with, the laws of PRC.

IN WITNESS WHEREOF, Lessor and Lessee have each caused this Lease Supplement to be duly executed by their authorised officers or agents as of the date and year first above written.

2. 飞机月度使用报告(monthly aircraft status and utilization report)

只有在经营租赁项目中,航空公司才会向出租人提供飞机的使用报告,使用报告通常包括机身、发动机(左发和右发)、APU、起落架的当期使用情况以及从出厂以来的总体使用情况。其中对于发动机和APU的使用情况,航空公司应当报告发动机目前的位置、飞行小时、飞行循环、上次大修的时间、预计下次大修的时间等详细信息。对于融资租赁,出租人可以根据租赁合同进行年度现场检查,确认飞机的技术情况。

飞机使用报告通常要求月度发送,但也有些航空公司要求按季度发送。在模板使用方面,各家航空公司均有不同的机队使用情况模板,但通常都会包含以下重要内容:

Monthly Aircraft Status and Utilization Report

REPORT FOR CALENDARMONTH ENDED ________________

Aircraft Type: Airbus A320

Manufacturer Serial/Registration Number: [ ]

AIRFRAME

	During Period	Since New
Hours:		
Airframe Block Hours:		
Cycles:		

Engines

	Position 1	Position 2
Serial Number of Engine		
Present Location of Engine		
Flight Hours Since New:		
Cycles Since New:		
Flight Hours Performed During Period		
Cycles Flown During Period:		
Date of Last Shop Visit/Type of Last Shop Visit:		

Cycles Flown Since Last Shop Visit

Serial Number of Installed Engine：

APU

Serial Number of Original APU：

Present Location of Original APU：

APU Hours(Original APU)：

Date of Last Shop Visit/Type of Last Shop Visit：

APU Hours Since Last Shop Visit：

APU Cycle Since Last Shop Visit：

Serial Number of Installed APU：

MAINTENANCE CHECKS COMPLETED

	Number	Date	Hours	Cycles
A Check				
C Check				
Structural Inspection				

NEXT CHECKS DUE

	Number	Date	Hours	Cycles
C Check				
StructuralInspection				

3.飞机退租证书(Return Certificate)

Return Certificate

[　　](“Lessor”)hereby accept,in accordance with the terms and conditions of the Aircraft Lease Agreement dated [　　　](the “Lease Agreement”)between Lessor and ××AIRLINES(“Lessee”)：

Aircraft：　　　　　　　　Airbus×××

Manufacturer's Serial number：　[　　]

with two(2)installedV2527 – A5 engines,Engine Manufacturer's Serial Numbers：

Position(1)：　　　　　　[　　]

Position(2)：　　　　　　[　　]

together with the Aircraft Documentation described in Attachment 1 hereto and with the operating times and cycles as accumulated on the Aircraft up to the time of redelivery as described in Attachment 2 hereto,and the loose equipment described in

Attachment 3 hereto, in [*place*] on [*date*], at /a. m. /p. m. Lessee and Lessor agree that other than those items described in Attachment 4 hereto, the Aircraft is in compliance with the Redelivery Conditions (as defined in the Lease Agreement).

Lessee and Lessor have caused this certificate to be executed as of the day and year first above written.

上文退租证书中提到的第一部分飞机文件主要包括飞机的操作手册、技术情况记录,第二部分飞机状态部分即飞机最终退租时的机身、发动机、APU 等主要部件的运行数据情况。

4. Form of Technical Acceptance Certificate

Form of Technical Acceptance Certificate

× × × AIRLINES ("Lessee") hereby technically accept, in accordance with the terms and conditions of the Aircraft Lease Agreement dated [ ] (the "Lease Agreement") between [____] and Lessee:

Aircraft: Airbus × × ×

Manufacturer's Serial number: [ ]

with two (2) installed × × × engines, Engine Manufacturer's Serial Numbers:

Position (1): [ ]

Position (2): [ ]

Together with the Aircraft Documentation described in Attachment 1 to the Lease Supplement.

Lessee hereby confirms that the Aircraft, Engines, Parts and Aircraft Documentation are technically acceptable to it, satisfy all of the Delivery Conditions and are in the condition for delivery and acceptance as required under the Lease Agreement.

Terms defined in the Lease Agreement shall have the same meaning when used herein.

Lessee and Lessor have caused this certificate to be executed as of the day and year first above written.

5. Form of Eurocontrol Letter

Form of Eurocontrol Letter

Date ________________

The Director of theCentral Route Charges Office

European Organisation for the Safety of Air Navigation ("EUROCONTROL")

Rue de la Fusée,96

1130 Bruxelles

Belgium

Dear Sir

Authorisation Letter

Airbus model × × × ,Registration Mark ____________,the "Aircraft"

We have leased the above Aircraft from [　　　](the "Lessor"),in accordance with an aircraft lease agreement(dated ____________ 201 ×)between us and Lessor.

We hereby unconditionally authorise you to provide Lessor with a general statement of account in relation to air navigation charges incurred by us and due to EUROCONTROL. Access to thestatement(s) of account will be provided in accordance with the procedures established by EUROCONTROL.

The authorisation contained in this letter may only be revoked or amended by a written instruction signed by us and Lessor.

6. Form of Delivery Notice

FORM OF DELIVERY NOTICE

To:[　　　]

________ 201 ×

We refer to(a) the purchase agreement assignment dated ____________ 201 × between × × AIRLINES as assignor and [　　　] as assignee and consented to by Airbus/Boeing(the "Purchase Agreement Assignment"); and(b) the aircraft lease agreement dated [　　　](the "Lease Agreement") between [　　　](the "Lessor") and × × AIRLINES ("Lessee") in relation to one × × × Aircraft bearing Manufacturer's Serial Number [　　　](the "Aircraft").

Capitalised terms used but not defined in this Delivery Notice shall have the meaning ascribed to them in the Lease Agreement.

We hereby confirm to you that:

The Scheduled Delivery Date for the Aircraft is [　　　] 201 ×.

The Purchase Price is [　　　]. A copy of the invoice from Airbus to Lessor evidencing such Purchase Price is attached to this Delivery Notice.

We hereby irrevocably instruct you to pay the Aircraft Price to the Manufacturer on the above Scheduled Delivery Date.

(四)项目放款与起租后管理

出租人与航空公司及飞机制造商在完成飞机租赁合同、发动机质保协议、飞机质保协议等相关文件的谈判和签署之后,完成租赁合同所约定的出租人和承租人的所有前提条件后,开始向制造商支付飞机价款。通常由出租人的业务部门向计划财会部门提交用款申请,并由法务部门(或其他同等职能部门)就项目的放款条件进行逐条落实,由财会部门最终完成款项支付。

通常放款的前提条件包括为飞机或其他租赁资产办理符合要求的保险,并将保险第一受益人或附加被保险人设定为出租人。

与租赁物件有关的权益,如对飞机的保修保险权益,须转让给根据业务需要设立的项目公司。对于飞机保险权益,须由承租人投保,项目公司为受益人。如有建造期间的保险,支付首笔款后项目公司被设为保险受益人,并及时获得保险凭证;如无建造期间的保险,支付尾款前飞机租赁公司及项目公司被设为保险受益人,并及时获得保险凭证。

在境外租赁项目中,除了承租人提供的保单(insurance certificate),出租人还要求提供再保保单(reinsurance certificate)。再保保单通常由伦敦再保市场上知名的保险公司承保。

第四节　飞机交付

在飞机进入最后的交付阶段后,双方会提前一段时间将交付的前提条件满足情况(CP checklist)做一个现状情况清单,目的是让航空公司、出租人、飞机制造商及各方的代表律师清楚己方有哪些需要完成的工作。

首先对交易文件类做一个状态审查,主要是审查交易相关的主要合同是否完成签署,包括租赁合同、发动机质保协议和机身之质保协议是否定稿(通常在交付现场一并签署)等。其次对合同中约定的出租人须满足的前提条件和承租人须满足的前提条件进行审查。

表 2-2 是飞机交付前法律文件类的情况,包括文件的列表、文件的签署方、目前的情况及签署的时间等具体内容,可以使各方对于法律文件的准备情况有一个全面的了解。法律文件类的状态核对表模式,如表 2-2 所示。

表 2-2 飞机交付前的文件列表

ITEM（项目）	TRANSACTION DOCUMENTS（交易文件）	PARTIES（签署方）	COMMENTS / STATUS（反馈及当前情况）
1	Lease Agreement（租赁合同）	Lessor（出租） Lessee（承租人）	Dated and executed copy circulated Originals received.（已签署并确定生效日期，原件已收到）
	(a) Acceptance Certificate（接收证书）	Lessor（出租人） Lessee（承租人）	Form annexed in Schedule 2 to the Lease Agreement. To be executed at the delivery room at delivery.（在交付日子交付中心签署）
2	BFE Side Letter（买方选装设备文件）	Lessor（出租人） Lessee（承租人）	Dated and executed copy circulated Originals received.（已签署并确定日期，原件已收到）
3	Participation Agreement（多方协议）	Airframe Manufacturer（飞机制造商） Lessor（出租人） Lessee（承租人）	Executed by Airframe Manufacturer. Original received.（已由飞机制造商签署，原件已收到） Execution version to be circulated to Lessee.（定稿文件将由承租人分发各方）
4	Lessee Security Assignment（承租人权益转让）	Lessee（承租人） Lessor（出租人）	In agreed form. Execution version to be circulated to Lessee.（已定稿，签署版将分发至承租人）
	(a) Notice of Assignment and Charge of Insurances（权益转让及保险转让通知）	Lessee（承租人）	Form annexed in Schedule 1, Part 1 to Lessee SecurityAssignment. Execution version to be circulated to Lessee.（签署版将分发至承租人）
	(b) Acknowledgement of Assignment from Insurers（保险机构通知书）	Insurer（保险机构）	Form annexed in Schedule 1, Part 2 to Lessee Security Assignment. Execution version to be circulated to Lessee.（签署版将分发至承租人）
5	Assignment of Reinsurances（再保险转让）	Insurer（保险机构） Lessor（承租人）	In agreed form. Execution version to be circulated to Lessee.（签署版将分发至承租人）
	(a) Notice of Assignment of Reinsurances（再保险转让通知书）	Insurer（保险机构）	Form annexed in Schedule 1 to Assignment of Reinsurances. Execution version to be circulated to Lessee.（签署版将分发至承租人）

续表

ITEM(项目)	TRANSACTION DOCUMENTS(交易文件)	PARTIES(签署方)	COMMENTS / STATUS(反馈及当前情况)
6	Acknowledgement by Lessee of the Lease Assignment (if any)[相互转让通知书(如适用)]	Lessee(承租人)	Not Applicable.(不适用)
7	Airframe Warranties Agreement(机身保修转让协议)	Lessor(出租人) Lessee(承租人) Airframe Manufacturer(飞机制造商)	Executed by Airframe Manufacturer. Original received.(已由飞机制造商签署,原件已收到) Execution version to be circulated to Lessee.(签署版将发至承租人)
8	Engine Warranties Agreement(i. e. Engine Warranty Confirmation Letters)[发动机保修转让协议(如发动机权益转让确认书)]	Lessor(出租人) Lessee(承租人)	In agreed form. Engine Manufacturer will only issue the confirmation letters one day before delivery.(已定稿。发动机制造商将在交付日前一日发出确认函)
9	Deregistration Power of Attorney(飞机注销授权书)	Lessee(承租人)	Form annexed in Schedule 7 to the Lease Agreement. Execution version to be circulated to Lessee.(签署版将发至承租人)
10	Eurocontrol Letter(if any)	Lessee(承租人)	Not applicable.(不适用)
11	EU-ETS Letter(if any)	Lessee(承租人)	Not applicable.(不适用)
12	ATC Letter	Lessee(承租人)	Form annexed in Schedule 11 to the Lease Agreement. Execution version to be circulated to Lessee.(签署版将发至承租人)
13	IDERA(不可撤销的注销登记和出口请求许可书)	Lessee(承租人)	Form annexed in Schedule 8 to the Lease Agreement. Execution version to be circulated to Lessee.(签署版将发至承租人)

续表

ITEM (项目)	TRANSACTION DOCUMENTS (交易文件)	PARTIES (签署方)	COMMENTS / STATUS (反馈及当前情况)
14	Export Letter(出口函)	Lessee(承租人)	Form annexed in Schedule 12 to the Lease Agreement. Execution version to be circulated to Lessee.(签署版将发至承租人)
15	Financing Document(s) to which Lessee is a party (if any)(融资文件)	Lessee(承租人)	Not applicable.(不适用)

除了法律文件类的核对表,还有前提条件类的情况核对表,其中承租人须满足的部分情况表如表 2－3 所示。

表 2－3　CONDITIONS PRECEDENT TO BESATISFIED BY LESSEE:
(应由承租人完成的前提条件)

16	3.1(a)(i)	Copies of the constitutional documents of Lessee, including the certificate of incorporation, memorandum of association and articles of association, certified by a duly authorised officer or director of Lessee as being complete and correct (with all amendments and supplements)(承租人的基本证照文件如营业执照复印件、章程复印件、有权签字人的签字样本等)	Lessee(承租人)	Lessee(承租人)	OUTSTANDING(仍待完成事项) Copy of memorandum and articles of association (together with certificate of incorporation) received [公司章程副本(连同营业执照)已收到]
17	3.1(a)(ii)	A copy of a resolution of the board of directors of Lessee approving the terms of, and the transactions contemplated by, the Transaction Documents, and authorising specified person(s) to execute the Transaction Documents and other corporate authorisation documents as may be applicable(董事会决议复印件、交易相关文件的签署版)	Lessee(承租人)	Lessee(承租人)	OUTSTANDING(仍待完成事项) Copy of board resolution received.(董事会决议复印件已收到) Copy of transaction power of attorney received.(交易授权文件已收到)

出租人须满足的部分情况列表如表2-4所示。

表2-4 CONDITIONS PRECEDENT TO BESATISFIED BY LESSOR BEFORE DELIVERY:(出租人在交付日前需满足的前提条件)

ITEM(项目)	REF. NO. TO THE LEASE AGREEMENT (CLAUSE 3)	CONDITIONS PRECEDENT(前提条件)	PARTIES(涉及方)	RESPONSIBILITY(责任方)	COMMENTS / STATUS(反馈及目前情况)
Lessee's obligation to accept and lease the Aircraft from Lessor under the Lease Agreement is subject to receipt by Lessee from Lessornot later than the Delivery Date of the following, each in form and substance reasonably satisfactory to Lessee:(承租人有义务根据租赁协议接受并租赁飞机,须由承租人在下列交付日期之后收到Lessornot的收据,并以合理的形式和内容承担责任)					
18	3	Copies of the constitutional documents of Lessor, including the certificate of incorporation and constitution, certified by a duly authorised officer or director of Lessor as being complete and correct (with all amendments and supplements)(出租人的公司文件如营业执照、章程有权签字人签字样本等复印件)	Lessor(出租人)	Lessor(出租人)	SATISFIED Circulated to lessee.(已完成并发给承租人)
19	3	A copy of a resolution of the board of directors of Lessor approving the terms of, and the transactions contemplated by, the Transaction Documents(董事会决议复印件签署完毕的交易文件)	Lessor(出租人)	Lessor(出租人)	SATISFIED Circulated tolessee, together with Lessor's POA in respect of the execution of Transaction Documents.(已完成并和有权签字人授权委托书一并交给承租人)
20		A certificate duly executed by an authorised officer of Lessor and dated the Delivery Date(i) setting out a specimen of each signature of the authorisedperson(由有权签字人签署并确定日期为飞机交付日的证书:包含签字样本)	Lessor(出租人)	Lessor(出租人)	SATISFIED(已完成) Undated compiled copy circulated to Lessee. To be dated on the Delivery Date.(未签署日期、将在交付日确定日期)

一、技术交付

在出租人和承租人完成租赁合同及附属文件后，根据飞机采购订单的来源不同，由出租人或航空公司进行现场建造，在总装阶段对飞机进行建造，同时发现问题、解决问题。一般制造商会有1周左右的交付周，在本周中将进行试飞及最后的系统性能测试等。

待飞机完成技术交付，商务方面的合同等齐备，飞机购机价款齐备以后，出租人、承租人和制造商即着手飞机交付。通常会安排签署飞机接收证书，飞机接收证书中将飞机各重要部件现状列明（通常包括机型、发动机序列号及运行时间、起落架序列号及运行时间、机身序列号等），并由承租人确认对飞机的技术状态满意。

Certificate of Acceptance

To：××××as the lessor，

Date：

This Certificate of Acceptance is delivered，on the date set out below by×××（as the lessee），to×××（Lessor），pursuant to the Aircraft Lease Agreement datd××××between Lessor and Lessee（the "Lease"）. The capitalized terms used in this Certificate shall have the meaning given to such terms in the Lease unless otherwise indicated.

Details of Acceptance

Lessee hereby confirms to Lessor that Lessee has at××××（time）at×××（place），technically and duly accepted the following，in accordance with the priovisions in the Lease：

Airbus A320 Aircraft

Manufacturer's Serial Number××××

CFM 56－5B4/3 Engines

Engines Manufacturer's Scrial Number

No.1 ：×××××AND

No.2×××××

Fuel Status：××××kg and

APU：Manufacturer's Serial Number××××

Aircraft Documents in accordance with the list signed by Lessor and Lessee and attached hereto.

LOPA drawing attached.

HOURS AND CYCLES DATA(as of Delivery Date)

Airframe:

Time Since New: × × × ×

Cycles Since new: × ×

Landing Gear(Main and Nose)

Time Since New: × × × ×

Engines:

Postion Left Hands Time Since New: × × × × Cycles Since New: × × × ×

Positon Right Hands Time Since New: × × × × Cycles Since New: × × × ×

Auxiliary Power Unit

Number of Flight/APU Hours(as applicable)since new: × × ×

ACCEPTANCE:

Lessee hereby confirms that:(a)the Aircraft and Aircraft Documents are technically acceptable to it, satisfy all of the delivery Conditions Requirements and are in the condition for delivery and acceptance as required under the Lease;(b)the delivery of this certificate further confirms the acceptance of the Aircraft and the Aircraft Documents by the Lessee as satisfactory to it and otherwise for all purpose of the Loan;(c)the Lease is in full force and effect and henceforth the Aircraft will be subject to the terms and conditons of the Lease; and(d)the Aircraft is insured in accordance with the Lease.

LESSEE: × × × × × × ×

By:

Title:

LESSOR: × × × × × ×

By:

Title:

实践中,与技术接收证书一起的文件还包括制造商提供的技术交付文件,包括飞机的称重报告、飞机的构型列表、飞机相关的证照、操作手册及数据等。

为了使飞机顺利从制造厂商所在国调机到航空公司所在地,制造商需要按照一定的技术标准制造飞机,并使飞机达到特定的出口适航状态,在交付前从本国获取相关的出口适航证书(export certificate of airworthiness),在该出口适航文件中列明了飞机的进口国家和具体型号。

Export Certificate of Airworthiness

This certifies that the product identified below and particularly described has been examined as of the date of this certificate, is considered airworthy in accordance with a comprehensive and detailed airworthiness code of the United States Government, and is in compliance with those special requirements of importing country filed with the united states government.

待飞机由航空公司引进到实际承运国之后，再向本国的民航局申请办理国籍登记证、适航证、电台执照等证件。三证格式如下表所示：

中国民用航空局

Civil Aviation Administration of China

民用航空标准适航证　　　　编号：No.

STANDARD AIRWORTHNIESS CERTIFICATE

<table>
<tr><td>1. 国籍和登记标志
（Nationality and Registration Marks）</td><td>2. 航空器制造人和型号
（Manufacture and manufacture's Designation of Aircraft）</td><td>3. 航空器出厂序列号
（Aircraft Serial No.）</td></tr>
<tr><td colspan="3">4. 类别 Categories：运输类（客运）</td></tr>
<tr><td colspan="3">4. 本适航证根据 1944 年 12 月 7 日《国际民用航空公约》和《中华人民共和国民用航空发》及根据该法发布的有关规定颁发。本航空器在按照各项规定进行维修和各项运行限制运行时是适航的。Airworthiness is issued pursusant to the Convention on International Civil Aviation dated 7 December 1944, and to the Civil Avition Law of the People's Republic of China and regulations issued thereunder in respect of the above-mentioned aircraft which is considered to be airworthy when maintained and operated in accordance with the foregoing and the pertinent operating limitations.</td></tr>
<tr><td colspan="2">局长授权（For the Minister）
签发人：</td><td>签发日期（Date of issurance）</td></tr>
<tr><td colspan="3">6. 在中国注册登记期间，除非被暂扣、吊销或局方另行规定终止日期外，航空器在按照各项规定进行维修并按照各项运行限制运行时，本适航证长期有效。Unless suspended, revoked or a termination date is otherwise established by the authority, this airworthiness certificate is effective as long as the maintainence is performed in accordance with the appropriate civil aviation regulation of China and the aircraft is operated according to the prescribed limitations when the aircraft is registered in the Republic of China.</td></tr>
</table>

二、商务交付

在签署技术接收证书之后，意味着承租人航空公司对飞机的技术状态满意，将以此状态从出租人处获取飞机并运营，进入商务交付阶段。

1.卖方卖据

如果是新飞机从生产线上进行交付，通常首先由制造商签署一份“aircraft bill of sale”作为飞机的卖据，主要内容为在何时何地，飞机（标注基本信息）的所有权转让给买方，由作为卖方的制造商向买方承诺，飞机的所有权无瑕疵、飞机包含所有的买方选装设备（BFE）的所有权均转让给买方。大致格式如下：

Aircraft BILL OF SALE

(The "Bill of Sale")

Know all men by these presents that ××× existing under Frenc law and having its principal office at ×××× (The "Seller"), was, this ×××××, the owner of the following airframe (the "Airframe"), the engines as specified (the "Engines") and all appliances, componets, parts, instruments, accessories, furningshs, modules and other equipment of any nature, excluding buyer furnished equipment ("BFE"), incorporated therein, installed thereon or attached thereto on the date hereof (the "Parts"):

Airframe

Engines:

MANUFACTURE's SERIAL NUMBER

ENGINE SERIAL NUMBER:

REGISTRAION MARK:

And had such title to the BFE as was acquired by it from ×××× pursant to a bill of sale dated ×××× (the "BFE BILL OF SALE").

The Airframe, Engines and Parts are hereafter together referred to as the "Aircraft".

The Seller did, this ××××, sell, transfer and deliver all of its above described rights, title and interest in and to the Aircraft and the BFE to the following entity and to its successors and assigns forever, said Aircraft and the BFE to be the property thereof:

×××× (the "BUYER")

The Seller hereby warrants to the buyer, its successors and assigns that it had (i) good and lawful right to sell, deliver and transfer title to the Aircraft to the Buyer and that there was conveyed to the Buyer good, legal and valid title to the Aircraft, free and clear of all liens, claims, charges, encumbrances and rights of others and that the Seller will warrant and defend such title forever against all claims and demands whatsoever and(ii) such title to the BFE as Seller was acquired from ××× pursant to the BFE Bill of Sale.

This Bill of Sale is governed by and shall be construed in accordance with the law of ×××.

In WITNESS WHEREOF, the seller has caused this instrument to be executed by its duly authorized reprensentative this ××××.

Seller signature

2. 出租人卖据

在售后回租型的租赁项目中,通常该"aircraft bill of sale"由制造商先按照飞机采购合同交付给航空公司,即买方仍为航空公司,然后再由航空公司作为卖方,将飞机卖给租赁公司。卖据(bill of sale)通常如下所示:

BILL OF SALE

For valuable consideration, the receipt and sufficiency of which is hereby acknowledged, ×××(the "Seller"), owner of the good legal and beneficial title to the aircraft, engines, equipment and documents described below(hereinafter referred to as the "Aircraft"):

××××(aircraft information)

Does hereby sell, grant, transfer and deliver absolutely good lgal and beneficaila title in and to the Aircraft to ××××(the "Purchaser"), to have and to hold the aircraft forever. The Seller hereby warrants to the purchaser, and its successors and assigns, that that it had(i) good and lawful right to sell, deliver and transfer title to the aircraft to the Purchaser and that ther was conveyed to the Purchaser good, legal and valid title to the Aircraft, free and clear of any Security Interests and that the Seller will warrant and defend such title forever against all claims and demands whatsoever and(ii) such title to the buyer furnished equipment as Seller has acquired from ×××.

This Bill of sale and any non-contractual obligations arising out of or in connection with it is governed by the laws ofEngland and Wales.

SIGNED for and on behalf of ××××

In the presents of:

Witness Name:

Witness Address:

Witness Occupantion:

3. DPOA(Deregistration Power of Attorney)和 IDERA

出租人从航空公司手中买到飞机的所有权之后,双方的租赁关系才生效。同时需要签署的文件还包括 PAA(Purchase Agreement Assignment)等,将飞机的所有权关系、租赁关系完全确立。此外,在境外飞机租赁项目中,通常出租人会要求承租人提前签署 DPOA 等文件,主要用于防范在租赁期间,承租人违约的情况下,出租人可将飞机注销登记并调机出境。

飞机注销登记文件,通常会列明文件的发往单位,包括当地的民航局、国家的机场管理单位、主要的起降机场(未来不确定违约时飞机将停靠在哪个机场)等,主要内容为航空公司告知上述监管单位,未来出租人将有权对飞机进行注销登记并出口的权利。注销登记书(irrevocale de-registration and export request authorization)主要内容是航空公司签署的出租人有权注销并将飞机出口。

以印度某家航空公司为例,飞机出口的发往单位大致如下:

To: TheDirector General of Civil Aviation

To:The Airports Authority of India

To: Mumbai InternationalAirport Private Limited

To: Delhi InternationalAirport Private Limited

To: Bengaluru International Airport Private Limited

To: GMR-Hyderabad International Airport Limited

To: All other airport authorities in India established to perform the functions performedby the Airports Authority of India

To: Customs Authoritiesof India

DPOA 的主要内容如下:

The company hereby undonditionally appoints severally any and each Directors of Lessor from time to time as its true and lawful attorney(each an "Attorney")to, upon the termination of the leasing of the Aircraft under the lease:

Obtain deregistration of the Aircraft from its register of aircraft maintained by the ××Department of Civil Aviation; and

Complete any documentation for and take any steps to export the Aircraft from ××;

And generally, to do all acts and things, execture, file and deliver all documents, give any consent or approval as may be requested or required to give effect to the above.

The company undertakes to ratify and confirm whatsoever the Attorney shall lawfully do or cause to be done in or by virtue of this Power of Attorney.

Each attorney has full power and authority to substitute and appoint in his/her place another person to exercise as attorney of the company any or all the powers and authorities herby conferred and to revoke any such appointment from time to time and to substitute or appoint any other in the place of such attorney as the Attorney concerned shall form time to time think fit.

除了上述的DPOA，如果承租人所在国为开普敦公约加入国，根据开普敦公约的规定，还可以提前签署IDERA（Irrevocable De-registration and Export Request Authorisation），即不可撤销的注销和出口申请授权书，由承租人发送给本国的民航管理机构，用于在发生违约、出租人取回飞机时的注销飞机登记和出口。如果承租人所在国加入并批准了开普敦公约，那么根据相关规定，应在收到该授权后的一定时间内，将飞机注销登记，并予以出口放行，这对出租人来说是较为重要的保护措施。在境外飞机租赁项目中，即使承租人所在国并未加入该公约，有时候为了进一步保障出租人的权益，出租人也会要求承租人提前签署该文件。对于国内的航空公司来说，实践中由于我国并未批准开普敦公约，所以很多航空公司以此为理由，不愿意签署该文件。相关的文件样本如下：

To：Related Civil Aviation

Re：Irrevocable De-Registration and Export Request Authorisation

The undersigned is the registered operator of the Boeing/Airbus aircraft bearing manufacturer's serial number ××× and registration mark ×××（together with all installed，incorporated or attached accessories，parts and equipment，the "aircraft"）.

This instrument is an irrevocable de-registration and export request authorisation issued by the undersigned in favour of ×××（Lessor or Financial Institutions）（"the authorised party"）under the authority of Article XIII of the Protocol to the Convention on International Interests in Mobile Equipment on Matters Specific to Aircraft Equipment. In accordance with that Article，the undersigned hereby requests：

（i）recognition that the authorised party or the person it certifies as its designee is the sole person entitled to：

（A）procure the de-registration of the aircraft from the Department of Aircraft Airworthiness of the Civil Aviation（in Lessee' country）for the purposes of Chapter III of the Convention on International Civil Aviation，signed at Chicago，on 7 December 1944,and

(B) procure the export and physical transfer of the aircraft from the country (lessee's country); and

(ii) confirmation that the authorised party or the person it certifies as its designee may take the action set forth in subclause(i) above on written demand without the consent of the undersigned and that, upon such demand, the authorities in the country(lessee's country) shall co-operate with the authorised party with a view to the speedy completion of such action.

The rights in favour of the authorised party established by this instrument may not be revoked by the undersigned without the written consent of the authorised party.

4. 空中交通管制函(air traffic control letter)

该文件是承租人即航空公司发送给本国的航空管理机构的信函,主要用来授权在租赁期内,出租人希望获得关于该航空公司对于空管机构等起降费等相关费用的支付情况,主要内容是将航空公司与出租人签订租赁合同的情况进行通知,根据租赁合同不可撤销的授权,出租人查询承租人对于起降等费用的拖欠情况。该信函的有效期直到出租人通知停止时终止。该函件的使用前提一般是出租人在市场上听到了关于承租人运营不善、现金流紧张等负面消息,由于航空公司拖欠空管机构相关费用,空管机构对飞机有优先留置权,所以出租人须及时了解拖欠费用情况,以便于提前取回飞机,或在更不利的条件下,替航空公司缴纳相关费用后,方可将飞机取走。各国具体操作实践不同,有的国家需要将原件寄送至相关机构,有的有书面收到的反馈,具体依据当地律师的意见执行。

Air Traffic Control Letter

Subject: Release of Information to ××× (Lessor name)

××× (Lessee name) has entered into an aircraft operating lease agreement with ××× in respect of one Boeing/Airbusaircraft bearing manufacture's serial number××× and registration mark ×××. In accordance with the terms of the Lease, you are herby inrrevocably authrised to release from time to time to Lessor a statement of account of all sums then dut by ×××in respect of all aircraft operated by ××(Lessee)

××(Lessee) will be responsible for any fees that may be assessed in complying with any request from Lessor.

The authorization shall continue in fll force and effect until such time as Lessor notifies you to the contrary.

This letter supersedes the existing Air Traffice Control letter for the aircraft executed by ××(Lessee)in favour of ××(Existing lessor).

对于欧洲的航空公司有 Eurocontrol letter,即按照固定的模板向该机构发送信件,待未来出租人向该机构查询航空公司欠费情况时使用。此外,如果飞机执飞欧盟的航线,出租人也可以要求航空公司签署发给本国空管机构的函件以及发给 Euro Control 的函件。同时 Euro Control 还会以邮件方式确认收到相关函件。Euro Control 的函件模板如下:

Authorisation Letter

Aircraft model Airbus/Boeing, Registration Makr ××, MSN ×××× THE (“AIRCRAFT”)

We have leased the above Aircraft from ×××(Lessor), in accordance with an aircraft lease agreement(dated ××)between us and the Lessor.

We hereby unconditionally authorize you to provide the Lessor with a general statement of account in relation to air navigation charges incucred by us and due to EUROCONTROL. Access to the statement(s)of account will be provide in accordance with the procedures established by EUROCONTROL.

The authorization contained in this letter may only be revoked or amended by a written instruction signed by us and the Lessor.

5. 飞机运营安享权(Quiet enjoyment letter)

由出租人(如飞机已经抵押给银行办理贷款,则金融机构也需要向承租人出具本文件)向承租人出具的、在租赁期间如无违约等行为,不干扰航空公司运营飞机的确认函。

We confirm to the Lessee that, provided no Event of Default has occurred and is continuing and provided that the Lease has not otherwise been terminated, neither the owner, nor any person lawfully claiming through the owner, will interfere with the quiet use, possession and enjoyment of the aircraft by lessee during the term.

6. 飞机租赁合同及附属文件

以一个境外项目为例,如出租人位于爱尔兰,承租人位于其他国家,典型的售后回租业务文件包括以下几大类,如表 2-5 所示。

表 2－5　飞机售后回租相关业务文件

1. 交易类文件	飞机租赁合同(Lease agreement)	2. 承租人须满足的前提条件	DPOA	3. 保险类文件	保单和再保保单(调机阶段)	4. 出租人前提条件	董事会决议(Board Resolutions)
	担保合同(如有)(Guarantee)		IDERA		保单和再保保单(租赁阶段)		出具给航空公司的安享函(Quiet enjoyment)
	购机转让协议(Purchase Agreement Assignment)		给民航机构的信函		承保人确认函(Broker's Letter of Undertaking)		签署相关文件的授权书(Power of Attorney)
	发动机质保协议(Engine Warranties Agreement)		Process Agent Appointment Letter	5. 法律意见书类	承租人提供的法律意见书(Lessee's in-house legal opinion)	6. 飞机交付后的条件	飞机完成本国注册(Registration with State of Registration)
	保险转让(Assignment of Insurances)		承租人相关文件(承运执照类、财务报表、飞机维修计划方案等)		担保人提供的法律意见书(Guarantor's in-house legal opinion)		取得飞机适航证书(Aviation Authority Certificate of Airworthiness)
	保险转让通知书(Notice of Assignment of Insurance)		承租人内部审批同意文件、已支付第一期租金、已支付相应保证金等应付款		飞机制造商的法律意见书(Airframe Manufacturer's in-house legal opinion)		取得飞机无线电台执照(Radio Station License)
	飞机接收证书、技术接收证书(Certificate of acceptance)				发动机制造商的法律意见书(Engine Manufacturer's in-house legal opinion)		
	购机发票(Proforma Invoice)				出租人提供的法律意见书(Lessor's English legao opinion)		
	卖据(Bill of Sale)						

7. 信用证(letter of credit)

在经营租赁项目中,会根据承租人的资质情况,出租人要求其提供一定的保证或维修储备金,根据承租人的情况,上述现金形式的保证金和维修储备金更换为信用证方式。同时在合同中,也会根据承租人的履约情况,将起初为现金形式的保证金或维修储备金,允许承租人替换为信用证方式,减少其现金流压力。

对于现金形式的保证金,通常应在飞机交付前由承租人支付给出租人,且保证金在租赁期间由出租人自由支配、不支付任何利息,在租赁期结束后如承租人没有任何违约情况,由出租人进行返还,具体约定如下:

(1)出租人有权将该等租赁风险金存入出租人的任何账户,并与出租人或其他指定人士的财产混同;

(2)在租赁期内,租赁风险金由出租人持有,在租赁期结束前承租人不得要求出租人退还,并且出租人根据本协议向承租人退还的租赁风险金将不计付任何利息或收益;

(3)租赁风险金应被用于担保承租人在交易文件项下义务的履行,并构成一项持续性的担保,一旦承租人未能履行其租金支付和其他支付义务,或发生任何违约或违约事件给出租人造成损失的,出租人有权并且承租人特此授权出租人扣划全部或部分租赁风险金补偿由此而对出租人造成的损失,出租人将在扣划相关租赁风险金之后通知承租人扣划的金额以及原因;

(4)在出租人使用租赁风险金后,承租人必须在收到出租人的补足租赁风险金的要求后的3个营业日内补足租赁风险金,使其恢复至被使用之前的金额;

(5)在承租人已向出租人偿清交易文件项下应付的全部租金及其他款项并且没有任何违约或违约事件存续的,出租人在租赁期届满时应当把剩余的所有租赁风险金及时退还给承租人。

出租人对于出具信用证的银行等金融机构有一定的资质要求,通常在飞机租赁合同中即明确要求一定的国际或国内评级标准以上,以保障该信用证的兑付效力。在信用证中通常有以下主要内容:

We hereby establish in your favour, at the request and for the account of × × × (airline), our irrevocable standby letter of credit No. × × × in the amount of × × × availiable against presentation of (a) a sight draft drawn on us dated on or before the date of such presentation (b) a certificate dated the date of such a draft in the form, in each case, signed by an individual being or purporting to be yourauthorized reprentative.

A draft presented hereunder may be in an amount of up to the Stated mount. More than one draft may be presented hereunder, subject to the aggregate amount of such drafts not exceeding thestated amount.

此外，信用证后会附加一份双方一致同意的提款书，方便出租人在承租人发生违约或其他符合合同约定的情况下，到银行提款。

Drawing Certificate

The undersigned, a duly authorised reprensentative of × × × (Lessor), hereby certifies to × × × (the bank) with reference to irrevocable letter of credit No. issued by the bank in faour of beneficiary, as follows,

1\Beneficiary is presenting a sight draft herewith to draw funds under the letter of credit in the amount of—

2\Demand for payment under the letter of credit is being mde prior to the expiration thereof;

3\Either (a) an event of default has occurred and is continuing under that certain aircraft lease agreement in relation to a aircraft with manufactures serial number × × ×. (b) the letter of credit expires within 30 days of the date hereof and × × has not as of the date hereof provided beneficiary with evience of a renewal orextension of the letter of credit or with a substitute letter of credit, in each case, in form and substance satisfactory to beneficiary pursuant to the aircraft lease greement.

根据不同银行的业务实践，除了向承租人和出租人出具信用证之外，有些银行还会额外出具一个信用证生效说明的通知，告知出租人由承租人申请的信用证已经开始生效。

Applicant: Airline name

Amount: US $

Expiry date:

We hereby confirm the above referenced standy letter of credit is now consideredoperative with effect from × × date.

三、起租后的工作

1. 权证登记

对于在国内注册的飞机，飞机在经实际承运人即航空公司验收合格后，应在交付后尽快启动办理飞机在中国民用航空总局的所有权登记手续；对于在国际上运行的飞机及发动机,在所在国进行权属的登记,同时如果该国加入了开普敦公约那么还应适用开普敦公约,即要同时进行开普敦登记并定期检查登记情况。在实践中,无论是境内还是境外的飞机,通常在交付前并没有正式的局方颁发的相关证书,需要在飞机调机回国之后,通常由承运人即航空公司负责办理。以印度的飞机注册为例,将在证书上注明飞机的相关基本信息、飞机的所有人、飞机承运人、飞机的抵押权人等信息。该类文件作为项目的后续条件在一定时间内由承租人完成,并提交给出租人相关证明文件留存。样本如下:

SAMPLE CERTIFICATE OF REGISTRATION(飞机注册样本)

Cert. No. Regn. Marking

Category

GOVERNMENT OFFICE

DIRECTORATE GENERAL OF CIVIL AVIATION(民航局)

OPPOSITESAFDARJUNG AIRPORT,NEW DELHI - 110 003

CERTIFICATE OF REGISTRATION(飞机注册证书)

Nationality & Registration Marking (国籍 & 注册号)	Manufacturer and manufacturer's designation of aircraft (制造商)	Aircraft Serial No. (飞机序列号)	Year of Manufacture (生产日期)
Name of Owner(s)/(所有权人名字) Lessor(s):(出租人) Address :(地址) Nationality :(国别)			
Name of Operator/Lessee :(运营商/承租人名字) Address :(地址) Nationality :(国别) Usual Station :(运营基地)			
Validity of Lease (租约有效期)	Validity of registration (注册有效期)	Signature (签字)	

Mortgaged to ________________

It is certified that the above described aircraft has been duly entered in the register ofIndia with

effect from ________ in accordance with the Convention on International Civil Aviation dated 7th

December,1944 and with the Aircraft Act,1934 and rules made there under.

Sd/ -

DY. DIRECTOR OF AIRWORTHINESS

Authorized Signatory

对于境外飞机租赁项目,在项目执行之前都应聘请当地律师事务所。以飞机注册为例,在中国有独立的飞机所有权证和飞机国籍登记证,分别对应飞机的所有权情况和运营情况;在印度通过上文的飞机注册证书,上面包含了飞机承运人、所有权人、抵押权人等具体信息;在南非,飞机国籍登记证则只有飞机的承运人信息,飞机承运人也被视为"所有权人",因为"所有权"在该国项下意味着飞机是以谁的名义进行国籍注册的,所以只能是飞机承运人。在这种情况下,需要根据当地具体法律规定,或者对飞机的租赁合同在南非局方进行登记,或者进行国籍利益(international resgistry)登记。值得注意的是,在南非虽然将飞机租赁合同在局方进行了登记,局方出具了确认书,并不意味着出租人对于飞机有任何权利,但是南非在2007年通过了开普敦公约,并通过国内立法的方式施行该公约,所以对于所有权的保障将通过国籍利益登记来进行公示。

通常在飞机交付之前,会由出租方的律师向承租人或融资方发出一份文件,上面显示飞机的具体信息(型号、生产序列号)、优先权人信息,由各方对此文件进行确认,并在飞机交付后第一时间在IR系统中进行利益登记。以一个经营租赁项目为例,Debtor/Seller在销售项下为制造商,买方为出租人,在国际利益项下,债务人为承租人,债权人为出租人。大致格式如下:

CAPE TOWN FILING-Lessor/Lessee-MSN××××

Registrations to be registered against(i)one AIRBUS/BOEING model××××aircraft bearing MSN××××("Airframe")and two××××model series bearing ESNs××××and××××(engine information to be provided)

Interest(利益)	Debtor / Seller (债务人/卖方)	Creditor / Buyer (债权人/买方)	Right to Discharge Holder (注销国际利益登记权利的权利人)
Sale(买卖)	Manufacture name (制造商名字)	Leasing company (租赁公司)	—
International Interest (国际利益)	Lessee name (承租人)	Leasing company (租赁公司)	Leasing Company (租赁公司)

2. 资产保险

对于飞机，投保保险包括机身及零备件一切险，机身免赔额保险，航空承运人综合责任险，以及飞机机身战争险，保险金额在任何时候不得低于飞机账面价值的110%。

3. 租后管理及余值处置

根据租赁合同的约定，向飞机的承租人收取各项租赁业务的应收款项，包括租金、保证金（现金或信用证）、维修储备金（现金或信用证）、手续费等。涉及信用证支付的款项，应在信用证到期前及时敦促承租人进行更新。

4. 开展租后检查和监控

根据租赁合同的约定，出租人根据租后管理要求开展对承租人及飞机租赁物的检查，发现问题及时采取措施，保证租金和租赁飞机的安全运作。在租期内按照一定频率向承租人收取飞机的使用报告，每年应进行一次现场检查，对租赁资产的运营状态、保险到期和续保情况、租赁物件维修和保养情况、是否出现所有权风险及其价值变化作出认定和评价，并结合市场监测信息以及从其他渠道获取的与租赁资产有关的各类信息，对租赁资产残值及其风险情况进行综合分析。

在实践中，航空公司在运营飞机过程中，由于自身质量问题或到期维修等原因，会有换发的情况，即其他飞机的发动机或备发被装到该飞机上，通常按照合同约定，承租人应及时通知出租人，告知发动机的处理情况、进度、未来的安排等。

5. 租赁期结束处理

由于飞机的流通性相对较高，通常飞机租赁公司在租赁到期前一两年即开始对到期飞机进行相应安排，主要是按照承租人不同选择开展相应的残值处置工作：

承租人拟办理续租的，一般在租期结束前1～2年与承租人谈妥续租条件，并办理续租手续。续租对出租人来说省去了退租、改装、调机等环节的工作和成本，可以说是到期飞机处置的较好方式。

对于境内的融资租赁项目而言，如果承租人拟留购的，如合同已明确留购价格的，按照合同约定办理留购手续；如未明确的，应及早与承租人开展商务谈判，不晚于租赁结束前2年确定留购价格。

承租人拟退租的，按照合同约定办理退租手续，并于租期结束前2年落实下一承租人或将资产带租约转让。

第三章　航空租赁交易结构

第一节　境内的保税租赁

从2007年中国银监会批准成立第一家银行系租赁公司开始，国内银行系租赁公司便将航空租赁业务作为重要方向之一。银行系租赁公司先从熟悉的设备融资租赁领域入手，积累了租赁经验，并逐渐向航空租赁领域渗透。业务模式从已交付航空公司运营飞机的售后回租融资租赁开始，认识了解标的物为流通性强、具有一定标准性的飞机资产，对其所有权获取、抵押办理等有一定的了解和把握。逐渐地，从售后回租的融资租赁，到新飞机交付的融资租赁，以及到后来的售后回租经营租赁、直租经营租赁等结构，国内租赁公司在航空租赁领域不断开拓进取，在相关部门的大力支持下，不断完善业务品种、提升业务品质，为国内航空业的蓬勃发展作出了贡献。

天津东疆保税港区是2006年获得国务院批复设立的，但直到2011年，国务院才正式批准东疆保税港区可以开展飞机租赁业务，并要求相关机构配合，共同培育壮大飞机租赁业务。国内从事飞机租赁业务的企业在经过探索之后，逐渐向国际航空租赁领域的SPV模式学习和转变。为充分享受政策优势和操作便利，借鉴国际同行的经验，国内租赁公司纷纷到天津东疆保税港区注册成立专门从事飞机租赁业务的项目公司（SPV），用来操作融资租赁业务、经营租赁业务以及租赁资产交易等。

截止到2018年6月底,通过天津东疆保税区引进的飞机已经超过1100多架,成立的单机单船SPV数量超过1400多家。① 在本土租赁公司开展飞机租赁业务之前,国内飞机租赁市场一直由境外飞机租赁公司垄断,境外租赁公司利用境外的低资金成本和向制造商直接批量采购飞机的方式,从成本端和销售端两个源头优势来吸引航空公司。相比于国外的租赁公司多样的融资渠道,国内租赁公司的融资方式较为单一,从最初的资本市场借款,到后来的发境内外美元债,才逐渐可以获得境外低成本的资金。但是,考虑到境内外汇管制的要求,境内业务以人民币为主要币种,租赁公司向航空公司提供人民币融资租赁业务,可以有效地和境外租赁公司竞争。

飞机资产是以美元计价的资产,境内除了人民币的融资租赁业务外,大部分业务均以美元为币种。对于国内飞机租赁公司来说,大部分的资金来源于银行贷款,银行贷款又以飞机抵押和借款人SPV及母公司租赁公司的信用为担保,且期限并不一定与租赁期限相匹配,与域外同业相比,资金成本明显较高。在域外业务方面,在中国香港地区或其他市场发行的美元债,用来操作域外飞机租赁业务,对境内租赁公司来说,可以两条腿走路,分别开拓国内、国外两个市场。

保税租赁的业务模式大致如下:

(1)由租赁公司和航空公司协商确定融资金额和融资比例。融资比例和金额的确定分两种,一种是以三大航空集团为代表的公开招投标业务,在向全球的租赁公司、银行等机构发出的标书中,一般明确规定了飞机的交付时间、机型、发动机型号、推力、飞机价格。一般来说,三大航空集团均会明确要求飞机融资额为100%。对于其他的航空公司,通常在比例和金额方面可以进行协商,出租人可以根据具体融资机型来合理确定融资方案的具体情况。

(2)由租赁公司在保税区设立SPV作为出租人操作业务,可以根据拟融资的飞机架次和金额,设立一家或几家SPV,将标的物飞机装入不同的SPV中。设立的数量主要以融资来源的不同来设立,同时为了隔离风险以及未来租赁资产转让的需求,一般将一架或少量几架飞机放在同一个SPV中,以方便未来融资时SPV股权质押,或飞机资产转让时将SPV的股权整体转让。

在国内航空租赁业务发展的初期,SPV的设立由租赁公司派员到保税区工商、海关、检验检疫等相关机构按要求内完成公司注册、名称预核准、银行账户开

① 天津东疆投资控股有限公司官方网,http://www.dongjangholding.com。

立、税务、外汇、海关等各项手续，使其具备一个完整公司方可开展飞机租赁业务。由于设立SPV涉及部门较多、环节较长，往往设立一家SPV要几个月，且需要从其他城市到保税港区。后来，保税区出现相关的服务公司，专门为租赁公司就SPV设立提供服务，极大降低了租赁公司设立SPV的成本，减少SPV设立的时间，加快了项目进行效率，向专业化分工领域迈进了一大步。

在筹融资方面，由于东疆保税港区对于SPV的注册资本金没有要求，所以SPV的注册资本金一般都较少，大部分注册资本金为10万元人民币。但实际上SPV公司在操作飞机租赁业务时，即使一架窄体飞机空客320或波音737等价格均在5000万美元以上。飞机抵押融资成为飞机引进的重要支持，但是根据外汇管理相关制度，SPV有时需要向境外的金融机构融资，需要有较大的外债额度，但是其本身外债额度不足。设立SPV的母公司一般来说作为银行系租赁公司，外债额度相对较大，但由于母公司并不直接操作业务，外债额度的使用率较低。

在业务实践中，国家外汇管理局试点同意租赁公司在东疆保税区的SPV可以共享母公司的外债额度，从而使SPV的融资渠道更为顺畅，也在一定程度上解决了注册在天津的SPV操作飞机租赁业务时的融资问题。

一、境内保税租赁融资租赁

航空租赁领域的融资租赁、经营租赁和设备等领域的租赁区别并无明显不同，均根据企业会计准则进行划分，主要包括以下几个区分点，如表3－1所示。

表3－1　航空租赁市场的租赁情况

品　种	期末资产所有权	承租人租赁期初是否有留购意愿	租金构成	租金支付方式
融资租赁	以约定价格转让给承租人	是	本金＋利息	一般为后付（类似于银行贷款）
经营租赁	飞机满足一定条件退租给出租人	否	租金	一般为先付，即提前支付（类似于房租支付）

目前境内租赁公司如将飞机租赁给国内的航空公司，通常选择保税区的租赁结构，主要好处在于享受保税区的税收优惠政策。目前国内天津、上海、厦门、重庆、南沙等均有保税区，可以操作保税租赁项目。其中，以天津东疆保税港区规模最大，形成了飞机租赁的规模效应。

（一）设立项目公司

对于出租人来说，飞机进关后进入特殊监管区域，租赁公司可节约进口环节税，此外在飞机起租后，飞机处于保税状态下，航空公司可以分期支付租金，并随租金缴纳进口环节的关税和增值税，使航空公司的一次性支出现金流减少，减轻现金流压力。对于保税区来说，飞机进关进入保税和租赁状态，需要海关、工商、外管、税务等多部门的协调联动，从最初的特殊目的公司 SPV 设立，到注册资本金，以及飞机进关、后续分期缴纳租金和关税增值税等，都需要各个环节的配合。同时，保税区为了吸引租赁公司落户，同时还出台了一些吸引租赁公司落户的政策，包括税收优惠等。项目公司在天津设立的流程，如图 3－1 所示。①

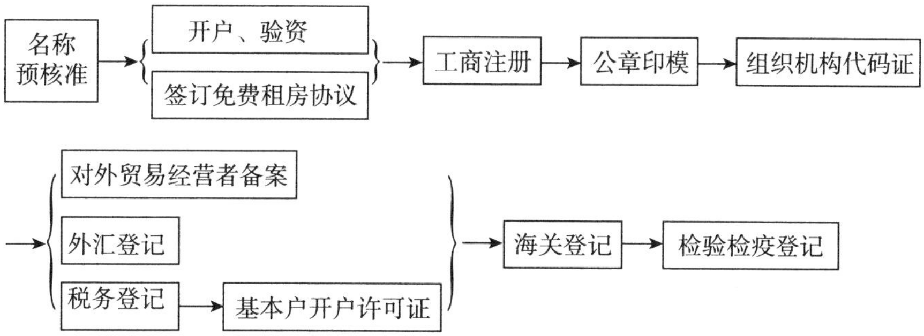

图 3－1 设立项目公司步骤及流程

（二）飞机进关

尤其在国内的售后回租业务中，由于飞机的购买方通常为航空公司，飞机的引进方也主要为航空公司，航空公司主要负责飞机的进关工作，包括向相关机构申请飞机引进批文、向飞机引进的海关报备、按照海关的要求进行飞机查验、办理相关手续，以及向出租人注册所在地海关分期缴纳飞机进口环节的关税和增值税。提供给海关的单据主要包括飞机购买发票、中英文购机合同、飞机重量证明、报关委托书等。

出租人通常作为协同方和配合方，提交相关材料。在售后回租业务中，飞机进关申报所需要材料如下：

1. 原值发票（由出租人向航空公司出具的发票）

××（天津）租赁有限责任公司

天津东疆地址

① 资料来源：根据公开材料整理。

发票

Invoice

客户名称：××航空公司　　　　　　发票号：　开票日期：

项目	内容(货名、日期)Descrition	金额 Amount
一架×××飞机	一架制造商出厂序列号为××××的某型号飞机，价值××××万美元。	美元：×××
金额合计(Total Amount)	美元金额：	

2. 形式发票

飞机制造商或其他飞机出售方出具给飞机购买方的含飞机价格的发票，以一架湾流生产的新公务机为例，其大致格式如下：

Gulfstrem

P. O. Box 2206, Savannah, Georgia 31402 – 2206

Cust#　　Sold to：

BS×××　　××××leasing Co. , Ltd.

(address)

Inovice Number	Invoice Date	Customer ordered orcontract No.	Our Order No.
Proforma	01/01/2018		
Gulfstream G650/G550 aircraft S/N××××as per sales agreement datd ××, 2017, as amended and assigned Payment terms： Total purchase price　　　　$ 70, 000, 000. 00			

3. 重量证明

海关主要用来区分不同重量适用不同的税率和税种。由于飞机的价值较高，航空公司通常不直接自己引进飞机，而通过各种各样的租赁方式引进。引进的方式根据资金提供方的来源不同，可分为从国内租赁公司以及国外飞机租赁公司引进两种方式。其中，如果航空公司直接引进飞机，那么需要缴纳进口关税，进口增值税部分从 2018 年 6 月 1 日起，停止代征进口环节增值税。如果通过租赁方式引进飞机，如出租人为境外的租赁公司，那么除了缴纳进口环节的关税以外，还应向税局随租赁期分期缴纳预提税和城建税教育费附加、国内增值税等税种。

在租赁环节缴纳的税，纳税的义务人实际上为境外的租赁公司，但实际上的代扣代缴义务人为国内的航空公司即飞机承运人，这也是为何今年来国内飞机租赁公司能在税务上吸引航空公司的重要原因。如果飞机通过国内的租赁公司引进，那么无须缴纳预提税部分。具体税务和税种如表3－2所示。

表3－2　航空租赁市场税务情况概览

<table>
<tr><th>税　种</th><th>征税机关</th><th>税　率</th><th>纳税义务人</th><th>代扣代缴义务人</th></tr>
<tr><td>进口关税</td><td>海　关</td><td>商用飞机（15～45吨）为5%；公务机及通航飞机（2～15吨之间）为4%，2吨以下以及45吨以上适用其他税率</td><td>飞机承运人</td><td></td></tr>
<tr><td>增值税</td><td rowspan="3">税务部门</td><td>16%</td><td rowspan="3">境外租赁公司</td><td rowspan="3">飞机实际承运人</td></tr>
<tr><td>预提所得税</td><td>根据出租人所在国与中国是否有相关税收协定，使用不同税率，10%、6%或其他税率</td></tr>
<tr><td>城建、教育费附加</td><td>分别为7%和5%</td></tr>
</table>

关于××××飞机重量证明

我司于××年××月××日引进一架××飞机，国内注册号为B－××，生产序列号为××××，此架飞机的空载重量为××××千克，具体参考附随官方数据。

以上情况属实，特此证明。

××租赁公司

4. 购机合同（购机合同通常需要首页、签字页盖章，并附随中文翻译件）

5. 购机转让合同（通常需要首页、签字页盖章，并附随中文中文翻译件）

6. 租赁合同（租赁合同首页、签字页盖章即可）

7. 飞机引进批文（由航空公司提供复印件）

国内航空公司飞机引进的批文由国家发改委下发，通常按年度对境内大部分航空公司的飞机引进方案进行统一批复，并请民航局对航空公司人员保障、运力维护、安全运营进行监管，同时航空公司应严格按照发改委的批复安排相关飞机引进手续。通常批复中，对于飞机引进方式、飞机型号也有明确的表述，如经营租赁方式引进。

附件

2017 年民航运输飞机引进方案

航空公司	合计	B787-9	B777-300ER	B737 系列(架)	A320 系列(架)
中国国际航空股份有限公司	17		3	14(其中 2 架以经营租赁方式引进)	
中国南方航空股份有限公司	10				10(以经营租赁方式引进)
中国东方航空股份有限公司	9		4	5	
海南航空股份有限公司	31	6		25(其中 23 架以经营租赁方式引进)	

8. 企业三证(或三证合一)

9. 报关委托书

代理报关委托书(样本)

我单位现委托贵公司代理　　等通关事宜。详见《委托报关协议》。我单位保证遵守《海关法》和国家有关法规,保证所提供的情况真实、完整、单货相符。否则,愿承担相关法律责任。

本委托书有效期自签字之日起至××为止。

法定代表人或其授权签署

日期

委托报关协议

为明确委托报关具体事宜和各自责任,双方经平等协商签署协议,如下表所示。

表　商签相关协议

委托方		被委托方	
主要货物名称		报关单编码	
HS 编码		收到单证日期	
货物总价		收到单证情况	
进出口日期		报关收费	
提单号		承诺说明	
贸易方式			
原产地/货源地			
其他要求:			
委托方业务签章:		被委托方业务签章:	

上述材料通常需要一式三份，并加盖出租人的公章。

飞机进关需要提前提交单据进行预审，当飞机抵达海关指定地点后进行通关环节，需要海关、租赁公司、航空公司几方配合，将舱单录入申请表、调机计划通知单、民航局飞机引进批文、备案申请、运单等材料准备齐全，进区进行备案，然后由租赁公司或航空公司聘请的专业报关行通知海关、边防、检验检疫等3个部门飞机抵达的时间，并进行上机检查，查验核准后飞机方可入境。

对于公务机租赁项目，除了上述相关材料，在海关进口货物报关单上通常经营单位为租赁公司，收货单位为公务机运营公司，贸易方式为租赁贸易方式引进，在进口货物报关单上需要标注清楚商品的名称、规格型号、原产国、总价等信息。

由于飞机引进的报关单上不仅有实际承运人还有出租人，通过租赁方式引进的飞机，其进口的关税和增值税通常海关会要求出租人就承租人在监管期内的进口关税、增值税的缴纳提供担保。

海关担保文书（样本）

纳税义务人：飞机实际使用人　　　　担保人：租赁公司

地址：　　　　　　　　　　　　　　地址：

联系电话：　　　　　　　　　　　　联系电话：

东疆报税港区海关：

应××公司申请，我××兹开立以贵关伟唯一受益人，担保总金额为不超过人民币×××的不可撤销的担保文书。

我××公司保证按照海关税费担保业务的有关规定，办理纳税义务人缴纳税费的担保手续，并保证纳税义务人在海关规定的纳税期限内缴纳税费。如果纳税义务人未能在规定期限内缴纳有关税费，我××承诺在纳税期限届满前代纳税义务人缴纳相应的税费。

本担保文书从××开始生效，有效期至××。

××公司

日期

此外在自动进口许可证上，进口上也是出租人，进口的用户为最终使用人。

中华人民共和国自动进口许可证(样本)

1. 进口商(importer)	3. 自动进口许可证号(Automatic import licence No.)
2. 进口用户(Consignee)	4. 自动进口许可证有效截至日子(Automatic import licence expire date)
5. 贸易方式(Terms of Trade)	8. 贸易国(Coutry/region of exportation)
6. 外汇来源(Terms of foreign exchange)	9. 原产地国(Coutry/region of origin)
7. 报关口岸(Place of clearance)	10. 商品用途(Use of good)
11. 商品名称(Description of goods)	
12. 规格、型号	
总　计	
备注(Supplemetary details)	发证机关签章 发证日期

(三)境内融资租赁项目要点

对于融资租赁项目,在项目执行中需要关注以下重要方面:

1. 标的物情况

(1)技术参数

对于飞机租赁公司来说,与其他租赁最重要的区别在于租赁资产。飞机作为流通性较强的美元资产,资产本身具备一定的风险缓释能力,这需要租赁公司对于飞机具备一定的技术把握和认识。所以,在收到航空公司的招投标邀请后,除了对航空公司本身的信用风险作评估外,还要对其招投标的资产技术参数作详细的评估和分析,通常包括以下信息,如表 3－3 所示。

表 3－3　租赁机型相关技术参数一览

MSN(生产序列号)	机　型	计划交付时间	发动机型号	发动机 MSN 号	最大起飞重量	最大航程	座位数及座位布局
待定	A321－200	2017 年 6 月	CFM56－5B3/3	待定	89 吨	4100 公里	182＝12＋170
待定	B737－800	2017 年 6 月	CFM56－7B26	待定	79 吨	5400 公里	176＝8＋168
待定	A321－200	2017 年 7 月	CFM56－5B3/3	待定	89 吨	4100 公里	182＝12＋170
待定	B737－800	2017 年 8 月	CFM56－7B26	待定	79 吨	5400 公里	162＝12＋150
待定	B737－800	2017 年 9 月	CFM56－7B26	待定	79 吨	5400 公里	176＝8＋168
待定	B737－800	2017 年 9 月	CFM56－7B26	待定	79 吨	5400 公里	176＝8＋168
待定	B737－800	2017 年 11 月	CFM56－7B26	待定	79 吨	5400 公里	176＝8＋168
待定	B737－8MAX	2017 年 12 月	CFMLEAP－1B27	待定	82 吨	6500 公里	176＝8＋168

飞机和发动机每个产品都有自己的生产序列号(MSN),这个 MSN 号码可以用来查询该产品从出生到现在的所有技术维修情况、所有权情况、运营情况等,可以算是产品的"身份证"。通常还会评估飞机交付时间,国内航空公司通常在飞机交付前1年或半年进行公开招投标,确定融资安排。距离飞机交付时间较近的情况下,可以使出租人和承租人对于资本市场的把握处于同一认识层面,有助于双方在价格方面达成一致。如果飞机交付的时间较远,那么经营租赁中通常会采取浮动利率,以对抗利率波动风险。

同时,飞机的最大起飞重量也会影响飞机的价值,如果推力较小,那么价格相对较低;考虑到第二租期的情况,如果第一租期中航空公司选择的推力较小,第二租期第二位承租人选择较大的推力,那么租赁公司则不得不自行付费,将飞机升级到满足航空公司需求的推力。

(2)保值性分析

通常航空公司会有一个意向的融资额度(融资租赁)或者飞机出售价格(经营租赁),对于租赁公司来说,在租金不变的情况下,飞机价格的高低将影响项目的收益率。除了对技术参数进行分析,租赁公司通常还参考外部评估机构的估值,来确定飞机实际购买价值与知名评估机构评估值的对比,假设如表3-4所示。

表3-4　几种机型之价格比较　　单位:万美元

机　型	航空公司的售后回租价格	ASCEND	AVAC MID	AVITAS
A321-200	5400	4972	5167	5097
B737-800	5100	4595	4764	4717
B737-MAX8	5400	5093	5351	5148

表3-4是一种最普遍构型情况下的假设价格比较。如果客户为中国的航空公司,那么实践中飞机的售后回租价格通常要高于评估机构的评估价格,主要原因是评估机构给出的评估价格为全球机队的平均数据,而波音、空客对于不同国家采取不同的销售指导价格。

除了期初的购买价格之外,在整个租期内,对于融资租赁项目很重要的要看飞机的评估机构估值对项目本金的覆盖。这个指标的作用是,一旦航空公司违约而不得不取回飞机时,留给租赁公司的风险敞口有多大,飞机资产本身能否覆盖风险敞口。以一个融资租赁项目A321－200飞机为例，选租赁年份的期初剩余本金与评估机构估值对比，情况如表3－5所示。

表3－5　同一机型租赁年份的期初剩余本金与评估机构估值对比　　单位：万美元

年　份	年初剩余本金	ASCEND	AVAC MID	AVITAS
第1年	5400	4972	5167	5097
第2年	5175	4794	5042	4877
第3年	4725	4651	4773	4559
第4年	4275	4544	4498	4262
第5年	3825	4273	4289	3990
第6年	3375	4023	4003	3726
第7年	2925	3794	3694	3494
第8年	2475	3584	3580	3279
第9年	2025	3392	3268	3073
第10年	1575	3218	2876	2856
第11年	1125	3060	2594	2645
第12年	675	2917	2355	2447

由表3－5可见，在前3年租赁公司在该项目中的飞机投资小于3家评估机构的估值，但是从第4年开始评估机构估值大于飞机的剩余本金，对于飞机的覆盖情况较好。同时，在整个租赁期内，几家评估机构对于其估值下降情况较为乐观，该机型具有良好的保值性和市场流通性。

对于第二架的波音B737－800飞机，如期初的购买价格为5100万美元，那么在整个租期内飞机本金覆盖情况如表3－6所示。

表3－6　同一机型在租赁期内飞机本金情况一览　　单位：万美元

年　份	年初剩余本金	ASCEND	AVAC MID（发动机型号为7B24E）	AVITAS
第1年	5100	4595	4764	4717
第2年	4887.5	4448	4707	4457
第3年	4462.5	4333	4368	4234
第4年	4037.5	4250	4078	4027
第5年	3612.5	4004	3934	3825

续表

年 份	年初剩余本金	ASCEND	AVAC MID (发动机型号为 7B24E)	AVITAS
第 6 年	3187.5	3777	3503	3631
第 7 年	2762.5	3568	3381	3453
第 8 年	2337.5	3376	3315	3276
第 9 年	1912.5	3200	3030	3102
第 10 年	1487.5	3039	2705	2906
第 11 年	1062.5	2893	2456	2716
第 12 年	637.5	2760	2233	2537

由数据可以看出,该机型具有良好的保值性和市场流通性。将 ASCEND 对该飞机的评估基础价格与在租期内的未偿还本金额进行对比可知:自第 4 年开始,飞机评估价值可以完全覆盖为偿还本金;在第 5 年开始,三大评估机构的评估值均可完全覆盖未偿还本金。

2. 项目审查

飞机租赁业务尤其是跨境的飞机租赁业务,通常涉及的因素会较多,对于一家飞机租赁公司在开展一项新业务之前,会全方位地考察如下方面:

(1)航空公司情况,通常会包括审查其财务情况、商业规划、现金流情况;

(2)飞机维修养护能力;

(3)历史上的飞机运营情况;

(4)关于油价方面的对冲安排;

(5)外汇和利率方面的监管情况等。

在全方位审查评价项目之后,通常会对项目的继续推进提出一定的要求,通常要求会包括:

(1)购买相应的飞机保险:付款前,租赁物应购买机身一切险、战争险、第三方责任险和免赔额保险,保险价值不低于购买价格的 110%。

(2)飞机引进前获取相关机构的批文。

(3)由承租人负责安装飞机所有权人的铭牌,通常包括机身铭牌、发动机铭牌等。

(4)在合同中落实相关条款,由航空公司负责飞机的运营、维护等。

此外,还会根据航空公司不同的情况有不同的办理要求。由于飞机资产不同于其他资产,各国都有严格的监管要求,通常需要在各国民航机构办理飞机所有权证书，通常在审查中会对飞机交付后的管理有一定的要求：

(1)飞机交付后，及时办理飞机在中国民用航空总局（或其他国家局方）的所有权登记手续，并应及时在人民银行融资租赁登记公示系统办理登记公示手续。

(2)定期对承租人经营状况、承租人内部管理情况、财务状况、租赁物运营维护状况、资金使用情况、重大事项进展情况等进行持续跟踪，并做好检查记录，撰写检查报告。

3. 项目收益

境内融资租赁项目，假设一架波音 B737 - MAX8 飞机，购机价格为 5000 万美元，租赁期限为 12 年，融资币种为人民币，租金为人民银行公布的 5 年期以上贷款基准利率下浮 5%（目前为 4.9%），租金支付频率为按季、等本后付。假设 100% 融资，美元与人民币汇率按现行利率 7 进行测算，项目的收益情况如表 3 - 7 所示。

表 3 - 7　租赁同一机型收益情况一览　　单位：元（人民币）

租金或租前息支付日期	归还本金额	实收利息	每期期初本金	期末剩余本金	利　率	每期租金总额
2018 年 3 月 20 日				350,000,000.00		
2018 年 6 月 20 日	7,291,666.67	3,944,500.00	350,000,000.00	342,708,333.33	4.41%	11,236,166.67
2018 年 9 月 20 日	7,291,666.67	3,862,322.92	342,708,333.33	335,416,666.67	4.41%	11,153,989.58
2018 年 12 月 20 日	7,291,666.67	3,739,057.29	335,416,666.67	328,125,000.00	4.41%	11,030,723.96
2019 年 3 月 20 日	7,291,666.67	3,617,578.13	328,125,000.00	320,833,333.33	4.41%	10,909,244.79
2019 年 6 月 20 日	7,291,666.67	3,615,791.67	320,833,333.33	313,541,666.67	4.41%	10,907,458.33
2019 年 9 月 20 日	7,291,666.67	3,533,614.58	313,541,666.67	306,250,000.00	4.41%	10,825,281.25
2019 年 12 月 20 日	7,291,666.67	3,413,921.88	306,250,000.00	298,958,333.33	4.41%	10,705,588.54
2020 年 3 月 20 日	7,291,666.67	3,332,638.02	298,958,333.33	291,666,666.67	4.41%	10,624,304.69

续表

租金或租前息支付日期	归还本金额	实收利息	每期期初本金	期末剩余本金	利　率	每期租金总额
2020 年 6 月 20 日	7,291,666.67	3,287,083.33	291,666,666.67	284,375,000.00	4.41%	10,578,750.00
2020 年 9 月 20 日	7,291,666.67	3,204,906.25	284,375,000.00	277,083,333.33	4.41%	10,496,572.92
2020 年 12 月 20 日	7,291,666.67	3,088,786.46	277,083,333.33	269,791,666.67	4.41%	10,380,453.13
2021 年 3 月 20 日	7,291,666.67	2,974,453.13	269,791,666.67	262,500,000.00	4.41%	10,266,119.79
2021 年 6 月 20 日	7,291,666.67	2,958,375.00	262,500,000.00	255,208,333.33	4.41%	10,250,041.67
2021 年 9 月 20 日	7,291,666.67	2,876,197.92	255,208,333.33	247,916,666.67	4.41%	10,167,864.58
2021 年 12 月 20 日	7,291,666.67	2,763,651.04	247,916,666.67	240,625,000.00	4.41%	10,055,317.71
2022 年 3 月 20 日	7,291,666.67	2,652,890.63	240,625,000.00	233,333,333.33	4.41%	9,944,557.29
2022 年 6 月 20 日	7,291,666.67	2,629,666.67	233,333,333.33	226,041,666.67	4.41%	9,921,333.33
2022 年 9 月 20 日	7,291,666.67	2,547,489.58	226,041,666.67	218,750,000.00	4.41%	9,839,156.25
2022 年 12 月 20 日	7,291,666.67	2,438,515.63	218,750,000.00	211,458,333.33	4.41%	9,730,182.29
2023 年 3 月 20 日	7,291,666.67	2,331,328.13	211,458,333.33	204,166,666.67	4.41%	9,622,994.79
2023 年 6 月 20 日	7,291,666.67	2,300,958.33	204,166,666.67	196,875,000.00	4.41%	9,592,625.00
2023 年 9 月 20 日	7,291,666.67	2,218,781.25	196,875,000.00	189,583,333.33	4.41%	9,510,447.92
2023 年 12 月 20 日	7,291,666.67	2,113,380.21	189,583,333.33	182,291,666.67	4.41%	9,405,046.88
2024 年 3 月 20 日	7,291,666.67	2,032,096.35	182,291,666.67	175,000,000.00	4.41%	9,323,763.02
2024 年 6 月 20 日	7,291,666.67	1,972,250.00	175,000,000.00	167,708,333.33	4.41%	9,263,916.67

续表

租金或租前息支付日期	归还本金额	实收利息	每期期初本金	期末剩余本金	利　率	每期租金总额
2024 年 9 月 20 日	7,291,666.67	1,890,072.92	167,708,333.33	160,416,666.67	4.41%	9,181,739.58
2024 年 12 月 20 日	7,291,666.67	1,788,244.79	160,416,666.67	153,125,000.00	4.41%	9,079,911.46
2025 年 3 月 20 日	7,291,666.67	1,688,203.13	153,125,000.00	145,833,333.33	4.41%	8,979,869.79
2025 年 6 月 20 日	7,291,666.67	1,643,541.67	145,833,333.33	138,541,666.67	4.41%	8,935,208.33
2025 年 9 月 20 日	7,291,666.67	1,561,364.58	138,541,666.67	131,250,000.00	4.41%	8,853,031.25
2025 年 12 月 20 日	7,291,666.67	1,463,109.38	131,250,000.00	123,958,333.33	4.41%	8,754,776.04
2026 年 3 月 20 日	7,291,666.67	1,366,640.63	123,958,333.33	116,666,666.67	4.41%	8,658,307.29
2026 年 6 月 20 日	7,291,666.67	1,314,833.33	116,666,666.67	109,375,000.00	4.41%	8,606,500.00
2026 年 9 月 20 日	7,291,666.67	1,232,656.25	109,375,000.00	102,083,333.33	4.41%	8,524,322.92
2026 年 12 月 20 日	7,291,666.67	1,137,973.96	102,083,333.33	94,791,666.67	4.41%	8,429,640.63
2027 年 3 月 20 日	7,291,666.67	1,045,078.13	94,791,666.67	87,500,000.00	4.41%	8,336,744.79
2027 年 6 月 20 日	7,291,666.67	986,125.00	87,500,000.00	80,208,333.33	4.41%	8,277,791.67
2027 年 9 月 20 日	7,291,666.67	903,947.92	80,208,333.33	72,916,666.67	4.41%	8,195,614.58
2027 年 12 月 20 日	7,291,666.67	812,838.54	72,916,666.67	65,625,000.00	4.41%	8,104,505.21
2028 年 3 月 20 日	7,291,666.67	731,554.69	65,625,000.00	58,333,333.33	4.41%	8,023,221.35
2028 年 6 月 20 日	7,291,666.67	657,416.67	58,333,333.33	51,041,666.67	4.41%	7,949,083.33
2028 年 9 月 20 日	7,291,666.67	575,239.58	51,041,666.67	43,750,000.00	4.41%	7,866,906.25

续表

租金或租前息支付日期	归还本金额	实收利息	每期期初本金	期末剩余本金	利　率	每期租金总额
2028 年 12 月 20 日	7,291,666.67	487,703.12	43,750,000.00	36,458,333.33	4.41%	7,779,369.79
2029 年 3 月 20 日	7,291,666.67	401,953.12	36,458,333.33	29,166,666.67	4.41%	7,693,619.79
2029 年 6 月 20 日	7,291,666.67	328,708.33	29,166,666.67	21,875,000.00	4.41%	7,620,375.00
2029 年 9 月 20 日	7,291,666.67	246,531.25	21,875,000.00	14,583,333.33	4.41%	7,538,197.92
2029 年 12 月 20 日	7,291,666.67	162,567.71	14,583,333.33	7,291,666.67	4.41%	7,454,234.38
2030 年 3 月 20 日	7,291,666.67	80,390.62	7,291,666.67	-0.00	4.41%	7,372,057.29

由于项目公司均设立在国内的保税区，各地保税区为了吸引飞机租赁公司落户，就税务中的地税部分进行部分税收返还。在融资租赁项目中，以目前增值税 16% 税率进行计算，本金部分的增值税返对租赁公司来说是不小的收益。但应该看到，保税区的税收返还通常具有一定的延后性，有的在第二年末返还第一年的部分地税留成部分，同时地方留成部分返还的比例也处在政策变动中。对于国内激烈的售后回租融资租赁市场中，有的租赁公司将税收返还部分让利于航空公司，也让国内融资租赁市场政策风险的系数更高。

假设租赁公司的报价为含税报价，飞机交付日期 2018 年 3 月 20 日，在不考虑税收返还情况下项目收益情况，如表 3 - 8 所示。

表 3 - 8　飞机租赁公司收益情况一览　　单位：元（人民币）

			4.5467%
租金或租前息支付日期	归还本金额	实收利息	利息含税现金流
2018 年 3 月 20 日			-350,000,000.00
2018 年 6 月 20 日	7,291,666.67	3,944,500.00	11,236,166.67
2018 年 9 月 20 日	7,291,666.67	3,862,322.92	11,153,989.58
2018 年 12 月 20 日	7,291,666.67	3,739,057.29	11,030,723.96
2019 年 3 月 20 日	7,291,666.67	3,617,578.13	10,909,244.79

续表

租金或租前息支付日期	归还本金额	实收利息	利息含税现金流
2019 年 6 月 20 日	7,291,666.67	3,615,791.67	10,907,458.33
2019 年 9 月 20 日	7,291,666.67	3,533,614.58	10,825,281.25
2019 年 12 月 20 日	7,291,666.67	3,413,921.88	10,705,588.54
2020 年 3 月 20 日	7,291,666.67	3,332,638.02	10,624,304.69
2020 年 6 月 20 日	7,291,666.67	3,287,083.33	10,578,750.00
2020 年 9 月 20 日	7,291,666.67	3,204,906.25	10,496,572.92
2020 年 12 月 20 日	7,291,666.67	3,088,786.46	10,380,453.13
2021 年 3 月 20 日	7,291,666.67	2,974,453.13	10,266,119.79
2021 年 6 月 20 日	7,291,666.67	2,958,375.00	10,250,041.67
2021 年 9 月 20 日	7,291,666.67	2,876,197.92	10,167,864.58
2021 年 12 月 20 日	7,291,666.67	2,763,651.04	10,055,317.71
2022 年 3 月 20 日	7,291,666.67	2,652,890.63	9,944,557.29
2022 年 6 月 20 日	7,291,666.67	2,629,666.67	9,921,333.33
2022 年 9 月 20 日	7,291,666.67	2,547,489.58	9,839,156.25
2022 年 12 月 20 日	7,291,666.67	2,438,515.63	9,730,182.29
2023 年 3 月 20 日	7,291,666.67	2,331,328.13	9,622,994.79
2023 年 6 月 20 日	7,291,666.67	2,300,958.33	9,592,625.00
2023 年 9 月 20 日	7,291,666.67	2,218,781.25	9,510,447.92
2023 年 12 月 20 日	7,291,666.67	2,113,380.21	9,405,046.88
2024 年 3 月 20 日	7,291,666.67	2,032,096.35	9,323,763.02
2024 年 6 月 20 日	7,291,666.67	1,972,250.00	9,263,916.67
2024 年 9 月 20 日	7,291,666.67	1,890,072.92	9,181,739.58
2024 年 12 月 20 日	7,291,666.67	1,788,244.79	9,079,911.46
2025 年 3 月 20 日	7,291,666.67	1,688,203.13	8,979,869.79
2025 年 6 月 20 日	7,291,666.67	1,643,541.67	8,935,208.33
2025 年 9 月 20 日	7,291,666.67	1,561,364.58	8,853,031.25
2025 年 12 月 20 日	7,291,666.67	1,463,109.38	8,754,776.04
2026 年 3 月 20 日	7,291,666.67	1,366,640.63	8,658,307.29
2026 年 6 月 20 日	7,291,666.67	1,314,833.33	8,606,500.00
2026 年 9 月 20 日	7,291,666.67	1,232,656.25	8,524,322.92
2026 年 12 月 20 日	7,291,666.67	1,137,973.96	8,429,640.63

续表

租金或租前息支付日期	归还本金额	实收利息	利息含税现金流
2027年3月20日	7,291,666.67	1,045,078.13	8,336,744.79
2027年6月20日	7,291,666.67	986,125.00	8,277,791.67
2027年9月20日	7,291,666.67	903,947.92	8,195,614.58
2027年12月20日	7,291,666.67	812,838.54	8,104,505.21
2028年3月20日	7,291,666.67	731,554.69	8,023,221.35
2028年6月20日	7,291,666.67	657,416.67	7,949,083.33
2028年9月20日	7,291,666.67	575,239.58	7,866,906.25
2028年12月20日	7,291,666.67	487,703.12	7,779,369.79
2029年3月20日	7,291,666.67	401,953.12	7,693,619.79
2029年6月20日	7,291,666.67	328,708.33	7,620,375.00
2029年9月20日	7,291,666.67	246,531.25	7,538,197.92
2029年12月20日	7,291,666.67	162,567.71	7,454,234.38
2030年3月20日	7,291,666.67	80,390.62	7,372,057.29

在考虑本金部分增值税返还的情况下，项目的现金流在含税租金的基础上再加上本金增值税的地方流程部分，将显著提升项目收益率，如表3-9所示。

表3-9 飞机租赁公司项目收益一览 单位：元（人民币）

租金或租前息支付日期	归还本金额	实收利息	利息含税现金流	增值税（在本金基础上乘以16%，并不100%返还，仅返还一定比例，且通常在第二年年末返还上一年度）
2018年3月20日			-350,000,000.00	—
2018年6月20日	7,291,666.67	3,944,500.00	11,236,166.67	1,038,360.15
2018年9月20日	7,291,666.67	3,862,322.92	11,153,989.58	1,108,733.40
2018年12月20日	7,291,666.67	3,739,057.29	11,030,723.96	1,111,854.57
2019年3月20日	7,291,666.67	3,617,578.13	10,909,244.79	1,114,920.98
2019年6月20日	7,291,666.67	3,615,791.67	10,907,458.33	1,116,289.91
2019年9月20日	7,291,666.67	3,533,614.58	10,825,281.25	1,118,808.75
2019年12月20日	7,291,666.67	3,413,921.88	10,705,588.54	1,121,820.40

续表

租金或租前息支付日期	归还本金额	实收利息	利息含税现金流	增值税(在本金基础上乘以16%,并不100%返还,仅返还一定比例,且通常在第二年年末返还上一年度)
2020年3月20日	7,291,666.67	3,332,638.02	10,624,304.69	1,124,311.86
2020年6月20日	7,291,666.67	3,287,083.33	10,578,750.00	1,126,365.26
2020年9月20日	7,291,666.67	3,204,906.25	10,496,572.92	1,128,884.10
2020年12月20日	7,291,666.67	3,088,786.46	10,380,453.13	1,131,786.24
2021年3月20日	7,291,666.67	2,974,453.13	10,266,119.79	1,134,633.62
2021年6月20日	7,291,666.67	2,958,375.00	10,250,041.67	1,136,440.61
2021年9月20日	7,291,666.67	2,876,197.92	10,167,864.58	1,138,959.45
2021年12月20日	7,291,666.67	2,763,651.04	10,055,317.71	1,141,752.08
2022年3月20日	7,291,666.67	2,652,890.63	9,944,557.29	1,144,489.94
2022年6月20日	7,291,666.67	2,629,666.67	9,921,333.33	1,146,515.96
2022年9月20日	7,291,666.67	2,547,489.58	9,839,156.25	1,149,034.80
2022年12月20日	7,291,666.67	2,438,515.63	9,730,182.29	1,151,717.91
2023年3月20日	7,291,666.67	2,331,328.13	9,622,994.79	1,154,346.26
2023年6月20日	7,291,666.67	2,300,958.33	9,592,625.00	1,156,591.32
2023年9月20日	7,291,666.67	2,218,781.25	9,510,447.92	1,159,110.15
2023年12月20日	7,291,666.67	2,113,380.21	9,405,046.88	1,161,683.75
2024年3月20日	7,291,666.67	2,032,096.35	9,323,763.02	1,164,175.21
2024年6月20日	7,291,666.67	1,972,250.00	9,263,916.67	1,166,666.67
2024年9月20日	7,291,666.67	1,890,072.92	9,181,739.58	1,169,185.50
2024年12月20日	7,291,666.67	1,788,244.79	9,079,911.46	1,171,649.58
2025年3月20日	7,291,666.67	1,688,203.13	8,979,869.79	1,174,058.91
2025年6月20日	7,291,666.67	1,643,541.67	8,935,208.33	1,176,742.02
2025年9月20日	7,291,666.67	1,561,364.58	8,853,031.25	1,179,260.86
2025年12月20日	7,291,666.67	1,463,109.38	8,754,776.04	1,181,615.42
2026年3月20日	7,291,666.67	1,366,640.63	8,658,307.29	1,183,915.23
2026年6月20日	7,291,666.67	1,314,833.33	8,606,500.00	1,186,817.37
2026年9月20日	7,291,666.67	1,232,656.25	8,524,322.92	1,189,336.21
2026年12月20日	7,291,666.67	1,137,973.96	8,429,640.63	1,191,581.26

续表

租金或租前息支付日期	归还本金额	实收利息	利息含税现金流	增值税（在本金基础上乘以16%，并不100%返还，仅返还一定比例，且通常在第二年年末返还上一年度）
2027年3月20日	7,291,666.67	1,045,078.13	8,336,744.79	1,193,771.55
2027年6月20日	7,291,666.67	986,125.00	8,277,791.67	1,196,892.72
2027年9月20日	7,291,666.67	903,947.92	8,195,614.58	1,199,411.56
2027年12月20日	7,291,666.67	812,838.54	8,104,505.21	1,201,547.09
2028年3月20日	7,291,666.67	731,554.69	8,023,221.35	1,204,038.55
2028年6月20日	7,291,666.67	657,416.67	7,949,083.33	1,206,968.07
2028年9月20日	7,291,666.67	575,239.58	7,866,906.25	1,209,486.91
2028年12月20日	7,291,666.67	487,703.12	7,779,369.79	1,211,512.93
2029年3月20日	7,291,666.67	401,953.12	7,693,619.79	1,213,484.20
2029年6月20日	7,291,666.67	328,708.33	7,620,375.00	1,217,043.42
2029年9月20日	7,291,666.67	246,531.25	7,538,197.92	1,219,562.26
2029年12月20日	7,291,666.67	162,567.71	7,454,234.38	1,221,478.77
2030年3月20日	7,291,666.67	80,390.62	7,372,057.29	1,223,340.52

4. 直升机租赁

近年来，我国通用航空发展持续升温，市场信心进一步增强，推动通用航空发展的各方力量悉数集聚，发展形势总体向好。近年来也出台了很多相关政策，这些政策涉及了机场、空管、运营、市场、适航等多个领域，其力度与频率前所未有，且无论是出台新政策还是对原油政策进行修订，都体现出关于通用航空管理改革“放管结合，以放为主，分类管理”的政策导向。

根据中国民航局数据显示，2017年，我国通用航空共完成生产作业飞行83.75万小时，同比增长9.5%。其中，工业航空作业完成8.93万小时，比上年增长7.8%；农林业航空作业完成5.96万小时，比上年增长16.8%；其他通用航空作业完成68.86万小时，比上年增长9.2%。

在通航飞行器保有量方面，截至2017年底，通航企业在册航空器共计2297架，同比增长9.6%。通航企业方面，数量增长迅速，截至2017年底，获得通用航空经营许可证的通航企业共365家，新增45家，同比增长14%。从企业分布来看，东部经济发达地区是通航企业集中的区域，其中华北地区有92家，中南地区

77 家，华东地区 80 家，如图 3－2 所示。

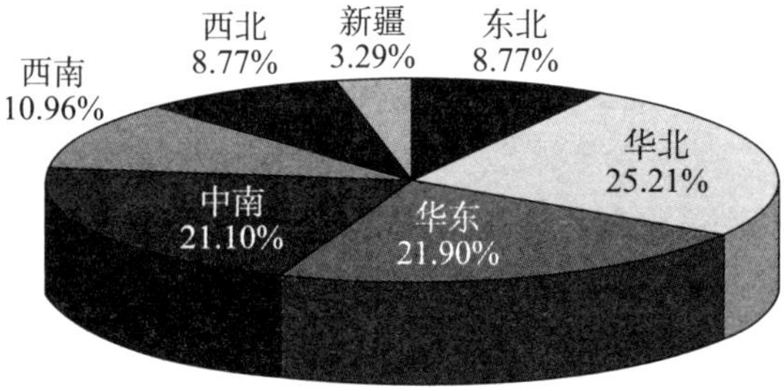

图 3－2　我国直升机租赁市场份额一览

资料来源：中国民用航空局，中经网整理。

对于通航产业，虽然利好政策频出、涌入的企业逐渐增加，但是同行企业同质化严重、盈利模式单一的现象非常严重。此外，同行企业盲目求全，从航空器研发开始进行全产业链布局，形成产能过剩、内部竞争。国内大部分通航企业由于自身业务单一、营收较难维持平衡，业务来源只有民用的观光、跳伞，或者政府的喷洒农药、森林防火等作用，营收模式难以维持。大部分企业对于通航飞机引进有较为强烈的资金需求。目前市场上，出现了一批以通用航空器为融资标的的租赁公司。

对于通航的融资租赁项目，由于航空器的全球保有量较少、流通性较差等原因，市场上的租赁以融资租赁为主；对于承租人则以地方政府平台的通航企业，或者国有大型企业股东背景的通航企业为主，对于民营的通航企业则融资仍然较难。

对于通用航空器的飞机抵押和所有权证办理方面，如果直升机的实际承运人已经开始运营该飞机，那么和一般的商用飞机一样，需要到民航局办理飞机的三证和所有权证，用来保障出租人的所有权。通常通航项目关注的风险主要是承租人的信用风险，由于承租人大部分依靠自身的经营无法保持稳定、充足的现金流，需要将相关政府补贴、政府采购合同等纳入信用风险缓释的范围。此外，为了进一步缩小风险敞口，应对通用航空器的融资金额作较大程度的打折，同时在手续费、保证金方面可进一步缓释相关风险。

2017 年 3 月 3 日，我国民航局发布了《关于取消通用航空器引进审批（备案）程序的通知》，取消通用航空器引进审批（备案）程序。根据通知，个人或企业引进一般通用航空器和喷气公务机将不再实施审批和备案。因此，目前企业或个人引入通用航空器（包括公务机）不再需要从民航局获得相关引进批文。

但是，由于通航航空器的销售与大型客机不同，通常会由经销商从境外先行购入直升机，存放于保税区或相关区域，有时候在商没有下游购买用户的情况下，用来盘活资产进行融资。在这种情况下，由于最终销售客户未定，故飞机无法办理三证。在民航局办理所有权登记及抵押登记的前提之一便是需要飞机的三证齐全，故无法防范承租人擅自处置租赁物，被善意第三人取得飞机所有权及抵押权的风险。

一般在业务实践中，为防范承租人处置租赁资产、善意第三方引发的权属风险，届时将要求承租人提供飞机购买凭据，并在中登网办理融资租赁登记。同时，根据融资租赁相关司法解释，如“出租人授权承租人将租赁物抵押给出租人并在登记机关依法办理抵押权登记的”，承租人或租赁物的实际使用人，未经出租人同意转让租赁物的，人民法院不予支持。因此，在业务落地后，应前往工商局对飞机进行动产抵押登记，保护相关权益。

但是，对于保税货物设定担保物权的风险方面，根据《中华人民共和国海关法》第 37 条的规定：“海关监管货物，未经海关许可，不得开拆、提取、交付、发运、调换、改装、抵押、质押、留置、转让、更换标记、移作他用或者进行其他处置。……”第 86 条规定：“违反本法规定，有下列行为之一的，可以处以罚款，有违法所得的，没收违法所得。……（十）未经海关许可，擅自将海关监管货物开拆、提取、交付、发运、调换、改装、抵押、质押、留置、转让、更换标记、移作他用或者进行其他处置的；……”《保税区海关监管办法》第 16 条规定：“保税区内的货物可以在区内企业之间转让、转移；双方当事人应当就转让、转移事项向海关备案。”

根据上述相关规定，对于保税货物设定担保物权有较为特殊的约定，即保税区的货物抵押需要海关的批准，即可办理抵押手续，在实践中通常工商部门也需要海关相关的许可来办理相应的抵押登记。相对于其他普通动产而言，保税区货物办理抵押所存在的法律风险主要是海关批准风险。如果以保税货物设定抵押，未经海关批准，不仅担保合同无效，而且还有可能受到海关的行政处罚。如果以保税货物设定抵押担保，应当办理抵押物登记的未能办理，抵押合同亦不能生效。在这两种情况下，权利人均不能取得能够对抗第三人的担保物权。目前由于各种原因海关尚不能为以保税货物设定抵押、质押、留置物权担保办理批准或者不批准的任何手续，抵押物登记部门自然也不会为未经海关批准的抵押合同办理抵押物登记手续，所以，在目前情况下以保税货物设定抵押在法律程序上应当说还存在一定风险。

如果直升机以一般贸易方式引进，且未完成清关手续办理，那么则属于海关监管货物。实践中针对这种货物，可在保税区内采用“货物结转”方式，在与客户签署购买协议后，向海关备案申请，将飞机的所有权从通航企业转移给在东疆保税区设立的出租人项目公司，为了进一步保障出租人的所有权，可以将飞机进口报关的基础材料原件（包括不限于飞机原产地证等）存放，在租赁期结束之前，只能以出租项目公司的名义对监管的飞机进行进/出口报关，可以有效防止承租人私下向第三方出售租赁物。若承租人找到意向买家，需要结清该项目，可在飞机进/出口前再次办理“货物结转”业务，将飞机的所有权从出租人 SPV 转移给承租人，以承租人的名义进/出口报关，提前终止相关的融资租赁安排。

具体操作上，“货物结转”业务属于正常业务范围，可委托报关公司进行，业务办理时间一般为两周左右，收费参考大飞机的进出口报关收费标准。

5. 租金收取和调整

境内的飞机融资租赁项目和其他设备类融资租赁相同，以一定频率收取租金，通常按月、季或半年来收取，通常期末收取。租金通知书模板如下：

租金支付通知书样本

致：××公司

关于：编号为【　　】号的《融资租赁协议》项下第【　　】期租金支付事宜。

根据贵、我双方于签署的编号为【　　】号的《融资租赁协议》，第【　　】期租金将到期应付，具体内容见下表：

期　次	租金金额（人民币）	租金付款日
第【　　】期租金		

请贵公司按上述内容将该期租金按时支付至我公司如下账号：

开户行：【　　】

户名：××公司

银行账号：【　　】

我公司联系人：【　　】

电话：【　　】

传真：【　　】

××公司（公章）

日期：

融资租赁的租金以人民币或美元的基准利率进行调整，所以如果在租赁期

间会遇到租赁利率调整的情况,需要向承租人发送变更租金通知书。格式样本如下:

租金调整通知书

致:××公司

关于:编号为【 】号的《融资租赁协议》项下租金调整事项。

根据贵、我双方于签署的编号为【 】号《融资租赁协议》的相关约定,鉴于中国人民银行公布的人民币3~5/5年期贷款基准利率于【 】年【 】月【 】日做出了调整,调整后的期贷款基准利率为【 】。因此,我公司特对上述《融资租赁协议》项下租金作如下调整:

租金调整日:【 】年【 】月【 】日

调整后租赁利率:【 】

调整后租金支付表:

期　数	租金支付日	利　息	本　金	每期租金
1				
2				
3				
4				
5				
6				
7				
8				
9				
10				

融资租赁协议规定的词语用于本通知书时,具有相同的含义。本租金调整通知书自发出之日生效,取代生效之日以前发出的《租金支付表》及《租金调整通知书》(如有)。

出租人:××公司

日期:

二、境内飞机租赁预付款融资及经营租赁

从国际飞机租赁业务实践来看,飞机租赁公司除了对拥有实物的飞机提供

融资以及经营租赁业务,还有的也会对处于建造期的飞机提供融资。在飞机建造期间,根据购买方(航空公司或租赁公司)与制造商签署的购机协议,通常规定了在飞机交付前的24个月或18个月开始,即按照飞机的目录价格和一定的比例向制造商支付预付款(pre-delevery payment)。

对于航空公司来说,如果飞机订单数量多,预付款的支出将成为一笔不小的现金流,尤其对于非全服务航空公司来说更是不小的负担。所以市场上应运而出了一种预付款融资加租赁的业务模式。

由于飞机建造期间并没有具体的飞机资产可以作为信用缓释措施,飞机租赁公司或银行在对该环节提供融资支持时,通常利率都会设定的较高,如Libor上浮5%或者6%或者更高。如果能有效防范该交易结构中的信用风险,那么预付款融资对于追求收益型的租赁公司来说是不错的业务选择。

国内业务实践中,除了预付款融资加租赁结构,还衍生出另外一种只做预付款融资的结构。相比于配套租赁的结构,只提供预付款融资的结构设计更为复杂,需要预付款融资的飞机租赁公司和后续提供租赁服务的公司密切衔接,与制造商、航空公司一起将结构中的风险点加以揭示并提出防范措施。

(一)预付款融资

业务品种:融资租赁、普通直接租赁

租赁标的:三架波音B737－800飞机

飞机出售方:Boeing(波音公司)

出租人:××飞机租赁公司设于天津的SPV

承租人:××航空有限公司(以下简称航空公司)

融资金额:融资币种、金额、结构(购置价款、税费等)及放款方式

融资比例为购机价款的90%,其中预付款放款不超过应付预付款的90%

融资期限:2年(不包括预付款期限)

资金用途:本笔融资主要用于支付购置飞机款项

租赁利率:中国人民银行5年期以上贷款基准利率(以现行4.9%计算)上浮18%。租赁期内,如遇人民银行调整贷款利率,在次年1月1日按照调整后的利率进行相应变更

手续费:实际放款额的1.5%,每笔放款前收取

保证金:××万元人民币/架飞机

回购价格:1元人民币/架飞机

还款方式:起租前按季期末(或期初)付息,起租后按季等额本金后付(或先付)

其他风险缓释措施：飞机购买权益及飞机所有权

1. 保值性分析

机 型	引进日期	原始购买价	ASCEND	AVAC
B737 - 800	2019	4900 万美元	4657 万美元	4916 万美元

综合分析该预付款融资项目，如果客户在飞机交付并起租前违约，根据已付飞机预付款以及未付飞机购机尾款来计算，则租赁公司购买飞机的总价相比于航空公司购买总价要低，主要原因是航空公司须支付一定比例的预付款，租赁公司才愿意承担在没有飞机实物情况下的融资安排。

2. 项目结构

该项目为境内保税区售后直租—融资租赁（包括预付款融资）项目，交易结构如图 3 - 3 所示。

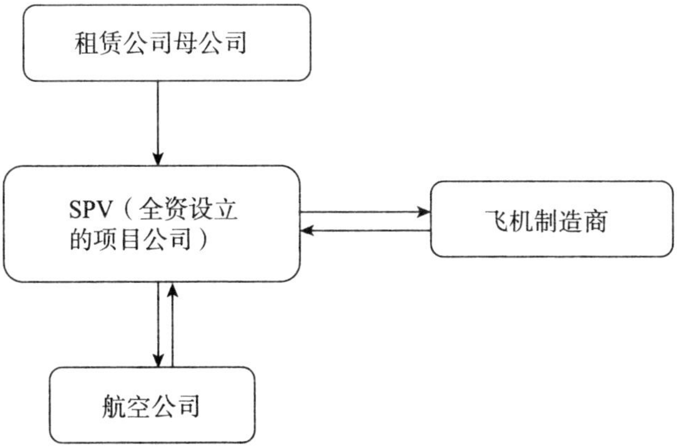

图 3 - 3 境内飞机租赁额付款融资流程

该交易结构中，预付款期间，SPV 公司、航空公司以及飞机制造商三方签署购机转让协议，在获得购机权益转让后，SPV 公司向飞机制造厂家支付剩余的飞机预付款以及剩余购机尾款或委托承租人代付。

SPV 公司从厂家接收飞机取得飞机所有权、将飞机租赁给承租人；SPV 公司作为出租人负责飞机进入保税区的相关手续；按合同约定收取租金，并按照要求向承租人开具租金相关的增值税发票。

承租人负责飞机接收时的技术状态检查、飞机自保税区进入境内的相关报关工作；按照合同约定向 SPV 公司支付租金，并根据合同要求负责租期内的飞机运营、维护等工作;在租期结束后向 SPV 公司支付回购价款取得飞机所有权。

上述流程与一般的融资租赁项目无差别。但该项目由于存在预付款融资,在实际中的风险点和操作点如下:

(1)由租赁公司作为母公司在境内保税区成立 SPV 公司(特殊目的公司);

(2)SPV 公司与航空公司、飞机制造商签订购机权益转让协议,获得购机权,购买飞机,SPV 公司与航空公司签订租赁协议;

(3)SPV 公司按照各方约定的付款时间(飞机交付日或之前)支付购机款(包括预付款)给飞机制造商或委托客户代为支付;

(4)飞机制造商将飞机交付给 SPV 公司,飞机抵达至境内保税区完成进口报关,航空公司一次性缴纳关税、增值税,按照租赁协议进度向 SPV 公司支付租金;

(5)到期后航空公司向 SPV 公司回购飞机残值。

在标的物产权方面,由于租赁标的物为 3 架新飞机,直接从飞机制造商购入,飞机产权清晰。租赁开始日,出租人将办理在局方的所有权登记手续。

3. 业务风险

该业务将面临如下风险,同时对各项风险的评估和缓解措施如下:

(1)预付款期间违约风险

飞机交付前,由于飞机租赁公司只获得了飞机的购买权益,并没有飞机实物资产。一旦客户在此期间违约,租赁公司将按照合同的约定不得不购买飞机,并支付剩余未付购机款来购买飞机。同时考虑到,在确认航空公司已经按照飞机采购协议已向飞机制造厂家支付预付款的10%(或更高比例)之后,飞机租赁公司再向厂家支付剩余的预付款(90%或更低)。这样能够确保即使客户在预付款期间违约,飞机租赁公司承担的飞机购机价款相比于原始购机价款仍非常有竞争力,对于飞机租赁公司来说,以较低的价格获取了一架新飞机的机位。由于飞机采购工作需要技术能力较强的团队支持,以及批量采购才能有价格优势,这对于中小型飞机租赁公司来说是不错的业务安排,一方面避免了向飞机制造商直接采购的工作,另一方面又能以较低的价格买到合适的资产。

(2)租赁物风险

租赁业务以标的物为基础,主要包括权属风险、灭失损害风险、残值波动风险等,在项目中飞机租赁公司可以采取以下措施规避相应风险:

飞机租赁公司可以通过国家民航局相关飞行器权利查询、国际利益(IR)登记系统等,确保飞机不存在担保或其他权利负担,飞机租赁公司是飞机的唯一合法所有权人。

交付前,飞机由飞机制造厂家进行保险,在未进行所有权转让时,飞机租赁公司不承担任何灭失损害风险。交付时,承租人将飞机的保险权益转让飞机租赁公司,依此规避飞机租赁期内的损害灭失等风险。

还可以通过与航空公司在协议中签订回购条款,确保飞机租赁公司不承担设备残值风险。

(3)残值处置风险

在出现承租人违约须进行残值处置的情况下,从航升等外部机构提供的评估数据中可以看出,租期内飞机机基准评估价值均显著高于租赁未偿还本金余额,同时,在国际民航市场上,B737－800飞机为主流机型,客户群体广泛、流通性好,因此残值处置风险较小。

4.结构中的重要节点

在境内预付款融资加租赁的结构中,如果是金融系租赁公司,通常可以附加要求航空公司在本行其他分支机构开立监管账户,飞机租赁公司可以将融资租赁款直接支付至监管账户,保障资金专项用于向厂商支付本项目标的物相关的购机款。

如果承租人履行了预付款期间的责任义务,但在飞机交付前完未成所有飞机批文的办理,或支付尾款前未取得发改委颁发的飞机引进批文,为了规避这部分的风险,通常可以在合同中约定,无论是否取得民航局的批文,航空均需在交机时支付尾款的相应比例(10%或20%),由飞机租赁公司支付剩余款项,将飞机的所有权转移到租赁公司名下,确保飞机租赁公司可以以较优惠的价格取得飞机。

其他方面的风险防范措施还包括,在双方签订经营租赁合同后可以在人民银行融资租赁登记公示系统办理登记公示手续,飞机交付后及时办理在中国民用航空总局的所有权登记手续、承租人按出租人的要求安排制作所有权人铭牌等,确保出租人对于飞机的所有权可以对方第三人。

在一般的项目情况下,租赁公司如果对该航空公司的资质认可,那么通常在提供预付款融资后,将继续在飞机交付后提供经营租赁服务。但也存在部分飞机租赁公司不希望继续提供经营租赁业务,仅提供预付款融资,那么则需要对前述租赁合同进行终止。

这种情况下,正常的业务操作模式为航空公司将第一家租赁公司已经支付的预付款本金和利息完全支付,并由第二家租赁公司将完整的购机价款支付给制造商,并在飞机交付当日开始租赁合同。

极端情况下，如果航空公司希望第一家租赁公司和第二家租赁公司进行无缝对接，从而自己无须占用现金流的情况下，则需要对现有结构进行重新设计，将三方的权利义务进行再分配。在这种情况下，第二家出租人需要在交付日前和航空公司签署新的购机权益转让协议（PAA）及制造商的同意函（Consent），进行报关、内部审批、购汇外管局审批等工作，再向制造商支付购机价款，第一家租赁公司则需要提前终止飞机购买转让权益协议（PAA），释放购机权利，最终形成释放 PAA 与回收预付款的风险扩大的敞口期。

同时，飞机完成第二家租赁公司与航空公司的经营租赁交付后，制造商需要工作一定的时间将已付预付款退还到航空公司开立在第一家租赁公司在本行开立的监管账户中，根据结算银行收到当日按结汇价格折算成人民币，划转至第一家租赁公司的账户。

对于第一家租赁公司来说，在这种情况下须确定第二家租赁公司是否已与航空公司签署了关于该架飞机的经营租赁协议，以及是否获得了民航局的相关引进批文。第一家飞机租赁公司的风险敞口期限如图 3－4 所示。

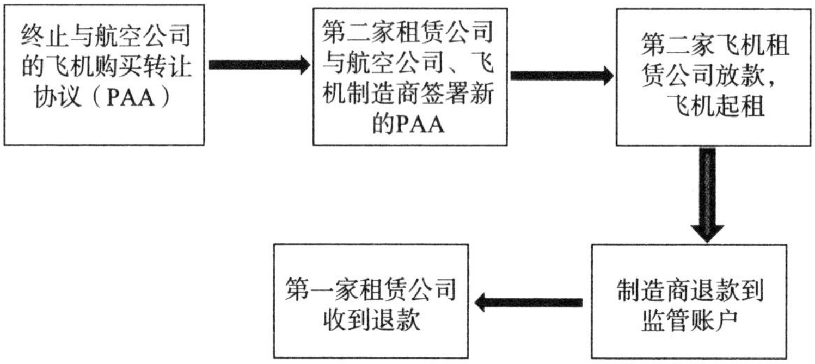

图 3－4　第一家飞机租赁公司风险敞口期限

为有效防范风险，通常可以将 A 签署的终止 PAA 协议于下一阶段经营租赁协议生效日期当天终止，在该种安排下，可确保在 A 失去飞机购买权力的同时，下一阶段经营租赁出租人 B 与航空公司方面形成经营租赁协议项下的付款义务，之后风险敞口期中所面临的风险点可以缩减为以下 3 点：

（1）B 未能履行其放款义务；

（2）制造商收到 B 款项之后未将多余预付款项退还给航空公司；

（3）航空公司收到制造商退款之后，未将本金退还给 A。

而针对以上 3 个风险点，相应的风险缓释措施，如下所示：

(1)经租出租人未能履行其放款义务。

为缓释A终止PAA之后,上述情况导致的风险问题,可采用以下方式对上述风险进行缓释:

由航空公司向A提供航空公司方面与B方面签署的经营租赁协议的复印件,以证明经租B在相关合同中确实具有履行付款的责任与义务,且若其无法履行有相关的惩罚条款;

由航空公司方面提供相关飞机资产已完成技术检查和技术验收的相关文件复印件,及相关飞机引进批文复印件,以缓释交付时点B因租赁物技术情况无法通过验收而不履行放款责任与义务的风险;

(2)制造商收到B款项之后未将多余预付款项退还给航空公司。

为缓释该情况导致的风险问题,制造商将参与A和航空公司再签署一份三方协议,文件中将说明在制造商收到购机尾款之后,将在特定时间的工作日内,把多余部分的款项退款到项目所设立的监管美元账户上。

(3)航空公司收到制造商退款之后,未将本金退还给A。

制造商会将相关退款退回到监管美元账户上,该账户的设计可以是航空公司在只有得到A盖章确认的《划款指令函》或其他约定文件之后,才能对将账户中的款项进行资金划转(可具体约定划款指令函或其他文件的具体格式、内容等)。

(二)转租

目前国内三大航空集团中,东方航空股份有限公司旗下投资或控股的航空公司有上海航空、中联航、东航云南、东航江苏、东航武汉等航空公司,根据业务实践,上海航空和中联航具有独立的运行承运人合格证,而东航云南、东航江苏和东航武汉不是独立的运行人,都是在东航运行合格证下运行。集团的飞机引进安排统一由东航主办,为其下属航空公司安排引进飞机的融资及经营租赁,通常租赁合同由东航和出租人签署,东航、出租人和东航的下属公司再安排一个简单的三方合同,规定由东航承担担保。

在国航集团中,山东航空、国泰航空根据会计规则,其财务报表不并入国航的报表,飞机引进也均由自己安排。但国航旗下的大连航空的飞机引进工作,实际上由国航与出租人进行商务、法律谈判,再将飞机转租给大连航空。

在此类安排中,除了租赁合同和转租赁合同外,原来的承租人作为转租赁合同的次出租人(sublessor),原来的出租人作为转租赁合同的主出租人(head lessor)对于此类附属于主租赁合同的转租赁合同(sublease agreement),通常要求全部遵守主租赁合同的相关安排，合同的主要内容是确认对于该架飞机租赁合同的认可。重要的条款包括，转租赁期限（通常要求不长于主租赁合同期限）、权益的附属性（转承租人承认对于该架飞机的权益全部归出租人所有）、租金（租金方面通常由转承租人和次出租人协议安排，可以与主租赁合同的租金一致，也可以不一致）等，此外还可能包括转承租人是否有提前终止租赁的权利、适用法律等条款。

合同模板如下：

Aircraft Sublease Agreement

This Aircraft Sublease Agreement (this "Sublease") dated as of × × × is entered into between × × Airlines Company Limited as sub-lessor (the "Sublessor") and × × Airlines Co., Ltd., as sub-lessee (the "Sublessee").

Whereas, pursuant to that certain Aircraft Lease Agreement dated ____________ (the "Head Lease Agreement"), between × × Leasing Company Limited, as lessor (the "Lessor"), and the Sublessor, the Lessor has agreed to lease oneAirbus A320 aircraft with manufacturer's serial number × × × × (the "Aircraft") to the Sublessor on the terms and conditions set forth therein; and

Whereas, pursuant to this Sublease, the Sublessor has agreed to sublease the Aircraft to the Sublessee with full consent of the Lessor.

Now, therefore, in consideration of mutual promises contained herein, the Sublessor and Sublessee agree as follows:

1. Lease of the Aircraft. The Sublessor hereby agrees to lease to the Sublessee, and the Sublessee agrees to lease from the Sublessor, the Aircraft on the same terms and under the same conditions set forth in the Lease Agreement, which terms and conditions shall apply to the Sublessor and the Sublessee under this Sublease, *mutatis mutandis*, as if reference therein to the Lessor were to Sublessor and reference therein to Lessee were to the Sublessee, except as may be otherwise set forth in this Sublease.

2. Certain Defined Terms. Words and expressions defined in the Lease Agreement (whether incorporated by reference to another document or otherwise) shall, unless otherwise defined herein or unless the context otherwise requires, have the same meanings when used in this Sublease.

3. Lease Term. The leasing of the Aircraft to Sublessee shall continue for the

same term as the lease term under the Lease Agreement unless otherwise agreed by Sublessor and consented to by the Lessor provided that under no circumstances shall the leasing of the Aircraft pursuant to provisions of this Sublease be permitted to extend beyond the date on which the leasing of the Aircraft by the Sublessor from the Lessor ends pursuant to the terms of the Head Lease Agreement.

4. Subordination of Rights. Notwithstanding anything to the contrary in this Sublease, the rights of the Sublessee under this Sublease shall be at all times subject to and subordinate to the Head Lease Agreement and the rights of the Lessor (and its assignees) thereunder.

5. Rent. Unless otherwise agreed by the Sublessor, the Sublessee shall pay rent to the Sub-Lessor in the same amount and under the same terms and conditions upon which the Sub-Lessor is required to pay rent to the Lessor pursuant to the Head Lease Agreement. Alternatively, upon the Sublessor's request, the Sublessee shall pay such rent directly to the Lessor.

6. Reimbursement of Costs and Expenses. The Sublessee hereby agrees to reimburse Sublessor for all the costs and expenses incurred or to be incurred by Sublessor in making the Aircraft available for lease to the Sublessee.

7. Sublease. The Sublessee shall not further sublease the Aircraft to any other person.

8. Early Termination. The Sublessor shall have right to terminate this Sublease at any time if Sublessee fails to perform any of its obligations hereunder or otherwise breaches any provisions of this Sublease, in each case, as determined by Sublessor in its sole discretion.

9. Governing Law. This Sublease shall be governed by the laws of the People's Republic of China and the provisions of Clause ________ through Clause ________ of the Head Lease Agreement are incorporated herein by reference thereto, *mutatis mutandis*.

10. Counterparts. This agreement may be signed in two or more counterparts, each of which shall be an original, with the same effect as if the signatures on all such counterparts were upon the same instrument.

第二节　境外飞机租赁主要结构

一、爱尔兰平台

目前,国内从事租赁业务的公司,开展境外业务大部分均以爱尔兰为海外办公室开拓全球业务,同时在巴黎、纽约、新加坡等其他区域开设区域性办公室配合业务拓展。随着国内航空租赁业务各业务模式逐渐走向成熟,如何走出去成为飞机租赁企业的关注点,在海外开设办公室的需求也日益凸显。爱尔兰作为全球飞机融资的聚集地和专业化航空租赁平台吸引了全球从事飞机租赁业务的企业设立办公室。目前,全球主流的飞机租赁公司,均普遍采用“订单+租赁”的盈利模式,以获得长期稳定的投资收益。海外平台的搭建也将国内飞机租赁公司进军海外市场,将从制造商采购的飞机资产投放至全球客户创造了必要条件。

(一)在爱尔兰设立平台的优势和意义

在过去的几十年中,爱尔兰逐渐成为公认的航空金融中心,爱尔兰作为欧盟成员国,政府对相关产业强有力的政策支持形成了相对友好的商业环境,其完整的税务和法律体系,以及为了使航空相关产业持续发展的在税收方面的优惠等,成为全球飞机租赁公司的海外首选。同时,依赖规模效应,爱尔兰逐渐积累和集中了航空租赁相关的经验和专业人才。凭借其持续稳定的税收优惠政策、可靠的英美法律体系、宽松的外汇及海关监管政策、多元化的融资支持,目前爱尔兰公司持有的航空资产已超过1000亿欧元,拥有或管理全球超过40%的租赁飞机资产,这个数量占全球机队总额的22%。①

目前全球前10大航空租赁企业②(按机队规模排名)中,均在爱尔兰开设办公室并开展业务,其他租赁公司也大多在爱尔兰设有平台公司,例如,Avolon、Orix等。此外,中资背景的租赁公司也普遍在爱尔兰设立公司开展业务,工银、国银、交银、建信、中银、招银、民生、平安等租赁公司也都在爱尔兰设立了实体化公司或平台公司,持有飞机资产。在爱尔兰设立租赁平台的优势主要体现在以下几个方面:

1.税收优势

自GPA公司(全球最大飞机租赁公司GECAS的前身)1975年在爱尔兰成

---

① 资料来源:爱尔兰投资发展局IDA官方网站。

② 资料来源:航升2017年全球最大的50家租赁公司排名。

立以来,爱尔兰政府出台了一系列有利于飞机租赁行业发展的税收优惠政策。爱尔兰为欧盟成员,也是亚太经合组织成员国,对于符合条件的"税务居民企业"提供12.5%优惠所得税政策,对于飞机租赁企业豁免增值税和印花税,这个税率是欧洲最低的企业所得税税率,欧盟平均税率为23.3%,且政府承诺维持该税率水平不变。在飞机租赁领域,飞机租赁增值税为0、飞机免征印花税,同时与国际上72个国家和地区签署了避免双重征税协定,其中68个协议已生效。[①] 在会计处理上,飞机资产可采取加速折旧政策,年限设定成8年,残值为零折旧率均为每年12.5%,大大降低应税利润总额。

2. 行政、法律环境

除税收上的优势之外,爱尔兰作为欧盟成员国和亚太经合组织成员国,有较为稳定可靠的行政管理及法律制度。此外,在爱尔兰注册的飞机租赁公司也更容易在融资方面有较多的便利。因为成熟的法制环境对债权人的保护更为系统、完善。在一个国际社会普遍认可的法律、政治环境下,各家金融机构有更强意愿为爱尔兰的飞机租赁公司提供融资,出租人的直接融资成本也会显著降低。

(1)行政管理。在爱尔兰,飞机租赁业务并不需要特殊的经营许可,与其他企业一样,仅需要进行一般的工商注册程序,此外没有其他任何主管部门的监管,一定程度上降低了企业的行政成本和监管成本。在航空领域多年的发展中,航空租赁各链条上的专业人才和技能也得到完善,多年以来获得各国企业的普遍认可,与飞机权利相关的各项登记制度也非常简明高效。

(2)开普敦公约。爱尔兰已经批准通过了开普敦公约,且不存在任何保留条款。对于跨国租赁的飞机资产,在缔约国之间根据合同取回飞机,或根据法律强制执行相关资产,将得到充分保障。

(3)法律体系。与英美法律相近,爱尔兰也是一个普通法系国家,这种法律结构也为世界各国普遍熟悉。此外,在爱尔兰的租赁公司通常也会在协议中约定适用其他国家的法律(如英国法),而爱尔兰通过缔结国际条约,其本地法院也有更大可能会承认和执行该等国家法院的生效判决。

3. 国际地位

爱尔兰是欧盟成员国及欧洲经济合作与发展组织成员国之一,各家贷款人、借款人、出租人和承租人在此开展业务都非常便利,慢慢聚集于此,使其更具资源集中优势。凭借其特殊的政策及区位优势,爱尔兰已不仅仅成为航空金融产

① 资料来源:KPMG。

业的聚集地，也是众多跨国企业及中资集团企业在境外设立机构的首选之地，苹果、三井住友等企业均在爱尔兰有较大的办公室，如图 3－5 所示。重要的是，爱尔兰和中国的政府之间同时保持着良好的长期合作关系，如图 3－6 所示。

图 3－5　部分在爱尔兰设立主要机构的跨国公司

图 3－6　部分在爱尔兰设立主要机构的中资企业

上述之外，爱尔兰还有着得天独厚的地理区位优势。地处欧洲西北角的爱尔兰，距离美国东海岸仅 6 个小时的飞行距离，飞往欧洲主要国家的飞行时间也在 4 个小时之内。爱尔兰与英国处于同一时区，有助于租赁公司在爱尔兰开设办公室进行市场开拓和营销。此外，由于爱尔兰与美国东部时间也仅有 5 个小时时差，在爱尔兰设立机构，可以使爱尔兰办公室覆盖美国市场，与中国的地理位置相比，能有效减少时差带来的工作不便，并提升与客户、其他金融机构以及第三方服务商之间的工作效率。

4. 程序便利

在爱尔兰设立一家公司非常简便。一个有限公司(a private limited company)可以在5～10个工作日之内通过在“公司登记办公室”进行登记而完成设立。除去法律服务费用之外，成立公司的费用大约在100欧元左右。爱尔兰公司的注册资本没有最低限额，1欧元以上即可。外国货币作为注册资本也被接受。每股对应权益也可以自由约定层级和种类。

一家爱尔兰公司至少需要拥有1名公司董事，1名公司秘书，1间注册办公室，1份股份以及1个股东。在爱尔兰首都都柏林有大量专业机构可以提供相关服务，以方便世界各地的租赁公司在此设立公司或者SPV公司。

5. 其他优势

(1)英语国家：爱尔兰是标准的英语国家，同时其国内也有大量可以讲多种其他语言的专业人士。

(2)专业资源和人才供给：多家专业的法律和会计事务所在爱尔兰开展业务，包括KPMG，PWC，Arthur Cox，A&L Goodbody，Matheson Law，Deloitte，Maples and Calder等。多家专业软件公司为爱尔兰的金融业务提供支持。爱尔兰政府对教育和科技方面的投入也在逐年持续增加。

(3)航空产业集中：除飞机租赁公司之外，凭借政府的特殊政策，爱尔兰还有大量的制造、维修、技术企业为航空产业提供保障服务，包括Lufthansa，Bombardier，SR Technics，Honeywell，BEAerospace，Moog，Airbus，Eurocopter，PARC-CAE and PWA等。

(二)爱尔兰设立飞机租赁公司的注意事项

虽然在爱尔兰设立平台公司和项目公司非常简单，但对于平台公司和SPV是否满足“爱尔兰税收居民”(tax residence)等有一定的要求。同时，随着全球越来越多的国家对于双重税收优惠的审查越来越严，以俄罗斯、印度为例，以爱尔兰的项目公司为出租人将飞机租赁到俄罗斯或印度，如出租人、承租人双方为了享受避免双重税收优惠协定的规定，爱尔兰的出租人应是满足一定条件的实体化公司。

1. 爱尔兰税收居民身份

为确保爱尔兰项目公司(SPV)被认定为爱尔兰的税收居民，以享受爱尔兰的一系列税收优惠政策，该SPV的“中央管理及控制”需发生在爱尔兰，但爱尔兰税局并未就如何认定“中央管理及控制”列举具体的要求。实践中主要依据类似的经验来判定。

包括董事的任职资格、人数、决议作出的程序等。其中，爱尔兰董事不仅要拥有爱尔兰的董事任职资格，同时国籍应该是“欧洲经济区”成员国，包含整个欧洲及冰岛、挪威和列支敦士登公国。在爱尔兰目前有成熟的SPV服务机构，能提供满足爱尔兰法律和税务要求的董事，通过与爱尔兰服务商签订服务合同的方式，取得相关爱尔兰董事。一般来说，中资企业在爱尔兰设立项目公司，起步阶段均以外部董事为主，随着业务逐步扩大，爱尔兰公司逐步实体化，逐渐有中国职员长期外派，取得当地工作资格，兼任SPV和平台公司的董事。

为了达到爱尔兰SPV的“中央管理及控制”发生在爱尔兰的要求，根据爱尔兰税务机构的建议，SPV董事会的召开都必须在爱尔兰发生。实践中，也有部分企业以视频或电话会议的方式召开董事会。这样的方式要确保有三分之二以上的董事在爱尔兰地区，但仍然会面临不被爱尔兰税局认定为爱尔兰税收居民的风险，此外还可能被中国税局认定该SPV或平台公司为“常设机构”在中国的风险，需在中国纳税。

实际上，依据爱尔兰税收居民的要求，不但协议的签署地必须是爱尔兰，业务的最终决策地也必须是爱尔兰，不能在爱尔兰只是召开“形式上”的董事会。为满足这一条件，在爱尔兰召开董事会时，需要清楚地就业务本身开展讨论，并做好会议纪要，以便税局查阅。如果在协议中人为地将签署地“调整”为爱尔兰，而协议实际在中国签署，这样做主要有两大后果：一是如果被爱尔兰或中国税局发现，会面临被双重课税的风险，而且此时作为非爱尔兰税收居民，需要向爱尔兰缴纳25%（而非12.5%）的所得税；二是如果被承租人发现，那么就不能按照承租人所在国家与爱尔兰的双边税收协定来享受租金缴纳时的预提税优惠税率，这部分额外税负承租人是不会承担的，将转嫁给租赁公司。

2. 爱尔兰公司的相关服务机构

中资飞机租赁公司在爱尔兰开展业务之初，一般用于飞机租赁业务的爱尔兰SPV一般不聘用雇员。随着后来资产规模和业务规模逐步扩大，才慢慢招聘爱尔兰本地员工或从中国外派长期员工，充实爱尔兰办公室。

在起步阶段，虽然SPV没有雇员，但仍然有年检、报税等相关公司维持运营的基本工作要做。这部分业务在爱尔兰有专门的日常行政管理服务供应商，租赁公司可通过与服务商签署购买合同的方式来获得相关服务。同时，根据爱尔兰公司法律的相关规定,SPV 和平台公司等法人机构必须要有“公司秘书”,而“公司秘书”可以是自然人,也可以是一个公司实体,一般都会聘请爱尔兰公司服务提供商来履行“公司秘书”的职责。公司秘书的职责大致包括以下方面:

(1)根据爱尔兰法律的规定,保存爱尔兰 SPV 的法定账簿并向爱尔兰公司注册局提交相关备案资料;

(2)处理涉及爱尔兰 SPV 在爱尔兰境内的所有常规事务,包括保存和提交所有法定报税表,代表公司保存提交的记录以符合现行法律、法规;

(3)根据服务公司向各方收取的所有信息,代表爱尔兰 SPV 按爱尔兰法律法规准备和保存公司账目及记录,协助审计师编制年度审计报告以及提交周年申报表;

(4)编制爱尔兰 SPV 的季度管理账簿并取得管理层同意;

(5)代表爱尔兰 SPV 处理和回复在其注册办事处收取的所有函件,并尽快在合理时间内,转发至公司指定人员或董事;

(6)协助爱尔兰 SPV 完成开立银行账户的开户文件,并定期监察及核对账目;

(7)在爱尔兰提交任何适用的法定报税表或增值税申报表;

(8)根据需求召开董事会议,并提供召开此类会议的设施,担任会议记录;

(9)根据需求将任何协议或信息交付至任何有权享有人;

(10)合理地确保爱尔兰 SPV 履行其约定的任何协议的义务;

(11)协助爱尔兰 SPV 根据税务顾问的要求获得税收居住证明或根据税收协定条款申请税收优惠(如 W8 - BEN 表格);

(12)协助处理任何来自爱尔兰税务局的提问;

(13)协助安排税务缴付;

(14)协助遵守反洗钱的要求;

(15)协助遵守爱尔兰与美国之间为改善国际税务合规及实施外国账户税务合规法案(FATCTA)、第 891E TCA 及根据该条例订立的相关条例,提交相关的报税表,采取合理措施、从有关人士取得所需的任何资料,协助爱尔兰 SPV 符合第 891E TCA 规定的义务;

(16)采取合理措施、协助爱尔兰 SPV 履行经合组织自动交换财务账户信息的法律法规;

(17)按爱尔兰 SPV 的要求提供的其他公司管理服务。

3. 项目公司的服务机构(资产管理机构、税务机构、法律服务机构)

由于很多爱尔兰 SPV 没有员工,完全依靠外聘的公司秘书来进行公司的日常运营管理。为了满足税收居民的要求，通常要求飞机租赁公司具备飞机资产管理的能力，如果本公司尚不具备上述人员和能力，需要通过外聘资产管理服务的方式来维持税收居民的身份。这不仅是爱尔兰当地税局的要求，也是很多避免壳公司享受双重税收优惠国家的税务要求，如印度、俄罗斯等国家。

爱尔兰 SPV 可聘请一家位于爱尔兰的租赁资产管理公司提供技术支持服务，代为管理飞机。如果不被爱尔兰税局认定为是一家具有业务经营实质的贸易公司(trading company)，爱尔兰的平台公司或项目公司即按照非贸易公司(non-trading company)的所得税率 25% 来交税。

除了飞机资产管理服务以外，以爱尔兰公司为出租人向全球航空公司开展飞机租赁业务时，由于飞机投放国家的国别风险、税务风险、法律风险等均是巨大的挑战，一般需要聘请爱尔兰的税务机构进行税务风险识别和防范，在交易结构设计之初，通过双重税收优惠协定等设计最优化的方案，从而从税务角度为航空公司节约成本。

法律风险方面，由于飞机租赁通常以英国法为缔约法，一个境外项目通常需要聘请英国法代理律师，同时聘请爱尔兰律师和航空公司所在国律师，搭建一支专项法律服务团队，从各相关国家法域的角度审查飞机租赁合同及其他法律文件的合法合规性，一般来说，爱尔兰董事在最终签署项目文件时需要看到项目相关的法律意见书。

此外，对于国内租赁公司来说，日常业务中需要对外进行报价，签署合作意向书(LOI)等，这类文件如果客户为境外航空公司，通常适用英国法，同时由于 LOI 中对商务条款、租赁期间的技术条款、退租条款等有较为详细的约定，这就需要在项目获得公司内部批准和启动前，就有英国法律师介入对项目结构、国别风险等进行一定的识别，并在意向书中有所反映。所以，目前成熟的租赁公司，在公司常年法律顾问的聘请中，会根据业务量的大小分别以购买小时数、包干等方式聘请一家英国法律所就日常业务进行咨询。

国别风险方面，通常以外聘航空公司所在国的律师进行国别风险调查，对飞机取回、飞机注册、租赁合同备案、违约的救济方式等进行严格的调查和甄别，以从商务角度上判断是否最终执行该项目。从实践来看，国别风险调查分两种，一种是一般情况下的调查，就是否为开普敦公约缔约国、飞机注册、飞机取回等重要问题进行调查；另一种是详细的国别风险调查，该种类的调研更加全面和深入，适用于公司以往未与该国航空公司有过业务往来，且该国国别风险相对较高时采用。

4. 国内飞机租赁公司爱尔兰开展业务的情况

爱尔兰航空租赁市场较为成熟,作为飞机租赁的发源地,是航空租赁公司的聚集地,也是相关产业链上的中介服务机构的聚集地。此外,爱尔兰整体法律环境相对健全、税收制度较为优惠,成为中资和外资租赁公司青睐的公司注册地点。

为与境外航空公司开展业务,开拓国际航空租赁市场,如从国内向警卫航空公司租赁飞机,面临税收、外汇等方面的不利因素。参考国际同业做法,国内租赁公司也纷纷通过在境外设立公司的方式开展海外租赁业务。中国银监会在 2014 年印发了《金融租赁公司专业子公司管理暂行规定》,以文件的方式支持租赁公司在国内的自由贸易区、保税区以及境外设立专业化租赁子公司,并对子公司的设立、变更、终止、经营规则、监督管理等方面进行了明确的规定。

根据上述文件管理要求,工银租赁已在中国香港地区设立了子公司,国银租赁、平安租赁、交银租赁、招银租赁、建信租赁、中航租赁等设立了爱尔兰办公室,并对爱尔兰公司进行了实体化运作;天合租赁、民生租赁等同业已设立爱尔兰公司并操作业务,尚未进行实体化运营;此外还有西藏金租、中原航空租赁等机构拟以收购或新设等方式设立爱尔兰公司开展航空租赁业务。

5. 爱尔兰 SPV 成立的步骤

在爱尔兰,设立项目公司的工作由律师来协助完成,同时爱尔兰公司注册局等官方网站上有非常明确的公司成立流程、要求、完成时间等,便于投资者在爱尔兰成立公司开展业务。根据网站公开信息显示,注册成立公司有以下步骤和要求:

(1)与外聘的公司服务提供商与律所签署服务协议;

(2)律所起草公司章程等文件;

(3)公司服务提供商签署相关服务文件;

(4)在公司服务提供商协助下准备公司注册材料,并安排董事和股东签署;

(5)由公司服务商提供公司注册地址、当地联系方式等信息;

(6)选择公司名称,并在爱尔兰公司注册局网站查询名称是否可用;

(7)由公司服务提供商根据上述文件和备忘录在爱尔兰公司注册局(该局为爱尔兰就业与企业部的下设机构,负责公司设立及变更等事宜)网站填写 A1 申请表格,网上申请设立公司,填写公司设立相关材料,包括公司地址、邮箱、股东、结构、董事人员等信息;

(8)由律师将公司章程、网上填写的A1公司申请表格、备忘录一并向爱尔兰公司注册处提交纸质申请或在线申请均可(申请费用为50~100欧元),由其审核并批准;

(9)完成注册后,向爱尔兰税务局申请公司税务居民及公司的税务号码;

(10)完成注册及税务登记后,到当地银行开立银行账户,用以支付公司运营相关费用。

在上述步骤中,从开始准备各种资料到获得公司注册处的批准,大致时间为1个月,此时作为一家公司,SPV可以对外签署租赁协议;但是,SPV必须拥有税务号码以及银行账户才能真正开展业务,获取税务号码大概需要1个月的时间,完成银行开户大致需要3个月的时间(银行会对SPV开展尽调,审批时间依据不同银行的内部审批流程不同而有异),两个步骤可同时进行。

(三)爱尔兰公司的决策流程

对于由境内飞机租赁公司通过在爱尔兰设立公司,并下设具体的项目公司来操作飞机租赁业务,需要有相应的操作流程,主要用来规范两个方面的问题,一是项目推进与否的决策审批权,二是如何在爱尔兰合规经营,享受相关的税收政策安排。

实践中,国内出租人在爱尔兰设立的公司,大部分以总部派员及本地招聘的模式推进业务,但项目的审批权目前大部分保留在国内,为了使爱尔兰的公司更合规经营,通常以聘请当地董事、在当地召开董事会审批项目的方式,来保证税收方面的政策落实。当在爱尔兰下设的项目公司为出租人时,虽然项目的决策是在总部作出,但从法律合规、税务安排的角度考虑,形式上决策必须由爱尔兰的项目公司作出,才能获得对于该项目的审批,才能有相关的董事会决议,并签发出相关的授权书。董事会决议样本如下:

WRITTEN RESOLUTION OF ALL OF

The DIRECTORS OF ××LEASING COMPANY

(the"Company")

We, the undersigned, being all of the Dirctors for the time being entitled to attend and vote at meetings of the Board of Directors of the Company (the"Board") hereby note and

acknowledge that each Director has disclosed to the Secretary, in writing the manner (if any) in which they are interested in the Transaction, whether as a director of any company which is party to such business or otherwise for the purpose of section 194 of the Companies Act 1963.

We, being all of the Directors of the Company, hereby note and consider:

We, being all of the Directors of the Company HEREBY RESOLVE that the Company that the Company ractify, confirm and approve, to the extent necessary × × × × (the document name) by Directors.

授权签署相关文件的样本如下:

POWER OF ATTORNEY

4 The undersigned, × × refers to the Aircraft Lease Agreement dated ____________ (the Lease) between × × Leasing Co., Limited as lessor (Lessor) and the Company as lessee with respect to one Airbus A320 aircraft bearing manufacturer's serial number × × × × and as further defined in the Lease (the Aircraft). Unless otherwise defined herein or the context otherwise requires, terms and expressions defined in the Lease (whether by reference to another document or otherwise) shall have the same meanings when used herein.

The Company hereby irrevocably appoints any duly authorised officer from time to time of Lessor (the Attorney) to be a true and lawful agent and attorney of the Company each with full power to act severally and in its own name to execute under seal or under hand (as appropriate) and to do and perform on behalf of the Company and in the name of the Company or otherwise to deliver any documents, instruments or certificates with such amendments thereto (if any) which may be required to obtain deregistration of the Aircraft from the register of aircraft maintained by the Aviation Authority, export the Aircraft from the People's Republic of China and to receive on behalf of the Company such documents as may be issued by the Aviation Authority confirming such deregistration and the export of the Aircraft from the People's Republic of China.

AND generally to do any and all such acts and things and to execute under seal or hand (as appropriate) and deliver any and all documents under seal or under hand (as appropriate) as such Attorney may deem necessary or desirable to give effect to any of the terms of the transactions contemplated by the documents, instruments or certificates referred to the above paragraph.

AND the Company hereby undertakes to ratify and confirm whatsoever the Attorney shall lawfully do or cause to be done in or by virtue of this Power of Attorncy.

AND for the better doing, performing and executing of the matters and things aforesaid the Company hereby further grants unto the Attorney full power and authority to substitute and appoint in its place one or more attorney or attorneys to exercise for them as attorney or attorneys of the Company any or all the powers and authorities hereby conferred and torevoke any such appointments from time to time and to substitute or appoint any other or others in the place of such attorney or attorneys as such Attorney shall from time to time think fit.

This Power of Attorney which is given as security by the Company for the performance of its obligations under the Lease shall remain in full force and effect until the expiration of the leasing of the Aircraft pursuant to the terms of the Lease until which time it shall be irrevocable.

This Power of Attorney shall be subject to, governed by and construed in accordance with the laws of PRC.

在国际飞机租赁市场上，由于出租人、承租人位于不同国家，为有效防范法律风险，出租人通常会要求承租人在飞机交付前提交关于该项目的法律意见书，由承租人所在地律师就承租人签字的合法性、提供公司证照和相关决策证明的有效性进行审查，从而防范法律风险。相应地，承租人也会要求承租人提供法律意见书。国内从事飞机租赁业务的公司，通常由爱尔兰常年外聘法律服务机构对外出具具体项目的法律意见书，主要用来确认公司营业执照、长成、税收证明等文件的合法有效性、关于该项目的决议的有效性、授权签字人的合法有效性、签字样本的真实有效性等。大致模式如下：

attached hereto are true, correct, complete and up-to-date copies of the Certificate of Incorporation and Memorandum and Articles of Association of the Company, inclusive of all amendments hereto up to the date of Certificate and compring all documents which contain or establish or relate to the consititution of the Company and such copies are in full forcr and effect as at the date hereof;

attached hereto is a true, correct and complete redacted copy of the resolutions duly passed by the Company approving the transactions contemplated by the agreements listed therein and authorising all necessary documents in connections therewith and their signature, execution, delivery and performance; and such resolutions have not been amended, modified or revoked and are in full force and effect as at the date hereof;

attached hereto is a true and correct copy of a power of attorney of the company, to which the common seal of the company has been affixed in accordance with the articles of association of the company and such power of attorney and has ot been amended, modified or revoked and is in full force and effect as at the date hereof;

attached hereto are true, correct and complete copies of the signatures of the persons who have been authorised to sign or execture the transaction documents;

(四)爱尔兰以外的飞机租赁公司注册地

1. 中国香港地区飞机租赁方面的政策安排

爱尔兰作为全球飞机租赁公司聚集地,以税务优势、产业集群优势吸引了大批飞机租赁公司来以此为平台操作海外飞机租赁业务。以天津东疆保税区为代表的国内保税区,以发展金奖励为手段,以租赁期内可随租金分期缴纳关增税等安排为吸引点,吸引了大批租赁公司来此操作国内飞机租赁业务。相比于爱尔兰的成熟市场、东疆的后发优势,中国香港地区作为亚洲金融中心也不甘落后。

为了推动飞机租赁行业在我国香港地区发展,香港特别行政区政府于2017年1月,将《为推动香港飞机租赁业务而建立的专门税务制度提案》呈交我国香港特区立法会。该提案建议将飞机出租商的企业所得税降低一半,即由过去的16.5%降至8.25%,且仅须按应评税利润的20%缴纳利得税。同年的3月10日,中国香港地区税务局就《2017年税务(修订)(第2号)条例草案》发布公告。《2017年税务(修订)(第3号)条例》(以下简称《修订条例》)于2017年7月7日生效。

《修订条例》呈现新税制的主要特点为:(1)给予合资格飞机出租商及合资格飞机租赁管理商2017年4月1日及以后应付、收到或应记的合资格利润,提供税务优惠;(2)合资格飞机出租商及合资格飞机租赁管理商必须是非飞机运营商(独立实体条件);(3)合资格飞机出租商及合资格飞机租赁管理商的合资格利润部分按8.25%纳税;(4)合资格飞机出租商的应评税利润将订为20%×净租约付款额减去可扣减的支出;(5)适用于“经营租赁”;(6)建立在租赁业的特定目的实体,即Special Purpose Vehicle(SPV)模式基础上;(7)合资格飞机出租商及合资格飞机租赁管理商必须满足“中央管理及控制”及“实体条件”要求,包括用于飞机租赁SPV与中国香港地区的合资格飞机租赁管理商是否存在实质关联;(8)不要求对飞机享有实际法律拥有权;(9)对于持续3年或以上的合资格飞机租赁活动所使用飞机处置后产生的利润,可享受免税。

航空租赁业务是一项天然的国际化业务。飞机制造、交易、拆解的主要市场均在境外;而国产大飞机要取得长足发展也势必要走向国际,航空租赁业务本身就具备国际化的内在属性。

目前国内航空租赁市场已处于白热化的竞争态势,国内租赁公司的航空租赁业务起步相对晚,市场成熟度相对低,只有在国际化的市场中广泛参与竞争与协作,才能在业务模式、筹融资模式、资产管理、风险管理等方面不断学习提升,打造国际化的核心竞争力。

中国香港地区是亚太地区最具自由贸易及法律制度的国际大都市之一,作为成熟的金融市场,香港地区的金融机构外资占多数,国际化程度强、交易活跃,飞机租赁业务的筹融资渠道广泛、模式灵活;更兼具独特的一国两制的优势,交通便利,与内地文化认同度高。

2017 年 7 月,中国香港地区金融发展局(Financial Services Development Council)向特区政府提交《关于推动香港成为航空租赁和融资中心的建议》(FSDC Paper No. 31),依据该建议的相关内容,特区政府估计推行新税制后,未来20年我国香港地区在全球飞机租赁业务市场的占有率将提升至18%,带来7000多亿港元(以 3240 架飞机计算)的飞机融资额,并创造 1640 个直接职位及逾13,700 个间接就业机会,所产生的利得税将逾100 亿港元,而香港地区的本地生产总值将增加超过4300 亿港元。

中国香港地区金融发展局正在向特区政府建议,继所得税改革之后,从避免双重课税协定、对开普敦公约的适用、飞机租赁公司的上市规则、飞机的融资安排、人才培训等各方面加强制度建设与完善,未来在香港地区设立航空专业子公司将享受到不逊于爱尔兰等传统飞机租赁港的配套制度政策。

因此,选择在我国香港地区设立专业子公司开展飞机租赁业务,能享受到更优惠的税收政策,亦能享受蓬勃发展的租赁市场带来的同业合作机遇。

在香港地区设立航空专业子公司还能使内地的飞机租赁公司能够在间接融资、直接融资、资金的结算与管理等各方面得到内地金融机构在港分部的支持。

2. 中国香港地区与爱尔兰、新加坡税收政策的比较分析

(1)出租人的税务比较

调整飞机租赁业务的税制以后,中国香港地区的合资格飞机租赁企业从事合资格飞机租赁业务的所得税降至8. 25%,低于爱尔兰的12. 5%,与新加坡相差不大(新加坡自2017 年4 月1 日起统一调整为8%)。但是,由于在中国香港

地区不允许从租金收入中扣除折旧(爱尔兰与新加坡都可扣除),因此香港地区的新税制将租金收入的应纳税额定为租金收入总额减去支出(主要是融资成本,不含折旧)的20%,以期增加其竞争力。在增值税方面,三地的增值税均为零。租期结束、租赁商出售飞机时,香港地区不征收所得税,爱尔兰与新加坡须支付所得税。

相比于内地税法、爱尔兰税法,由于我国香港地区不允许从应纳税额中扣除折旧,因此相当于折旧部分也要纳税,这使实际有效税率并非8.25%的20%(1.65%),而是比1.65%要高。当租金水平越高时,折旧对税负的影响就越小,从而使得实际有效税率越低。

依据普华永道(PWC)的测算,以一架典型的窄体飞机为例,新税制的执行将使得在中国香港地区从事飞机租赁业务的实际有效税率下降至3%~6%。而爱尔兰与新加坡的税制允许在应纳税额中扣除折旧,因此其应纳税额与税前利润是一致的,其表面税率就是实际有效税率,爱尔兰和新加坡分别为12.5%、8%。

因此,从目前的税制情况来看,我国香港地区的税制环境较为有利于飞机租赁商发展。

(2)双边税收优惠协定

目前,爱尔兰与全球72个国家和地区签署了双边税收优惠协定,新加坡签署了80个双边税收优惠协定,中国香港地区的税收协定网络相对有限,有37个。在新政策颁布之前,从香港地区飞机租赁商租到海外航空公司的飞机在收取租金时须向海外税务机构提前缴纳预提所得税,该费用一般由航空公司承担,因此降低了航空公司与我国香港地区飞机租赁商开展业务的积极性。爱尔兰与新加坡等多个国家签署了避免双重课税协定,有效减轻了跨境飞机租赁业务的税务负担,使海外航空公司更愿意与注册在爱尔兰或新加坡的飞机租赁商开展合作。但将飞机租赁到中国内地方面,香港地区具有优势。2015年4月1日(由2015年12月29日起生效),我国香港地区和内地修订了《2008年双重课税安排》,将预提税率由原来的7%降低至5%,也即如果香港地区的飞机租赁商出租飞机到中国内地,航空公司支付租金时只需向内地税局缴纳5%的预提税,而这一税率针对爱尔兰和新加坡的飞机租赁商均为6%。

3. 内地同业中国香港地区开立租赁公司的情况

据了解,内地排名前列的金融租赁公司,均在境外设有专业子公司或平台公司开展航空租赁国际业务,如工银租赁、国银租赁、交银租赁、招银租赁、建信租赁、民生租赁等公司均在爱尔兰设立了平台公司，其中，国银租赁、工银租赁已在我国香港地区设立了专业子公司，多家租赁公司均有在香港地区设立专业子公司的意向。

(1)根据公开资料获取同业其他国家和地区子公司业务开展情况，如表3-10所示。

表3-10 内地飞机租赁公司业务开展情况一览

公　司	业务开展情况	机队规模	总资产/航空资产	营业收入/航空收入	利润/航空利润
中银航空租赁(位于新加坡的专业飞机租赁公司) 供参考	已与33个国家的80家航空公司建立业务合作关系，已交付飞机318架，储备订单173架。租赁形式以经营租赁为主，包含自主向制造商批量采购订单及航空公司订单售后回租相结合的方式	318架(已交付)(截至2017年末)	约960亿人民币(截至2017年末)	约89亿人民币(2017年当年收入)	约37.5亿人民币(2017年当年利润)
中国飞机租赁(位于中国香港地区的专业飞机租赁公司) 供参考	客户范围覆盖北美、拉美、欧洲、亚太等主要区域，已交付飞机111架，待交付飞机193架。业务范围覆盖新、旧飞机租赁、飞机拆解、航材贸易等	111架(截至2018年3月，2017年末为107架)	约315亿人民币(截至2017年末)	约23.4亿人民币(2017年当年收入)	约5.95亿人民币(2017年当年利润)
国银租赁 (已在中国香港地区设立子公司，但仍并入国银租赁整体年报，本文数据取自国银租赁2017年年报)	客户分布于全球27个国家及地区的52家航空公司。已交付飞机215架，订单188架。租赁形式以经营租赁直租和售后回租为主	215架(截至2017年末)	约711亿人民币(截至2017年末)	约63.7亿人民币(2017年当年收入)	约16亿人民币(2017年当年利润)

(2)根据公开信息获取中国内地部分租赁公司飞机租赁业务开展情况如表3-11所示。

表3－11　内地部分租赁公司飞机租赁业务情况一览

公　司	业务开展情况	机队规模	总资产/航空资产
交银租赁	已在上海、天津、广东自贸区及爱尔兰设立SPV开展飞机租赁业务，业务范围覆盖全球约50家航空公司，截至2017年6月，机队规模达到127架，订单约200架	127架（截至2017年6月末）	约487亿元（截至2017年6月末）
民生租赁	以公务机为特色、商用航空为拓展领域，已交付各类飞机242架，其中公务机148架，商用飞机49架，其他飞机45架，客户分布于中国、亚太、欧洲等	242架（其中公务机148架，商用飞机49架）	约324亿元（其中公务机约164亿元，商用飞机约156亿元）
招银租赁	客户主要集中在国内三大航空集团及其他国内航空公司	93架（截至2017年末）	约298亿元
工银租赁	工银租赁为全球48家知名、可靠的航空公司提供服务，已交付飞机305架，订单约250架	305架	约970亿元（截至2016年末）

二、境外融租赁

在国际飞机租赁市场，业务类型最主要的是经营租赁业务。经营租赁业务体现飞机租赁公司对航空运输业、飞机制造业的把握和了解，并通过航空业周期波动、技术市场、资本市场波动的把控来进行盈利。除了经营租赁业务，境外融资租赁业务在国际市场虽然总体数量较少，但也有一定的市场空间。

1. 合作背景和原因

和国内市场一样，国际航空租赁市场上也不断涌入新的租赁公司。航空公司在有新的飞机需要融资或有新机位的需求时，会通过公开招投标的方式进行，在招标文件中会对租赁公司的资质作一定的要求，如租赁公司目前持有和管理的机队资产规模、最低净资本额等要求。因为航空公司在各个国家都是严格受到相应的民航局方监管，如不能保证租赁公司具备从事飞机租赁业务的能力，一旦发生租赁公司背靠背银行抵押贷款违约时，飞机作为抵押物将被银行收回处理，这对航空公司的运营来说影响极大，在航空运输的旺季尤其如此。

此外，如果租赁公司不具备从事飞机租赁业务的经验和能力，飞机的融资情况和飞机技术交付将面临一定风险，如飞机不能按时交付，将影响航空公司机位投入运营和飞机引进。对于航空公司来说，尤其对于廉价航空公司，一般按飞机交付计划已将航线座位提前销售，一旦飞机无法交付将面临市场风险。

这种情况下，两家或两家以上的租赁公司联合租赁将成为解决上述问题的较好方式。其中一家在飞机租赁行业有较为丰富的经验，另一家虽然经验较少，但具备一定的资金优势或客户优势，两者通过联合的方式，发挥各自优势、承担相应风险，扩大业务规模。通常联合租赁方式在融资租赁领域应用较多。在经营租赁业务领域，如通过联合租赁方式，很难将业务风险进行双方都认可的划分。

以一家位于俄罗斯的A航空公司业务为例，假设该公司拟于2019年引进10架A320NEO飞机。俄罗斯境内有一家B租赁公司，以往业务模式均为设备领域的租赁业务。该A公司由于资质较好，B希望以此为契机进军飞机租赁业务。假设一架飞机5000万美元计算，10架320NEO窄体机的总合同金额超过5亿美金，对该公司来说金额巨大，且A公司希望以经营租赁方式引进飞机。

B在国际市场上找到另一家经验丰富的C租赁公司，拟进行合作。业务模式为A以融资租赁方式在飞机交付日将飞机租赁给B公司，B以经营租赁方式T+0日交付给A公司运营。由于爱尔兰和俄罗斯尚未签署双边税收优惠协定，出租人B和C为享受爱尔兰的税收优惠，一方面需要在爱尔兰有公司作为出租人，同时经过税收筹划设计，需要在百慕大成立项目公司，转租赁给A公司，从而进行税收优化设计，在整个业务中B向C提供全额担保，即一旦发生A违约时，由B向C偿还所有未偿还本金及应付未付款项(应付利息、罚息、其他应付未付费用等)，如图3－7所示。

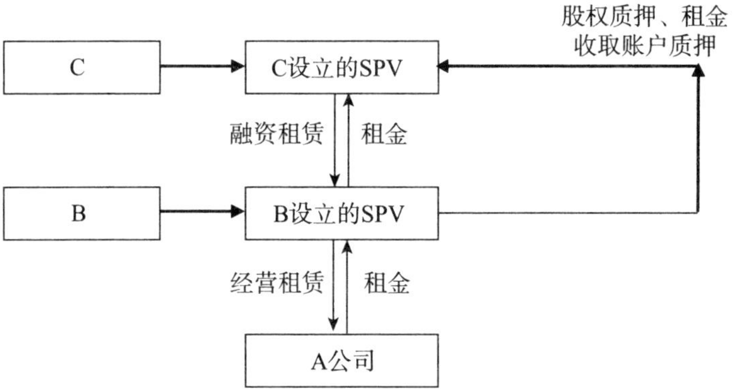

图3－7　联合融资租赁

2. 交易风险点

从C的角度来看，第一租金支付义务人为B公司，但是最终的租金来源为A公司，所以该项目的风险点有以下几个方面：

(1)A公司的资质，包括机队规模、股东背景、航线情况、经营管理能力、飞机引进批文获取情况、市场竞争力、盈利能力等，此外，还要看俄罗斯本国的国别风险情况，如美国的制裁、国内政治稳定性、卢布对美元的汇率情况等，来判断该公司的持续经营能力以及租金偿还能力。

(2)B公司的资质，包括股东背景、目前业务盈利能力、业务品种等。

(3)结构设计，该结构由于租金来源于A公司，租金支付账户虽然最初由B收取，但为了不被B挪用，应将该账户质押给C公司，如果有条件最好将B公司的收款账户开设在C公司相关联的姊妹银行，确保租金安全。此外，考虑最坏的情况，一旦B公司违约，A公司应该在条款涉及上有代位的安排，即将C在百慕大和爱尔兰设立的项目公司全部股权质押给B公司，一旦发生B公司项目公司违约的情况，C公司相应的项目公司均能及时代位B公司的项目公司，保证飞机继续由A运营并获取相应租金。如A公司发生违约，无力支付租金的情况下，应在条款中安排，B应将C公司的应偿还本金金额全部归还，并办理相应手续将飞机所有权变更回B。

(4)为控制总体风险，C对于飞机选择做80% ~85%融资额，剩余资金部分由B承担。飞机最终抵押给C公司。在租金支付方面，由A公司按一定频率、经营租赁租金支付给B，由B按相应的频率、融资租赁价格将租金优先支付给C。从而在风险、收益方面进行双方认可的安排。

(5)租赁期结束，由B的爱尔兰项目公司向C在爱尔兰的项目公司支付剩余尾款，并完成融资租赁项下所有义务，飞机所有权转让给B在爱尔兰的项目公司。在经营租赁部分，由A向B在爱尔兰的项目公司支付租金、应付飞机维修储备金、退租补偿等所有经营租赁项下义务并完成退租后，飞机经营租赁正常终止。

3. 联合租赁的好处

该项目中，C公司承担的风险不再是传统的航空公司方面的风险，而是承担另一个租赁公司同行的风险。由于该租赁公司股东背景较好，且在其他租赁方面有较强的业务经验和专业知识，能有效缓释传统飞机租赁中的承租人风险。

此类合作租赁项目充分发挥了出租人各自的优势，并根据各自的信贷规模、资金、人力等情况，灵活确定合作的方式，充分发挥资本协同的优势，获得更大的规模效应。同时各方所有的租金均被收入C姊妹银行的租金账户，有效保障了租金支付的安全。

通过两家租赁公司的联合，有效降低单一客户的风险敞口和集中度，丰富资产配置，为B公司进入航空租赁业打开了大门。对于C公司来说，也为C公司进入全球航空市场提供更有利、更灵活的交易结构，为该公司在俄罗斯航空租赁市场奠定了一定基础，俄罗斯作为航空运输市场大国，为A完成融资，意味着打开俄罗斯的整体航空租赁市场，此外也打开了与俄罗斯境内租赁公司同业合作的大门，探索进一步合作安排租赁的模式。这种合作模式也为未来更多飞机租赁公司探讨多种合作模式如合资设立项目公司、资产转让等奠定了基础。

该项目模式不受最终承租客户和机型限制，通过承担当地资质较优的租赁公司风险，可有效降低业务开展的国别风险、航空公司的运营风险、航油价格变动风险等，因此只要当地租赁公司具备一定实力和经验，都可使用该项目模式，帮助客户获得融资。可推广到在租赁市场和飞机租赁具备一定经验的国家，如美国、欧洲、非洲、巴西以及中国，成为大型设备租赁、飞机租赁等业务的合作发展模式。

4. 项目收益

假设A320飞机购买价格为4500万美元，项目的主要商务要素假设如表3－12所示：

表3－12　空客A320之主要商务要素

假设：融资租赁交易主要条款	
飞机购买人	C公司在爱尔兰的项目公司
出租人	C公司在爱尔兰的项目公司
承租人	B公司在爱尔兰的项目公司
标的物	10架空客A320飞机
飞机购买价	4500万美元/架，合计不超过4.5亿美元
租赁期限	12年
融资额度	飞机购买价格的80%
币　种	美元
租赁利率	3M Libor上浮320bps
租金收取方式	期季、期末收取
保　险	最终承租人A将负责在整个租赁期内为飞机购买机身零配件保养险、战争险等
其他担保方式（如有）	B为爱尔兰的项目公司提供担保
适用法律	英国法

续表

假设:经营租赁交易主要条款	
出租人	B公司在爱尔兰的项目公司
承租人	A(俄罗斯的一家航空公司)
标的物	10架空客A320飞机
飞机购买价	4500万美元/架
租赁期限	12年
币　种	美元
租　金	月租金40万美元
租金收取方式	期季、期初收取
保　险	最终承租人A将负责在整个租赁期内为飞机购买机身零配件保养险、战争险等
其他担保方式(如有)	无
适用法律	英国法

根据上述两层交易情况的假设,C公司将要求B在爱尔兰的项目公司将租金收取账户质押给C在爱尔兰设立的项目公司,并在租赁期末优先划扣属于自己的融资租赁租金,剩余资金收益由B的项目公司所有。

对于C公司来说,其租金收取情况如表3-13所示(其中,假设3个月Libor为2.3%):

表3-13　C公司未来十年租金收取情况　　单位:美元

日　期	本　金	每期还本	每期利息	租　金
2019年1月1日	36,000,000			
2019年4月1日	35,375,000	625,000	495,000.00	1,120,000.00
2019年7月1日	34,750,000	625,000	491,810.76	1,116,810.76
2019年10月1日	34,125,000	625,000	488,430.56	1,113,430.56
2020年1月1日	33,500,000	625,000	479,645.83	1,104,645.83
2020年4月1日	32,875,000	625,000	465,743.06	1,090,743.06
2020年7月1日	32,250,000	625,000	457,053.82	1,082,053.82
2020年10月1日	31,625,000	625,000	453,291.67	1,078,291.67
2021年1月1日	31,000,000	625,000	444,506.94	1,069,506.94
2021年4月1日	30,375,000	625,000	426,250.00	1,051,250.00
2021年7月1日	29,750,000	625,000	422,296.88	1,047,296.88

续表

日　期	本　金	每期还本	每期利息	租　金
2021 年 10 月 1 日	29,125,000	625,000	418,152.78	1,043,152.78
2022 年 1 月 1 日	28,500,000	625,000	409,368.06	1,034,368.06
2022 年 4 月 1 日	27,875,000	625,000	391,875.00	1,016,875.00
2022 年 7 月 1 日	27,250,000	625,000	387,539.93	1,012,539.93
2022 年 10 月 1 日	26,625,000	625,000	383,013.89	1,008,013.89
2023 年 1 月 1 日	26,000,000	625,000	374,229.17	999,229.17
2023 年 4 月 1 日	25,375,000	625,000	357,500.00	982,500.00
2023 年 7 月 1 日	24,750,000	625,000	352,782.99	977,782.99
2023 年 10 月 1 日	24,125,000	625,000	347,875.00	972,875.00
2024 年 1 月 1 日	23,500,000	625,000	339,090.28	964,090.28
2024 年 4 月 1 日	22,875,000	625,000	326,715.28	951,715.28
2024 年 7 月 1 日	22,250,000	625,000	318,026.04	943,026.04
2024 年 10 月 1 日	21,625,000	625,000	312,736.11	937,736.11
2025 年 1 月 1 日	21,000,000	625,000	303,951.39	928,951.39
2025 年 4 月 1 日	20,375,000	625,000	288,750.00	913,750.00
2025 年 7 月 1 日	19,750,000	625,000	283,269.10	908,269.10
2025 年 10 月 1 日	19,125,000	625,000	277,597.22	902,597.22
2026 年 1 月 1 日	18,500,000	625,000	268,812.50	893,812.50
2026 年 4 月 1 日	17,875,000	625,000	254,375.00	879,375.00
2026 年 7 月 1 日	17,250,000	625,000	248,512.15	873,512.15
2026 年 10 月 1 日	16,625,000	625,000	242,458.33	867,458.33
2027 年 1 月 1 日	16,000,000	625,000	233,673.61	858,673.61
2027 年 4 月 1 日	15,375,000	625,000	220,000.00	845,000.00
2027 年 7 月 1 日	14,750,000	625,000	213,755.21	838,755.21
2027 年 10 月 1 日	14,125,000	625,000	207,319.44	832,319.44
2028 年 1 月 1 日	13,500,000	625,000	198,534.72	823,534.72
2028 年 4 月 1 日	12,875,000	625,000	187,687.50	812,687.50
2028 年 7 月 1 日	12,250,000	625,000	178,998.26	803,998.26
2028 年 10 月 1 日	11,625,000	625,000	172,180.56	797,180.56
2029 年 1 月 1 日	11,000,000	625,000	163,395.83	788,395.83
2029 年 4 月 1 日	10,375,000	625,000	151,250.00	776,250.00

续表

日 期	本 金	每期还本	每期利息	租 金
2029年7月1日	9,750,000	625,000	144,241.32	769,241.32
2029年10月1日	9,125,000	625,000	137,041.67	762,041.67
2030年1月1日	8,500,000	625,000	128,256.94	753,256.94
2030年4月1日	7,875,000	625,000	116,875.00	741,875.00
2030年7月1日	7,250,000	625,000	109,484.38	734,484.38
2030年10月1日	6,625,000	625,000	101,902.78	726,902.78
2031年1月1日	6,000,000	625,000	93,118.06	718,118.06

由表3－13可见，只要C公司的融资综合成本加上律师费、项目公司设立和运营维护费用、税务师聘请等杂费的最终成本只要低于3个月Libor上浮320bps，该项目就是盈利的。此外，由于期初剩余本金只有购机价格4500万美元的80%，即3600万美元，可以说最坏的情况下A公司或者B公司违约，C公司可以以低于市场价值的20%的价格拿回一架通用性、保值性较好的窄体飞机，是一个相对不错的交易。

从表3－13可见，C公司每期收取的租金为等额本金法，随着租期的经过，B公司向其支付的本金和利息逐渐减少，自己能留存的收益逐渐增多。而B从A公司每期能收到120万美元租金，在交易结构设计之初通过留尾款的方式，保证经营租赁项下的租金能完全覆盖融资租赁项下的租金。

对于B公司来说，不考虑第一层融资租赁时，整个项目现金流和收益情况如表3－14所示（其中第一期现金流仅考虑了购机价格的对外支付和第一期租金收入，未考虑其他费用）：

表3－14 B公司整个项目现金流和收益状况 单位：美元

日 期	租 金	现金流
2019年1月1日	1,200,000	－43,800,000
2019年4月1日	1,200,000	1,200,000
2019年7月1日	1,200,000	1,200,000
2019年10月1日	1,200,000	1,200,000
2020年1月1日	1,200,000	1,200,000

续表

日　期	租　金	现金流
2020 年 4 月 1 日	1,200,000	1,200,000
2020 年 7 月 1 日	1,200,000	1,200,000
2020 年 10 月 1 日	1,200,000	1,200,000
2021 年 1 月 1 日	1,200,000	1,200,000
2021 年 4 月 1 日	1,200,000	1,200,000
2021 年 7 月 1 日	1,200,000	1,200,000
2021 年 10 月 1 日	1,200,000	1,200,000
2022 年 1 月 1 日	1,200,000	1,200,000
2022 年 4 月 1 日	1,200,000	1,200,000
2022 年 7 月 1 日	1,200,000	1,200,000
2022 年 10 月 1 日	1,200,000	1,200,000
2023 年 1 月 1 日	1,200,000	1,200,000
2023 年 4 月 1 日	1,200,000	1,200,000
2023 年 7 月 1 日	1,200,000	1,200,000
2023 年 10 月 1 日	1,200,000	1,200,000
2024 年 1 月 1 日	1,200,000	1,200,000
2024 年 4 月 1 日	1,200,000	1,200,000
2024 年 7 月 1 日	1,200,000	1,200,000
2024 年 10 月 1 日	1,200,000	1,200,000
2025 年 1 月 1 日	1,200,000	1,200,000
2025 年 4 月 1 日	1,200,000	1,200,000
2025 年 7 月 1 日	1,200,000	1,200,000
2025 年 10 月 1 日	1,200,000	1,200,000
2026 年 1 月 1 日	1,200,000	1,200,000
2026 年 4 月 1 日	1,200,000	1,200,000
2026 年 7 月 1 日	1,200,000	1,200,000
2026 年 10 月 1 日	1,200,000	1,200,000
2027 年 1 月 1 日	1,200,000	1,200,000
2027 年 4 月 1 日	1,200,000	1,200,000
2027 年 7 月 1 日	1,200,000	1,200,000
2027 年 10 月 1 日	1,200,000	1,200,000

续表

日　期	租　金	现金流
2028年1月1日	1,200,000	1,200,000
2028年4月1日	1,200,000	1,200,000
2028年7月1日	1,200,000	1,200,000
2028年10月1日	1,200,000	1,200,000
2029年1月1日	1,200,000	1,200,000
2029年4月1日	1,200,000	1,200,000
2029年7月1日	1,200,000	1,200,000
2029年10月1日	1,200,000	1,200,000
2030年1月1日	1,200,000	1,200,000
2030年4月1日	1,200,000	1,200,000
2030年7月1日	1,200,000	1,200,000
2030年10月1日	1,200,000	1,200,000
2031年1月1日	20,000,000	20,000,000

由表3－14的测算可见,在经营租赁端,不考虑第一层融资租赁时,对于B公司来说,从A公司收取的租金在整个租赁期间的内涵收益率为8.38%。即如果仅有一家租赁公司在取得该业务时,只要加权资金成本低于8.38%,该项目即可盈利,假设自有资金成本为7%,比例为30%,银行贷款资金成本为8%,比例为70%,那么加权资金成本为7.7%。但是必须考虑的是,B在该项目中类似于夹层贷或次级贷的作用,飞机的所有权并不在其手中,所以无法以飞机抵押贷款方式获取银行资金。这类结构适用于B有较充足的美元资金情况。而C可以将飞机抵押给银行,获取70%～90%的飞机评估值贷款,从而能够以较少的自有资金撬动一定比例的杠杆。

但在该项目中,B并未在租赁初始阶段支付4500万美元,而是支付了900万美元。所以,对于B来说,其内含收益率应考虑的是每期租金的差,期初支付的900万美元,以及期末应付给C公司的尾款和飞机的市场估值,所以,综合来看,B公司整个租赁期内的收益率可达14.37%,具体如表3－15所示。

表3-15　B公司在整个租赁期内收益状况　单位:美元

日　期	经营租赁租金	融资租赁租金	B公司现金流
2019年1月1日	1,200,000		-7,800,000
2019年4月1日	1,200,000	1,120,000.00	80,000
2019年7月1日	1,200,000	1,116,810.76	83,189
2019年10月1日	1,200,000	1,113,430.56	86,569
2020年1月1日	1,200,000	1,104,645.83	95,354
2020年4月1日	1,200,000	1,090,743.06	109,257
2020年7月1日	1,200,000	1,082,053.82	117,946
2020年10月1日	1,200,000	1,078,291.67	121,708
2021年1月1日	1,200,000	1,069,506.94	130,493
2021年4月1日	1,200,000	1,051,250.00	148,750
2021年7月1日	1,200,000	1,047,296.88	152,703
2021年10月1日	1,200,000	1,043,152.78	156,847
2022年1月1日	1,200,000	1,034,368.06	165,632
2022年4月1日	1,200,000	1,016,875.00	183,125
2022年7月1日	1,200,000	1,012,539.93	187,460
2022年10月1日	1,200,000	1,008,013.89	191,986
2023年1月1日	1,200,000	999,229.17	200,771
2023年4月1日	1,200,000	982,500.00	217,500
2023年7月1日	1,200,000	977,782.99	222,217
2023年10月1日	1,200,000	972,875.00	227,125
2024年1月1日	1,200,000	964,090.28	235,910
2024年4月1日	1,200,000	951,715.28	248,285
2024年7月1日	1,200,000	943,026.04	256,974
2024年10月1日	1,200,000	937,736.11	262,264
2025年1月1日	1,200,000	928,951.39	271,049
2025年4月1日	1,200,000	913,750.00	286,250
2025年7月1日	1,200,000	908,269.10	291,731
2025年10月1日	1,200,000	902,597.22	297,403
2026年1月1日	1,200,000	893,812.50	306,188

续表

日 期	经营租赁租金	融资租赁租金	B公司现金流
2026年4月1日	1,200,000	879,375.00	320,625
2026年7月1日	1,200,000	873,512.15	326,488
2026年10月1日	1,200,000	867,458.33	332,542
2027年1月1日	1,200,000	858,673.61	341,326
2027年4月1日	1,200,000	845,000.00	355,000
2027年7月1日	1,200,000	838,755.21	361,245
2027年10月1日	1,200,000	832,319.44	367,681
2028年1月1日	1,200,000	823,534.72	376,465
2028年4月1日	1,200,000	812,687.50	387,313
2028年7月1日	1,200,000	803,998.26	396,002
2028年10月1日	1,200,000	797,180.56	402,819
2029年1月1日	1,200,000	788,395.83	411,604
2029年4月1日	1,200,000	776,250.00	423,750
2029年7月1日	1,200,000	769,241.32	430,759
2029年10月1日	1,200,000	762,041.67	437,958
2030年1月1日	1,200,000	753,256.94	446,743
2030年4月1日	1,200,000	741,875.00	458,125
2030年7月1日	1,200,000	734,484.38	465,516
2030年10月1日	1,200,000	726,902.78	473,097
2031年1月1日	20,000,000	718,118.06	13,281,882

5. 其他重要要素

对于一个源自航空公司订单的新飞机，如何科学评估期初的购机价格，如何科学假设十几年租赁期末的飞机价值，成为影响一个项目收益率的重要因素。对于成熟的租赁公司来说，一般有较为成型的计算模型，同时辅助资产交易团队、技术团队对于飞机未来价值的判断，综合确定，这块属于各家租赁公司的核心商业机密和主要竞争力。

飞机的价值及未来价值走向，有两方面的决定因素：一方面是飞机本身的因素，包括飞机的机龄、技术情况、燃油效率等，另一方面飞机价值还受外部因素影响，包括市场的供需关系、燃油价格情况等。上述两方面因素决定了飞机的价值。对于在运营中的飞机其价值确定更复杂，飞机的运营、维护情况、维修记录等也会影响飞机的价格。

(1)维修储备金

对于处在租赁期间的飞机来说,其价值还受到所附带的租约的现金价值影响,如果租金较高,在整个租赁期间租金贴现现值较大,那么相对于较低租金的飞机来说,其附带的租约价值就较高。如果飞机交付给航空公司运营,附带每月向航空公司收取现金形式的维修储备金,这对于租赁公司来说是一笔真实的现金流流入,虽然在特定的时期如 C 检、D 检等时候需要根据航空公司提供的发票将维修费用支付给航空公司,但每月产生的维修储备金现金流将对项目收益率产生较大的影响,附带现金维修储备金的项目在同等条件下,飞机价格优于无现金维修储备金或提供信用证维修储备金的飞机。表 3 - 16 为一架飞机在租赁期间维修储备金支付情况的计算基础:

表 3 - 16　飞机在租赁期间维修储备金支付情况

Flight Hours to Cycle ratio	0 Derate	5% Derate	10% Derate
0.4	1.87	1.62	1.42
0.6	1.53	1.35	1.20
0.8	1.40	1.22	1.05
1	1.27	1.12	1.00
1.1	1.20	1.07	0.95
1.2	1.14	1.01	0.91
1.4	1.07	0.96	0.86
1.6	1.02	0.91	0.83

根据上述飞行小时与循环比,结合航空公司历年的飞机利用情况,可以得出较为笼统的维修储备金应支付情况。以一架支线飞机为例,需要支付维修储备金的主要部分,金额部分以小时费率、小时循环等基本数据得出,如表 3 - 17 所示。

表 3 - 17　支线飞机需要支付维修储备金的主要部分　　单位:美元

C-CHECK	122,003.5
Major Calendar check	28,410.902
Major Structural check	32,083.76
propeller(both sides)	48,236.09186
engines HSI(per engine)midlife	332,189.008

续表

engines HSI(per engine) midlife	649, 193. 4816
engine life limited parts stack replacement(per engine)	237, 224. 6768
MLG Overhaul	17, 617. 52199
NLG Overhaul	12, 757. 78224
APU Overhaul	47, 351. 50333
Total	1, 527, 068. 228

(2)飞机估值

对于同一架飞机来说,如果构型不同,一个是租赁给廉价航空公司运营,客舱布局为单舱布局,另一架为全服务航空公司运营,此外廉价航空公司飞机日飞行利用率高于全服务航空日利用率,从这些角度来看,对于飞机的运营维护、客舱布局选择等方面来评估,全服务航空公司运营的飞机价值应高于廉价航空的飞机价值。

从实践来看,目前行业内存在几家知名度较高的飞机评估机构,包括航升ASCEND(航升)、AVITAS、AVAC、IBA等,对于公务机来说,评估机构还可以选择Aircraft bluebook Price Digest。在查询商用飞机估值时,上述几家机构的产品,均支持较多机型的价值查询,还可以将飞机的发动机型号、推力、最大起飞重量进行具体化,从而得出更为精确的当前市场价值、未来20年的市场估值,同时也可以查询具体飞机MSN号(在运营中的飞机)的目前市场价值和未来价值走向。表3-18为AVAC可提供的估值选择,包括中、低、高三种价格类型供参考。

表3-18 可提供中、低、高三种价格类型选择的AVAC

MODEL	A320neo	MTOW	172000		AIRCRAFT RATING				
VARIANT	-200	SHARKLETS	78000		HALF TO FULL LFE-COST				
BUILD PERIOD	2015 -	ENGINE	CFM LEAP/ PW1100G		HALF TO FULL LIFE-VALUE				
YEAR	CMV	320neo	2017	2018	2019	2020	2021	2022	2023
2015	45. 93	MID	41. 86	39. 14	37. 69	35. 76	34. 13	32. 04	29. 29
LOW	43. 18	CON.	41. 16	37. 84	35. 73	33. 07	30. 82	28. 28	25. 33
HIGH	47. 77	%	91. 10	85. 20	82. 10	77. 90	74. 30	69. 80	63. 80

续表

L/R	369	L/R	320	314	314	316	312	296	273
LRF	0.80	LRF	0.76	0.80	0.83	0.88	0.91	0.92	0.93
		BEST	42.90	41.05	40.40	39.22	38.29	36.83	34.54
		CON.	42.19	39.69	38.29	36.27	34.58	32.51	29.87
		%	93.40	89.40	88.00	85.40	83.40	80.20	75.20
LR/H	479	L/R	377	375	380	385	384	369	346
LRFH	1.04	LRF	0.90	0.96	1.01	1.08	1.12	1.15	1.18
		WRST	34.80	30.80	28.20	25.36	22.92	20.31	17.47

表 3－19　Aircraft Values (US $ Millions)

Date		Base Value @0%	Base Value @2.0%	Market Value @2.0%	Soft Value @2.0%	Distress Value @2.0%	Hx Adj @2.0%	Hx Adj @ 2.0% BV@2.0%	Base Lease Rate@2.0%	Market Lease Rate
Aug.	2017	$48.32	$48.32	$48.32	$42.28	$36.24	$0.00	$48.32	$0.36	$0.37
Aug.	2018	$44.76	$45.65	$46.81	$40.96	$35.11	$1.90	$47.55	$0.36	N/A
Aug.	2019	$41.69	$43.37	$46.66	$40.83	$34.99	$3.88	$47.25	$0.35	N/A
Aug.	2020	$38.87	$41.25	$45.94	$40.20	$34.46	$5.94	$47.19	$0.34	N/A
Aug.	2021	$36.20	$39.18	$42.35	$37.06	$31.77	$8.07	$47.25	$0.33	N/A
Aug.	2022	$33.69	$37.19	$35.31	$30.90	$26.48	$8.24	$45.43	$0.32	N/A
Aug.	2023	$31.41	$35.38	$31.08	$27.20	$23.31	$8.40	$43.78	$0.31	N/A
Aug.	2024	$29.21	$33.55	$28.46	$24.90	$21.35	$8.57	$42.12	$0.30	N/A
Aug.	2025	$27.12	$31.7B	$27.92	$24.43	$20.94	$8.74	$40.52	$0.29	N/A
Aug.	2026	$24.91	$29.77	$29.77	$26.05	$22.33	$8.92	$38.69	$0.28	N/A
Aug.	2027	$22.83	$27.84	$30.09	$26.33	$22.57	$9.09	$36.93	$0.26	N/A
Aug.	2028	$20.90	$25.98	$29.14	$25.49	$21.85	$9.28	$35.26	$0.25	N/A
Aug.	2029	$19.12	$24.25	$26.70	$23.36	$20.02	$9.46	$33.71	$0.24	N/A
Aug.	2030	$17.47	$22.60	$21.68	$18.97	$16.26	$9.65	$32.25	$0.23	N/A
Aug.	2031	$15.93	$21.03	$17.83	$15.61	$13.38	$9.84	$30.87	$0.22	N/A
Aug.	2032	$14.51	$19.53	$16.57	$14.50	$12.42	$ 10.04	$29.57	$0.21	N/A

对于未来飞机价值走向的评估，几家评估机构有不同的假设条件，如未来20年的通货膨胀率假设，通常可以选择1.5%、2%或2.5%，根据各个租赁公司对于未来不同的宏观经济形势判断而有不同的选择。如果在租赁合同中航空公司不提供维修储备金，仅在租赁期末进行维修补偿，可在租赁期间价值查询时选择半寿命情况；如有现金形式的维修储备金，则可以将此条件选择全寿命情况下的价值预测。以AVITAS为例，其估值考虑了维修储备金对于飞机价值的影响。

此外，价值评估包括几类价值：一是飞机的基准价值（Base Value），即完全不考虑供需关系、技术情况、市场情况对飞机价格的影响，单纯估算一个飞机或机型的未来价值走向；二是半寿命的市场/基准价值（Half life market/base value），即不考虑维修储备金对于飞机价值的影响时，飞机的市场/基准价值；三是全寿命的市场/基准价值（Full life market/base value），即将飞机放在全寿命价值条件下，考虑维修储备金对于飞机达到一定技术状态下的价值预测；四是疲软情况下的市场/基准价值（Soft market/base value），即假设未来宏观经济在非正常情况下的价值走向。

以航升提供的估值为例，包含以下内容，如表3-20所示。

表3-20　Sustained Inflation Rate Assumption：2.5 % p.a

（未来通货膨胀率假设：2.5%/年）

	Half Life Base Values（半寿基准价值）		Half Life Soft Market Values（半寿疲软市场价值）		Full Life Base Values（全寿基准价值）		Full Life Soft Market Values（全寿疲软市场价值）		Monthly Base Lease Rate（月基准租金率）
Year（年份）	Constant（正常情况下）	Inflated（通胀情况下）	Constant（正常情况下）	Inflated（通胀情况下）	Constant（正常情况下）	Inflated（通胀情况下）	Constant（正常情况下）	Inflated（通胀情况下）	Nominal（名义租金率）
2016	44.34	44.34	33.08	33.08	46.08	46.08	34.39	34.39	0.359
2017	40.22	41.24	29.99	30.75	43.74	44.85	32.63	33.46	0.333
2018	36.45	38.33	27.16	28.57	41.78	43.93	31.16	32.77	0.309
2019	33	35.59	24.58	26.52	40.18	43.32	29.96	32.32	0.287
2020	29.86	33.04	22.22	24.6	37.12	41.04	27.66	30.6	0.266
2021	27.01	30.65	20.08	22.81	34.33	38.93	25.57	29.02	0.246
2022	24.41	28.42	18.13	21.14	31.81	36.99	23.68	27.56	0.228
2023	22.05	26.34	16.36	19.58	29.52	35.21	21.97	26.23	0.211
2024	19.91	24.41	14.76	18.13	27.46	33.59	20.42	25.02	0.195

续表

Year（年份）	Half Life Base Values（半寿基准价值）		Half Life Soft Market Values（半寿疲软市场价值）		Full Life Base Values（全寿基准价值）		Full Life Soft Market Values（全寿疲软市场价值）		Monthly Base Lease Rate（月基准租金率）
	Constant（正常情况下）	Inflated（通胀情况下）	Constant（正常情况下）	Inflated（通胀情况下）	Constant（正常情况下）	Inflated（通胀情况下）	Constant（正常情况下）	Inflated（通胀情况下）	Nominal（名义租金率）
2025	17. 97	22. 62	13. 3	16. 79	25. 59	32. 12	19. 02	23. 91	0. 181
2026	16. 22	20. 96	11. 99	15. 54	23. 92	30. 79	17. 76	22. 92	0. 167
2027	14. 63	19. 42	10. 8	14. 39	22. 41	29. 6	16. 63	22. 02	0. 155
2028	13. 21	18	9. 73	13. 33	21. 06	28. 54	15. 62	21. 23	0. 143
2029	11. 92	16. 7	8. 77	12. 35	19. 86	27. 6	14. 72	20. 53	0. 132
2030	10. 77	15. 5	7. 9	11. 45	18. 78	26. 79	13. 91	19. 91	0. 122
2031	9. 73	14. 4	7. 12	10. 63	17. 82	26. 08	13. 19	19. 39	0. 112
2032	8. 8	13. 4	6. 42	9. 88	16. 97	25. 49	12. 55	18. 94	0. 104
2033	7. 96	12. 48	5. 8	9. 19	16. 22	24. 99	11. 99	18. 57	0. 096
2034	7. 22	11. 65	5. 24	8. 56	15. 56	24. 6	11. 49	18. 28	0. 088
2035	6. 56	10. 9	4. 74	8	14. 98	24. 3	11. 06	18. 05	0. 081
2036	5. 96	10. 22	4. 3	7. 49	14. 47	24. 09	10. 68	17. 89	0. 075
2037	5. 44	9. 61	3. 9	7. 03	14. 03	23. 96	10. 35	17. 8	0. 069
2038	4. 97	9. 06	3. 55	6. 62	13. 64	23. 91	10. 06	17. 76	0. 064
2039	4. 55	8. 57	3. 24	6. 25	13. 31	23. 94	9. 81	17. 78	0. 059
2040	4. 18	8. 13	2. 96	5. 92	13. 03	24. 05	9. 6	17. 86	0. 054

此外，还有独立评估机构对单独的机型提供季度报告，里面涵盖在一个季度内，该机型的市场变动情况、价值变动情况、市场订单和封存情况、成交的租赁情况、飞机退出情况、全球的区域分布情况、运营该飞机的主要运营商和租赁商等，并对该机型提供短期和长期的市场预测。

对于几家评估机构的不同种类估值的选择上，飞机租赁公司依据特定飞机的技术状态、市场供需情况、发动机型号等以科学分析为基础，选择不同的估值方式，从而使飞机价值的选择更具参考性。同时，几家评估机构对于飞机价值的预测是不同的，有的偏保守，有的偏激进，所以一般实践中，会选择几家评估机构的估值做平均值，综合进行考虑。

上述估值机构的选择主要从租赁公司的角度,从金融角度对于其商务决策和收益测算等做参考依据。对于航空公司来说,上述几家估值机构提供的服务对于其机队更新提供了决策依据。

这几家估值机构的在北京或香港均有办事处,估值的购买方式有购买次数(ASCEND)、按年不限次数购买(AVITAS、AVAC 等)等方式。上述几家服务机构不仅提供飞机估值相关服务,通常还能提供航空相关的专业新闻、数据、分析及咨询服务等,服务购买方有飞机租赁公司、航空公司、资产管理公司等。

除了飞机价值服务,随着中国租赁公司的业务走向国际,在准入调查和尽职调查阶段需要对不同国家和地区的航空公司进行详细的调查,对于从事航空运输业的航空公司来说,其机队信息尤为重要,包括机队规模、机龄、机型、飞机引进计划和安排、飞机引进的具体方式、飞机所属的融资机构和租赁机构等情况,这对于正确分析和判断航空公司的经营情况非常重要。此外,航空公司的股东背景、经营情况、盈利情况等财务信息也是作出正确商务决策的重要信息。

对于一些上市的航空公司来说,因为有信息披露的相关要求,其财务报表、股权结构、公司沿革、管理层信息等都可以从公司网站的投资者关系中获取,或者可以从上市公司监管机构的相关网站上获取。但对于绝大部分未上市的航空公司来说,这些信息一般很难从公开渠道获得,而且准确性也有待考证。所以在实践中,对于拟新进入的市场区域和航空公司,飞机租赁公司一般都向专业的数据提供方购买相关服务。

除了航空公司方面的信息,对于同业飞机租赁公司近期开展业务的情况、资产交易进行中的信息、订单数量、平均机龄等情况也是飞机租赁决策的一个重要外部依据。

上述这些信息购买渠道包括彭博(bloomberg)、航升的机队信息查询、AirFinance 等机构提供相关的数据服务,可以帮助了解飞机全寿命周期内的重大交易事件、市场动态、航空公司机队的发展情况、参与交易的机构情况,飞机租赁公司可以根据需求进行购买。

在飞机租赁行业中,行业信息来源渠道重要性日益凸显,不仅包括同业的信息,也包括航空公司的订单、资金需求、机位需求等。在实际业务营销过程中,为保证及时获取飞机租赁市场动态、同业动态、客户动态、二手飞机和发动机相关技术发展和分析等情况,飞机租赁公司会购买专业的航空信息咨询,这类专业咨询目前有航空租赁杂志(Airfinance Journal)的新闻和交易追踪板块服务(News and Deal tracker)和 Aircraft Commerce 两家杂志。其中 AirFinance Journal 为欧洲货币(Euromoney)的专业产品,数据可靠性强、来源广泛,有专门的团队在全球范围内追踪获取飞机租赁的行业新闻。此服务可每天推送关于机型、航空公司、租赁公司、融资机构等最新的新闻和交易详情,可以使飞机租赁公司及时了解行业动态的同时,也能寻找到新的投资机会。

Aircraft Commerce 杂志在技术方面能提供较为全面的主流机型的运行和维修费用等,对于存量飞机的资产交易或订单的投放时技术谈判的要点和难点,租期结束时退租、交易等环节技术处理建议等有较为全面的介绍。

三、境外经营租赁

在飞机租赁市场上,如果飞机是由航空公司订购或正在运营的,先将飞机销售给租赁公司,再从租赁公司手中租赁使用的,实践中称为售后回租(Sale Lease Back,SLB);如果飞机由租赁公司直接从制造商处或航空公司处购买,并租给其他航空公司运营使用的,一般称为直租(direct lease)。在此基础上,根据融资租赁与经营租赁的会计划分,可以将租赁业务切分成四种,即融资租赁直租业务、融资租赁售后回租业务、经营租赁直租业务和经营租赁售后回租业务。航空公司根据不同的机队规划、财务管理要求等,选择不同的融资方式。

(一)境外经营租赁——直租

租赁公司通过向制造商采购新飞机或从其他渠道采购新飞机或二手飞机,然后根据客户的个性化需求生产飞机并交付其运营的,就是飞机租赁领域的直租业务。目前航空租赁市场上排名前 20 的租赁公司绝大部分手握大批量的新飞机订单,如 GECAS、Avolon 等,境内的租赁公司如工银租赁、国银租赁、招银租赁、交银租赁、光大租赁等从公开渠道均可以查询到订单,国内租赁公司订单主要集中在流通性、保值性更好的窄体机,境外的老牌租赁公司依托其强大的营销网络和技术能力,对于一些技术革新性的宽体机也有部分订单,如 A350XWB、B787 等。

在一般的经营租赁直租业务中,租赁公司需要具备较强的技术实力。以波音空客的飞机为例,在飞机批量采购订单签订以后,需要根据合同约定按进度支付飞机的预付款。通常预付款所付资金约占飞机总价款的 50% 左右,从国内外汇管理制度角度来看,这对租赁公司的美元融资能力、外债指标等都是一个不小的挑战。同时,在飞机采购完成后,还需要启动发动机采购,在飞机临交付前的 2 年开始,飞机座椅选购、航电系统选购、厨房、盥洗室等重要部件的采购工作。这都需要有强大的资产管理系统进行管理、付款,并有较强实力的技术团队对飞机构型、选型进行有经验的管理，尤其在承租人并未最终确认的情况下，如何确定飞机构型这依赖于对市场的总体把握。

1. 意向书（letter of intent）

假设德国有一家航空公司，需要 2019 年的空客 A320neo 飞机，但自己本身没有机位，通过公开招标的方式向租赁公司发出标书，要求租赁公司自带机位，并提供 12 年的经营租赁方案。

一般在报价书中会包含如下重要部分：

（1）机位信息（aircraft）

需要提供大致符合承租人要求的机型、机龄、发动机参数、最大起飞重量、交付日期等。

（2）租金和租金率（rental/lease rate）

在直租情况下的经营租赁业务中，租赁公司无须将飞机价格披露给航空公司，根据自己的购机价格，并参考目前市场上的租金率，确定 1 个月租金（或季度租金）。如果距离飞机的交付日期还较远，如 1 年以上，在确定租金时可以选择浮动租金，即在目前租金的基础上，根据未来利率变动而进行相应的调整，一般会以当前 libor 或 swap 为标尺，与确定的一个交付时点的最终值进行比较，最终确认租金价格。这两类均成为固定租金。

如租赁公司给出的租金报价在整个租赁期间都采取参考 libor 或 swap 的值与一个标尺值进行比较，来确定每期租金的话，这类成为浮动租金。浮动租金与固定租金相比，考虑了整个租赁期内的利率变动因素，如果飞机租赁公司没有将飞机长期贷款进行利率锁定的话，可以使租赁公司避免利率波动风险。

但并不是所有的业务都需要通过浮动租金来操作，避免利率变动风险的另一面就是无法享受利率下行带来的额外收益。所以，对于租赁公司的融资部门来说，如何管理长期负债敞口是一个需要科学计算和预测的问题。简单来说，在一定时期内，在利率上行周期内，将固定租金匹配购买融资掉期产品，或者浮动租金匹配浮动的银行贷款，是较为稳妥的方式。在利率下行周期内，可以部分将固定租金匹配浮动银行贷款，是一种盈利方式。

但对于飞机租赁公司来说，从融资端获取超额利润，并不是其盈利的重点，如何做好成本管理以及资产价值管理是应当“两手都要抓、两手都要硬”的选择。

（3）租期（lease term）

对租赁公司来说，在承租人资质较好的情况下，新飞机第一租期时间越长，越能尽快收回投资款。飞机到第二租期，能获取的租金具备更多的不确定性和风险。通常,新飞机的租赁期间在 8 ~ 12 年之间。国际上也有些航空公司从飞机维修、定检、燃油效率等方面考虑,新飞机只租 6 年,而且到期不选择续租,选择完成定检退租。这对航空公司来说,选择安全可靠性较高的新飞机,其运营维护费用较低、可控,同时 6 年飞机定检大修的费用也是可控的,飞机较容易顺利退租,以这种思路来严格控制成本,以成本拼市场。

(4)保证金(security deposit)

对于经营租赁的直租业务,保证金条款通常较为严格。一般来说,根据客户资质约定 3 ~ 6 个月租金的现金保证金或信用证,且通常选择两到三次来兑现。第一次通常在双方签署意向书之后,支付一期的保证金或信用证,第二次通常在租赁合同签署后支付,第三次通常在飞机交付日当天或之前兑现。

尤其是直租业务,选择现金比其他形式更安全。飞机租赁公司通常在意向书签署后,会根据与航空公司的约定,将飞机构型的具体信息发给制造商,并购买客户选装设备(BFE),由制造商进行座椅、厨房等所有选装设备的安装,以保证飞机按时、按要求交付给客户运营。通常购买的客户选装设备并不是全球航空公司通用的,仅为客户的个性化定制,这需要航空公司支付一定的保证金,保证履行未来的租赁义务。

如果选择信用证方式作为保证金,通常双方会进一步在合同中约定出具信用证银行的一些资质,如穆迪(Moody)、标普(Standard & Poor)或惠誉(Fitch)的一些较好的评级,以确定银行出具的信用证能在客户违约或其他需要兑现时能顺利兑现。

此外,租赁公司和航空公司有时也会约定保证金的置换,如客户履约情况良好,无违约或其他情形时,双方可约定在一定时期后可将现金置换成出租方认可的信用证。由于信用证通常占用航空公司在银行的授信额度,有时也可约定航空公司可以将信用证替换为现金形式的保证金。

通常现金形式的保证金,租赁公司在收到之后可以和自有其他资金混合使用,并在租赁期间无须支付利息,只需要在租赁期结束后,承租人无任何违约事项后退回即可。

(5)维修储备金(maintaince reserve)

飞机从租赁公司交付给航空公司运营后,一般约定由航空公司负责飞机的运营、维护、保养等义务。飞机在运行过程中,会产生损伤和部件的损耗,需要定期对飞机进行检查和维修。飞机的定期检查和维修通常金额较为巨大,尤其是发动机的维修。这部分费用由航空公司承担,租赁公司在评估航空公司资质时,如果资质存在较大的破产、停厂风险时，会额外要求航空公司每月按照飞机使用小时数乘以一定的费率，来向租赁公司按月支付现金形式的维修储备金。通常重要部件如机身、发动机、APU、起落架等都有不同的小时费率。

小时费率的确定通常根据飞机定检维修的费用倒推得出，每年制造商也会公布不同区域的机身、发动机、APU、起落架等部件的维修成本费率。通常维修费率与几个因素相关，一是维修本身的费用，即纯粹维修的费用，二是人力成本，不同区域的劳工成本不同，所以位于不同区域的维修费用也不同，三是航空公司的资质，如果航空公司的资质较差，那么租赁公司倾向于提高该费率，以防止在租赁期间航空公司违约时能利用手中的维修储备金，将飞机恢复到一定的技术状态，如果租赁公司资质较好，信用风险可控，通常议价能力较强，会争取到较低的费率或不支付现金形式的维修储备金。

目前国内航空公司由于数量有限、批筹难度较大，股东背景较好，通常国航、东航、南航系的航空公司一般不向租赁公司支付维修储备金，而选择在租赁期末根据合同约定将飞机恢复到约定的技术状态。但对于民营股东背景或规模较小的航空公司来说，租赁公司还是会选择收取一定的维修储备金。

(6)保险条款(insurance)

一般在意向书中约定，承租人将负责在租赁期内给飞机投保，在租赁存续期间投保机身及零备件一切险，机身免赔额保险，航空承运人综合责任险以及飞机机身及零备件战争险，以出租人作为受益人和附加被保险人。如果飞机抵押给银行的话，银行也将作为受益人被加进保单中。

通常在合同中将约定期初的保额，一般为飞机价值的110%以上，同时在每年的年初进行一定比例的递减，递减比例在3% ~4%之间。航空公司通常会将本架飞机加入公司整体机队保单中，由保险公司出具一张保单，此外，飞机保险一般均有保险公司将保单拿到伦敦在保险市场进行分保。在中国市场上，除海航机队以外的所有机队均在航联保险经纪有限公司(以下简称航联)投保，由航联去境外市场再保，海航的机队由扬子江保险经济有限公司投保并再保。保单原则上都是在到期前即向航空公司索要新一年度的保单，以确保飞机在租赁期内均有保险的保障。

同时，保险条款里还有免赔额部分，针对机型的不同、购机金额的多少来确定免赔额。

(7)退租条款(return condition)

近年来，随着以租赁方式引进的飞机数量逐渐增多，航空公司与租赁公司之间的合作和发生的退租也越来越多，对于如何规避一些风险，包括退租环节的风险等,航空公司的认识和把握逐步提高。所以近年来,在中国的飞机租赁市场中,如航空公司确定了以经营租赁方式引进飞机,在对外公开发出招标书时,航空公司就规定了较为详细的退租要求和条款。这对租赁公司来说,是不小的挑战,一方面如过于突破招标文件中的要求条款,则面临投标失败的风险,另一方面如果完全按照航空公司的要求,则在退租环节将可能面临一定的损失。

即便如此,飞机租赁公司一般都会在既有的要求之上,作一定的变通,兼顾双方利益,并对一些重要条款和重要标准进行坚持。一般来说,技术条款主要内容包括以下方面。

①飞行器相关文件

一般来说,航空公司除了按照运营地所在国的要求运营维护飞机,并按照美国联邦航空条例 121. 380(FAA)或欧洲民航局(EASA)等要求维护飞机,提供飞机运行的所有文件(包括技术记录本)。

②机身条款

在退租时,C 检或者同等检查将会遵照维修计划文件(maintanence program document)的最新版完成,并包含未来 18 个月内到期的项目全部完成。同时出于飞机过度磨损的考虑,承租人应尽可能减少演示飞行或调机飞行的小时数,使飞机执行正常航线安排。

③发动机条款(以波音或空客的经典窄体机为例)

对于退租时,每台发动机应满足一些最低的退租条件:

距离下一次返厂送修,至少剩余飞行小时或飞行循环(不同的发动机型号有不同的要求);

不允许在任何一台发动机上使用 DER(工程委任代表)修理;

退租时,不允许有监控类项目遗留。

对于发动机的 LLP(时寿件)在退租时,距离下一次定期拆装和更换时将不少于 2000 次(以波音或空客的窄体机为例)循环的可用寿命剩余。

④起落架条款

起落架和轮舱将保持清洁,没有超过 AMM 飞机维护手册标准范围的渗漏。如有,将按需进行修理。

装机的起落架将保证距离维修方案和最新版本的维修计划文件中要求下次大修时间有至少 18 月的使用时间(先到为准)。

⑤辅助动力装置 APU 条款

APU(辅助动力装置)应遵照飞机维护手册进行维护并保证处于可用状态。

自最近一次返厂送修后,APU 的使用时间应不超过规定数量的 APU 小时。

⑥其他时寿件的条款

所有的其他时寿件(除发动机和 APU 的时寿件之外)距离下一次拆装应保证最少相应的飞行循环或飞行小时。

⑦AD(适航指令)费用分摊

适航指令费用分摊将依照规定的公式进行计算,通常适航费用门槛值是 × × 美元。

A =(租赁月数 - R)×(C - T)/租赁月数

A 等于出租人承担的费用

R 等于在适航指令或者强制要求发布之后租期剩余的月份数

C 等于承租人整合适航指令或者其他硬性要求的全部花费

T 等于上述定义的适航指令费用门槛值

(8)适用法律(governing law)

通常境外飞机租赁项目不管出租人和承租人所在的国家和地区,均以英国法为适用法律。

(9)process agent(传票代收人)

对于境外的飞机租赁业务来说,通常需要成出租人、承租人在租赁合同中提供己方的传票代收人,主要是未来发生法律纠纷时,由于适用法律为英国法,需要在英国找一家相应的机构代为接收法律文书。对于部分金融租赁公司,其母公司在境外有分行或其他分支机构的,可以内部协商请其他关联公司代为接收;对于没有境外分支机构的租赁公司,律所的海外办公室等可以提供类似服务,收费方面为几百英镑。

在交易中,可能传票代收人会被要求出具被指派为传票代收人的函件。一般会包括如下内容:

We should act as agent to receive and accept on behalf of Lessor/Lessee any process or other document relating to any proceedings in the Enligh courts which are connected with the lease.

We hereby irrevocably and unconditionally undertake that:

We accept our appointment as agent to receive and accept service at our registered office from time to time on behalf of the Lessor/Lessee of any process or other document relating to any proceedings in the Enligh courts which are connected with the lease;

We accept the appointment until we receive written notice from you that we are released from our undertaking contained in this Letter notwithstanding any contrary instructions from the Lessor/Lessee.

We shall inform you of any change of our registered office.

(二)主要结构

1. 基本结构

根据国内租赁公司的主要业务方式来看,如果承租人位于境外的话,通常用爱尔兰作为出租人将飞机租到相应的承租人所在国。这主要是基于税收优惠的选择。如果承租人所在国与爱尔兰签署了避免双重税收征收协议,则最常见的交易结构,如图3-8所示。

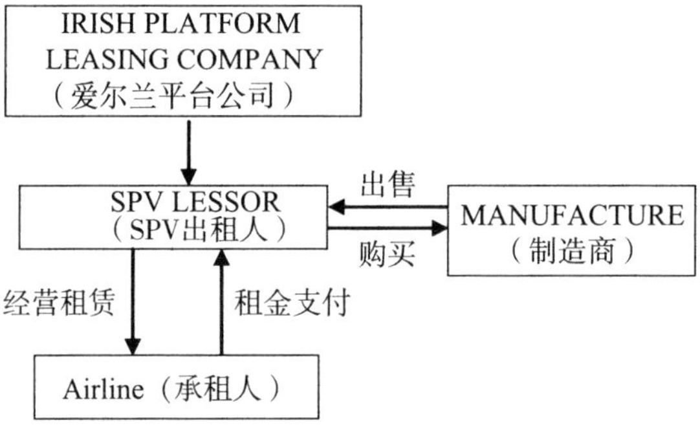

图3-8 在避免双重税征收条件下常见的交易流程

根据图3-8所示,首先由爱尔兰的公司根据项目不同需求设立特殊目的公司(SPV),由SPV作为出租人与航空公司签署租赁合同及相关文件。

飞机购买方面,国内租赁公司一般直接从制造商采购,制造商也更希望与资本金雄厚的公司签署购买协议,在飞机交付时将飞机购买的权益转让给项目公司(Purchase agreement assignment,PAA),由项目公司向制造商支付尾款或全部飞机价款。如果仅支付尾款,那么境内公司和境外项目公司之间仍存在一定的权利义务关系;如SPV选择全款购买飞机,则制造商需要国内租赁公司将已支付的预付款退还给国内租赁公司,或双方可协议安排作为其他飞机预付款。

航空公司根据合同的约定按一定频率向出租人支付租金,期末飞机按约定的技术状态退租给出租人或双方协议续租等安排。

2. 特殊结构安排

如果承租人为澳大利亚的航空公司,结构上一般需要到英国去设立项目公司，从而满足一定的条件，享受相应的税收优惠；如果承租人在印尼，一般则需要到法国去设立中转出租人，该中转出租人还须满足一定实体化要求，才能享受法国和爱尔兰之间的双边税收优惠；如果承租人在阿根廷，一般需要借道瑞典，完成结构设计，结构如图3－9所示。

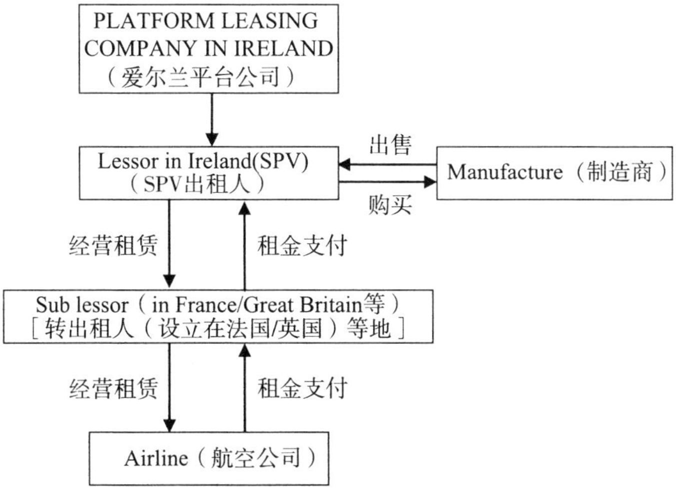

图3－9　特殊租赁结构

综上所述，除了由爱尔兰的出租人将飞机直接租给航空公司，还存在多种多样的租赁结构和方式，但是出发点都是基于税务的考虑，需要在结构设计中聘请专门的税务机构对税务风险进行尽调和设计。

一般来说，境外项目如果通过爱尔兰项目公司作为出租人，需要聘请爱尔兰税务律师就爱尔兰和承租人所在国的税务作尽调，如需要到第三国设计中转项目公司，则需要到中转所在国聘请税务机构参与结构设计。实践中，通常会聘请四大会计师事务所，由于他们在全球大部分地区有办公室和海外机构，一来能有效减少沟通成本、提高工作效率，二来在工作质量方面相对有保证。另外，爱尔兰飞机租赁税务团队通常配备可以讲中文的员工与中国区域进行沟通协调。

在飞机的注册方面，一般来说，飞机在哪个国家运营，便注册在航空公司所在国。实践中大部分国家对于飞机的所有人、实际承运人都会在注册文件中有所体现，但部分国家如南非，仅在文件上登记实际承运人，并不登记所有人。对于部分战争风险较高的国家，如俄罗斯，还允许飞机注册在百慕大，所以通常实践中，虽然由爱尔兰出租人租赁给俄罗斯的航空公司，飞机可以选择在俄罗斯注册，也可以选择在百慕大注册。

这样做的好处是,一旦发生承租人违约,飞机需要取回时,如果注册在俄罗斯,那么根据当地法律的规定可能飞机取回具备更多的要求、更长的流程,对出租人保护不利,相对于俄罗斯来说,百慕大作为一个第三国,其飞机取回的相关要求相对简单、流程更短,更有利于出租人及时获取飞机,以避免因飞机长期停厂引起的损耗和部件丢失等。

(三)境外飞机租赁中的税务考虑——以印度市场为例

印度作为航空市场连年保持两位数以上的增速,成为亚洲区增速最快的国家。同时印度作为东南亚国家,成为国内飞机租赁公司走出国门第一步的较好选择。一般的业务结构为租赁公司在爱尔兰设立项目公司,然后作为出租人将飞机租赁给印度的航空企业。根据爱尔兰和印度的双边税收优惠协定,在满足一定的税收前提下,印度航空公司可以以较优税率来支付租金。

在实践中,随着印度税局对于享受相关税收优惠的监管趋严,对于出租人的审查也越来越严格。在实践中,印度税局在一般要求出租人不是印度本国的常设机构,同时对于业务方面要求应符合印度与爱尔兰的双边税收协定,这点印度税局将通过爱尔兰出租人的相关材料来判断,一般通过公司证照、相关业务、人员安排等综合考量。

其中最主要的考量因素为爱尔兰的出租人是否为实体化的运作,是否是专门为了享受税收优惠而设立的公司。为了达到实体化运作,通常税务咨询机构建议提供一些证明文件,证明出租人不仅为了有印度的业务,最好还应有与其他国家航空公司开展的业务,同时还应有相应的员工、足够设备的办公室、商务安排由爱尔兰员工作出等,此外所有的合同文件应由爱尔兰人员签署、董事会决议在爱尔兰作出等非量化的证明。

近年来,印度对于反避税方面监管驱严,如果在事实上被认定为不符合相关优惠要求,航空公司所获得的印度所得税和预提所得税减免将被追缴。租赁公司在合同谈判中可以在税务条款加强谈判力度,确保该部分的税务风险。一般航空公司在飞机交付前要求出租人签署一项表格,以便在未来对外支付租金时免除印度当地所得税与预提所得税。相关表格简称 Form 10 表,具体如下:

FORM NO. 10F

[See sub-rule(1) of rule 21AB]

Information to be provided under sub-section(5) of section 90 or

sub-section(5) of section 90A of the Income-tax Act,1961

I .... * son/daughter of Shri................................ in the capacity of

…………………………………………………………(designation) do provide the following information, relevant to the previous year……………………………… * in my case/in the case of……………………………… for the purposes of sub-section (5) of * section 90/section 90A:—

Sl. No.	*Nature of information*:	*Details#*
(*i*)	Status (individual, company, firm etc.) of the assessee :	
(*ii*)	Permanent Account Number (PAN) of the assessee if allotted	
(*iii*)	Nationality (in the case of an individual) or Country or specified territory of incorporation or registration (in the case of others)	
(*iv*)	Assessee's tax identification number in the country or specified territory of residence and if there is no such number, then, a unique number on the basis of which the person is identified by the Government of the country or the specified territory of which the assessee claims to be a resident	
(*v*)	Period for which the residential status as mentioned in the certificate referred to in sub-section (4) of section 90 or sub-section (4) of section 90A is applicable	
(*vi*)	Address of the assessee in the country or territory outside India during the period for which the certificate, mentioned in (*v*) above, is applicable	

Ⅱ. I have obtained a certificate referred to in sub-section (4) of section 90 or sub-section (4) of section 90A from the Government of ……………………………… (name of country or specified territory outside India)

Signature: ………………………………………

Name: ………………………………………

Address: ………………………………………

Permanent Account Number: ………………………………………

(四)境外售后回租经营租赁

1. 项目基本情况

该公司订购了一批巴西航空工业生产的E195飞机，对于近期交付的飞机打算以经营租赁方式引进，一方面节约资金，另一方面由于巴西航空工业公司正在研制新一代的机型，为灵活调整机队构成，该航空公司决定以经营租赁方式引进飞机。

某航空公司在评估了该航空公司风险、机型风险、国别风险、税务风险后，与航空公司达成了以下的意向：

交易币种为美元，租期为12年。

飞机购买价为3410万美元/架（2018年1月价格），基础租金313，038美元/月（2018年1月价格），实际飞机交付价格将根据制造商的通胀调整系数（escalation）进行上调，假设目前该机型年通胀调整系数约为3%（具体应按照购买方与制造商签署的飞机采购协议确定），具体到交付月份和基准价格的实际月份进行调整，经价格浮涨调整后飞机价格将在3500万美元左右。

租金方面，将按照浮涨调整系数和交付前两个工作日的7年期美元掉期（主要是与银行段长期贷款相匹配，银行本金回收的期限为7年左右，并非与租期完全相同）利率确定（1.4%为假定利率）[调整公式为（FBLR）×E+（Swap rate-1.4）×Swap adjustment×100×E，其中，FBLR为基础租金313，038美元，每一个SWAP变动发生的调整假设为236美元]，即租金也会有相应的上调，租金利率保持不变。租金支付方式为按季、等额、期初支付。

租期内，航空公司以现金的形式向出租人支付每架飞机3个月的租金作为租赁保证金。如承租人成功上市或经营情况良好，并保持连续2年盈利，保证金可变更为2个月租金现金。在承租人根据完全履约的前提下，出租人将在租赁期届满的30天之内将保证金退还给航空公司。

航空公司还须根据每个月飞机的使用情况，在每个月次月10日向出租人支付维修保证金。

通过以上的项目方案可见，由于飞机为巴西航空公司生产，为规避汇率风险以及后续飞机的全球流通，出租人将提供的融资币种限定在美元上，并将期限设定在12年。

对于售后回租的经营租赁，飞机的销售价格至关重要，对于出租人来说，直接决定了项目的收益率，对于航空公司来说，一般由于批量采购，飞机价格具备一定的优势，加上预付款情况下的资金成本，总体飞机价格较为有吸引力。对于出租人来说，确定合理的飞机价格，以及准确把握飞机价格计算成本对于源头风险防控至关重要，对于第二租期的飞机处置也有好处。在该项目中，从制造商处获取的每年价格浮涨指数应得到制造商的书面确认，确保购机价格的合理性。

由于飞机价格浮涨，出租人为防止飞机价格上涨、租金率下降的风险，从而将租金与飞机价格涨幅挂钩，以规避飞机价格变化带来的风险；此外租金还与资本市场利率波动相关，利率的上浮和下调同样带来租金的上浮和下调，对于出租人来说，防范了利率风险。其中，基准租金的确定最为重要，各家租赁公司根据资金成本、项目的收益要求来确定基准租金。

同时，该项目鉴于承租人的特殊情况，也将保证金条款设置得较为多样，符合承租人的需求，也满足出租人的风险防范需求。

2. 项目具体情况分析

（1）资产方面

根据项目标的物，由于不是市场上流通性非常好的空客或波音的窄体飞机，但巴航工业和庞巴迪作为支线市场的两大生产商，其支线飞机在市场上也有较好的流通性。首先分析该资产情况，将飞机的发动机配置、客舱布局、市场情况等进行调查，确保飞机的具备较好的技术性。

关于飞机的权属方面，由于是仍在生产建造过程中的新飞机，按照行业惯例将在交付日由出租人购买飞机并交付给航空公司使用，所有权情况清晰、无瑕疵。

对于飞机价格方面，支线飞机也可以参照航升、AVITAS、AVAC 等第三方评估机构，与飞机的售后回租价格进行比较，确定购机价格是否合理。一般来说，评估机构的估值为全球平均机队价格，配置方面也取中间值进行比较，如果航空公司选装了一些设备，造成飞机价格上涨，也符合实际情况，但在最终飞机退租后，这些选装设备对于后续的第二租期承租人来说，可能并不符合需求，这需要出租人综合作出商业决策，来确定特殊选装设备的价值合理性。

除了确定期初的飞机购买价格，还要对租赁期末飞机的价格情况作科学预测，这对于经营租赁的收益率测算至关重要。通常对于波音、空客流通性好的飞机，对于评估机构给出的估值，可以作一定保守情况的下的折扣，如机型的技术情况、流通情况并不是特别好，则需要对期末的评估估值作出更保守的估计，如 20% 折扣。

保险方面，一般需要在合同中约定，由承租人投保足额的机身一切险、航空承运人综合责任险、飞机机身及零部件战争险。同时以出租人作为附加保险受益人，同时确定最大免赔额的上线，以及最小责任险的覆盖限额。

（2）交易结构

交易结构方面，由于爱尔兰和巴西两国之间签署双边税收优惠协定，所以可由爱尔兰的出租人将飞机直接租赁给巴西的航空公司。具体结构如下：

由飞机租赁公司在爱尔兰设立项目公司，作为飞机所有权人和出租人。

飞机购置和租赁方面，航空公司将其与巴航工业签署的购机权利转让给出租人，飞机交付日从制造商处获得飞机所有权，并将飞机以经营租赁方式回租给航空公司。

租赁期间，航空公司每期向出租人支付租金，母公司对承租人在合同项下责任提供担保；出租人将收取的租金用于偿还贷款本息，如图3－10所示。

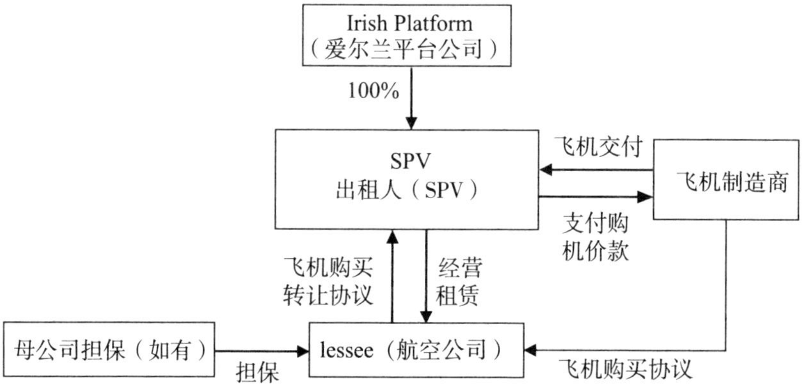

图3－10　租赁公司在租赁期间定期向出租人支付租金

对于上述结构的安排可见，除了航空公司自身的经营情况外，还提供了母公司的担保，此外还有现金形式的保证金、维修储备金，这对于项目本身都起到了风险缓释作用。

(3)项目收益方面

除融资成本外，影响项目收益的主要因素还有飞机购买价格、每期租金、期末残值处置收入等。

在新飞机的租赁项目中，飞机购置成本主要包括飞机基础价格、卖方选装设备(SCN)价格、买方购置设备(BFE)价格以及预付款利息等，这几大部分价格汇总在一起构成了飞机的最终价格。飞机买方购置设备(BFE)主要包括客舱座椅、客舱座椅安全带、厨房、厨房电气插件、应急定位发射机(ELT)、AOC软件、应急医疗箱(MEK)和急救包(FAK)、客舱地毯等。

一般来说，从制造商处采购的飞机，飞机价格将每年按照美国劳工部发布的通货膨胀指数进行调整，为了避免飞机价格上浮超出预期，通常对价格上调指数双方协商一个上限。

此外，制造商在不同区域和市场采取了不同的销售价格，同时飞机价格受采购数量的影响。这也是为什么在亚洲市场，出现了机队规模只有几十架，订单数量达几百架的情况。航空公司通过批量采购飞机，享受到较为优惠的购机价格，同时在飞机租赁市场上，以较高的价格将飞机售后回租给租赁公司，这也成为部分航空公司盈利的途径。

除了批量采购的价格优势，由于目前制造商市场被波音、空客两大巨头垄断，如何能获取较近时间的机位、如何能根据市场的变化及时扩充机队，占领市场,成为航空公司的考虑,租赁公司为了动态满足航空公司机位扩充、飞机替代的需求,也需要手里有一定的订单,从而使飞机租赁业务更多元化、更主动。

购机价格方面,项目中的飞机购买价格略高于三家评估机构的平均估值,主要是因为全舱座椅配置实时娱乐播放系统(LIVE TV),所以总体价格合理。

在目前大的市场背景下,受国际经济复苏乏力、欧债危机的影响,全球航空市场对新飞机需求放缓,加上前两年各大租赁公司投机性订单增加过快,在市场不景气的环境下,部分租赁公司由于租赁营销不畅,开始出售、甩卖其机位,压低租金价格,目前市场上很多项目的成交租金已经普遍低于正常平均水平。本项目获得的较好租金水平,得益于较低的飞机购买价格。

期末残值处置收入方面,项目飞机退租时为全寿命状态,期末残值率较高。

其他影响财务收益因素包括维修储备金和保证金,本项目储备金为现金形式,将给出租人带来持续的现金流,保证金方面承租人将按架缴纳3个月租金的保证金,在租期内也是一笔可供使用的现金流。

此外,除了收入,项目的费用方面,除了融资成本,还将产生项目公司设立和管理费用,以及聘请项目律师、税务师(如近期操作过相关国家的业务,可节约该部分费用)的费用,上述这些费用一般由出租人项目公司承担。

(4)承租人风险分析

对于承租人分析,首先分析该公司的历史沿革情况,将其股权、股东变动情况作尽职调查,其次对其航空业务经营情况作调查,包括目前的机队规模、航线网络布局和伙伴航空、运营情况,包括市场份额、经营战略等。

虽然是经营租赁项目,主要风险点在于资产本身,但对于承租人的财务情况也是分析的要点。通过承租人提供的过去3年经审计的财务报表,分析其总资产情况,是扩大或减缩的态势。同时随着公司规模的变化,分析其在长期负债和短期负债方面也增降,分析是否能满足公司发展的融资需求,其中贷款、融资和债券类能显示承租人在融资方面的能力以及市场信用认可情况。同时看其资产负债表中是否有相关的财政支持。对于国内的航空公司来说,目前有部分航空公司的财务报表盈利能力是为正的,但是仔细分析其利润构成,会发现自身经营是亏损的,最终盈利是靠财政补贴支持的。通常财政补贴有一定的期限,如1~3年,且通常是后补、分期补贴的,所以需要穿透政府补贴看航空公司的财务情况。

盈利能力方面,应着重分析承租人的营业收入成本构成。对于航空公司来说,收入主要是客运收入、货运收入以及其他方面的收入,成本方面主要是航油成本、人力成本(飞行员等)。航空公司的财报有自身特点,如果一个公司近几年的净利润为负，也应看具体原因，有可能是以下几个方面：一是如果航空公司为新成立的公司，各项厂房等固定成本需要摊销，固定成本较高；二是如航空公司现有航线均为新开辟航线，前期投入会较多，包括宣传费用、促销等；三是分析其本土的竞争环境，如果已经存在两家以上的市场份额较大的竞争者，那么后来的公司将在价格上较为谨慎，以价格获取市场，收益保持在较低水平以扩大市场份额。资本结构和偿债能力方面，要分析航空公司的短期偿债能力和长期偿债能力，流动比率、速动比率、资产负债率等指标。

3. 偿债能力分析

对于飞机经营租赁项目，通常采用单机租金偿付能力的方法进行测算，主要是用来推算租赁物飞机以自身的经营现金流是否可覆盖所有成本支出以及租金支出，主要方法如表 3－21 所示。

表 3－21　租赁公司偿还债能力测算

单机租金偿付能力测算方法
单机年度总收入＝每年的执飞天数×日飞行小时×飞行时速×单机座位数×客座率×单位客公里收入
航油成本＝每年的执飞天数×日飞行小时×小时单耗油量×航油单价
经营租赁费用＝月租金×12
维修费用、起降、飞机保养、维修大修费用、人力成本、其他等费用，根据财务报表中相关成本数据分摊并框算

参考航空公司提供的过去 3 年的运营数据，对单机净现金预测假设参数，如表 3－22 所示。

表 3－22　假设前提

预测前提假设 1	
参　数	假设值
每年执飞天数	340
日飞行小时数	13
平均飞行时速（公里/小时）	750
单机座位数	120
客座率	85%
单位客公里收入（美分）	11.5（年增长率假设为 5%）
E195 小时耗油量（吨）	1.8
航油单价（美元/吨）	1249（假设每年以 8% 增长）

根据上述假设参数和测算方法，该架 EMBRAER195AR 飞机在未来 12 年的现金流预测，如表 3－23 所示。

表 3－23　单机预测

单位：万美元

	2013 年	2014 年	2015 年	2016 年	2017 年	2018 年	2019 年	2020 年	2021 年	2022 年	2023 年	2024 年	2025 年
收入合计	2028.78	2130.22	2236.73	2465.99	2589.29	2718.76	2854.70	2997.43	3147.30	3304.67	3469.90	3643.40	3825.57
成本费用合计	2007.88	2087.10	2172.94	2265.64	2365.76	2473.88	2590.66	2716.78	2852.99	3000.09	3158.96	3330.55	3515.86
航　油	993.70	1072.93	1158.77	1251.47	1351.58	1459.71	1576.49	1702.61	1838.81	1985.92	2144.79	2316.38	2501.69
折旧、摊销	54.63	54.63	54.63	54.63	54.63	54.63	54.63	54.63	54.63	54.63	54.63	54.63	54.63
维　修	59.21	59.21	59.21	59.21	59.21	59.21	59.21	59.21	59.21	59.21	59.21	59.21	59.21
起降、机场服务	73.32	73.32	73.32	73.32	73.32	73.32	73.32	73.32	73.32	73.32	73.32	73.32	73.32
人　力	370.82	370.82	370.82	370.82	370.82	370.82	370.82	370.82	370.82	370.82	370.82	370.82	370.82
其　他	80.54	80.54	80.54	80.54	80.54	80.54	80.54	80.54	80.54	80.54	80.54	80.54	80.54
租　金	375.65	375.65	375.65	375.65	375.65	375.65	375.65	375.65	375.65	375.65	375.65	375.65	375.65
利　润	20.90	43.12	63.79	200.36	223.54	244.88	264.04	280.65	294.32	304.58	310.94	312.85	309.71

由于该机型大修用的时间较短，所以每年可预计飞行340天，同时油耗也稍小于B737和A320飞机，约为1.8吨。由以上预测情况可见，这架EMBRAER195AR飞机运营能够带来正的利润和现金流入。据上述测算，该航空公司所租赁的飞机未来12年的单机净现金流可安全覆盖租赁公司的租金水平。

4.项目主要风险和应对措施

（1）租赁物风险

该项目为经营性租赁，因此有效控制租赁标的物风险尤为重要。项目标的物机型为当前市场上较为成功，且二手市场活跃的机型，具有较强的流通性。

租赁业务以标的物为基础，主要包括了所有权风险、灭失损害风险和资产残值风险等，在项目中主要采取以下措施规避相应风险。

①根据巴西当地法律的规定，飞机交付后，出租人应委托相关律师事务所，代为在巴西民航局办理所有权登记，确保出租人为飞机的唯一合法所有权人。在开普敦登记方面，由于巴西不是开普敦公约缔约国，所以航空公司不太愿意配合作开普敦公约登记。如出租人认为有必要在国际登记处作相关权利登记，可以聘请律师或由自己来办理相关登记，由承租人进行确认即可。

②签约后承租人在保险条款中，将出租人列为保险附加收益人，以此规避飞机租赁期内的损害灭失等风险。

（2）残值处置风险

飞机的残值处置情况好坏主要取决于该类飞机的二手市场情况，相对来说，保有量越大的机型，由于用户广泛，较容易再次出租或出售。但同时由于保有量大，租金或卖价并不一定具有优势。

（3）市场风险

民航业受经济发展、国际市场油价等经济因素的影响较大，巴西本土市场受高原山区地貌的影响，陆上交通需要很长时间到达的地方，采取飞机的方式能极大缩短时间，也是近年来巴西成为全球航空发展迅猛地区的主要原因。考虑到本项目中航空公司随着宏观环境的趋好，发展迅速，且股东有较为丰富的行业经验。

（4）国家风险

租赁标的物仅在国内主要机场和航线运行，有效地降低了因国籍产生的问题。同时巴西作为“金砖四国”，经济发展迅猛，出租人可安排对飞机进行国籍登记，可以在承租人发生违约的情况下，将飞机取回，有效地控制飞机的所有权风险。

（5）汇率/利率风险

本项目购机支出为美元，租金收入为美元，通过安排收入与资金成本相匹配,有效控制汇率风险。从现金流角度看,每期租金能够完全覆盖每期应还的贷款本息,利率风险得到有效缓释。外汇方面,巴西有外汇管理制度,但外汇买卖比较自由,汇率也实行浮动汇率,一般而言,对利润分配和汇出没有限制。GECAS、CIT、Aircastle、HKAC、Orix、BOCA 等数十家飞机租赁公司均已与巴西境内三大航空公司有过多次合作,租金对外支付均没有政策限制。

(五)境外经营租赁——售后回租

售后回租的经营租赁,主要是航空公司向制造商批量采购飞机,在飞机交付之前将购机权益转让给租赁公司,由租赁公司在飞机交付日购买飞机并将飞机租赁给航空公司的行为,此外还包括航空公司在运营中的自有飞机,出于盘活资本等财务角度考虑,将飞机出售给租赁公司并从租赁公司租赁回来使用的行为。

1. 一般交易结构

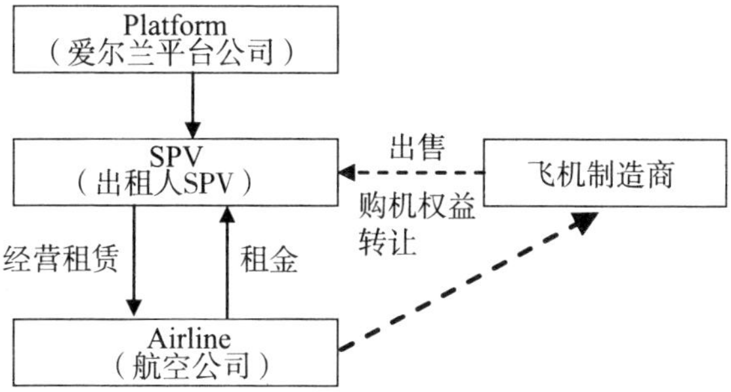

图 3-11　一般交易结构

2. 夹带 PDP 预付款融资的售后回租经营租赁项目

航空公司日常运营中,要承担飞机购置费用、运营维修费用、燃油费用、飞行员和其他人力费用等,现金流的充足以及安全对其十分重要。同时,飞机采购需要根据合同的约定按时间节点向制造商支付预付款,交付前的预付款占总购机价格的 50% 左右,这对批量采购飞机的航空公司来说是一笔不小的现金流。所以出现了预付款融资的需求。在实践中,大部分预付款融资是和后续的飞机交付租赁捆绑在一起的,也有很少的是可以只提供预付款融资,后续的交付租赁由其他租赁公司来操作。

3. 具体结构

由于预付款融资涉及购机权利的转让,需要飞机制造商、发动机制造商的同意和认可。

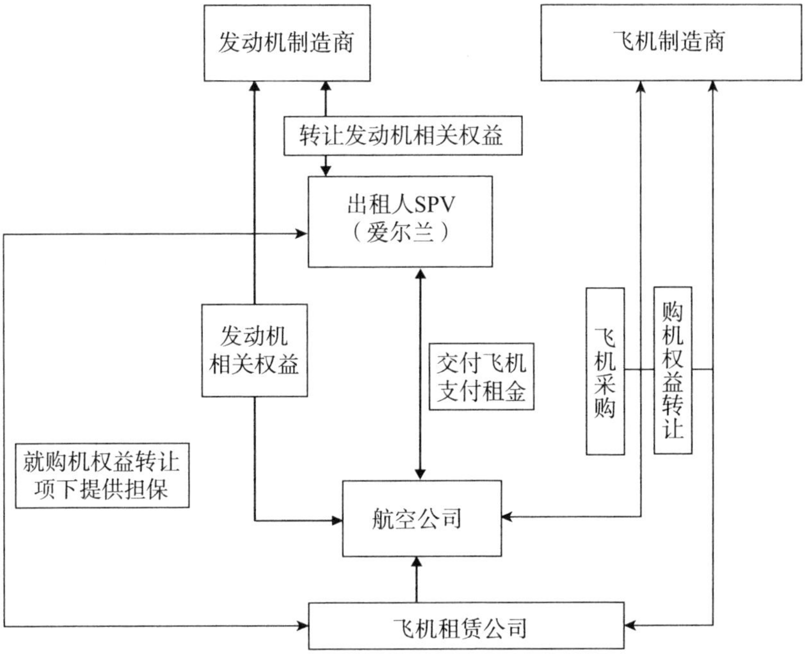

图3-12 预付融资结构

具体结构如下：

(1)飞机采购协议。交易中标的物飞机是由航空公司与飞机制造商签署的订单中的飞机。

(2)购机转让协议。航空公司与飞机租赁公司签署购机转让协议，将有关飞机在交付日起转让给飞机租赁公司或其设立的SPV。通常租赁公司为使风险敞口可控，通常并不提供100%的预付款融资，根据与航空公司的谈判情况，可将融资比例控制在70%~90%。在预付款利息的确定方面，由于这个阶段的融资并没有具体的租赁物，对租赁公司来说风险高于有实物所有权的业务，所以通常要高于一般的融资租赁利率。

(3)权利转让抵押协议。为保证航空公司将继续履行其购机转让协议下的责任，航空公司将通过签订一些权利转让协议将与制造商签署的购机协议中的有关飞机之某些权利(包括飞机之购买权)转让给租赁公司作为抵押。

(4)与飞机制造商签署的三方协议。制造商将通过签订同意转让的协议来认可航空公司转让有关飞机的某些权利的行为。这个协议将保障飞机租赁公司在航空公司违约的情况下，列明飞机租赁公司、航空公司和制造商的相关的权利义务安排。一般情况下还将约定，除非航空公司无力偿债，否则航空公司有权向飞机租赁公司缴付一笔金额以赎回向制造商购买飞机的权利。

(5)与发动机制造商签署的三方协议。航空公司、飞机租赁公司以及发动机制造商还将签署一份三方协议。通常协议中将约定，如果在飞机交付前航空公司违约、无法继续履行购机义务时，飞机租赁公司或其SPV将有权购买飞机，这需要发动机厂商的认可。如最终发生航空公司无法购买飞机的情况，发动机制造商同意将发动机相关的权利转让给飞机租赁公司：

①发动机制造商将在有关飞机交付时向飞机租赁公司或其指定的SPV提供一笔发动机信用额，由飞机制造商将该部分额度直接进行抵扣，计算到飞机价格中去；

②发动机售后的维修权利转让给飞机租赁公司或其项目公司，由新的购买方获取该部分权利。

(6)经营租赁协议。飞机租赁公司或其项目公司与航空公司签署飞机经营租赁协议。约定飞机交付后，由航空公司向出租人支付租金，并负责飞机的运营和维修义务。

(7)一般来说，通常制造商只与飞机租赁公司的母公司签署购机协议，对于母公司将购机权利转让给旗下SPV进行出租的情形，一般制造商要求母公司对项目公司的购买义务、支付飞机价款义务进行担保，如SPV无法履行购买项下的权利义务时，由母公司兜底。

(8)转让协议。由于在飞机建造期间，飞机的购买权益由航空公司转让给飞机租赁公司，如在此预付款期间，双方履约正常，待飞机交付前须将购机权益继续由飞机租赁公司转让给旗下具体执行该项目的SPV。

表3-24

假设：主要交易条款	
出租人	飞机租赁公司在爱尔兰设立的SPV
承租人	境外某航空公司(所在国与爱尔兰有双重税收优惠协定)
租赁标的物	N架B737窄体商用飞机
担保人/第三方回购(如有)	无
飞机购买价	N万美元
租赁期限	12年(有时从技术角度，航空公司会要求按照制造商的维修手册，完成大修后可提前退租，但从租赁公司角度来看一般不超过1年)
币　种	美　元

续表

租金率(基准租金率及变动公式)	N
租金收取方式	飞机交付前按月/季度支付预付款融资利息,利率为××% 交付以后按月等额固定先付/后付
保证金	2/3个月租金现金保证金
购买款支付方式及支付进度	按与制造商签署购机协议的预付款进度进行支付
保　险	航空公司将负责在整个租赁期内为飞机购买机身零配件保养险、战争险等

4. 该结构的主要风险点

(1)本项目中,对租赁公司来说主要的风险在于客户的违约风险。客户的违约风险是指在飞机交付前,由于飞机租赁公司只提供70%～90%的预付款融资,剩余10%～30%的预付款仍由航空公司按时向制造商支付,以及在飞机交付时,航空公司无法最终接收飞机的风险。

关于客户交机前的风险防范方面,由于没有飞机作为抵押措施,租赁公司会要求航空公司先行支付每架飞机30%的预付款,看到对方的付款凭证或制造商出具的相关确认文件,才向制造商按时支付剩余的预付款。如最终飞机无法交付,则由飞机租赁公司取代航空公司购买该飞机,且航空公司已支付的预付款不退还。

在实践中,通常并一定是航空公司刚好支付了30%预付款,剩余由租赁公司继续向制造商支付,通常的情况可能是支付的超过了30%或并未达到30%,在第一种情况时,由飞机租赁公司将多超过30%的预付款支付给航空公司,如未达到30%,应由航空公司继续履约,确保敞口风险可控。

由于飞机租赁公司并未提供100%的预付款融资,如航空公司违约,那么从租赁公司角度来看,以低于市场价格的优势购买到飞机,这需要租赁公司提前对标的物机型的市场需求情况、构型、发动机、二手市场流通情况、客户群等有较为深入的调查,从而进行商务决策。如果飞机流通性、保值性较好,那么即使发生最极端的情况,由租赁公司接手该飞机时,应确保有相应的技术团队和市场营销团队及时将飞机改装、租赁出去,以避免飞机停厂、部件损耗等费用。

(2)除了购机权益需要转让给飞机租赁公司,在飞机建造期的预付款融资期间,发动机的相关购买、质保权益也应转让给飞机租赁公司,同时在飞机顺利交付后,再将质保、维修等在制造商同意的情况下,释放回航空公司。

(3)根据上述风险及相关防范措施的分析,由于预付款融资期间风险大于飞机租赁期间，通常预付款融资的利率会高于租赁利率，这与风险和收益匹配的原则一致，所以综合预付款融资和后续的租赁安排，这样的交易通常总体收益率会明显高于只做租赁端交易。这对租赁公司来说，对于风险防范能力、飞机再处置能力都提出了更高的要求。

（六）如何评价经营租赁项目

无论是境内的经营租赁项目还是境外的经租项目，如何科学评价一个项目的风险及收益率是各家飞机租赁公司非常重要的工作。飞机经营租赁业务的评价标准将基于扣除融资成本后的权益资本回报率。

由于飞机购买和租赁业务均以美元计价，从利率控制角度来说，飞机租赁业务的长期筹资部分，即以飞机资产抵押获得长期资金部分，如果租金为固定租金，则成本也应考虑美元掉期（SWAP）后的成本作为评估项目和测算收入的基础。

对于飞机租赁业务中自有资本金部分，无论公司筹集的资本金，或是通过公司抵押或担保取得的资本金，从核算角度来看，该部分作为项目资本金，一般按照公司考虑各项运营成本后的内部转移定价来测算（FTP）。在两部分资金成本的基础上，按项目测算权益资本投资收益。一般来说该权益资本投资收益与飞机租赁公司股东对其利润收益率为项目投放与否的标尺。

对于经营租赁项目来说，飞机残值的评估对享受收益率影响较大，一般来说根据以下评估机构的数据和公式进行测算：

1. Ascend 2.5% 通胀率全寿命价值（Full Life Market Value）（A）；

2. Avitas 1.5% 通胀率 +50% 维修储备金（MR）调整额（B）；

3. AVAC 中间值（Middle Value）。

飞机价值 = A×40% +B×30% +C×30%，各家对于外部评估机构价值的比率会有不同选择，如三者均值法、不同比重法。这与各家飞机租赁公司对上述估值机构的看法有关。除了评估机构提供的估值，通常还将考虑租赁资产的具体机型、租赁期限、承租人情况等，这些均对飞机价值有一定幅度的影响。

由于经营租赁项目中租赁资产更加重要，通常资产将以流通性好、保值性强的机型为主，对于大部分租赁公司均以窄体机为主，宽体机为辅。市场上也有少数租赁公司专门从事宽体机租赁，如位于美国的一家中小型租赁公司。

飞机经营租赁业务的航空公司客户群主要分为以下三类：

1. 发达国家和发展中国家的载旗航；经营业绩良好、处于经济和政治比较稳定国家的骨干航空公司；新兴市场中成长迅速的低成本航空公司。

2. 发展中国家的成长型企业;业绩相对弱的载旗航空公司;其他经营稳定的航空公司。

3. 政治、经济不稳定国家的航空公司;业绩较差、经营困难的航空公司。

对不同梯队的航空公司采取不同的营销策略和定价方式。

在评价境外经营租赁项目时,不管是回租还是直租,通常收益方面的测算方法是相同的。一般由期初的资产价格、每个租赁期的折旧、每期租金、贷款部分的本息几个重要因素构成。其中,期初价格在回租项目中即为从航空公司的购机价格,在直租中通常包括飞机价格、买方选装设备价格、预付款 PDP 成本化的价格等因素相加得出的最后价格。每期的折旧通常根据各个公司的折旧政策有不同,通常有几种方法,对于新飞机来说,有的采用 20 年、剩余 15% 的残值,这样的直线折旧法计算下来即为年折旧率 4.25%,即资产每年在初期价格的基础上依次递减。也有部分企业采用 25 年、剩余 10% 的残值折旧法等,更有成熟的租赁公司折旧法为动态调整,即根据不同机型、不同机龄的飞机确定不同的折旧率。

表 3-25 为截取的一个项目测算表的部分内容,即期初资产价格减去资产的折旧得到的当期资产价格,同时每期租金减掉 Equity 部分利息及长期贷款部分的应还本金和利息,通常会得出一列净现金流,该列净现金流即成为衡量项目的财务标准。通常如果净现金流为负,意味着在项目的一定期间,需要母公司补贴该项目,或者其长期贷款的贷款利率、本金摊还方式有待进一步改善,与项目相匹配。

表 3-25 某项目部分内测算表

单位:美元

资产折旧	资产价值	每期租金	Equity 部分剩余本金	Loan 部分剩余本金	每期偿还本金	每期利息	每期本息
	25,800,000.00	$238,418.76	7,740,000.00	18,060,000.00			
95,931.76	25,704,068.24	238,418.76	7,740,000.00	17,912,145.91	147,854.09	55,674.97	203,529.06
95,931.76	25,608,136.48	238,418.76	7,740,000.00	17,762,054.76	150,091.15	53,437.90	203,529.06
95,931.76	25,512,204.72	238,418.76	7,740,000.00	17,611,515.83	150,538.92	52,990.13	203,529.06
95,931.76	25,416,272.97	238,418.76	7,740,000.00	17,462,279.17	149,236.67	54,292.39	203,529.06
95,931.76	25,320,341.21	238,418.76	7,740,000.00	17,310,845.91	151,433.26	52,095.80	203,529.06
95,931.76	25,224,409.45	238,418.76	7,740,000.00	17,160,682.35	150,163.56	53,365.49	203,529.06
95,931.76	25,128,477.69	238,418.76	7,740,000.00	17,006,642.79	154,039.55	49,489.50	203,529.06
95,931.76	25,032,545.93	238,418.76	7,740,000.00	16,850,467.79	156,175.00	47,354.05	203,529.06
95,931.76	24,936,614.17	238,418.76	7,740,000.00	16,698,884.98	151,582.81	51,946.25	203,529.06

通过计算项目的净现金流得出 Equity 部分的回报率,即 ROE。通常经营租

赁项目有项目内涵收益率、ROE、净现金流情况即可对项目总体情况有一个大致的了解，对于作商务决策也有重要的参考作用。

表3-26　公司现金流和净现金流概况　　单位：美元

现金流 XIRR	净现金流（ROE）
-25,561,581.24	-7,501,581.24
238,418.76	34,889.70
238,418.76	34,889.70
238,418.76	34,889.70
238,418.76	34,889.70
238,418.76	34,889.70
238,418.76	34,889.70
238,418.76	34,889.70
238,418.76	34,889.70
238,418.76	34,889.70
238,418.76	34,889.70
238,418.76	34,889.70
238,418.76	34,889.70

第四章　飞机资产管理

随着公司机队规模的扩大以及国际业务的拓展，公司越来越认识到资产管理的重要性。成熟的资产管理体系可以持续了解飞机的技术和维修状态，监控飞机的价值变动情况，确保飞机不异常折损，最大限度地保证飞机价值，高效地支持飞机取回和资产交易，从而系统地化解资产风险，为公司带来收益和利润。

第一节　国内租赁公司资产管理介绍

目前经过10年的发展，国内飞机租赁业务逐渐从以规模为主，到以规模和利润并重的阶段，业务也从最初的售后回租融资租赁发展到经营租赁、批量采购订单等业务，客户也从国内航空公司拓展到亚洲、欧洲、北美、南美、非洲等国家的航空公司，对于境外国别、税务、法律等租赁相关的风险把握越来越成熟。

除了对规模和利润的重视，随着机队规模的扩大，考虑到飞机资产本身的技术性、维修周期性等因素，租期开始并不是业务的结束，而是业务的真正开始。如何管理好飞机资产越来越成为飞机租赁公司关注的焦点。国内租赁公司最初人员配置也是以金融机构人员为主，随着业务品种发展，对于航空公司飞机引进背景、技术背景的人员要求逐渐增加，开始配备懂发动机、飞机维修等方面的专业技术人才。

国内从事飞机租赁业务的租赁公司，除了独立飞机租赁公司如中国飞机租赁、厦门飞机租赁公司以外,大部分公司还从事其他设备、能源、轨道交通类的租赁业务,所以大部分资产管理工作与整个公司的资产管理工作合在一起。根据公司的整体规划要求,对飞机的非现场检查、现场检查作常规的管理。此外,还有部分发展时间长、机队规模较大的租赁公司航空业务以事业部方式运营,事业部内部包括法律、技术、资产管理、营销、资金、项目审批等职能。此外少数租赁公司将飞机租赁业务以独立子公司方式运营,理所当然地配备了飞机专门的部门进行资产管理。

一、飞机资产管理主要工作

一般的设备类融资租赁业务,资产管理工作主要侧重点是承租人的信用情况,一般每季度、每半年、每年定期关注承租人的财务变动情况、租金支付情况等,根据履约和财务变动情况,来对项目进行分级管理,通常金融系租赁公司将资产质量分5级进行管理,包括正常、关注、次级、可疑、损失等分类。但对于租赁资产是飞机的租赁来说,除了关注承租人的财务情况,飞机的技术情况、运营情况和维修养护情况也会极大地影响飞机的价值。飞机的资产管理的日常主要工作职责主要包括飞机技术管理、价值管理、所有权登记管理、保险管理等。

目前,越来越多的公司把建立和完善飞机资产管理体系作为重要的工作持续推进。通常在租赁公司内部或航空租赁业务部门内部,设置专职的资产管理岗对存量机队进行管理,日常工作包括飞机构型规范和维修状态的记录和更新,飞机使用情况的记录和更新、飞机机身和技术资料的年度检查、飞机当前及未来价值的持续监控、飞机保险到期续保及保险凭证的审核、飞机所有权的登记和存档等。

由于全球飞机制造商较为集中,且制造商发布的相关文件对于飞机的价值影响较大,所以作为飞机所有权人的出租人也需要与制造商保持密切的联系。实践中如果飞机租赁公司开展了经营租赁业务,均会与空客、波音、庞巴迪、GE、CFM等飞机和发动机制造商签署相关合作协议,以便及时获取制造商处对于机身、发动机及其他重要部件的重要技术信息更新情况。此外,在行业内还有专门的飞机资产管理机构、飞机估值机构、保险经纪机构等,如果在技术团队较弱、资产交易量较少无法较为准确获得飞机价值、境外项目涉及多个国家的情况下,可以选择专门的飞机资产管理机构提供机队管理,飞机估值机构由于在全球有较多的信息来源,所以对于飞机的价值能提供较为准确的评估;而保险方面可以由专门的保险经纪机构提供相关合同和保单审查服务。通过上述各方面的资产管理,可以更好地保障飞机的价值,打造更精细化的资产管理体系。

在资产管理系统方面,除了静态的台账管理系统,还有动态的飞机实时监控系统,如 Flightaware 系统,可以即时监控飞机的航班动态,了解资产所在位置及停厂时间。

商务、法务、技术、资金、税务等构成单笔业务的重要风险因素。在飞机的资产管理方面,技术显得尤为重要。技术岗贯穿于一个飞机租赁项目的始终,其主要功能有三大块,主要可以归类为租赁招投标和合同谈判阶段、存续期管理阶段、期末资产处置阶段,具体包括以下 10 小类:

(1)租赁合同及招标书中技术条款的拟定和谈判;

(2)租赁合同中退租条款的拟定和谈判;

(3)经营租赁资产检查和运营使用情况监控;

(4)维修储备金收取;

(5)非正常情况下飞机技术情况检查和技术资料获取;

(6)自有订单飞机监造和技术接受检查;

(7)备发租赁;

(8)退租中管理飞机退租谈判和相关补偿谈判;

(9)转租中飞机喷涂和改装;

(10)经济生命周期末飞机拆解和处置。

根据上述技术岗位职能,从与境内外租赁公司交流的经验来看,技术岗位发挥最大经济作用的是在新租赁合同谈判中把握退租条件、退租过程中执行退租条件、转租过程汇总的大修恢复,以及突发情况下技术支持。对于经营租赁项目来说,租金率是衡量项目收益的最直观的指标,但飞机重要部件的维修费用昂贵,以发动机为例,一架窄体机发动机大修费用动辄 400 万 ~ 500 万美元,相较于月租金来说是影响非常大的经济因素。

以某家租赁公司租赁给南非航空一架 A319 飞机为例,第一租赁期末 12 年结束,根据租赁合同,南非航空支付给出租人将近 1000 万美元的大修补偿,而飞机第二租期 4 年,飞机大修恢复到租赁给下一承租人要求的技术状况的费用约为 500 万美元,中间的差额为出租人的技术收益。此外,飞机在 4 年到期后,由于技术上已经属于淘汰型,但市场上发动机需求将为旺盛,出售给发动机制造商(做备发),整个生命周期该架飞机的收益情况远比直观上的租金率高。从以往的操作经验来看,技术团队从开始介入经营租赁项目的技术条款拟定和谈判,是各家租赁公司以及航空公司的普遍经验。

对于存续期管理中技术岗位职能,主要是期初保存飞机技术材料、期中收集飞机运营数据、监控飞机运营及大修情况、期末及时准备为退租做准备。上述职能应与市场营销工作紧密结合,根据飞机技术和价值波动,及时与营销部反馈沟通。上述提及的营销是广义的营销。在过去两年的资产交易从业经验中,经与国内外租赁公司交流,外资租赁公司普遍将资产交易团队与新飞机营销团队分开,以 SMBC 和 GECAS、BOCA 为例,任何新业务的操作同时要参考交易团队的意见,为以后资产流动和盘活考虑;国内租赁公司资产交易刚开始,有的和新飞机营销放在一起,有的则与大财务团队放在一起,从收益的角度在开拓此业务。

二、飞机资产管理现场检查

飞机租赁资产的技术管理,主要指经营租赁资产的技术管理。对于融资租赁来说,也有资产管理,但由于租赁期结束飞机资产所有权转移给航空公司,一般对于信用风险较小的航空公司承租人来说,飞机租后管理主要侧重于承租人管理,实践中对于飞机资产一般在租赁合同中约定每年进行一次现场检查。但目前国内航空公司越来越倾向于融资租赁的飞机资产不予以进行现场检查。

对于经营租赁飞机来说,由于租赁期末飞机将会退租给出租人,飞机的技术状态、适航情况、技术资料的保存情况等对于飞机价值都有较大影响。实践中,在经营租赁合同中也都约定承租人应配合出租人每年进行至少一次现场检查。

飞机的技术管理工作从生命周期开始、起租、退租、改装、转租、退租、拆解等全生命周期来看,主要工作包括以下方面:

1. 飞机采购时对飞机、发动机和其他机载设备选型的评估和采购管理。

2. 带租约的飞机资产购买时的技术检查与合同技术条款评估,飞机资产出售时的技术文件管理和提供、技术条件的谈判等。这块工作具体包括对于拟投资购买的旧飞机资产(二手飞机或发动机)的技术状况的调查分析,取得相关文件资料,拟投资购买的飞机资产的技术状况,作出技术方面的调查结论,对资产的使用情况、维修情况、适航情况等进行分析,并就技术方面的情况对价值的影响得出相应结论。

3. 租赁期内飞机的年度现场检查、根据合同按照一定频率的技术状态报告的数据收集与分析(按月、按季度、半年等频率)。

一般来说,根据租赁合同的约定,对于经营租赁飞机资产,一般检查间隔不小于 12 个月,最后一次租期内检查距租期结束日不得超过 12 个月。对融资租赁的飞机资产,原则上检查间隔不小于 18 个月。对于租赁飞机的现场检查,通常由租赁公司资产管理岗每年年初作一个年度飞机检查计划，并在特定飞机到期前与航空公司相关部门提前沟通，主要是工程部门来协调飞机可供现场检查的时间。通常由于飞机正常执行任务情况下，发动机一般不能打开检查，只有在进行定检的时候才有充足的时间进行停厂检查。除了进行物理检查，还需要对飞机相关的航空日志、维修保养记录进行检查，以确定飞机的适航性。

以国航为例，国航在全国有10个左右的基地，从租赁公司租赁的飞机并不一定全部放在北京的基地运营，有可能放在杭州或成都等其他基地运营。那么租赁公司如果需要现场检查飞机，则需要有国航本部协调其他基地工程人员，来调配飞机检查的时间。在首都机场，如果是场外人员进场，则需要至少提前3个工作日向相关部门提交身份证复印件等信息，到机场公安部门办理临时入场证，入场证通常有时间限制，这是出于安全的考虑。所以，作为租赁公司资产管理人员，应提前安排飞机现场检查，以确保航空公司的飞机停厂、航空公司人员陪同等相关条件。

除了现场检查，通常需要由航空公司相关部门进行统一协调，将保留在各部门的材料收集，将相关材料提供给出租人资产管理人员审核。资产管理人员在完成现场检查后，通常会形成特定模板的现场检查报告，由公司的资产管理部统一归档，以备后续公司内部审计、外部监管的检查，作为金融机构合规审慎经营的环节。

现场检查一般对机身和大翼、发动机、APU、起落架、货舱、驾驶舱、客舱、维修项目、飞机记录作一个整体检查，最后得出相关结论。

表4－1　租赁公司对租赁的飞机整体检查情况一览

Aircraft Model：（飞机类型）：	MSN：（生产序列号）
Registry No.：（注册号）	Operator：（运营商）
OriginalAPU：（APU型号）	S/N：（生产序列号）
APU Changed：（APU是否更换？）□YES　□NO	
Engine 1：（发动机1）	S/N：（生产序列号）
Engine Changed：（发动机是否更换？）□YES　□NO	
Engine 2：（发动机2）	S/N：（生产序列号）
Engine Changed：（发动机是否更换？）□YES　□NO	

发动机是飞机上最重要也是价值最高的零部件，目前单通道飞机的单台发动机粗略市场估值在800万美元以上，发动机的日常维护和管理将直接影响飞

机的整体价值。随着飞机使用年限的增长，发动机的价值占整机价值的比重也越来越高，一架12年左右的飞机（320－200和737－800），两台发动机的价值大约是整机价值的一半。所以，对于经营租赁机队，无论在合同谈判，租期管理还是在退租阶段，租赁公司往往持续关注发动机的技术参数和维护状态。例如，租期内作飞机检查时，除了关注发动机是否更换，所有人铭牌是否清晰，外部是否缺损和系统是否漏油外，更重要的是关注发动机的LLP（时寿件）清单，近6个月的性能趋势报告以及改装和维护情况。基于上述资料，分析发动机有无性能衰退的趋势和下发计划，判断发动机价值有无异常折损。

由于航空公司运营飞机数量多，技术维修等方面原因可能发生串件，所以在现场检查过程中，可能会发现飞机上的发动机或APU等其他重要部件不是飞机原有的配置，可能在发动机上装有其他租赁公司的铭牌。在租赁合同中允许租期内有这样的情况，前提是承租人无违约发生或距离飞机退租尚有一定期限。发动机换发的原因可能是有技术问题，如RDS系统漏油等，需要拆下并送至发动机制造商修理并索赔，一般在修理完毕后，发动机恢复至可用状态，但出于飞机停厂、换发的时间成本考虑，航空公司通常在飞机下一次定检的时候将原发动机装回。对于换下来并维修完毕的航材，航空公司通常都有完善的保存方式。

在租赁合同中，当发动机出现飞机商业运行的故障时，B－8875飞机的发动机可以被拆下，也可以安装到承租人航空公司的其他飞机上，但一般会有如下限制：

（1）承租人无违约发生；

（2）出租人发动机正常维护，符合涉及各方的利益；

（3）出租人发动机须安装在承租人运行和控制的飞机上；

（4）所有人一直拥有此台发动机的所有权；

（5）发动机要尽快装回原来飞机，最晚在租期结束之前；

（6）租赁合同中所有关于这台发动机的条款持续有效（包括保险条款）；

（7）这台发动机在使用时不允许超过出厂时设定的推力；

（8）如果承租人违约，则在出租人发出通知后的20个工作日内，把原装发动机装回。

通过在租赁合同中对于换发、串件作出上述安排，在一定程度上可以保护出租人的发动机资产。

此外，在租赁合同中，对于发动机方面的质保安排通常会约定，自飞机交付至租期结束期间，出租人将制造厂商提供的发动机保修权利转让给承租人。一旦发动机出现故障,由承租人按照协议约定向制造商索赔。出现故障后,如果故障属于保修范围内的,一般由承租人代表出租人向发动机制造商提出维修和索赔要求,由制造商经过验证核实后,同意其修理和索赔的要求,发动机经过全面测试后工作正常后返还给承租人,从而确保发动机和飞机的价值。

从业内情况来看,如果是计划性下发,承租人一般会提前一段时间通知出租人;如果是非计划下发,承租人一般会在下发后一段时间通知出租人。通知的内容包括送修地点,送修原因,返回时间以及大修工作包。对于送厂大修,出租人收到通知后,一般会派出技术人员去现场监修,对修理过程进行监督以及对修理结果进行确认,以保证工作质量。

通过现场检查如果发现换发、串件等情况,一般出租人会要求承租人尽快安装原装发动机,保证发动机的在翼状态。在确保资产完整性的前提下,一旦飞机取回或者出险,能够更快更简单地完成处理。

同时出租人还应密切关注发动机动态,增强租赁物检查和监控频率,监控发动机的送修地点,送修内容和工作单完成情况,并持续关注和跟踪此台发动机的技术状态和装机情况,并定期向航空公司要求汇报该发动机的使用情况。

除了发动机之外,其他的现场检查项目如表 4-2、表 4-3 所示。

表 4-2　飞机检查详单

随机文件 (Files)	缺　损 (Defect)	完　好 (Good)	备　注 (ReMarkings)
飞行记录本 (Flight Logbook)		√	
适航证 (Standard Airworthiness Certificate)		√	
国籍证 (Nationality Registration Certificates)		√	
电台执照 (Aircraft Station Licence)		√	
最低设备清单 (Minimum Equipment List)		√	

表 4－3 飞机检查项目

<table>
<tr><th colspan="2"></th><th>差
(Poor)</th><th>满足适航
(Satis)</th><th>好
(Good)</th><th>备 注
(ReMarkings)</th></tr>
<tr><td rowspan="7">机 身
(Fuselage)</td><td>机身蒙皮
(Fuselage Skin)</td><td></td><td>√</td><td></td><td></td></tr>
<tr><td>门及周边
(Door and Surrounds)</td><td></td><td></td><td></td><td></td></tr>
<tr><td>窗
(Windows)</td><td></td><td></td><td>√</td><td></td></tr>
<tr><td>登机梯
(Airstairs)</td><td></td><td></td><td></td><td></td></tr>
<tr><td>天 线
(Antenna)</td><td></td><td>√</td><td></td><td></td></tr>
<tr><td>翼上应急出口
(Over-Wing Exits)</td><td></td><td></td><td>√</td><td></td></tr>
<tr><td>标 志
(Marking)</td><td></td><td></td><td>√</td><td></td></tr>
<tr><td rowspan="10">前起落架及轮舱
(Nose Gear & Wheel Well)</td><td>起落架安装时间
(Date installed of Landing Gear)</td><td colspan="2"></td><td></td><td></td></tr>
<tr><td>起落架件号
(Gear P/N)</td><td colspan="2"></td><td>起落架系列号
(Gear S/ N)</td><td></td></tr>
<tr><td>使用时间/(TSN)</td><td colspan="2"></td><td>使用循环/(CSN)</td><td></td></tr>
<tr><td>距离下次大修时间/(TSO)</td><td colspan="2"></td><td>距离下次大修循环/(CSO)</td><td></td></tr>
<tr><td>维修间隔
(Interval)</td><td colspan="4"></td></tr>
<tr><td>前起落架
(Nose Landing Gear)</td><td></td><td></td><td>√</td><td></td></tr>
<tr><td>轮 舱
(Wheel Well)</td><td></td><td></td><td>√</td><td></td></tr>
<tr><td>轮 胎
(Tires)</td><td></td><td></td><td></td><td></td></tr>
<tr><td>渗漏迹象
(Evidence of Leaks)</td><td></td><td></td><td>√</td><td></td></tr>
<tr><td>标 志
(Marking)</td><td></td><td></td><td>√</td><td></td></tr>
</table>

续表

		差 (Poor)	满足适航 (Satis)	好 (Good)	备　注 (ReMarkings)
机头及雷达罩 (Nose & Radome)	漆　层 (Paint)		√		风蚀
	复合材料 (Composite Material)		√		
前后货舱 (Forward & AFT Cargo)	门 (Door)				
	地　板 (Floor)				
	天花板 (Ceiling)				
	壁板和侧壁板 (Bulkhead & Sidewalls)				
	行李输送设备 (Baggage handling Equipment)				
	烟雾探测器 (Smoke Detectors)				
	标　志 (Marking)				
大　翼 (Wing)	渗漏迹象 (Evidence of Leaks)			√	
	漆　层 (Paint)		√		
	缝　翼 (Slat)			√	
	襟　翼 (Flap)			√	

续表

		差 (Poor)	满足适航 (Satis)	好 (Good)	备 注 (ReMarkings)
大 翼 (Wing)	副 翼 (Aileron)			√	
	下表面 (Lower Surface)		√		
	上表面 (Upper Surface)				
	标 志 (Marking)			√	
发动机 (Engine)	型 号 (Model)				
	发动机推力 (Engine Thrust)				
	1#发动机系列号 (Engine 1 SN)			2#发动机系列号 (Engine 2 SN)	
	1#发动机 TSN (Engine 1 TSN)			2#发动机 TSN (Engine 2 TSN)	
	1#发动机 CSN (Engine 1 CSN)			2#发动机 CSN (Engine 2 CSN)	
	1#发动机 LLP (Engine 1 LLP Limiter)			2#发动机 LLP (Engine 2 LLP Limiter)	
	1#发动机 LLP 剩余寿命 (Limiting Time/ Cycles of 1#)			2#发动机 LLP 剩余寿命 (Limiting Time/ Cycles of 2#)	
	上次大修时间 (Date of Last Overhaul)			上次检查时间 (Date of Last Shop Visit)	
	进气道 (Inlet)			√	
	风扇叶片 (Blades)		√		
	防磨带 (Anti-wear Belt)			√	

续表

		差 (Poor)	满足适航 (Satis)	好 (Good)	备　注 (ReMarkings)
发动机 (Engine)	消音板 (Acoustic Board)		√		
	尾喷管 (Exhaust)			√	
	渗漏迹象 (Evidence of Leaks)			√	
	吊　架 (Pylon)			√	
	标　志 (Marking)			√	
	所有人标识牌 (Owner's Identification Plate)				
	换发记录				
客　舱 (Cabin)	头等舱数量 (Number of F/C)	无		商务舱数量 (Num. of B/C)	
	经济舱数量 (Number of E/C)	365		座椅厂家 (Manufacture of Seat)	(BE AEROSPACE)
	窗 (Windows)			√	
	风　挡 (Windows)			√	
	座　椅 (Seats)			√	
	地　板 (Floor)			√	
	天花板 (Ceiling Panel)			√	
	侧壁板 (Sidewall Linings)			√	

续表

		差（Poor）	满足适航（Satis）	好（Good）	备 注（ReMarkings）
客 舱（Cabin）	应急设备（Emergency Equipment）			√	
	应急出口（Emergency Exits）			√	
	行李箱（Stowage Bins）			√	
	旅客服务单元（PSU）			√	
	机上娱乐系统（In-Flight Entertainment System）			√	
	标 志（Marking）			√	
驾驶舱（Cockpit）	头顶面板（Overhead Panel）			√	
	风 挡（Windows）			√	
	座 椅（Seats）			√	
	地 板（Floor）			√	
	应急设备（Emergency Equipment）			√	
	所有人标识牌（Owner's Identification Plate）				无
	标 志（Marking）			√	
	地 板（Floor）				
	烤 箱（Ovens）			√	

续表

		差 (Poor)	满足适航 (Satis)	好 (Good)	备　注 (ReMarkings)
驾驶舱 (Cockpit)	咖啡机 (Coffee Makers)			√	
	水　壶 (Hot Pots)			√	
	烧水器 (Water Boiler)		√		
	制冷器 (Chillers)			√	
	标　志 (Marking)			√	
洗手间 (Lavatory)	厕　所 (Toilet)			√	
	洗手盘 (Wash Basin)			√	
	地　板 (Floor)			√	
	烟雾探测器 (Smoke Detectors)			√	
	标　志 (Marking)			√	
电子设备舱 (E&E Compartment)	电子设备标牌 (Avionics Placard)				
	设备架 (Equipment Bracket)				

4. 租赁公司自有订单飞机的生产线监造和监修，实践中融资租赁飞机资产的建造、改装或维修以及相应的监造监修工作由承租人负责。

5. 退租时飞机技术资料、适航文件的检查、交接、保管。

飞机退租前的飞机技术档案审核和飞机预检，实践中应根据租赁合同相关约定在租赁期结束日前半年开始进行，并按照下一承租人或目标承租人的要求进行监修。

如退租的飞机需要进行改装或维修时，应提出改装方案，主要包括维修服务商（MRO）选聘、改装内容和供应商的选定、进度要求、费用预算等，并为飞机下一阶段的再次租赁进行技术支持和配合。

6. 飞机租赁合同的技术条款和退租条款的拟定、谈判等；

7. 在飞机全生命周期中关于技术服务等专业机构的选聘和工作质量管理等。

对于上述飞机生命周期内的技术管理工作，一般以单架飞机为单位，建立该飞机的技术档案，涵盖整个生命周期，在技术材料上是完备、齐全的，并对纸质、电子形式的档案进行妥善管理和保存。

三、飞机资产价值管理

对于从事飞机租赁业务的租赁公司来说，租金收入只是该业务的收入之一，此外还有飞机的到期残值收入等。新飞机的租赁期一般都在 8 年以上，二手飞机根据机龄通常也有 4 年以上。在租赁期间除了做好技术方面的管理，从技术方面让飞机保值以外，还应做好资产价值管理。

飞机资产价值管理是一个动态的管理，主要指对租赁期间飞机的账面价值、租赁余额、当前市场价值和期末余值角度进行的监测、评估和分析，为飞机资产的流转和下一步飞机转租、续租、拆解等提供依据，主要包括以下方面：

（1）飞机资产的价值监测。每年对全部飞机资产进行一次市场价值估算，可参照专业机构提供的评估信息，为本公司租赁资产质量分类等提供依据，对于当期价值波动较大并可能影响租赁资产质量的情况进行及时预警。

（2）飞机资产公允价值管理。提供每架飞机资产的详细技术信息，基于该资产当前技术状态、退租条款以及市场信息完成资产价值评估，并扣除预期的处置成本（客户营销、飞机维修、停场、保险、税务等费用，其中税务成本由计划财会部提供相关税务意见），初步确定公允价值。如果最终确认的公允价值不能覆盖本公司未收回租赁成本的，应计提经营租赁的飞机资产的减值准备。

其中，减值测试是基于租赁物的状态检查、项目运营制度检查和实际运营情况汇总的结果基础上，结合市场价格和未来项目运营前景进行的分析性测试工作，旨在评定租赁物的公允价值，衡量是否存在减值风险。

经营租赁飞机的资产若因资产状况以及市场的供求关系导致飞机资产价值在该时期内明显增值，航空事业部应及时寻找客户，进行资产交易，实现溢价收益。

对于经营租赁飞机，原则上飞机租约到期前至少24个月应启动续租或寻找下一承租人的工作，原则上租约到期前12个月应完成续租、转租或出售方案。

四、飞机权证（所有权证、保单）管理

由于航空运输业是高度监管的行业，其运营门槛较高，且局方对于飞机的运营有严格的监管，通常会有各类较为特殊的运营执照要求。飞机相关的证照大部分均与运营相关的，需要随机携带并进行相应更新。即使出租人作为所有权人也应按照局方飞机运营的要求，将相关的材料放置在飞机上，但是作为所有权人，可以获取相关证件的副本进行留存和管理，以保障监控飞机资产的技术状态和安全。

（一）飞机资产的保险管理

飞机保险是资产管理中的重要一环，合理的保险安排既能规避资产损失的风险，又能避免因飞机运行造成的损失波及出租人。通常在租赁合同中会有专门的飞机保险章节，同时在飞机交付前承租人还应将出租人确认的保单交给出租人，并在整个租赁期间保持飞机的保险有效、足额覆盖状态。

飞机的保险管理，也和飞机的全生命周期相匹配，大致可分为如下工作部分：一是飞机起租前租赁合同中关于保险条款的拟定和谈判、保单的审查和谈判；二是飞机起租后年度保单的收集与保管；三是飞机特殊情况下的保险管理。

1. 合同和保单中的保险条款的拟定和谈判

首先，在飞机保险条款设定和谈判方面，随着国际业务的开展，与国内承租人不同，海外承租人呈现出风险较为分散、市场情况多变、法律环境复杂、经营情况各异的特点，在业务推进过程中很难对当地的飞机保险情况进行专业的调查研究和风险分析，从而影响保险安排方面的风险把控和落地效率。

为进一步增强对国际业务中保险的掌握，有效防范飞机在运营中的风险，对海外业务的保险条款和保险凭证审核方面，除了要审查飞机的基本信息是否正确，还应着重审查飞机机身及零备件一切险（all risk hull）、机身战争及相关风险保险、法定责任险的覆盖（Liability Coverage）等具体内容，如一切险是否包括战争险、飞机部件、每年的保费递减额等。对于具体的条款还大致有如下的审查要点：①

① Marsh Aviation Insurance Certificate review and checklist, April 2018.

Terms
— Lessor included as an additional insured(s)
— Breach of Warranty
— 30 day Notice of Cancellation or material change
— Additional Insureds; no liability for premiums, commissions, etc.
— Waiver of Subrogation
— Waive riqht of set-off, counterclaim or deduction
— All provisions shall operate as if there were a separate policy issued to each insured
— Policy shall be primary and non-contributory
— Cut Through Clause where reinsurance is applicable
— 50/50 Clause
— Worldwide coverage
— Require each insurer participant to be identified with respective percentage
— AVN 67B
Check accuracy of Financial/Contract Parties

在合同拟定和谈判中，对于保险条款，一般首先要确定的是承租人所投保的保险公司是否被出租人认可，保险公司应当在市场上有一定的能力和声誉，能够在出险时做好航空理赔工作。

其次，要确认保单中的投保额是否与租赁合同中的飞机价值符合一定的比例关系，如110%、115%等（对于经营租赁和融资租赁的飞机资产，一般行业惯例中期初的投保额agreed value一般为飞机购机价格的110%～115%，根据不同承租人的信用资质有所不同，同时每年也会有一定比例的投保额递减，递减比例通常为3%～4.5%），这也是融资合同中融资方所关心的。

最后，要核验在保单中出租人以及融资方（如有）是否根据保险政策被列入了附加被保险人（additional insured）。对于保险政策适用问题，一般约定承租人在其保险中采用AVN67B条款（航空公司融资/租赁合同批单）或更高版本的条款，将出租人作为所有险种保单下的附加被保险人。

通常在保单中还会约定承保人如取消承租人的投保或承租人发生实质性违约时，将提前30日通知出租人。保单中的责任险限额是否符合当地法规的规定等。一般保单的持续期与租赁期并不相同，相反长于租赁期，租赁合同中应约定合同到期退还飞机时承租人应继续将出租人作为其责任险下的附加被保险人，实践中保险期限应自合同到期退还飞机时起两年或到下一次飞机大修时止，以先发生者为准。主要是由于有些飞机部件发生的损害，或由于未大修飞机发生事故的潜在风险未能识别，如发生事故仍应有存续期内的保险来覆盖。

通过在租赁合同中对于保险的安排，来防范飞机全损、部分损害的风险如果飞机被保险公司认定为全损，那么出租人将及时获得由保险公司赔付的机身险，按照租赁合同约定，足以覆盖飞机本身的价值。如果飞机发生部分损坏，保险公司会评估飞机维修所涉及的航材成本、工时费,相关工具设备、人员运输费以及试飞和重新取证的费用,减去对应的免赔额,剩余的赔付给被保险人。

除了租赁协议中的保险条款,一般还会有一个保险权益转让协议,来约定转让方、出租人之间对一旦出险之后,双方对于保险赔款的具体安排。通常来说,最重要的有两部分内容,一是“保险的转让”,转让人承诺按租赁协议的规定投保并维持飞机的有关保险,将出租人列为保险的附加被保险人和飞机全损保险赔款的收款人,并批注在相应的保险凭证中,并在保险续展后立即向出租人提供续展后的保险凭证的复印件。转让人在此向出租人转让其在各保险以及保险赔款项下所享有的所有的权利、所有权和利益,包括但不限于:

(1)获得各保险项下全部保险赔款(或其任何部分)的权利;

(2)在各保险项下向保险人主张权利的权利;

(3)终止保险并在各保单项下获得该项保险费返还的权利;

(4)在保险项下向保险人提起法律诉讼的权利;

(5)在保险项下所赋予的其他权利和利益。

为避免疑义,就该保险项下的索赔权,各方同意作出以下安排:

(1)虽然出租人依据本协议被列为附加被保险人,但是,在出租人根据本协议向保险人或保险经纪人发出执行通知前,被转让权益仍由转让人行使;

(2)在出租人依据本协议第5条发出执行通知后,被转让权益应由出租人执行。

转让人、出租人应在租赁协议项下的交付日前以附件一的格式向保险人或保险经纪人发出一份书面通知,告知其转让事宜以及保险赔款的使用安排。转让人在租赁协议项下的交付日后应尽快取得保险人或保险经纪人就该通知签发的保险权益转让确认函。

在不影响转让人的义务的前提下,转让人应采取一切可行的措施:

(1)完善、维护和维持本协议赋予出租人的权益;

(2)办理所有相关手续,并采取所有与本协议项下转让之设立、完善、维护及维持有关的必要措施。

尽管有本协议的规定,转让人仍应履行其在保单项下的所有义务。出租人无义务履行任何该等义务或就该等义务未履行的后果对任何人负责。转让人同意补偿出租人因该等义务所引致之一切损失及责任。

二是保险赔款的运用,一般的处理方式大致如下。

保险赔款应按如下方式使用:

(1)当飞机发生全损时,无论出租人是否已根据本协议的规定发出执行通知,因该等全损所赔付的全部保险赔款均应由保险人支付给出租人,用于提前偿还被担保债务,在偿还被担保债务之后,如有剩余款项的,出租人应将剩余款项返还转让人;

(2)在出租人发出执行通知之前,因飞机发生全损之外的损失或损坏而发生的保险赔款均应用于修理、维护和恢复飞机,并且应付给转让人或其指定的人;

(3)在出租人发出执行通知之后,因飞机发生全损之外的损失或损坏而发生的保险赔款均应付给出租人或其指定的人,该等款项应由出租人根据情况决定用于修理、维护和恢复飞机。

保险权益转让协议的附件中承租人和出租人一般会就保险权益转让通知的格式进行提前约定,将双方的安排以通知的方式告知保险机构,以便未来在出险时由出租人(保险受益人)代为直接向保险公司索赔,大致格式如下:

保险权益转让通知

致:航联保险经纪有限公司/或其他保险经纪公司

敬启者:

我们在此通知贵司,根据××有限公司(以下简称转让人)作为转让人以及××公司(以下简称出租人)签订的一份保险权益转让协议(以下简称保险权益转让协议),转让人已经将其在保险项下的被转让权益转让给出租人。请贵公司收到此通知后,将出租人列为保险合同的附加被保险人,并将出租人列为飞机全损保险赔款的收款人,并在第一份及续保的保险凭证中进行批注。

为避免疑义,就该保险项下的索赔权,转让人、出租人一致同意作出以下安排:(1)虽然出租人依据保险权益转让协议被列为附加被保险人,但是在出租人根据保险权益转让协议向保险人或保险经纪人发出执行通知(定义见下文)前,被转让权益仍由转让人行使;(2)在出租人依据保险权益转让协议第5条发出执行通知后,被转让权益应由出租人行使或由转让人根据出租人的指示行使。

1.飞机描述:

本通知所述飞机包括:

(1)一架××型飞机(不含发动机;其出厂序号为××,国籍登记标志为B-××);

(2)两台××公司生产的型号为Rolls-Royce BR710的发动机(出厂序号分别为[　　]和[　　];

(3)不是安装在前述飞机和发动机上并从属于租赁协议的所有用具、部件、零件、工具、配件、附件、陈设以及其他设备。

2. 我们在此不可撤销地授权并通知贵公司,按以下方式支付保险赔款:

(1)当飞机发生全损时,无论出租人是否已根据保险权益转让协议的规定发出执行通知,因该等全损所赔付的全部保险赔款均应由保险人支付给出租人,由出租人根据保险权益转让协议的规定使用;

(2)在出租人发出执行通知之前,因飞机发生全损之外的损失或损坏而发生的保险赔款均应付给转让人或其指定的人由其根据保险权益转让协议和租赁协议的规定使用;

(3)在出租人发出执行通知之后,因飞机发生全损之外的损失或损坏而发生的保险赔款均应付给出租人或其指定的人,由出租人根据保险权益转让协议的规定使用。

3. 在出租人向贵司发出书面通知把有关保险权益转回转让人之前,无论是否因续保、变更保险合同导致上述飞机保险单要素发生变更,本通知一直有效。

4. 转让人、出租人在此一致同意,如果转让人、出租人的指示不一致,贵公司应以出租人的指示为准。该等指示未经出租人事先书面同意不得撤销或更改。

5. 本通知适用××法律并据其解释。

请贵司在收到此通知后出具对本通知及其中载明的保险权益转让以及保险赔款支付安排的确认函。

本通知可由各方在同一份签字页上共同签署,也可由各方在不同签字页上分别签署。如分别签署,则各份签字页应合并视为同一份文件,并且本通知的法律效力将不应因此受到任何影响。

特此通知。

2. 租赁期间出险的处理方式

由于保险方面非常专业,全球各个国家的政策也约定,目前对于从事境外飞机租赁业务的公司来说,如果机队规模不是很大,在遇到承租人国别风险较大的区域,如南美、非洲、印度等国家时,根据业务量可聘请保险经纪公司对合同条款进行把握,以规避相关的保险风险。

如在租赁期内飞机资产发生保险事故的,大致的处理步骤如下:

第一时间与承租人和保险公司接触并赶往处理现场进行事故确认;应敦促投保人或承租人尽快向保险公司发出出险通知书,以书面形式报案;应敦促投保人或承租人按照适航规定对受损飞机进行有效保护,安排并配合保险公司现场定损。

对于航空租赁领域,有3家全球知名的保险经济公司,全球绝大部分机队的再保工作由这3家牵头完成,全球的涉及飞机租赁的重大空难及重大赔案,如2002年大连空难,2004年包头空难和2010年伊春空难等,也都由这几家完成。

3.租赁期间保单的管理

在保险到期时,提示有关方面保险到期,并重新安排购买保险,逐年续保,保单设定的保险责任起讫时间保持连续并覆盖全部租赁期限。国内的航空保险通常由航联保险经纪统一投保,海航系的航空公司由扬子江保险经纪统一进行投保,两家保险经纪再分别安排再保。保单模板及主要内容如下所示:

Certificate of Insurance

Issued by: × ×Insurance Brokers

Reference No.

Date

To WHOM IT MAY CONCERN

THIS IS TO CERTIFY that we, Air Union Insurance Brokers Co. , Ltd. as the insurance broker, have placed with the PICC Property &Casualty Company Limited, (the Insurers) the aviation insurance in the name of × × × × Airlines (hereinafter called the "Insured"), for the account of the Insured covering their operations in connection with their entire fleet of aircraft, including all new and acquired aircraft from the moment they become the insurance responsibility of the Insured, whilst operating anywhere in the world, but each flight to and from the following cuntries'/territories should be declared in full details prior to the flight and insurance coverage is granted subject to written confirmation having been issued by the Insurers, countries which are subject tof UN sanctions, and Algeria, Angola, Liberia, Somalia, Sudan, D. R. Congo, Iran, Afganistan, Bosnia-Herzegovina, Sri Lanka and the following former USSR States/Republics: Azerbaijan, Chechno/Ingushaskaya, Tadzhikistan, Georgia and Moldova, against the following risks and up tp the limits stated:

1. Hull ALL RISK (including spare parts, engines and the like not forming part of an aircraft, hereinafter called the " Spares") of Loss or Damage whilst flying and on the ground for an Agreed Value as statedbelow. The coverage provided under this insurance is subject to the following Deductibles each and every loss, other than in the event of a Total loss, constructive total loss or arranged total loss:

In respect of aircraft USD × × × ×

In respect of Spares(not applicable to loss or damage arising out of an accident to the carrying aircraft, vessel or vehicle, or to loss or damage caused by fire, storm, tempest, tornado, wind, cyclone, flood or explosion)-USD × × × each and every claim but in respect of ingestion damage to propulsion unites whilst undergoing test running subject to full deductible as applicable to aircraft to which propulsion unit is destined to be fitted but not applicable to total loss, constructive total loss or arranged total loss of the propulsion unit converned.

2. HULL(including Spares) WAR AND ALLIED RISKS, as excluded by the War, Hijacking, and other Perils Exclusion Clause(AVN 48N) for an Agreed Value as stated below. This insurance is subject to an overall annual policy aggregate limit of USD × × ×. Coverage for Sprates is restricted in respect of War Risks to whilst in Transit only.

3. Aircraft third party, passenger, baggage, carogo, mail and airline general third party legal liability, for a combined single limit ofat least USD × × × any one occurrence, each aircraft, unlimited in all during the currency of the policy, but in the annual aggregate in repect of Products liability. The coverage provided in respect of war and allied risks is in accordance with the extended coverage endorsement and is limited to USD × × any one occurrence and in the annual aggregate, however thissub-limit shall not apply to cargo and mail whilst on board an aircraft, passengers and passengers baggage.

除保单之外,国际上的保险机构还会出具一份承保确认书(broker’s letter of undertaking),主要用来向出租人和承租人确认对于特定飞机的保险安排已生效、投保的标的等情况。

4. 飞机取回或租期中断情况下的保险安排

通常在承租人拖欠一段时间租金开始,飞机的保险是否足额、有效,将成为出租人非常关心的问题。一般来说,及时在租赁期间由承租人购买保险,为避免因承租人违约造成的保险中断等情况,具备一定规模的出租人将购买或有责任保险(contigent insurance coverage)。

近年来,泰国市场发生航空公司拖欠租赁公司租金的消息,飞机租赁公司不同程度经历了飞机取回的过程。在泰国,取回飞机并非易事。

泰国法律要求在泰国运营的飞机必须在泰国的民航局进行注册。在租金拖欠超过一定期限、出租人宣布中止租赁合同时,根据泰国民航局规定,出租人可以向局方申请要求注销飞机的登记。而在实践中,局方通常会向航空公司征询其是否同意撤销飞机注册。在最理想的情况下,航空公司将同意并配合局方注销飞机的登记,但绝大多数时候航空公司并不那么配合。即使航空公司配合"同意"注销飞机登记,那么局方也会对总体情况进行评估判断,因为要考虑停飞是否会对乘客、航空公司的运营造成影响。

如航空公司不同意注销登记,那么出租人由于无法单方申请注销登记,需要向法庭或仲裁机构提起诉讼或仲裁。出租人期望获得诉讼或仲裁结果从而注销飞机的登记。在获取法庭或仲裁机构的结果之前,出租人通常会申请要求该架飞机停飞,以保障飞机取回顺利进行。但法庭命令通常很难获得,出租人须提供证明,停飞将对公共安全和国家安全造成影响。而往往法庭往往由于经济方面的考虑拒绝这种停飞要求。

除非有非常紧急的情况能证明航空公司将该架飞机飞出泰国国境,并不再返航,但这种证明通常难以获取。在出租人提交材料给法庭或仲裁机构之后,判决结果通常在最后一次审判以后的2~3个月宣判,同时双方都还可以在1个月内进行上诉,所以最终出租人拿到飞机可能要用1~2年的时间。

泰国并没有加入2011年的开普敦公约,所以对于国际条约中规定的法定飞机取回条款不能适用。此外,泰国并不能直接执行境外机构左侧飞机停飞或取回的法庭判决,需要在泰国国内向法院等机构重新起诉。完成法院流程之后,在清关方面,出租人需要拿到另一个将飞机摆渡出泰国的申请,这就是说在泰国局方注销飞机在泰国的登记后,出租人需要将其在另外一个国家完成注册。

完成上述所有手续后,出租人方可成功将飞机飞到另一个国家,完成飞机取回工作。①

5. 飞机发生全损的保险处理

对于飞机全损的定义。飞机在运行中发生部件的损坏,如鸟击造成的发动机损坏、或者机场中行李车对于飞机大翼造成的损坏等,如果在免赔额范围以外,均可以根据保险的相关安排获得保障。此外,对于一些严重的事故,如飞机坠机、失联等情况,将根据租赁合同与保单安排的条款来操作。其中,在租赁合同中,通常有关于飞机全损的具体定义,大致包括如下几种:

① 泰国飞机取回相关信息来源:曼谷邮包 Bangkok Post 18/08/2017。

①飞机坠毁彻底报废；

②飞机没有发生标准意义上的全损，但如果对飞机损毁部分进行维修，维修金额超过全损金额的75%，那么保险公司也会按照全损金额进行赔付；

③飞机的所有权和使用权被征用超过一定时间；

④飞机失踪超过一定时间或者劫持造成的机身全损。

相应的合同原文如下：

Event of Loss with respect to any Item of Equipment means any of the following events with respect to such Item of Equipment:

loss of such Item of Equipment or the use thereof due to hijacking, theft or disappearance (i) for a period in excess of thirty (30) days or (ii) if earlier, beyond the date of termination or expiration of this Agreement;

The destruction, damage beyond economic repair or rendition of such Item of Equipment permanently unfit for normal use for any reason whatsoever;

Any loss of or damage to such Item of Equipment which results in an insurance settlementwith respect thereto on the basis of a total loss, or a constructive or compromised or agreed or arranged total loss;

A Compulsory Acquisition; or

The condemnation, confiscation, deprivation or seizure of, or requisition of use or hire (other than where the same amounts to the Compulsory Acquisition of the Item of Equipment) of, such Item of Equipment, which deprives any person entitled to have possession and/or use of the Item of Equipment of possession and/or use in excess of sixty (60) consecutive days or, if earlier, beyond the date of termination or expiration of this Agreement.

An Event of Loss to the Aircraft shall be deemed to have occurred if an Event of Loss occurs with respect to the Airframe.

根据以上表述可见，任何机身的全损也即构成飞机的全损。在被界定为全损之后，将启动保险赔偿流程。在出租人获得保额(agreed value)的赔偿之后，出租人应将航空公司的保证金、多付的租金、维修储备金等返还给航空公司。双方的租赁关系终止，同时应将关于该飞机的所有权、利益等全部释放给航空公司。

通常飞机在起租之后，出租人将为其匹配与租赁期相应的长期贷款，飞机的所有权将从出租人抵押给银行或其他金融机构，所以，飞机发生全损时，通常还

会有融资方的参与。在项目贷款协议上,通常有以下条款涉及全损情况下融资银行的权益保障:

(1)保险权益转让的协议和保单(银行或其他金融机构作为附加被保险人);

(2)贷款协议中强制提前还款条款(一旦飞机发生全损,贷款需要强制提前结清);

(3)其他担保文件:租赁权益转让协议、股权质押协议等。

飞机全损发生时,通常对于银行或其他金融机构有以下几种可能的安排:

(1)保险赔偿款及时赔付,保险款足额覆盖银行应收本息及相关费用,则贷款协议终止,剩余赔偿款由出租人和承租人根据租赁协议分配;

(2)保险赔偿款未能及时赔付,根据贷款协议银行强制出租人提前还款,该情况下,出租人应当在协议约定期限内提前偿还贷款剩余本息及相关费用,贷款协议终止,此后出租人继续追偿保险赔款;

(3)保险赔偿款未能及时赔付,同时出租人未能履行提前还款义务,银行有权利继续追偿出租人(贷款协议)、保险公司(保险权益转让协议、保单)、承租人(股权质押协议、租赁权益转让协议、租赁协议)三方责任,直至贷款全部清偿。

此外,对于国际飞机租赁业务来说,在空难事故发生之后,受害乘客除了拿到常规的航空责任保险赔付,在极端情况下会将飞机的所有权人,即飞机出租人,列为共同被告。经咨询保险经纪机构获知,一般情况下出租人与承租人签订租约时,会通过 AVN67B 保险条款将出租人添加为附加被保险人,一旦出租人被受害乘客起诉,赔偿金额将由保险公司承担,因此出租人受到起诉的潜在风险将会被有效转移。

虽然在租赁合同中对于保险条款有完备的安排,但因飞机不在出租人控制下,由于承租人资金紧张或其他原因引起的未及时续保,从而保单失效时,或者没能按照租赁协议的要求购买足额保险,以及由于疏忽和过失导致保险不能满足要求,在上述情况下,出租人也可以根据业务区域分布、国别风险等综合考虑,自行购买或有责任保险。该类保险能有效保证租期内保险的持续性和足额性。另外,由于飞机收回或待租导致出租人持有飞机期间,出租人也可自行购买机身、责任、机身战争和附加战争责任险,以保证保险的持续有效。

6. 发动机全损的处理

如果仅仅是未安装在飞机上的发动机发生了全损,或者安装在飞机上但没有发生全损,仅发生了损害,那么航空公司应第一时间通知承租人,并在一定期限内(通常为30天)替换发生全损的发动机,该发动机的所有权应没有瑕疵、没有任何其他的优先权,并且在性能方面与此前的发动机相同或更好。

As promptly as possible and in any event within thirty(30)days after the occurrence of such Event of Loss, duly convey to Lessor[subject to the Mortgage(if applicable)], as a replacement for the Engine with respect to which such Event of Loss occurred, title to another engine, owned by Lessee free and clear of all Liens and having a value, thrust rating, utility, modification status and useful life at least equal to, and being in as good operating condition as, the Engine with respect to which such Event of Loss occurred, assuming such Engine was of the value, utility, modification status and useful life and in the condition and repair required by the terms hereof immediately prior to the occurrence of such Event of Loss.

(二)所有权证和铭牌管理

飞机所有权证是对飞机所有权转移的重要法律凭证,也是对抗第三方的重要保障,因此所有权办理工作是租后管理中重要的一项内容。国内办理飞机所有权工作的流程大致如下:

1.向民航局提交接机报告

该报告由局方接机代表人员撰写并报送航空公司所在民航管理分局,分局审批后提交民航总局。在此期间会定期向民航局确认接机报告是否收到,在民航局办理飞机所有权的必要前提就是接机报告须上传至民航局系统中。该项工作上传时间一般为2个月左右。

2.在民航局官网进行初设申请

该步骤须在民航局官网上进行初设申请,并填写《民用航空器所有权登记申请书》,该申请书涉及飞机国籍号、飞机型号、制造商名称(英文)、制造地点、制造材料、生产序号、出厂日期、最大起飞重量、空载重量、发动机台数、飞机价值(美元)、所有权人名称、所有权人地址、所有权人法定代表人姓名、飞机占有人名称、飞机占有人地址、所有权取得日期,并上传该申请书。

3.准备所有权办理所需材料

办理所有权的材料包括两部分,第一部分是飞机所有人的相关资料,包括委托办理人身份证复印件(1份可自行准备)、委托授权书(1份)、营业执照正副本复印件(1份)、法人身份证明书(1份)、法人身份证复印件(1份);第二部分是与飞机交易相关的文件,包括:民航局网管下载的所有权登记申请书(3份)、购机转让协议(1份)、购买协议(1份)、接收证明(1份)、飞机制造商出具的发票

(1 份)、飞机制造商提供的卖据(1 份)、飞机国籍证(1 份),需加盖出租人和承租人公章、飞机融资租赁协议(1 份),需加盖出租人公章,如需法定代表人盖章(如所有权登记申请书),则需盖法定代表人手签章。

以上部分文件由承租人和制造商提供,一般在租赁合同中约定承租人将有义务配合出租人办理所有权证书,制造商提供的材料一般均在交机前或交机时获取。

4. 提交并核验相关材料

提前与民航总局相关部室进行预约,并向相关办理人员提交国籍登记证以及我公司授权书办理国籍登记的用印,审核通过后局方人员会在飞机国籍证上盖章,预计 3 天左右再来局方取件。

5. 办理所有权

带齐所有文件提交局方,局方工作人员审核无误后,预计 1 个月左右时间可领取飞机所有权证书。

在完成上述所有步骤后,在官网查询所有权办理状态,当提示可取证时,领取飞机所有权证书。

上述所有流程所需时间根据实际情况会有所不同。总体来看,如接机报告 2 个月左右上传所有流程所需时间约为 4 个月左右,所有权办理的大致时间为 3 ~ 4个月。

境外国家办理飞机所有权证工作一般由承租人办理,将证照在飞机交付后一段时间内作为 CS 条件材料交给出租人。这项工作通常由出租人方的律师负责跟进该文件的办理工作。

除了新飞机交付完成后要及时办理所有权证书以外,对于购买的二手飞机,在购买前一般要请律师在国际利益查询机构对所有权情况进行尽职调查,以确定飞机的所有权属情况、抵押情况,确定该飞机的所有权清晰、无瑕疵。所以如果进行飞机的资产交易,一般需要将其所带的抵押贷款进行释放,使飞机无任何其他的抵押、质押等,以便于下一步的交易。

对于商用飞机而言,查询的机构包括本国的民航局方登记系统,以及国际利益查询,后者可以在《开普敦公约》及《航空器议定书》,可以通过飞机的生产序列号、发动机的生产序列号进行所有权查询、融资信息查询等。

6. 飞机铭牌

飞机交付后除了及时办理飞机所有权证,还应确保飞机机身、发动机上在明显的位置有所有权人、抵押权人铭牌。飞机上铭牌种类较多,通常铭牌显示该飞机的生产序列号、制造商、出厂地址等。

但对飞机租赁公司来说,飞机所有权铭牌是以物理方式向承运人、所有权人以外的所有第三人公示该飞机所有权的归属,铭牌上的内容一般显示该飞机的所有人和抵押权人(如有),以明确的方式向第三方告知该飞机的所有权属情况。对于新飞机来说,一般在交付前一到两天,完成飞机检查、试飞、客户检查等一系列的技术确认后,将在机舱、发动机上安装铭牌。对于二手飞机来说,完成购买交割后出租人应尽快敦促承租人重新制作铭牌,并安装在显著的位置。

飞机铭牌内容不仅包含飞机的出租人信息,还包括其他有优先权的机构名称,内容如下:

This Engine(or Airframe) is owned by × × × Limited(Lessor), is leased to × × Airlines Co., Ltd. (and mortaged to × × × company) and may not be r remain in the possession of or be operated by, any other person without the prior written consent of × × × (Lessor name).

飞机在运行过程中,由于部件、发动机、APU 需要定期维护等原因,可能发生部件串件等原因,即刻有某个其他租赁公司铭牌的发动机被装到另外一个出租人所拥有的飞机上,通常在合同中对于串件也有详细的安排,如不能超过规定的时间、串件的价值或性能应等于或高于原部件的价值等规定。

其中对于飞机、机身或发动机上的任何部件的更换,部件的所有权均属于出租人并由抵押权人享有抵押权,直到该部件被重新替代。

All Parts at any time removed from the Aircraft, Airframe or any Engine shall remain the property of Lessor and be subject to the Mortgage(if applicable), no matter where located, until such time as such Parts shall be replaced by parts which have been paid for by Lessee and incorporated or installed in or attached to the Aircraft, Airframe or such Engine in compliance with the requirements for replacement parts specified herein.

对于价值较高的发动机临时的更换或串件来说,规定要相应得具体而严格。通常如果需要串件或更换发动机,需要承租人没有任何违约行为为前提,且不会对飞机造成任何价值上的贬损,同时需要在退租前的一定时间内尽快将原发动机装回,当然对于保险来说应确保该发动机也是承保范围内的。

It would otherwise result in an unreasonable disruption of the operation of the Aircraft and/or the business of Lessee;

As soon as reasonably practicable after an engine is installed on the Aircraft, but within [sixty (60) days] after such installation or beforethe Termination Date, whichever is the earlier, Lessee removes that engine and replaces it with the Engine; and

The Insurances are not affected and the provisions relating to insurances under this Agreement in respect of the Engine continue to be complied with.

由于二手飞机的卖买而需要变更铭牌信息，这对承租人来说是额外的工作和负担，通常由出租人或购买方支付该部分费用，并由航空公司安排安装新铭牌。此外，飞机如果在交付时由出租人自有资金购买，后续以飞机向银行或其他金融机构进行抵押贷款，那么根据贷款方的要求通常要在铭牌上加上抵押权人信息，也需要变更铭牌信息，这时费用大多数情况下也由出租人承担，由航空公司找制作机构进行安装。

（三）开普敦公约登记

1. 开普敦公约介绍

《移动设备国际利益公约》(Protocol to the convention on international Interests in Mobile Equipment)是航空器融资和租赁领域的重要国际公约，由于该公约是2011年在南非开普敦外交会议通过，也被称为开普敦公约。除了该公约，还有一个专门针对航空器设备特定问题的议定书，这两个文件均与飞机租赁、卖买、融资等相关，前者是基础公约，后者是特别公约，除了航空器之外，还有其他不同类型的设备，包括空间资产、铁路设备等，均由不同的议定书加以规定。

依据该公约，航空器出租人或融资方可以将在航空器上的优先权益在根据该公约设立的国际登记机构进行登记。登记后的权益具有公示作用，优先于没有登记在特定航空器上的其他权利。且一旦作为承租人的航空公司不履行租赁合同或融资合同项下的义务，出租人或融资方即可以主张登记的权益。该公约成员国包括世界上主要的航空运输国家以及航空器制造和融资的国家，包括美国、英国、欧盟成员国等。2009年，国际私法统一协会表示已经于2009年2月收到了中国交存的关于《移动设备国际利益公约》《移动设备国际利益公约关于航空器特定问题的议定书》的批准书及保留声明。根据声明，公约和议定书将于2009年6月1日对中国生效，但不适用于中国香港和澳门特别行政区。中国也已经签署和批准了这两个问题件。

开普敦公约下设的国际登记处(IR, International Resiger)根据公约和议定书，可以受理来自出租人、融资方等飞机相关权利人的登记申请，其中申请登记包括发动机利益登记、机身利益登记等。飞机租赁作为全球化流通的资产，由于国际利益登记,使其在全球范围内可宣告对于发动机、机身等的相关权利,对于飞机所有权人、抵押权人等利益有较好的保护作用。

国际登记系统有两大主要作用,一是对飞机资产的相关利益进行登记,二是在该系统上查询特定飞机资产的优先利益登记情况。可登记的飞机资产利益包括机身、飞机的发动机和直升机。

由于飞机资产价值高,对于一国的航空运输至关重要,如何保护飞机所有人或抵押人的权益,在发生违约事件时如何保障所有权人、抵押权人顺利拿回飞机资产,成为出租人或融资机构关心的问题。开普敦公约从全球化的角度出发,为鼓励航空公司降低融资成本,鼓励出租人融资方进入该领域,铺设了道路。

开普敦公约和议定书除了从法律文件上对飞机资产的权益进行保护,还创设了一个物理存在的、可进行登记的、可供查询的登记系统。这个系统可登记的利益包括一般的所有权登记、抵押权登记,还有相关的代位求偿权等均可登记,飞机的购买合同也可以登记。①

一般而言,承租人在国内的租赁业务实践中仅在民航局办理飞机所有权证书,对于境外的项目而言,一般均要求在开普敦公约的国际登记处进行利益登记。即使承租人所在国未加入开普敦公约或议定书,但完成国际登记能对抗已经加入该公约的国家的善意第三人。由于开普敦公约的"国际利益"被所有的成员国认可,并在具体的环境下可主张相关的权利,所以无论抵押权人、所有权人等均可以根据公约寻求救济,且先登记的国际利益可对抗后登记的利益以及未登记的利益,这增加了飞机在全球范围内的租赁交易的公平性、稳定性。在一项租赁业务中,可以将租赁合同(lease agreement)、保单(insurance certificate)、机身发动机质保转让协议(AWA、EWA)、飞机卖据(bill of sale)等均进行登记。

在飞机资产交易的过程中,购买方一般会聘请相关机构或要求卖方提供最近的关于飞机资产的国际利益查询结果,以确认拟交易的飞机资产所有权清晰、无瑕疵,这对于飞机的流通也清扫了障碍。

2. 开普敦公约使用流程

公约保护的权利核心为国际利益,即产生航空器本身可以对抗第三方的利益,所以具备物权的属性。目前在业务实践中,如果一家飞机租赁公司每年飞机

---

① Ludwig Weber:《开普敦公约将促进中国的航空器融资租赁》,孙凯文、雷傲、富毓等译,载《中国律师》2016年第2期。

交付量较小，通常会由项目主办律师协助办理国际利益登记，租赁公司需将工时费、登记费用支付给律师。但如果每年交付量大，则需要专门找一台电脑配备专门的人员来统一管理该部分工作。

由于国际利益登记系统的要求，需要将一台电脑长期作为登录该登记系统的唯一电脑，登录网址为 http://www. internationalregisty. aero。在进行相关利益申请之前，需要在系统上登记为使用人，主要流程包括以下方面：

首先是注册成为新申请人用户。在这步中，需要登录主页面，注册账户，可以选择“成为一家新公司的管理员”(become the administrator of a new entity)、“成为已有国际利益登记公司的管理员”(become the administrator of an entity already on the international registry、“成为已有国际利益登记公司的使用人”(becomea user of an entity already on the international registry)和“证书被盗”(replace a lost or stolen keystore/certificate)。可以根据公司情况选择合适的选项，同时应注意公司名称应当确保正确且不能修改。如果公司的名称在注册时显示已有注册，该注册者是其他国家的相同名字的公司，那么需要调整或者增加国别标识，来区别自己的公司。

选择公司类型。通常可以选择 TUE(交易使用主体，Transacting User Entity)或 PUE(专业使用主体，Professional User Entity)，两者的不同在于 TUE 可以在注册中成为交易的一方，如买方、卖方或债权人等，而 PUE 通常不是交易方。

录入电话号码、录入人的职务、出生日期等，录入国别和邮编、录入备用其他联系人等情况。在完成上述所有基本信息录入之后，将进入到最后的步骤。

图 4－1

在完成了上述成为使用者或管理者的申请之后，将有一封邮件要求进一步提供相关文件，全部得到审批之后，使用者可将飞机、机身等资产的国际利益在系统

上进行登记。根据 IR 系统公开的登记手册显示，新的利益登记有以下步骤：①

①在国际登记处网站上登记利益，进入“登记区”“登记、变更或解除利益”“新登记注册”，在国际登记处网站上选择包含现有不同登记类型的下列菜单中的登记类型，点击下一步继续；

②为您选择的登记类型选择相关的指定方，有必要通过点击各个指定方文本框旁边的“放大镜”图标，搜索并选定，通过点击可以输入想搜索的指定方全称或部分名称；

③选择要添加的实体名称，点击选定，如果只能选择一个指定方的话，窗口将自动关闭；

④从下拉菜单中选择“解除权持有人”，先前选择的登记受益人的相关实体将被植入列表中显示的实体；

⑤必要时可从下拉菜单中输入登记；

⑥可能需要确定要登记的利益是否属于零散权益，但这并不适用于所有登记类型。如选择 yes，请选择或输入百分比值；

⑦对于某些登记类型，可能需要选择登记失效日期，这是一个可选项目，选择失效日期时，请适用文本框旁边的日历图标；

⑧必要时，可输入其他邮箱地址，如果登记可检索，该等邮箱将收到邮件通知；

⑨清除任何输入的信息，选择任一区域旁的“清除”图标，如果输入细节正确选择下一步继续；

⑩可从当前制造商列表中或依据国际登记处规章 5.1 选择对象，相关人员可依据程序以电子方式输入对象；

⑪以 TUE 管理员身份登录的话，可在国际登记处网站上搜索制造商提供的所有对象；

⑫如以 PUE 管理员、PUT 用户或 TUE 用户身份登录，可以检索的对象只限于从至少一个选定登记的指定方获得授权的对象；

⑬检索完全针对制造商序列号，返回的检索结果基于输入的序列号，这一检索公式在网站常见问题部分有详细说明，所有匹配输入的 MSN 的对象都将被显示；

⑭可以选择筛选框进一步过滤检索结果，筛选框将为用户提供筛选关项词，比如，制造商，型号或类型，输入您想要筛选的数据，选择筛选项，相应的结果将被筛选，需要的话，可选择“清除”项清除所有数据，可以选择“关闭”项关闭筛选框；

---

① International Registry on Mobile Assets 官方网站。

⑮可选择一个或多个对象，勾选对象旁边的框，点击添加，如需要，可继续检索其他制造商序列号，添加更多对象，完成检索后点击“关闭”；

⑯如欲从列表中删除任意对象，勾选对象旁边的框，点击清除图标；

⑰如需要，可输入或选择国籍与登记标示查找任意航空器；

⑱依据本规章 12. 8 部分，用户可能需要输入授权入口点编码，如果选择航空器注册国作为指定授权入口点，用户须声明该编码无法获取，该编码可从相关授权入口点获取，相关联系方式等细节可从本网站常见问题解答部分获取；

⑲选择“下一步”，所有有关登记的细节将出现供确认；

⑳勾选框，确认已获得相关方的授权进行登记，点击“下一步”，然后，将被要求输入密码，然后继续；

㉑必要时，输入支付内容，对公账户的话，请输入 PIN 并确认支付；

㉒下载发票或交易结算单，作为支付记录；

㉓登记仅在所有指定方提供许可后方可激活，许可应在登记启动后 36 小时内完成，邮件通知将发送到需要获得许可的指定方，以便于激活等待中的注册。

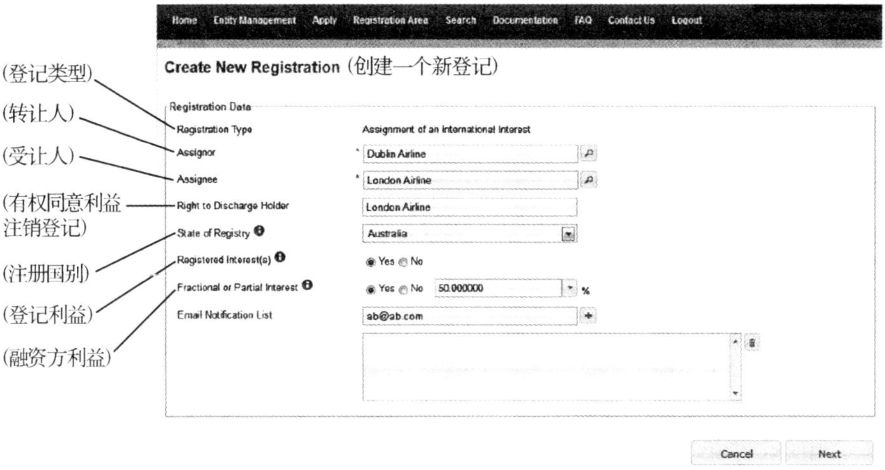

图 4－2

在国际利益登记网站上，除了新飞机利益登记，还可以解除相关权益，这主要是基于飞机转让或租赁结束而产生的操作。通常，转让只有由当前的权利持有人发起，进入“解除权管理”和“解除权转让”板块操作，同时经过转让人和受让人的授权同意。

图 4 – 3

3. 我国加入开普敦公约的情况

我国于 2008 年加入了开普敦公约,并同时发表声明,对《移动设备国利益公约》第 54 条第 2 款作了相关声明,即债权人依据《移动设备国利益公约》任何条款可以获得条款中并未明确要求必须向法院申请的任何救济,必须经过中华人民共和国法院同意后方可施行。所以在中国境内,如果出租人要取回违约的承租人所占有使用的飞机,可以依据开普敦公约的条款获得相应救济,但是前提必须经过相关法院审判之后方可施行,即通过诉讼的方式先解决双方的权利义务关系,得到法院确认之后方可根据公约得到救济。

在实践中,出租人与境内承租人签署了 IDERA,并在飞机起租后将 IDERA 在中国民用航空局适航审定司进行备案以后,如承租人发生违约,那么出租人可以凭此已经签署并登记的 IDERA 向民航局申请办理本架飞机的注销登记并将飞机出口。在国内发起人可以是出租人、债权人或担保人,可以向相关机构提出注销登记的申请。通常,对于符合要求的被许可人,相关机构应当在收到申请 5 个工作日内,将航空器的国籍登记予以注销并出具相关函件。在过去的几年中,得益于中国航空运输业迅猛发展,并未发生飞机需要注销国籍登记并出口的情况,这在一定程度上为中国航空公司在国际飞机租赁市场上进行融资提供了良好的环境。

第二节　资产管理系统与飞机监造

由于飞机全生命周期技术方面的管理时间长、文件数据量大、数据对于飞机价值影响大等多方面的原因,随着租赁飞机资产规模的扩大,越来越多的租赁公司选择以系统方式管理相关数据和文件。相比于台账式管理,系统化管理更全面、更准确，且能随时随地登录、导出或导入数据等。而台账式管理，对于机队规模小于20架的租赁资产规模的公司来说尚能应对。

目前国内从事飞机租赁业务的公司也逐渐开始重视飞机资产管理系统。由于国际飞机租赁市场上飞机资产管理系统已经较为成熟，所以国内的同业有的选择直接购买成熟的系统，有的选择找第三方机构或依赖自己的IT团队开发设计符合自己要求和业务需求的系统。

实践中，飞机资产管理系统主要存储飞机资产信息，主要包括飞机资产的技术信息、价值信息、权利信息、保险信息等影响飞机资产价值变化和出租人行使权利的信息，具备租约管理、权属管理、保险管理、价值管理和技术管理功能。

一、飞机资产管理系统

（一）资产管理系统的作用

1. 租赁期内管理

租赁双方在飞机租赁合同中约定了租赁期内对租赁标的物飞机的各项管理要求，包括合同管理和技术管理两大主要方面：

合同管理包括飞机凭证管理（包括保险、信用证、开普敦登记、飞机所有权登记证等）、每月机队使用月报、每半年机队价值分析报告、租金管理（包括租金支付通知书的发起及租金的收取）、承租人的财务数据和运营状况等。合同管理覆盖租后管理的所有内容，确保租后条款的严格执行。技术管理包括飞机维修状态信息、构型信息、运营状态信息、飞机技术规范、发动机技术规范、发动机进厂维修记录、APU维护记录以及维修储备金的管理等。对飞机技术状态的持续监控管理可以实时了解飞机本身的状态，从而确保价值的稳定性。

2. 资产交易管理

飞机资产交易包括带租约的飞机转让、飞机续租、将飞机租给其他出租人、将飞机卖给航空公司或其他租赁公司等形式。飞机交易的核心为飞机价值，而价值的决定因素包括市场价值、飞机技术构型、飞机维修状态、租约中的租金、保证金、维修储备金等商务条款。通过飞机资产管理系统，可实现对存量项目的总体把握，对交易机型的选择、价格的确定进行决策支持，实现机队动态管理，盘活现有资产、保持整体机队价值。

3. 机队整体管理

通过数据归集和调取生成各类报表，对机队整体情况进行分析，可为租赁公司决策层领导制定业务发展整体战略提供参考和依据。

(1)制定自有及管理飞机机队规模、机型分布、承租人分布等战略布局;

(2)保持机队平均机龄较年轻,以获得更好的流通性;

(3)保持机队平均剩余租期较长,以提供持续的现金流。

(二)租赁同业的资产管理方式

目前国内从事飞机租赁业务的公司,大多采用以下方式对飞机资产进行管理:

(1)自主或联合第三方开发内部资产管理系统;

(2)使用成熟的独立第三方公司开发的资产管理系统;

(3)委托第三方机构代为管理。

使用第一种方式进行资产管理的公司包括GECAS、AWAS、工银租赁等几家超大型飞机租赁公司。其公司拥有机队规模大,且有较长时间的行业从业经验,能够有能力根据自身需求,自主开发资产管理系统。同时,其公司内部整体IT建设比较完善,公司各部门能够结合自身需求,组建团队共同参与系统的研发与测试。

使用第二种方式进行资产管理的公司包括Aercap、DVB、Air Lease、SMBC、BBAM、国银租赁、中银租赁、交银租赁、民生租赁等绝大多数国内外飞机租赁公司。此种方式直接使用成熟的第三方产品,节约了产品研发周期,同时也便于租赁公司借鉴同业成功经验,更适合于进入市场前期,中等机队规模的租赁公司使用。

使用第三种管理方式的公司为飞机资产规模较小的租赁公司,其对飞机租赁行业专注度不高,全权委托第三方管理公司对其飞机资产进行管理,飞机资产管理的质量难以控制。

(三)市场上的系统服务供应商

目前,飞机资产管理系统供应商主要由国外厂商提供,如Aerdata公司的CMS系统和AMTSybex公司的Leasepoint系统等,此外,国内从事飞机租赁业务的公司也有自行开发系统的实践。

Aerdata成立于2007年,前身为飞机租赁巨头Aercap公司开发的飞机资产管理系统,之后独立出来推向市场,于2004年被波音收购。目前全球客户超过100家,共管理9000多架飞机,其中中国的客户包括交银、中银、民生、奇龙、光大等;AMTSybex成立于1990年,从1994年开始涉猎飞机资产管理系统,于2015年被富时100指数成员公司Capita收购。目前全球客户超过100家,共管理6000多架飞机,其中中国的客户包括国银、中飞租等。

目前,市场上客户选择较多的系统,基本都已经具备了成熟的合同管理模块和技术管理模块,能有效地将飞机租赁合同信息和技术信息录入系统并自动进行相关分析。此外,系统在实际使用中可支持云存储或本地部署。

(四)实时监控系统

飞机具有异于其他租赁物的特点:价值高,技术先进,可移动性强,且分散于不同地域的运营人运行,这对日常的资产管理工作提出了很高要求。除了以系统方式存储分析飞机的技术信息,对于租赁物的日常监控也非常重要。可以通过航班动态管理的功能,来实现对存量飞机起降机场、高度、速度、航向等信息实时监控。

目前市面上存在很多的航班跟踪数据公司,可以实时提供航班数据、飞行计划、航线、机场延误、导航图等数据。利用这些数据,出租人可以随时跟踪存量机队的注册号、航班号、起飞/降落机场、飞行时间、飞行高度、飞行速度等信息,能及时掌控飞机资产动态。这些数据提供商独立于航空运营人,直接从飞机上采集数据,保证了数据的真实性。

在全球范围内目前提供航班跟踪数据公司有两家,分别是 Flightradar 24 和 Flightaware。其中,由于国内管制的原因,Flightradar 24 提供的部分信息在国内不能显示,而 Flightaware 在国内使用无障碍。

Flightaware 中与飞机监控相关的功能有两个:飞机动态追踪功能和飞机信息查询功能。

1. 飞机动态追踪功能

在该系统上的显示页面主要有两个部分,左侧显示页面为正在飞行的飞机,飞行信息如图 4 - 4 所示。

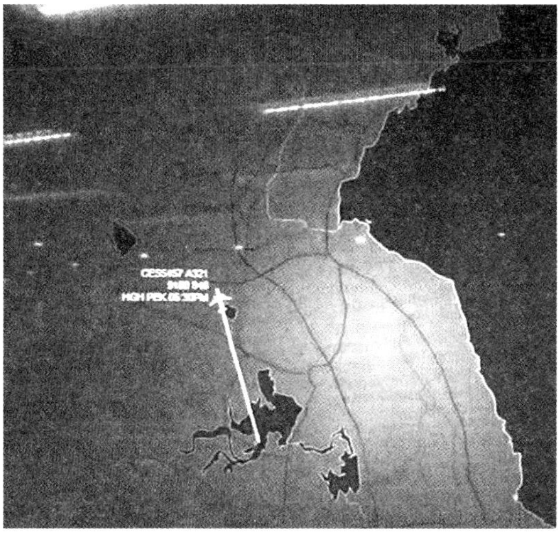

图 4 - 4　飞机航线示意

举例说明,第一行为飞机航班号,A321 为机型;第二行 9180 为飞行高度,为 9480 米,846 为飞行速度,为 846 公里/小时;第三行为起飞和降落机场代码,5:30为预计的降落时间。

除了左侧显示的飞行状态外,在右侧还可以显示监控飞机的列表,即将所有在监控状态下飞机的信息汇总。其中,上部分为正在飞行的机队信息(包括注册号/航班号、机型、起飞机场代码、起飞时间、预计降落时间、降落机场代码);下部分为计划飞行的机队信息。需要提醒的是,只有飞机有航班计划时,才会在此页面显示,如图 4 –5 如示。

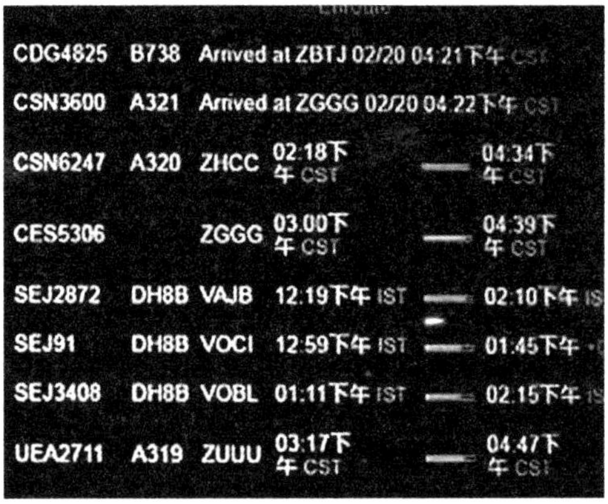

图 4 –5　飞机飞行状态示意

2. 飞机信息查询

此系统还提供全球绝大多数飞机的历史飞行记录查询功能,可以了解以往的飞行使用情况。这些信息是判定飞机价值重要的参考依据,会直接影响资产交易,比如飞行航段数、飞行小时数、常飞航线等。

类似此类的实时监控系统,可以有效地监控到飞机的航班运行状态,判定长时间停放还是持续运行,从而间接判断公司的运营情况。从之前被动接收承租人提供的信息,变主动跟踪查询,从而真实掌握飞机的实际使用情况。可将获取的飞机使用数据与航空公司提供的数据进行比对,判定数据的真实性。如发生飞机取回的情况,可及时获知飞机所停放的机场。

二、飞机监造

除了监控起租之后的飞机资产,对于飞机租赁公司自己批量采购飞机,需要从生产线阶段即进行资产管理,从飞机生命周期开始就开始实施资产管理,主要包括对生产线进行监造，以保证飞机按时、按质交付给航空公司运营。

（一）监造相关的工作

监造工作是指航空器在制造厂家制造组装的过程中，由飞机所有人或其授权人对飞机生产过程的监督和对飞机实施检查，保证所交付的飞机符合批准的技术规范标准、工艺规程和工程文件的要求。此外，监造能确认用户选装件和飞机布局符合购机合同中的技术规范要求。监造工作是飞机资产管理全生命周期的起始阶段，高质量高标准的制造过程保证了资产的初始价值，同时减少了影响后续价值的潜在因素。

不管是租赁公司的订单还是航空公司的订单，作为采购方均须派员参加飞机现场监造。尤其是飞机运营方航空公司，一般都长期派员参加监造，而租赁公司处于人力、监造时间等考虑，通常选择聘用市场上的第三方来进行监造。参与飞机的生产线制造，可以从以下 4 个方面起到积极作用：

（1）实时了解生产的进度，确保飞机根据计划按时交付给客户；

（2）监督生产的过程，确保最终整机的技术状态符合购机合同要求；

（3）对制造过程的各个阶段进行检查，发现生产缺陷并及时反馈给制造商，督促其进行返工，并对返工工作的合理性和符合性进行技术确认；

（4）协调客户与制造商解决在试飞和最终交付中发现的问题，确保飞机顺利交付给客户。

对于商用飞机来说，监造工作并不是随时随地可以进入工厂开始的，一般从飞机部件从各供应商处完成生产，将上述部件进入生产线组装开始，大致包括以下重要阶段，分别是：

1. 大翼组装阶段，具体工作包括检查大翼组装过程，并对组装过程中可能出现的蒙皮损伤、部件间距、封严质量、现场施工等进行评估并列出不符合项；

2. 大翼和机身对接阶段，具体工作包括检查大翼和机身对接过程，并对组装过程中可能出现的蒙皮损伤、部件间距、封严质量、现场施工等进行评估并列出不符合项；

3. 发动机、螺旋桨、飞行控制系统组装阶段，具体工作包括检查上述部件安装过程，起落架收放测试，舱内结构安装等；

4. 内饰安装阶段，具体工作包括检查驾驶舱、座椅、行李架、灯光、厕所、厨房等安装过程；

5. 外部喷漆和标识喷涂阶段，具体工作包括检查喷漆过程是否符合规范，铭牌和标识是否准确和清晰；

6. 客户试飞和最终交付阶段，具体工作包括试飞验证飞机技术状态是否符合交付要求，客户发现的问题是否最终解决，技术文件是否完整交接，制造商对返工项目的处理是否合理等。

（二）飞机监造相关的第三方机构

目前市场上存在众多的机构、个人或公司提供监造服务，市场上规模较大、较为活跃的有 ACUMEN Aviation（ACUMEN）、Derichebourg ATIS Aeronautique（DAA）、Wingo Aviation（Wingo），天津东疆管委会也顺应业务需求成立了天津东疆航泰飞机资产管理有限公司（以下简称东疆航泰）。

根据这些公司的公开信息显示，Acumen 成立于 2009 年，总部设在爱尔兰，在中国、印度、美国设有办公室，有 60 多位员工，业务内容覆盖飞机资产管理、再处置、机队管理等，期间完成飞机交易 250 多架，为 400 多架飞机提供过飞机资产管理相关工作，为 1400 多架飞机提供技术资料管理。客户包括国银、民生、工银、SMBC 等国内外知名飞机租赁公司。

DAA 是法国 Derichebourg 集团旗下的航空服务板块，成立时间超过 20 年，总部在法国，同时在西班牙、德国、美国设有分公司，员工超过 2000 人，业务覆盖飞机工业设计、资产管理、飞机交易、技术咨询、适航认证等航空全产业链。主要特点是对于空客生产线飞机的监造。

Wingo 位于加拿大多伦多和蒙特利尔，专注于为庞巴迪公务机和商用飞机、贝尔直升机客户提供合同谈判、交付检查、出售、代理等服务。已完成 100 多架庞巴迪环球/挑战者系列公务机和 CRJ/Q400 的完工、检查和交付工作。主要特点是可以对庞巴迪生产的飞机进行较有针对性的监造。

东疆航泰是由东疆管委会参股，于 2017 年成立，总部设立在天津，业务内容覆盖飞机资产管理、技术支持、资产处置等，主要业务模式以与全球各区域的技术人员合作为主要的方式，自己没有大批的长期技术雇员。其业务重点成立之初拟服务于国内租赁公司的存续期现场检查、飞机退租管理、飞机改装等。

除了飞机监造工作，目前飞机租赁公司鉴于技术人员的人力、成本等考虑，在机队规模扩大后，逐步将常规的工作如根据租赁合同每年进行的现场检查、飞机交付前的交付检查等也外包给第三方技术服务机构。上述相关工作耗时较长，又需要相关专业领域参与工作，聘请第三方的专业机构，更能依靠外部专业性强的机构参与，更好地管理好飞机租赁资产。

在国内飞机租赁发展过程中，参与者认识到飞机资产管理的工作任重道远。由于中国飞机租赁行业发展迅速,大多数企业在早期追求的是业务规模的快速增长,很容易忽视资产管理的建设。另外行业发展时间偏短,机队较新,短期内很少有飞机进入第二租期或者进行资产交易,市场上缺乏经验丰富的专业人才。

同时国内的资产管理公司众多,但规模较小,人员构成复杂,质量参差不齐,没有形成标准化的企业管理。而国外的资产管理公司存在收费虚高,价格不透明等问题。国内租赁公司的飞机资产管理大多数刚刚起步,而工作内容多、范围覆盖广、专业性强、人才培养周期长,短期内会出现人员短缺现象。

结合飞机资产管理实践,资产管理涉及很多细分领域,工作专业性强,存在很多外包给第三方机构的需求。鉴于国内飞机资产管理领域的工作刚刚起步,第三方机构也处于成长阶段,注册地比较分散,没有形成规模化运营,从业人员既有经验丰富的专家,也有来自航空公司的兼职人员,在资质认可上没有统一标准。业内一直呼吁中国飞机资产管理体系的建立和完备,而完善的体系应该是全方位的,应包括配套政策、服务机构、资产管理公司和 IT 支持系统等。

(三)飞机监造相关的工作

不管是飞机租赁公司自己派员现场监造还是聘请第三方机构代为实施监造,均需要监造人员每天填写监造报告,报告中一般包含飞机生产进度情况、制造厂商和监造方检查出来的问题与整改措施、飞机整体下线进度情况等,让航空公司或飞机租赁公司对飞机技术状态有较为全面的把握,从而为飞机最终交付倒推所需要的资金等准备时间。

飞机的监造流程一般较长,以波音空客为例,大约为下线前两个月可以现场监造,在此之前飞机的各部件都在全球的供应链厂商中进行生产,在最后两个月中运送到总装厂进行生产线组装阶段,一般从这个阶段开始现场监造。

表 4-4　飞机监造时间

Fuel Tanks(油箱)	6	6	0	0
Rudder/Closeout(方向舱)	2	2	0	0
Bullet Fairing(整流外罩)	1	1	0	0
Dorsal FWD/AFT(机身背鳍)	2	2	0	4/0
Wing to Fuse drag angle(大翼与机身接头角材)	1	1	0	0

续表

Floor Panels(地板)	56	48	8	2/0
Dog House LH/RH(屏蔽罩左/右)	2	2	0	0/0
Lower Cowls LH/RH(下整流罩左/右)	2	2	0	0/0
Exhaust Aft LH/RH(后尾喷左/右)	2	2	0	0/0
Over wing fairing fwd/aff(前/后大翼整流片)	4	4	0	0/0
Radome(雷达)	1	1	0	0/0
Vstab access pnls(垂直安定面近面板)	1	1	0	0/0
Hstab access pnls(水平安定面近面板)	1	1	0	0/0
Vstab leading edge(垂直安定面前缘)	1	1	0	0/0
Hstab leading edge LH/RH(水平安定面前缘)	4	4	0	0/0
Wing Leading edge LH/RH(大翼前缘左/右)	14	14	0	2/0
Armpit LH/RH(大翼根部左/右)	2	2	0	1/0
Rear Spar shroud LH/RH(横后梁保护罩左/右)	4	0	4	
Witness Gear swing(起落架收效)	1	1	0	0/0
Exterior Sealant(外密封剂)	1	0	1	

通常在建造中会有一个 discripency sheet,该表主要用来记录飞机具体的部件的实际情况与标准情况的差别,需要每天跟进差别改进情况,由制造商签署整改进度。最理想的情况是在飞机交付前,所有的差别都能得到纠正,但事实上对于一些部件缺货等原因,将由制造商向承运人提供相应的承诺,如在一定期限内整改,或在一定时间内进行保修等安排。

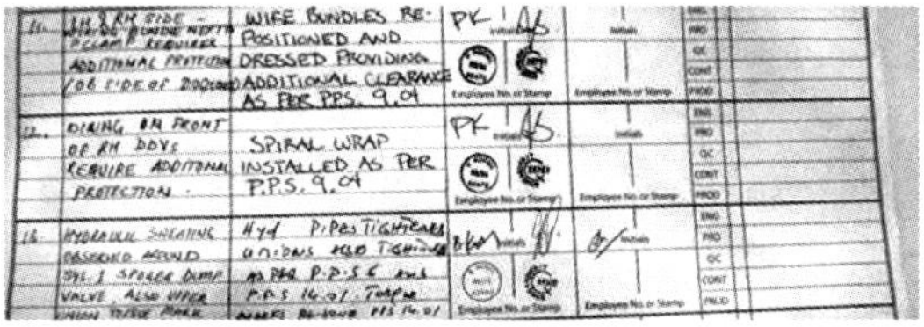

图4-6 飞机部件安装跟进流程

在制造商、购买方对于飞机的技术状态满意之后,将安排制造商本国的民航机构颁发该飞机的出口证书(Export Certificate of Aircraft),并由飞机的实际承运人将飞机调机回国运营。

第五章　飞机取回和批量采购

租赁到期是指承租人和出租人约定的租赁期限已经终结，双方应当按照合同约定的到期后事宜履行完毕双方的权利义务。无论租赁期限长短，在正常的租赁到期后，如果航空公司以融资租赁方式从出租人处租赁的飞机，那么双方按照租赁合同的约定，以确定的回购价格，由承租人将飞机选择回购，出租人将飞机的所有权在局方进行注销，并释放回承租人处。如果是经营租赁方式引进的飞机，那么由承租人按照合同的约定，提前将飞机恢复到退租条款约定的状态，按约定的技术状态退回给出租人，由出租人安排调机到指定地点。后续再进行二次改装、喷涂、再销售等，将飞机或转租或拆解或客改货等。

如果是融资租赁，租赁到期后，须将飞机的所有权转回给航空公司，通常双方在租赁合同谈判阶段就确定好未来产权到期转移的相关文本待执行，格式样本如下：

出租人产权转移证书

××公司（以下简称出租人）在此确认，出租人是下述飞机以及安装或附加在飞机上的所有部件、附属物、附件、零部件、设备及其他设施以及技术资料（详情请见附件）的合法所有者，对其拥有完全的所有权。

机身

制造商：型号：

生产序列号：

发动机

制造商：型号：

生产序列号：

飞机及其零部件和技术资料合称为“飞机”。

根据出租人与××公司（以下简称承租人）签订的合同号为【　　】的融资租赁协议（以下简称融资租赁协议）的约定，出租人于【　　】年【　　】月【　　】日将其就飞机所拥有的全部所有权、权利和利益转让予承租人及其继承者和受让人，自此飞机的所有权转移至承租人。

本产权转移证书中使用的术语与融资租赁协议项下的该等术语具有相同的含义。

本产权转移证书适用中国法律，并按照中国法律进行解释。

本产权转移证书已由出租人的授权代表合法签署，以昭信守。

××公司

法定代表人/授权代表：

第一节　租赁违约特殊情况取回流程

实践中，除飞机租赁到期，需要在正常情况下取回之外，绝大部分情况是飞机在特殊情况下的取回，包括承租人违约、战争等情况。出租人在存续期内做的资产管理工作一方面是监控承租人日常经营、保护租赁资产的安全，另一方面就是监控租赁资产的动态，飞机资产使用及维护情况，以便在特殊情况下能正确把握资产情况，为下一步取回提供各项决策依据。

随着航空运输业竞争加剧、地缘政治不稳定因素增强、航油价格上涨、美元兑换全球主要新兴国家货币能力增强等因素，航空公司的经营环境越发严峻。航油成本、人力成本、飞机维修运营成本等占据了航空公司绝大部分经营成本，一旦发生现金流断裂的情况将引发严重的后果。

一、飞机取回实例

2014 年至 2015 年，印度某航空公司由于经营不善、卢布贬值等原因，发生了较大规模拖欠租金的行为。印度航空运输市场潜力较大，但对票价非常敏感，航空公司的盈亏平衡点较低，市场上廉价航空公司竞争激烈，抢占市场份额。在发生拖欠租金行为之后，部分航空公司向其发出违约通知、停飞通知。后该公司调整管理层、严控成本、调整航线，最终扭亏为盈。

2017 年,德国第二大航空公司柏林航空宣布破产,该公司成立于 1978 年,并拥有 125 架飞机。柏林航空在过去多年中,一直处于亏损的状态,但由于背靠"中东豪门"Etihad 航空的持续注资,从 2011 年起,阿联酋的 Etihad 航空就开始参股柏林航空,并成为柏林航空最大的股东,位于中东的 Etihad 航空希望借助号称"city shuttle"的柏林航空打入欧洲市场。

该公司主要是由于欧洲的廉价航空市场竞争激烈,同时在历史上多次依靠 Etihad 航空或德国政府注资,但仍无法起死回生,其机队中有多家租赁公司的飞机资产。

根据柏林航空官方网站的信息显示,截止到 2017 年 3 月底,该公司的机队情况如表 5-1 所示。

表 5-1 柏林航空公司各种型号飞机状况

飞机类型	数量
Boeing 737-700	5
Boeing 737-800	9
Q400	20
Airbus 319	11
Airbus 320	61
Airbus 321	21
Airbus 330-200	17

根据官方网站信息显示的这 144 架飞机,基本全部通过租赁方式引进,这样的引进方式也符合低成本航空公司的运营方式,即通过租赁方式减少飞机购买、持有的现金流。出租公司包括 GECAS 等国际知名租赁公司,也包括国内的工银租赁、国银租赁、民生租赁等规模大的租赁公司。

从表 5-2 的租赁飞机大于 3 架的出租人列表可见,飞机租赁公司在投放过程中,基本上都遵循了单一客户控制在一定集中度的原则。AerCap 共有 14 架窄体和宽体飞机租赁给柏林航空,Avolon 共有 13 架租赁飞机,Gecas 共有 24 架租赁资产,其中 3 架为 Q400 涡桨飞机,其余的租赁公司基本保持在 10 架以下,且大部分以 A320 系列和波音 B737 系列窄体机为主,①如表 5-2 所示。

① 杨燕超:《柏林航空破产,一大波二手空客 A320 即将袭来》,载《航空租赁与金融》。

表 5-2 柏林航空公司向各飞机租赁公司租用飞机的情况

Lessors' exposure to Air Berlin (3 or more aircraft, including sub-leases)(相关租赁公司租给柏林航空机队情况)(大于或等于 3 架,包括转租)	
Lessor	No. Aircrart(飞机数量)
AerCap	4 × A320s 10 × A330s
Aircastle	3 × A320s (Induding 2 in service with Eurowings)(包括 2 架由 Eurowings 运营的飞机)
Avoton	1 × A330 1 × A319(In service with Eurowings)(由 Eurowings 运营) 4 × A321s(Induding 1 In service with Airblue and 1 with Belatr)(包括 1 架由 Airblue 和 1 架 Belatr 的飞机) 7 × A320s (Induding 3 in service with JC International Airtines)(包括 3 架由 JC 国际航空运营的飞机)
AWAS	1 × 737-800(In service with Niki)(由 Niki 运营) 2 × A320s
BBAM	1 × A330 2 × 737-700s(Both in service with Niki)(全部由 Niki 运营)
BOC Aviation	1 × A320 1 × 737-700s(In service with Niki)(由 Niki 运营) 2 × 737-800s(Both in service with Niki)(由 Niki 运营)
BoCom Leasing	1 × A320 2 × A319s(Both in service with Eurowings)(由 Eurowings 运营) 3 × A321s(All in service with Belair)(由 Belair 运营)
Castlelake	1 × A320 2 × A319s(Both in service with Eurowings)(由 Eurowings 运营)
CDB Aviiation Lease Finance	3 × A320s(Including 1 in service with Belair)(包括 1 架由 Belair 运营)
Deucation Aviation Funds	1 × 737-800(In service with TUIfly)(由 TUIfly 运营) 1 × A319(In service with Eurowings)(由 Eurowings 运营) 2 × A330s
GECAS	1 × A330 3 × Q400s(All in service With LGW)(全部由 LGW 运营) 20 × A320s(Includis 6 in service with Eurowings)(其中 6 架由 Eurowings 运营)
ICBC Leasing	1 × A319 (In service with Eurowings)(由 Eurowings 运营) 3 × A320s
Macquane AirFinance	4 × A320s(All in service with Eurowings)(全部由 Eurowings 运营) 1 × 737-700(In service with NiKi)(由 NiKi 运营)
Nordic Aviation Capital	1 × ATR72-500

在上述两家公司或由于经营不善,或由于国内货币贬值以及严峻的竞争环

境而面临破产的情况下，经营租赁的飞机资产及发动机航材等资产如何取回成为租赁公司最紧迫的问题。

二、飞机取回前的流程

在承租人发生破产、严重违约、租期提前终止或者其他原因导致飞机须取回的情况下，为快速处置飞机资产，收回融资款项并争取必要的收益，在以下情形下出租人将考虑取回飞机：

（1）向出租人付款方面承租人恶意并持续拖欠租金、应付的维修储备金或其应付给出租人的款项；

（2）承租人经营方面，承租人因经营情况恶化等原因导致破产、承租人对外未付债务超过一定金额，严重影响公司运营的，公司进行清算或其他类似活动等；

（3）对租赁飞机资产有实质不利影响的：承租人发生租赁合同中规定的其他严重违约，包括公司被吊销经营许可、私自处置飞机资产、私自改变飞机的注册地等；

（4）其他原因导致租赁合同提前终止，如双方友好协商或其他可能的情况。

从商业角度出发，并不是发生租金迟付、拖欠或承租人经营恶化出租人即作出取回飞机的决定。因为飞机取回不仅涉及外聘飞机调机、飞行员、燃油、飞机存厂等各项费用，在全球各国航空公司的准入门槛较高、监管较严，这对出租人来说是一道较为安全的保障。只有在经营不善导致资金链断裂，或者发生重大安全事故导致客源锐减、对外负债加剧等“黑天鹅”事件时，出租人才有可能采取措施将飞机取回。

在发生飞机取回之前，通常有如下的救济步骤：

1. 对承租人进行尽职调查

加紧租金催收，现场对承租人进行尽职调查，获取承租人的经营情况、拖欠产业链上下游费用情况、员工和管理层稳定情况、管理层关于租金支付的安排和公司经营的策略等；

2. 发律师函

如承租人并不配合租金收取工作，或恶意伪造变造文件、拖欠应付费用，超过一定期限，通常由律师向其出发律师函，要求其偿还债务，并保留采取下一步法律诉讼的权利；

3. 兑现信用证

如在本项目中有信用证（Letter of Credit）作为承租人履约的风险缓释措施，在满足一定时间、性质的前提下，可向银行申请承兑。

三、飞机取回的主要策略

一般在租赁公司内部,有专门的资产管理部门负责飞机的正常情况下取回与应急取回,同时需要客户经理协调客户,以及融资团队协调贷款银行等相关人员组成一个工作小组。具体工作包括以下方面:

(1)催收租金和准备飞机取回的预案同步进行

在出现客户破产风险时及时取回飞机,保全资产安全是公司应急处置预案的出发点。迅速制定处置预案,抢占先机落实取回飞机,将飞机再次营销出去,是飞机租赁公司将可能损失控制到最小限度的有力措施。

鉴于飞机取回预案的准备尚须一段时间,特别是应对飞机的最新技术状况进行全面了解,同时开展再次营销的准备是当前的主要工作。利用这一准备期,应加大租金催收力度,争取在飞机取回之前尽可能多地要回拖欠租金,为后续取回或索赔等工作争取主动。

(2)发出违约通知书,要求对方提供还款方案,公司保持进一步采取措施的权利

应尽快安排发出违约通知书,警告对方违约事实已经构成融资项下违约并触发出租人将飞机取回的条件,敦促对方履行租赁协议中的缴纳租金义务,尽快缴清拖欠租金,维持租赁协议履约的正常状态。下一步还可安排律师向承租人发律师函,并采取进一步行动,直至取回飞机,要求赔偿。

(3)保持与贷款行的良好沟通

一般处于租赁期间的飞机,都已抵押给贷款银行,并安排了与租期相匹配的长期贷款。在发生承租人违约的情况时,除与航空公司密切联络、保持沟通的顺畅,根据贷款协议,还应将情况及时通知贷款银行,并就租赁公司要采取的行动方案将来与贷款行保持常态的沟通,以协调一致。实践中,银行内部会评估项目违约风险、租赁公司的飞机取回和再处置能力,可能会严格按照合同约定在一定期限内处置飞机,或根据市场情况配合租赁公司的后续取回和再租工作,以避免项目贷款也将面临收回的风险。

(4)飞机技术检查尽快完成

在发生违约时,如何确定飞机的技术状态、飞机是否具备起飞的所有文件,应安排公司的技术人员或外聘印度本地的技术顾问开始飞机检查工作,并请技术人员尽快收集完成飞机的技术资料收集,这也是飞机能顺利取回的前提之一。

(5)与航空公司所在地的当地机构进一步沟通

虽然承租人发生违约行为,但取回飞机过程中也非常需要航空公司的配合,以减少法律纠纷、缩短停场时间、降低经济损失,缩小事件的影响范围,并保证飞机可以按计划飞走。

飞机的取回过程在全球各国都是个复杂过程，据初步了解，印度市场通常需3个月到1年的时间。在这个过程中，需要选定外部律师事务所，厘清当前租赁合同、融资合同、担保合同的权利与职责，与利益相关方协商或博弈。同时，需要了解清楚承租人是否有税务问题和法律纠纷，是否有欠机场、空管、维修厂费用。若司法干预不可避免，要界定法律管辖权的问题，进入法院诉讼程序，还要提供法律文件给民航管理当局注销国籍登记手续等。

律师事务所 Pillbury 发布的年度飞机取回难度指数中，对一个特定国家和地区的7个指标进行分析，并给予不同的权重，以权重乘以该部分的分数得出最终飞机取回的难易得分，①如表 5－3 所示。

表 5－3　飞机取回的难度指数

WEIGHTING（占比）	FACTORS（因素）	SUB-FACTORS（具体因素）
22.5%	Repossession（取回）	(1) Self – help remedies; (2) Requirement for a deposit, bond or other security in judicial proceedings; (3) Repossession taxes and fees; (4) Speed of repossession; (5) Legal cost of repossession; (6) ASU Cape Town Discount or Qualifying OECD Status
12.5%	Insolvency（破产）	(1) Sophistication of insobency laws; (2) Insobency moratorium; (3) Overreaching of the lessee's insolvency estate.
10.0%	Deregistration（注销）	(1) Third party deregistration rights; (2) Historical precedent of refusing to deregister; (3) Convenience of deregistration
10.0%	Export（出口）	(1) Third party export rights; (2) Export licenses and permits; (3) Export fees and taxes
7.5%	Judgments and Arbitral Awards（判决和仲裁）	(1) Enforceability of judgments; (2) Enforceability of arbitral awards
7.5%	Preferential Liens（优先留置权）	(1) Onerous and unusual preferential liens: non-possessory liens; (2) Onerous and unusual preferential liens: fleet-wide liens; (3) Onerous and unusual preferential liens: liens in favor of a lessee or debtor; (4) Government requisition and confiscation.
30.0%	Political Stability（政治稳定性）	(1) OECD membership; (2) Sovereign credit rating; (3) World Justice Project-Rule of Law Index (2016); (4) Heritage Foundation-Freedom Index (2016); (5) World Economic Forum-Global Competitiveness Report 2015 – 2016①OECD 成员国 ②主权评级

① 资料来源：Pillsbury World Aircraft Repossession Guide 2017。

根据表5-3可见,飞机的取回不仅需要出租人的自我救济的情况、取回的税和费以及是否为开普敦公约登记国等,还与该国的飞机注销登记、飞机出口等要求相关。在表5-3中,一国政局的稳定与否占比30%,这是决定飞机能否顺利取回的宏观环境,飞机的取回便利与否占比22.5%,这与飞机取回的速度直接相关。其中“self-help remidies”自我救济,是指飞机所有人或抵押权人在不需要法院起诉得到回复的前提下即可从承租人处取得租赁的飞机,不管承租人是否配合其取回行为。

根据上述7个指标的打分,得出全球主要国家的飞机取回难易指数表,①如表5-3所示。其中,绿色部分国家为飞机取回“易”类范围,包括美国、加拿大、OECD等欧洲成员国家。这些国家的航空运输市场、飞机租赁市场等都较为成熟,相关的制度和规定较为完善,对于出租人的保护也相对公平,市场风险较低。

表5-4 飞机取回难易指数

Weighting (占比)	(22.5%)	(12.5%)	(10.0%)	(10%)	(7.5%)	(7.5%)	(30.0%)	
Countiry (国别或地区)	Repo (取回)	Insotrency (破产)	Dereg (注销)	Export (出口)	Judg./Arb. (判决和仲裁)	Pre l. Lierts (优先留置权)	Pul. Stab. (政治稳定)	Total (合计)
Arudu (阿鲁巴)	100.0%	100.0%	100.0%	100.0%	100.0%	100.0%	No Data	100.0%
Australia (澳大利亚)	100.0%	90.0%	100.0%	100.0%	100.0%	75.0%	99.2%	96.6%
Canada (加拿大)	96.4%	90.0%	100.0%	100.0%	100.0%	75.0%	100.0%	96.1%
United States (美国)	96.4%	90.0%	100.0%	100.0%	100.0%	100.0%	93.7%	96.0%
Netherlands (荷兰)	82.1%	100.0%	100.0%	100.0%	100.0%	100.0%	100.0%	96.0%
New Zealand (新西兰)	100.0%	90.0%	100.0%	100.0%	100.0%	75.0%	94.4%	95.2%
Denmark (丹麦)	92.9%	90.0%	80.0%	100.0%	100.0%	75.0%	99.2%	93.0%
Bermuds (百慕大)	95.0%	60.0%	100.0%	100.0%	100.0%	100.0%	No Data	91.3%
Ctryman Islands (开曼群岛)	95.0%	90.0%	100.0%	100.0%	100.0%	50.0%	No Data	91.3%

① 资料来源:Pillsbury World Aircraft Repossession Guide 2017。

续表

Weighting（占比）	(22.5%)	(12.5%)	(10.0%)	(10%)	(7.5%)	(7.5%)	(30.0%)	
Country（国别或地区）	Repo（取回）	Insotrency（破产）	Dereg（注销）	Export（出口）	Judg./Arb.（判决和仲裁）	Pre l. Lierts（优先留置权）	Pul. Stab.（政治稳定）	Total（合计）
United Kingdom（英国）	89.3%	60.0%	100.0%	100.0%	100.0%	75.0%	94.4%	83.0%
Germany（德国）	71.4%	100.0%	60.0%	75.0%	100.0%	100.0%	100.0%	87.1%
Guernsey（根西岛）	90.0%	90.0%	80.0%	100.0%	100.0%	50.0%	No Data	85.8%
Ireland（爱尔兰）	85.7%	80.0%	100.0%	100.0%	100.0%	50.0%	85.7%	85.3%
Finland（芬兰）	78.6%	90.0%	60.0%	75.0%	100.0%	100.0%	94.4%	85.8%
Jersey（泽西岛）	95.0%	60.0%	80.0%	100.0%	100.0%	75.0%	No Data	85.7%
Austria（奥地利）	71.4%	80.0%	100.0%	50.0%	100.0%	100.0%	93.7%	84.2%
Norvway（挪威）	85.7%	80.0%	40.0%	75.0%	100.0%	25.0%	100.0%	80.2%
France（法国）	85.7%	60.0%	20.0%	75.0%	100.0%	100.0%	93.7%	79.4%
Switrerland（瑞士）	71.4%	80.0%	20.0%	75.0%	100.0%	75.0%	100.0%	78.7%
Crech Republic（捷克共和国）	82.1%	90.0%	40.0%	75.0%	100.0%	50.0%	82.9%	77.4%
Hong Kong（中国香港）	67.9%	60.0%	100.0%	100.0%	33.3%	50.0%	88.9%	75.7%
Taiwan District（中国台湾）	71.4%	80.0%	0.0%	100.0%	66.7%	100.0%	89.8%	75.5%

续表

Weighting（占比）	（22.5%）	（12.5%）	（10.0%）	（10%）	（7.5%）	（7.5%）	（30.0%）	
Countiry（国别或地区）	Repo（取回）	Insotrency（破产）	Dereg（注销）	Export（出口）	Judg./Arb.（判决和仲裁）	Pre l. Lierts（优先留置权）	Pul. Stab.（政治稳定）	Total（合计）
Portugal（葡萄牙）	53.6%	90.0%	80.0%	75.0%	100.0%	75.0%	69.8%	72.9%
Estonia（爱沙尼亚）	67.9%	60.0%	60.0%	0.0%	100.0%	100.0%	93.7%	71.9%
French Pohynesia（法属波利尼西亚）	80.0%	60.0%	20.0%	75.0%	100.0%	100.0%	No Data	71.4%
New Ctledonia（新喀里多尼亚）	80.0%	60.0%	20.0%	75.0%	100.0%	100.0%	No Data	71.4%

图5－1为经Walkers确认的开曼群岛的飞机取回指数图例。①

从图5－1可见，开曼群岛的飞机取回总体得分为91%，属于风险级别较低的区域。

此外，对于中国区域的飞机取回评分中，飞机的注销登记为100%，出口方面得分也较高，为75%，得分较低的为法院的判决或仲裁机构的仲裁结果，得分率为33%。这主要是由于目前在实践中通过执行外国法院的判决或仲裁结果取回在中国的租赁飞机应有困难，截至目前中国和美国或英国就外国法院判决的成人和执行尚未订立双边协定。那么境外的法院判决或仲裁结果无法在中国直接适用，只能向中国有权管辖的法院另行起诉，②评分如图5－2所示。

虽然飞机所有权人或抵押权人对飞机的所有权拥有优先权，但是仍有一些"优先留置权"，这类优先权更优于所有权及抵押权，通常包括机场、空管、维修厂费用、税费等。若司法干预不可避免时，要界定法律管辖权的问题，确定适用法律、诉讼管辖地、进入法院诉讼程序，还要提供法律文件给民航管理当局注销国籍登记手续等。

① 资料来源：Pillsbury World Aircraft Repossession Guide 2017。

② 《中国的飞机取回：出租人面临的法律问题和选择》，汉坤律师事务所，王舒、朱俊。

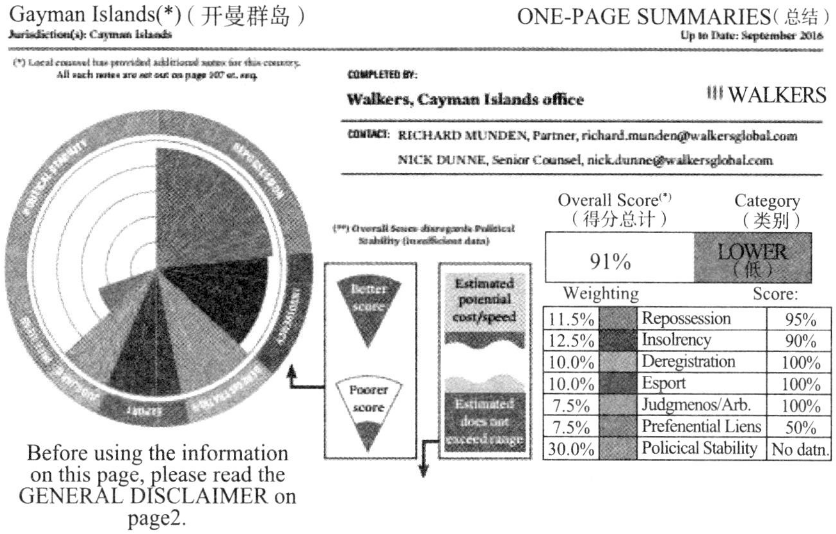

图 5－1　开曼群岛的飞机取回指数图例

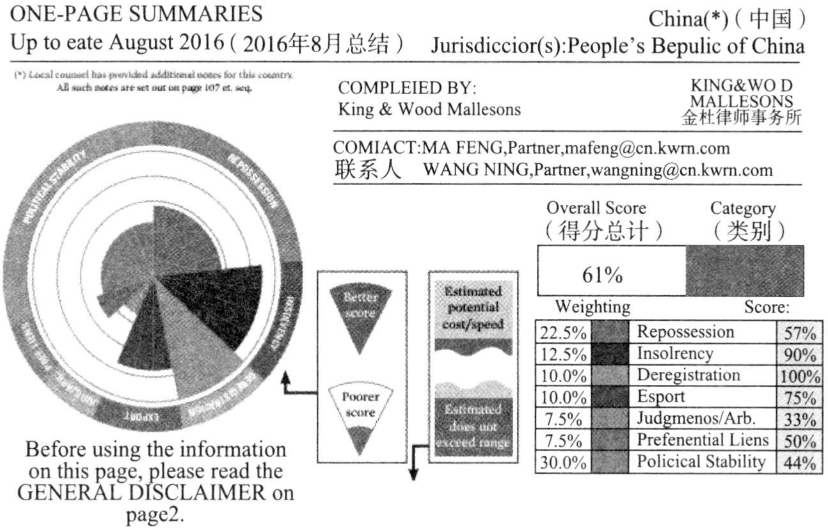

图 5－2

如能顺利将飞机取回，应与承租人协调，结清本架飞机涉及不同单位的费用，如机场的停放和起降费、空管部门的航路、通信和导航费、飞机维修单位的维护费、油料公司的航空燃油费以及其他与本架飞机运行相关的应付未付款项。

四、对租赁公司造成的可能的损失

如果确认航空公司无法继续履行租赁协议中规定的义务时，按贷款合同的约定找到新的承租人继续租赁飞机，并得到贷款银行的认可，则原贷款合同可继续执行；如未能找到新的承租人，则出租人须支付贷款银行支付贷款的余额和其他应付费用，将飞机买回并取得所有权，并继续寻找潜在的承租人。在这两种情况下，飞机租赁公司均须支付费用用于改装、调机等工作，并损失飞机停飞期间的租金。

应协调承租人，结清本架飞机涉及不同单位的费用，如机场的停放和起降费、空管部门的航路、通信和导航费、飞机维修单位的维护费、油料公司的航空燃油费以及其他与本架飞机运行相关的应付未付款项。

五、处置预案及再处置相关手段

如果确认航空公司无法继续履行租赁协议中规定的义务时，并按贷款合同的约定找到新的承租人继续租赁飞机，得到贷款银行的认可，则原贷款合同可继续执行；如未能找到新的承租人，则出租人须支付贷款银行支付贷款的余额和其他应付费用，将飞机买回并取得所有权，并继续寻找潜在的承租人。

（一）处置预案

在这两种情况下，飞机租赁公司均须支付费用用于改装、调机等工作，并损失飞机停飞期间的租金。为应对特殊情况，通常包括以下步骤：

(1)成立应急工作小组，并派员到现场，负责跟进处理相关事宜；

(2)及时聘请飞机取回涉及的服务商，包括飞机检查机构、飞机调机服务机构、飞机仓储保管和适航保证机构等；

(3)继续向承租人施加压力，加大拖欠租金及维修储备金的清收力度，尽快派律师向对方发出违约通知书；

(4)着力做好飞机取回预案的准备工作，与外聘服务机构紧密配合，尽快完成对飞机物理技术检查工作和技术文件整理工作；尽快与当地外部服务机构协助清查承租人目前对外欠付税、费情况，并与此类机构签订聘用协议；

(5)安排快速取回飞机制定相应的工作流程和检查清单。尽快启动与航油、调机公司、当地民航当局、飞机维修厂、机场、保险公司等建立业务保障联系，定期检查所需保障资源的可获得性，确保在应急情况下可以快速反应，实现飞机资产的迅速取回和再处置。

（二）再处置相关手段

虽然在租赁合同中详细规定了飞机的退租状态，但如果飞机不是在正常到期退租的情况，飞机的技术情况很可能偏离合同的约定。随着机龄的增加，飞机的维修价值占比越大。对于商用飞机来说，大部分价值取决于机身、发动机、起落架、APU 等的技术状态和维修状况，因此，在特殊状态下获取飞机的技术状态会直接影响飞机的市场价值和对飞机的处理方式。

根据制造商 Airbus 颁布的 MPD 详细规定 320 机型在运行期间的维修项目、维修间隔，具体如表 5 – 5 所示。

表 5 – 5　制造商 Airbus 颁布的 MPD 详细规定空客 320 在运行期间维修的项目、时间

序　号	维修项目	维修间隔
1	机身大修	6 年/12 年/18 年/24 年
2	发动机大修	28345/19684 飞行小时
3	发动机时寿件	20000/25000/40000 飞行循环
4	反推修理	12 年
5	起落架大修	12 年/24000 循环
6	APU 大修	6000 APU 小时

根据全球大部分航空公司运营 320 机队的情况，可以假定 A320 – 200 飞机的年利用率 3000 飞行小时，小时循环比为 2，发动机减推力 10%，APU 利用率与飞行循环数相等的情况下，参考制造商 Airbus 发布的 320 经济性手册，假定通胀率为 2%，如果飞机机龄在 20 年以上，获取飞机时对应的维修费用，如表 5 – 6 所示。

表 5 – 6　与机龄在 20 年以上的飞机相对应的维修费用

飞机机龄	维修费用
23 年	1073 万美元
23 年	1073 万美元
22 年	1052 万美元
24 年	1031 万美元
23 年	1011 万美元
21 年	1011 万美元
23 年	1031 万美元

租赁公司处置飞机一般有四种方式，第一种方式是转租，如果在获取飞机时已经是机龄较老、技术状况较差的飞机，考虑到转租前须对飞机主要部件进行大修，如果恢复到全寿状态，较高的维修费用及目前市场上老旧客机并不受

欢迎,所以可能会较为不经济。这主要取决于飞机的技术状态和市场情况。

第二种方式为客改货。根据波音《2018—2037世界航空货运预测》报告,受经济增长和中等收入人群数量增加等因素的影响,亚洲在年均航空货运量增长方面处于世界领先地位。中国国内,东亚各国间,东亚至北美之间,欧洲至东亚之间等航空货运市场的增长都将超过世界平均增速,这表明亚洲内部,以及服务、连接亚洲的航空货运市场在未来十年甚至更长的时间内都将位居涨幅前列。

目前空客、EFW、新科宇航联合正在进行320飞机客改货的方案设计,预计今年获得EASA的STC批准,2020年改装完成第一架货机。尽管市场前景广阔,但客改货飞机的最佳机龄为15~20年,后续可持续运行10年左右才具有客改货的经济价值,客改货周期达8个月以上,支出达到550万美元,因此是否客改货还要根据当时的市场情况测算。

第三种方式为直接售卖。参考目前市场上相似机龄及同种机型的成交价,2018年11月,重庆航空在国内出售4架20年机龄的320飞机,成交价为1.21亿元人民币,平均每架飞机售价3000万元人民币以上;2018年12月,南航租赁将3架320整机和1架320机身卖给中飞租,挂牌转让底价为1.16亿元人民币,估算整机成交价为3500万/架;国航在2018年挂牌售卖11架旧机,包括8架737和3架320,这11架飞机机龄和技术状况相似,实际成交价为6500万美元,每架飞机约590万美元。如直接销售,其销售方式如图5-3所示。

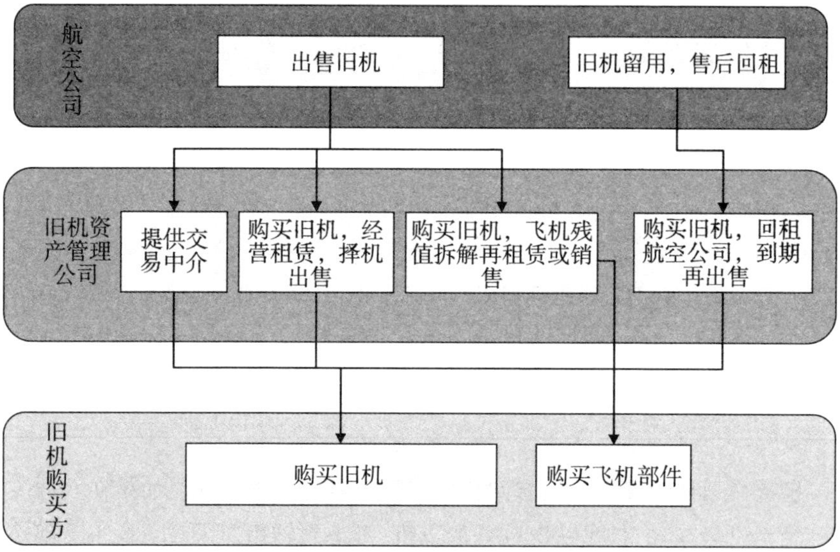

图5-3 航空公司出售旧飞机及旧机留用、售后回租流程一览

航空公司对于旧机的处理主要是直接出售或售后回租。当航空公司直接出售飞机,资产管理公司可以提供交易中介服务,为航空公司寻找买方。通过背靠背交易方式,资产管理公司从价格差中获利。或者,如果价格适合,市场预期好,资产管理公司可以直接购买飞机,进行经营租赁,在适当的时机出售飞机以获取最大利润。如果飞机将近使用年限的期末,资产管理公司可以在合适的价位上购买飞机,对飞机进行拆解,将主要部件进行租赁或出售。

第四种方式为飞机拆解,飞机处于生命周期末期时,可通过飞机拆解实现部件循环利用。由于二手航材实用性强且价格较低,国际市场上飞机拆解发展的比较成熟,也出现了一批实力很强的飞机处置和拆解公司,例如 Apollo Aviation、Air Salvage International、GA Telesis 等。而国内飞机拆解行业则刚刚起步,由于市场看好,目前中飞租已在哈尔滨成立了国际飞机再循环公司,国航和 GA Telesis 合资成立了北京集安航空资产管理有限公司。

对于 B737 等成功的窄体飞机,由于购买新航材价格昂贵,低成本航空公司甚至传统航空公司都转向二手航材市场。二手飞机的拆解市场持续发展,并日渐形成拆解、取证、销售等全产业链布局。相比国内,国外的渠道多,航材供应渠道完善,有利于更快处置和实现较好的处置收益。

通过上述方式可以看出,不同的技术状况、机龄的飞机有不同的处理方式,相对而言飞机相对较新,则选择转租或客改货,如果飞机本身已经较老那么在考虑成本的情况下,则转租和客改货由于支出较大和市场的不确定性,目前尚不能量化收益。而直接售卖和飞机拆解是更为可行的方式。直接售卖支出较少,处置时间较快,但收益较低;飞机拆解耗时较长,支出稍多,但相应收益较高。

六、以印度为例飞机取回

东南亚市场作为全球航空运输业快速增长区域之一,多个国家连年的增速为 10% 以上,旺盛的需求也使航空公司也呈现出井喷式发展,廉价航空市场也异军突起。由于新兴区域航空运输市场的发展,航空公司对于运力安排并没有成熟的安排,所以临时性需求、井喷式需求增多。

(一)印度市场分析

目前国内飞机租赁公司大多在印度前几大航空公司均有投放,如 Indigo 靛蓝航空、Spicejet 香料航空、Jetairways 等。此外在越南的越南航空、印度尼西亚的鹰航等也均有业务合作。以投放较多的印度为例，如发生违约，需要从印度取回飞机。按照行业惯例，项目协议适用法律为英国法。

单就印度国内航空市场来看，旅客客运量已连续 3 年保持 20% 左右的高速增长。2017 年国内旅客运输量达到 117 百万人次，比 3 年前增长了 1 倍左右。2018 年 1 月该指标持续保持高速增长，相比 2017 年 12 月增长 19.7%，单月国内旅客运输量达到 11.5 百万人次。

随着印度城市化、财富的增长（中产阶级的持续壮大），旅游业和贸易的增长，其国内航空市场增长较快。印度是全球 7 大国内航空旅客运量国家之一。目前，印度的国内运量总量大约只有我国的 1/4，但增速大约是我国的两倍。其运输量和运力从 2015 财年开始已连续 3 年两位数增速，全球排名第一；同时政府对于航空业尤其是支线航空业的政策支持力度较大。

就航空公司情况来看，印度当地主要的航空公司共 6 家，按照发展规模依次为靛蓝航空（Indigo）、印度航空（Air India，国有载旗航空公司）、捷特航空（Jet Airways）、香料航空（SpiceJet）、GoAir、Vistara，其中 3 家航空公司包括靛蓝航空、香料航空和 GoAir 均为低成本航空公司。

（二）印度国别风险

根据中国出口信用保险公司（中信保）的国家评级，印度 2017 年国家风险评级为 5/9，①政治和经济形势中等，商业环境不太稳定，国家风险水平中等，未来风险展望为负面，未来风险水平可能相对上升；主权信用风险评级为 BBB，主权债务规模中等偏低，主权债务可持续性偏好，主权信用风险水平中等偏低，未来风险展望为稳定。

中信保认为在全球经济不景气的情况下，印度经济保持了高速增长，实际 GDP 增速连续几年保持在 7% 以上，实体经济逐步复苏。卢比汇率保持稳定，通货膨胀率有所下降。印度近几年在吸引外商方面力度很大，不断改善营商环境，放松外国投资管制。未来印度经济总体发展形势向好，中印合作空间大。

（三）项目税务风险

在项目的税务风险方面，根据印度所得税规定，其判定所有印度来源的收入

① 数字越大，风险水平越高。

都应缴纳所得税，对于跨境支付的租金还会在上述所得税的基础上叠加征收由承租人代扣代缴的预提税，在飞机租赁业务中该所得税和预提税的税率均约为10%（根据具体收入的不同执行梯度税率），但在爱尔兰和印度双边税收协定的作用下，该所得税和预提税均可减免。

印度税务当局于2017年4月1日开始实施《一般反避税法》（General Anti Avoidance Rule，GAAR）：相关交易或安排整体或部分被判定为主要目的是获得税务优惠，则该交易在双边税收协定下所享受的优惠政策可能会被否定或重新定义。在爱尔兰SPV公司涉及的印度经营租赁项目中，若印度税务机关行使一般反避税法的相关权利，那么所获得的印度所得税及预提所得税的减免将被追征，且印度税务机关可能会扣押飞机或者在租金中扣减相关税收金额，以达到追征税款的目的。

通常在合同谈判的过程中，设计税务条款保证在任何情况下公司均可获得税后的净额租金，可视为此项目税务风险可控。

All payments by Lessee under or in connection with this Agreement and each other Transaction Document shall be made without set-off or counterclaim, free and clear of and without deduction for or on account of all Taxes unless Lessee is required by law to make any such deduction or withholding.

All Taxes(other than Lessor Taxes) in respect of payments under this Agreement and each other Transaction Document shall be for the account of Lessee and shall be paid by Lessee within the period for payment permitted by law.

（四）开普敦公约保障

印度于2008年3月加入开普敦公约。根据Pillsbury律师事务所发布的世界飞机取回指引，在发生违约情况下，取回飞机资产的法律费用平均约为5万美元/架（同一项目的多家飞机费用可能有折扣），取回飞机资产的速度平均约为180天到60天，发生破产的准许缓付期平均为1年。

除开普敦公约外，其他租赁业务利好政策包括：

（1）印度新《破产法》规定破产过程不超过180天，180天以内，必须有破产解决方案。

（2）印度民航局于2016年提出飞机国外登记草案，草案中建议印度航空公司可以运营在其他国家登记的飞机，据报道，①该草案已于2018年1月31日起正式生效。若要实现国外注册飞机的运营，承租人需要在飞机运营前90天以上向印度民航局DGCA提交规定格式的申请表、租约复印件、飞机注册所在国家民航局同意函。国外登记的飞机资产需要满足包括印度关税、FAA/EASA适航证、机龄等要求。该法案的实施，对于飞机租赁出租人具有显著利好作用，有利于在发生违约条件下飞机的取回等。

从实际案例方面来看，印度航空历史上共有两家航空公司发生过飞机取回的案例。案例一是2013年翠鸟航空（Kingfisher）案例，根据公开资料显示，在DVB银行和ILFC公司向德里最高法院（High Court of Delhi）的联合诉讼下，印度民航总局（DGCA）最终对相关飞机解除了登记，整个取回过程历经18个月。经过翠鸟航空的案例后，印度民航总局于2015年2月在印度当地法律的飞机管理规定（Aircraft Rules）中正式承认了开普敦公约下第8章对于出租人保护的相关条款。

案例二是香料航空2014～2015年财务困难期间发生过的飞机取回案例。2015年3月，德里最高法院考虑到已认可的开普敦公约下对出租人的保护条例，判决无论是否有法院指令，印度民航总局必须对相关飞机取消登记，该次案例取回过程历时仅为2个月，较翠鸟航空案例有大幅缩减。

印度当地上述两个具体实际案例反应了开普敦公约的强约束性以及印度对其在开普敦公约下对于国际义务的承认和尊重，验证了飞机取回的可行性。

根据公开资料②显示，印度飞机取回的流程大体上分为以下几个步骤：

（1）飞行记录索取；

（2）解除国籍登记；

（3）飞机出口。

解除国籍登记环节的时间上存在较大的不确定性。一般需要提前准备并在租期内保存好以下文件：

A. Irrevocable De-Registration and Export Request Authorization（“IDERA”）；

---

① https://www.lexology.com/library/detail.aspx?g=435f6016-e836-4bc4-830a-e5ff23a16f24.

② Aircraft Repossession in India：A 2017 Overview，https://sarinaviationlaw.wordpress.com/2017/05/21/aircraft-repossession-in-india-a-2017-overview/.

(不可撤销注销登记和出口请求授权),通常包含如下确认内容:

Ⅰ. Procure the deregistration of the Aircraft from the aircraft register maintained by the Directorate General of Civil Aviation for the purposes of Chapter III of the Convention on Internantional Civil Aviation, signed at Chicago, USA ON 7 December 1944; and

Ⅱ. Procure the export and physical transfer of the Aircraft from the Republic of India; and

Ⅲ. confirmation that the Authorized Party or the person it certifies as its designee may take the action specified in paragraph(Ⅰ) above on written demand without the consent of the undersigned and that, upon such demand, the authorities in the Republic of India shall cooperate with the Authorized Party with a view to the speedy completion of such action.

The rights in favour of the Authorized Party established by this instrument may not be revoked by the undersigned without the written consent of the Authorized Paty.

Please acknowledge your agreement to this request and its terms by appropriate notation in the space provided below and by lodging this instrument in Directorate General of Civil Aviation, India.

B. De-registration Power of Attorney;(注销登记委托书)

—Must mention the power to apply to the DGCA; and(必须提及适用于印度民航局)

—Must mention the power to apply to the Customs authorities. (必须提及适用于海关机构)

在该项授权注销登记委托书中,应明确如下内容:

Ⅰ. Attorney may take all actions otherwise required to be performd by lessee before the authorities and courts of India in order to cause the Aircraft to be repossessed by Attorney, deregistered from the Directorate General of Civil Aviation and export from India.

Ⅱ. This Power of Attorney is irrevocable and coupled with an interest until the aircraft has been returned to the possession of Lessor, deregistered and exported from

India. Lessee irrevocably agrees and confirms that this Power of Attorney can not be revoked or modified and it constitutes the legal, valid and irrevocable binding obligation of Lessee, enforceable against Lessee in accordance with its terms.

C. De-registration request letters from the Lessee addressed to the DGCA;(承租人出具的收件人为印度民航局的注销登记请求函)

—Must remain undated;(不签署生效日期)

—Must be in the format as accepted by the DGCA; and(必须为印度民航局接受的格式)

—The signature of the Lessee's representative must be the same as that already held on file by the DGCA(as the DGCA will compare signatures).(承租人委托人签字必须和印度民航局中预留签字一致)

D. Customs export letters addressed to the Customs authorities;(出具给海关机构的海关出口信函)

—Must remain undated; and(不签署生效日期)

—Must request for export of the aircraft as well as permission to file an advance manual shipping bill.

飞机出口环节需要充分的材料向海关解释清楚飞机进口与出口人不一致的原因,一般需要准备好以下文件:

A. Export Invoice(出口单据)

B. Original DGCA Approval and de-registration confirmation letter(印度民航局批复原件及注销登记确认函)

C. Manufacturer Certification(制造商认证证书)

D. NOC from the Lessee(requires extra work in the case of a hostile repossession)(承租人确认函)

E. NOC from Airport Authority of India(印度机场管理局的确认函)

F. Permission for Advance Manual Shipping Bill Letter

G. Power of Attorney in favour of the person applying for such export(授权委托书)

H. Temporary Certificate of Registration(from the new State of registry)(临时新国籍登记)

I. Import Bill of Entry Copy and Invoice(进口单据复印件)

J. Aircraft Lease Agreement Copy(租赁协议复印件)

根据公开资料显示,在准备好满足要求的文件,并按照流程操作的情况,取回飞机具备可行性。如在特殊情况下,承租人拒绝配合取回飞机,根据实际案例,出租人可向德里最高法院提起诉讼,并获得承认开普敦公约下的判决。

第二节　批量采购飞机

目前,经过10年的发展,中国的飞机租赁市场从最初的"类信贷"融资租赁业务,到经营租赁业务,到资产包购买等,客户从国内航空公司到欧美、非洲等全球航空公司,业务模式不断创新发展。对租赁公司来说,如果仅对航空公司的订单提供融资或进行售后回租型经营租赁,那么将带来受制于航空公司的飞机交付时间、机型、同业同质化竞争等不利因素。近年来欧洲、亚洲、南美等区域一些航空公司时有200架以上的大批量订单出现,这对飞机制造市场"双寡头垄断"情况下来说,对于租赁公司来说如何抢占有限的机位,对航空公司进行主动营销,对租赁公司自有机队进行主动调整,至关重要。

不论是融资租赁、经营性售后回租或二手机位改装等均是以航空公司需求为业务要点,是被动"需求",受资本市场融资成本、航空公司融资能力、航空公司机型偏好、时点飞机市场价格等方面影响,租赁公司的资产组合难以实现和平衡。通过直接采购飞机,飞机租赁公司按照自己的发展战略和发展规划确定购机目标、购机数量,主动地向航空公司和其他投资者营销自有订单的飞机,还可以通过一些售后回租的机会去增加与该航空公司进行直接租赁的业务机会,业务的规划性和主动性明显提高。尤其在亚太和拉美航空市场上,航空运输市场迅猛发展,但是新兴航空公司机队规划并不成熟,对新飞机的租赁需求也产生了很多临时性的增长,出现了很多新的业务机会。飞机租赁公司利用手中的飞机订单,不仅能及时满足客户的需求,还能增加客户的黏性,成为开拓业务的有效抓手。

全球知名的飞机租赁公司已经成为制造商重要的飞机购买渠道,而中国的飞机租赁公司也已成为波音、空客的窄体飞机的重要买家。租赁公司向制造商采购飞机,尤其是批量采购飞机,将有助于以较低的价格拿到飞机资产,从源头降低了租赁资产的价格,从而能在飞机租赁市场以较为主动的优势来应对同业的竞争。

出于降低飞行员培训成本、飞机维修成本、配件保障成本等考虑,绝大多数航空公司只会在波音 B737 和空客 A320 两种窄体机型中选择一种运营以降低成本,只有综合性的、枢纽性的航空公司同时选择两种机型。从全球范围内来看,尤其是成熟的航空运输市场来看,如果飞机租赁公司只选择一种机型采购,将限制其市场营销范围和客户范围。因此,同时购买波音和空客窄体飞机是多数主流租赁公司的必然选择,这为全球营销、扩大客户群体打下了基础。

除了订购波音、空客的窄体机和广受航空公司欢迎的宽体机外,还有部分租赁公司选择订购公务机以及支线飞机,从而在激烈的飞机租赁市场上,找到自己的市场定位。

在批量采购飞机以前,国内飞机租赁业务的主要形式是售后回租、资产收购以及二手机位改装等,业务开展范围比较窄,业务能力难以大幅提高,也不容易与客户形成长期稳定的业务关系。

飞机租赁市场存在一定的波动性,受航空运输企业的需求影响较大,同时地缘政治因素、恐怖战争等不定时发生的"黑天鹅"事件均对飞机租赁市场有负面的影响。

虽然航空市场存在波动,但是飞机租赁的长期回报非常稳定。此外,持续有规划的批量购机可规避波动,获得飞机租赁的长期平均回报。从全球飞机租赁市场来看,国际主流租赁公司一直将批购飞机作为应对租赁行业周期性、争夺全球一流客户的重要渠道。

一、购机币种

对于全球的飞机制造商来说,不论美国的波音还是欧洲的空客,或者加拿大的庞巴迪,飞机的购机价格通常以美元计价。主要原因是飞机制造业为全球化程度很高的行业,飞机各个部件通常由分散在全球的制造商提供,最终进行生产线组装。所以,一般根据制造商提供的一种基础构型,确定一个"目录价格"(List Price),此外,飞机的购买价格采取每年一定的"浮涨"(Escalation)然后买方和卖方确定一个浮涨指数,大致就最后确定了飞机价格。

飞机的目录价格通常会较高，且以一定时间为基准进行浮涨。通常以合同开始谈判的当年作为基准年，并按约定的浮涨指数浮涨到最终交付月。

飞机的购买价格，通常包括机身价格、发动机价格、BEF（买方选装设备）价格等构成。在飞机采购价格里面，通常有"目录价格"和"折扣"，两者的差为最终的飞机价格。价格"浮涨"指数，全球制造商通常都根据美国劳工网站公布的相关指数为依据，来确定材料、人工成本等上浮的幅度。

The "Aircraft Purchase Price" for each Aircraft shall be the aggregate of (i) the Configured Price, (ii) the cost of any Buyer Requested Changes, and (iii) the cost of any Regulatory Changes for which Buyer is responsible, all as adjusted by the application of the Adjustment Formula to the Delivery Date of such Aircraft.

通常飞机购买价格不包含任何税和费，买方通常应对己方应付费负责，但卖方应负责由于本身经营产生的所得税等。

二、飞机租赁公司自有订单的飞机监造

对于航空公司自己的订单，航空公司将提前安排技术团队进入飞机制造商现场进行监造，保障飞机的质量及顺利交付。但对于租赁公司自己的订单，航空公司通常并不会提早进入飞机监造阶段，这部分工作一般由租赁公司完成。由于飞机监造需要专业的技术工程师来对重要阶段进行检查，并发现问题，要求制造商解决问题，通常规模较小或订单数量较多的飞机租赁公司通过外包给市场上的第三方技术公司来进行监造。对于一些中等规模的飞机租赁公司，由于具备了一定的技术实力，也会派遣自己的技术工程师现场监造。

波音、空客等飞机的监造期通常在2个月左右，跨度较长，越来越多的公司选择将该部分工作进行外包。

完成监造后，飞机将进入最后的交付阶段。通常交付阶段为1周，大约分为试飞、发动机和重要部件性能最后测试等，将最后发现的问题由制造商进行解决。在此阶段，有租赁安排的飞机通常会安装好飞机铭牌，将出租人、承租人等相关信息写在铭牌，并进行装订。

通常在飞机租赁公司与制造商签署的购机协议中，对于飞机交付前监造、试飞、地面检查中发现的任何问题，均应由制造商解决。对于影响飞机适航性的所有的"不符"（"dicrepency"）均应在飞机交付前解决，但有时候对于一些并不影响适航性的不符，且航空公司、出租人经考虑后可以先接收飞机，由制造商出具

相关整改保障方案后，可以先行接收飞机。

If any material discrepancy from the Specification is identified during the final ground or flight acceptance, the discrepancy shall be corrected by ××(manufacture) at no cost to Buyer before or after thedelivery date, depending on the nature of the discrepeancy and the time required for correction.

对于飞机交付之后的质量问题，还会有出租人、承租人与制造商签署的质保协议（WARRANTY）的相关安排，约定了在飞机交付后，一旦机身、发动机和其他部件出现问题，厂家会在特定的时间内进行保修，此外还规定了保修的范围、采取的措施以及限制条件等。

在飞机交付给承租人后，飞机的运营维护责任由承租人负责。一般在租赁合同的"Maintenance and Repair"章节中，规定了在租期内，飞机必须按照厂家规定的文件进行日常维护。一旦出现故障，由承租人负责解决。

Maintenance and Repair

Lessee shall at all times during the Lease Period:

(1) Keep the aircraft airworthy and in good repair and condition;

(2) Notify lessor of any changes to the Approved Maintenance Programme or the schedule of the Approved Maintenance Programme;

(3) Maintain the aircraft in accordance with the approved maintenance programme through the approved maintenance performer and perform all major checks;

(4) Maintain the aircraft in accordance with the requirements of the aviataion authority, and comply with any other rules and regulations of the aviation authority which are applicable to passenger category aircraft, and maintain and service the aircraft in at least the same manner and with at least the same care, including, without limitation, maintenance scheduling, modification status and technical conditions, as is the case with respect to similar aircraft owned.

飞机完成组装，进入交付阶段后（交付阶段通常为1周，涵盖试飞、发动机和系统及重要部件的最后性能检查等），由飞机租赁公司、制造商和航空公司三方共同参与飞机试飞，确保飞机符合飞行大纲要求。试飞完成后，由飞机租赁公司和航空公司对飞机实施地面检查，并向制造商反馈发现的问题，在交付前由制造商负责解决并关闭所有问题，确保飞机的技术状态符合租赁合同和购机合同的要求，从而在技术上满足航空公司的要求及适航要求，并顺利交付给承租人。

三、购机合同

1. 购买合同

虽然在飞机租赁合同中,出租人大部分是特殊目的公司,但在飞机采购合同中,通常是实体的公司,即特殊目的公司的母公司与制造商签订的合同,在飞机交付前由 PAA 或类似的合同安排将飞机购买权利转让给特殊目的公司。

(1)购机价格

价格作为最重要的商务要素,通常会在购买协议中以特定年份的目录价格(List Price)的方式明确体现出来,此外飞机的价格还包括买方选装设备。

The list price of each Aircraft is × × × × USD expressed in January 1,201 × dollars. The price of the Buyer Optional Features for each Aircraft is × × × UDS expressed in January 1,201 ×.

The"Aircraft Purchase Price" for each Aircraft shall be the aggregate of(i)the Configured Price,(ii)the cost of any Buyer Requested Changes,and(iii)the cost of any Regulatory Changes for which Buyer is responsible,all as adjusted by the application of the Economic Adjustment Formula to the Delivery Date of such Aircraft.

(2)预付款支付

由于飞机单体总价高,在批量采购中的付款安排对买方也有较大的影响。通常付款进度包括签署购机协议支付一定比例、飞机交付前 12 个月交付一定比例、交付 6 个月前支付一定比例,在最终交付日支付剩余购机价款。在实际中,各家制造商有不同的付款进度要求,买方在购买时谈判能力、议价能力的强弱也将影响与付款和尾款支付的进度和比例。假设购买飞机预付款进度如下:

Buyer shall make payment or cause payment to be made for the Aircraft as follows:

a)10% of the Price within ten(10)Business Days of execution of the Purcahse Agreement;

b)15% of the Price twelve(12)months prior to the Scheduled Delivery Month for the relevant Aircraft;

c)10% of the relevant Net Configured Price six(6)months prior to the Scheduled Delivery Month for the relevant Aircraft; and

d)the balance of the Aircraft.

根据上述飞机采购协议安排,在飞机交付前,购买方已经支付了每架飞机大约45%的购机款,以一架波音或空客的窄体飞机为例,如果最终价格为5000万美元,那么一架飞机的预付款约为2250万美元。如果是批量采购的话,要求出租人具备一定的资金实力,所以在市场上出现了对于预付款提供融资支持的金融机构。

根据购买合同,如果买方不能及时向卖方支付相关购机款项,通常需要向制造商支付罚息,罚息的计算通常以Libor为基础进行上浮一定的点数;如在一定期限买方仍未支付款项,卖方将解除相应的飞机交付义务,如果买方将所有应付的购机款、罚息全部缴清之后,制造商有权变更飞机的最终交付时间。

If Buyer fails to pay when due any amount payable by it under this Agreement, Buyer shall pay interest on such late payment, from the date that such payment becomes due up to and including the day of payment, at the applicable three-month LIBOR rate plus × × basis points, compounded monthly on the last day of each month. Without limiting the foregoing, in the event that Buyer fails to pay, within × × calendar days of the payment becoming due, × × shall be relieved of its obligation to deliver the Aircraft to which such payment relates and/or any other undelivered Aircraft within the applicable Scheduled Delivery Month. Upon receipt of all amounts then owed under Article5. 1 in respect of such Aircraft (together with interest thereon due under this Article 5. 2) and provided × × has not exercised its right of termination, × × shall inform Buyer of the new Scheduled Delivery Month for such Aircraft (and any other applicable Aircraft).

(3)制造商义务

制造商在购买合同中向买方承诺,将提供相应的出口适航证书以便于买方将飞机进口到相应区域,该区域包括购买方所在国,以及飞机租赁运营商所在国。买方则相应地应负责进口所在国的相关进口证照。制造商通常应获得FAA、EASA等相关型号证,以及飞机所要进口国家的相关型号证。如进口到中国来的飞机,需要获得CAAC的型号证。

Obtained from (a) TC, a TC Type Certificate (Transport Category), (b) the FAA, an FAA Type Certificate, (c) EASA, an EASA Type Certificate, and (d) the CAAC, a CAAC Type Certificate for the type of aircraft purchased under this Agreement.

(4)飞机交付流程

在最终的地面和试飞检查之后,如买方对飞机的状态满意,则买方签署该架飞机的接收证书，制造商向买方出具用于出口的适航证书（Export Airworthiness Certificate），买方相应地将飞机的尾款支付给卖方，卖方收到尾款之后向买方签署卖据（Bill Of Sale），完成飞机的买卖流程。流程大致如图 5－4 所示。

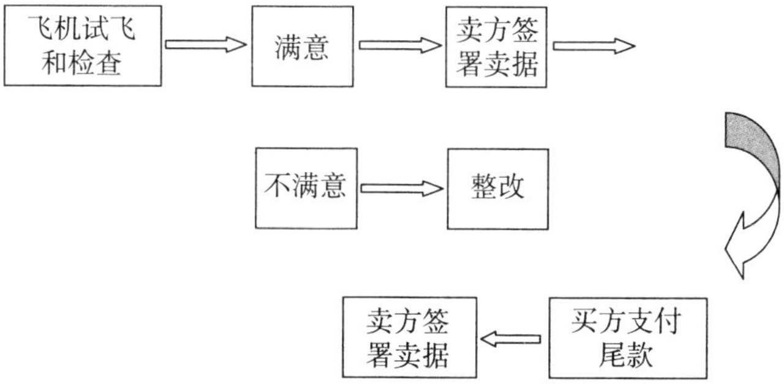

图 5－4 飞机交付流程

通常在购买合同中的英文表述大致如下：

①Buyer shall sign and deliver to ××a Certificate of Acceptance for such Aircraft. Execution of the Certificate of Acceptance by or on behalf of Buyer shall be conclusive evidence of Buyer having examined such Aircraft and having found it in accordance with the Specification as of the Delivery Date;

②××shall deliver to Buyer an Export Airworthiness Certificate for export to the ××coutry for such Aircraft;

③Buyer shall pay ××the balance of the Aircraft Purchase Price for such Aircraft and any other amounts then due and payable by Buyer to ××or any of its affiliates in respect of this Agreement;

④Upon receipt by ××of the balance of the Aircraft Purchase Price and any other amounts then due and payable by Buyer to Bombardier or any of its affiliates in respect of this Agreement, ××shall deliver to Buyer a Bill of Sale for the Aircraft; and

⑤Buyer shall execute and deliver to ××a Certificate of Receipt of Aircraft for the Aircraft.

（5）飞机的延迟交付

通常合同中会约定两种飞机的延迟交付情况，一种是可被允许的延迟飞机交付，一种是不可被允许的飞机交付。按照合同约定，制造商应在相应的交付月完成飞机制造，并配合买方进行现场检查、试飞等流程。对于可被原谅的延迟交付，制造商应立即通知买方，且无须承担不能按时履约的责任。通常来说，可被允许的延迟交付通常包括如下原因：不可抗力、战争或其他严重事故、洪水地震等严重事故、流行病或隔离限制、任何来自于政府的法律法规命令等、罢工或其他劳工事件等。

①force majeure or acts of God;

②war, warlike operations, act of the enemy, armed aggression, civil commotion, insurrection, terrorism, riot or embargo;

③fire, explosion, earthquake, lightning, flood, drought, windstorm or other action of the elements or other catastrophic or serious accidents;

④epidemic or quarantine restrictions;

⑤any law, legislation, act, order, directive or regulation of any governmental or other duly constituted authority;

⑥strikes, lock-out, walk-out, and/or other labour troubles causing cessation, slow-down or interruption of work.

即使制造商由于可允许的延迟推迟飞机的交付，但也并不是无限期的推迟。如飞机的交付时间将延迟在预定交付日期晚 1 年之后，通常双方可以提前终止原协议。

对于不被允许的延迟交付（Non-excusable Delay），制造商应向买方承担相关损失，此类损失买卖双方可自由协商，通常计算基础为已支付预付款的相应成本，还可附加其他成本。

2. 附属文件

飞机采购合同通常由购买合同和一系列附件组成，在附件中详细规定了飞机价格折扣、飞机价格浮涨率等重要商务要素。

其中之一为价格折扣（credit memorandum），通常在这个附件中卖方会给买方单架飞机折扣，这些折扣可直接用来抵扣购机价款，或用来购买其他产品和服务，包括部件、飞行员培训、维修和地面人员培训、现场技术协助等。通常这类折扣没有卖方的同意，不能转让给其他方。该部分为买方能从卖方直接争取到的价格优惠，是较为重要的商业谈判点。

Buyer may apply each Aircraft Credit Memorandugm towards (a) the balance of the Aircraft Purchase Price of the relevant Aircraft at the time of delivery, or (b) the purchase of other goods (excluding aircraft) and/or services directly, such as:

a) spare parts;

b) flight crew training (including pilot, flight attendant, and flight dispatcher);

c) maintenance and ground personnel training;

d) on-site technical assistance (including field service, technicians, and instructor pilots); and

Buyer shall not assign, sell, transfer, charge or dispose of (in whole or in part) any of its rights or obligations under this Letter Agreement without prior written consent.

在飞机价格确定中,通常有一个基础购机价格,还有一个随着交付时间后延而浮涨的一个价格,两者相加为最终价格。价格浮涨是基于未来时间内的通货膨胀指数导致的劳工、原材料价格上涨。为了避免小概率事件发生,即通货膨胀率过高,导致最终飞机交付价格无法预测,通常在购机合同附属文件中,对价格浮涨指数作一个较为具体的约定,如约定一个浮涨指数上限,或者超过一定指数后买方、卖方对于超出部分的具体承担比例和规则。

In consideration of Buyer having entered into the Agreement, economic adjustment determining (i) the Aircraft Purchase Price and (ii) the amount of any escalatable credit memoranda shall, on an average annual basis, not exceed X% per annum, compounded annually, for the period from January 1, 20×× to the Delivery Date of the relevant Aircraft.

此外,随着航空制造业科学技术的进步,新机型渐次推出。购买方通常会依据市场情况的变化或其他原因,要求在购买协议中加入转换其他机型的选择权。但在一个机型的购买合同中,不涉及转换机型的具体价格谈判因素,仅对可以选择转换的机型作相应规定。对于转换有一定的要求,如提前一定时间量告知买方,买方需要调整相应生产安排。

3. 制造商出售相关生产线

随着飞机制造领域竞争加剧,逐渐形成寡头垄断竞争的局面,越来越多的中小型飞机制造商面临研发新机型的巨额成本,飞机制造作为资金密集型产业,一旦新机型无法按期量产盈利,则不得不出售相关的生产线来回笼资金,减少人员开支成本,保持现金流安全。2017 年庞巴迪将 C 系列生产线转让给空客公司,2018 年 11 月 8 日,庞巴迪宣布将旗下产品 DHC - 8 Dash 8 飞机项目(包括 Q100、200、300、400 型号)出售给加拿大维京公司,该交易包括所有位于加拿大安大略省的厂房设备、资产、知识产权等,此交易在获得相应批准后,预计在 2019 年下半年完成。

加拿大维京公司(Viking Air Ltd.)从成立开始,主要针对各类飞机特别是水上飞机进行维修、大修以及改装工作。1983年从de Havilland Canada公司(后被庞巴迪收购)获得独家生产DHC-2海狸和DHC-3水獭两款飞机的零部件制造业务。2005年5月,从庞巴迪收购了DHC多款型号飞机的零部件和售后服务。2006年1月,维京公司从庞巴迪收购了de Havilland Canada系列飞机(包括:DHC-1花栗鼠、DHC-2海狸、DHC-3水獭、DHC-4驯鹿、DHC-5水牛、DHC-6双水獭和DHC-7 Dash7等),维京公司以此取得了飞机设计方案和制造技术,并可以改进和生产上述飞机。维京公司再次从庞巴迪收购DHC系列的最新型号DHC-8 Dash8飞机项目,这意味着自此之后,Q系列飞机的设计、制造以及售后,都从庞巴迪转到维京公司。

维京公司和庞巴迪合作的时间较长,从收购DHC系列飞机的售后服务再到收购其设计方案和生产线,双方合作由浅入深。维京公司早在2006年就收购了庞巴迪DHC-1至DHC-7型号飞机的生产设计,继承了庞巴迪DHC全系列飞机的生产设计,并且拥有丰富的飞机制造经验。

由于维京公司之前主要生产轻型飞机,未涉猎过大中型支线飞机,虽然之前购买了DHC-7的生产设计,但并没有投入生产,更没有进行市场销售,所以涡轮螺旋桨支线飞机设计经验存在欠缺,市场开拓能力没有经过考验,故Q系列未来的发展仍然是个问号,这对已经订购该系列飞机的租赁公司和航空公司来说都是不小的挑战,要面临飞机交付进度能否保障、飞机交付后售后服务如何保障等问题。

通常制造商出售相关产品的生产线与出租人转让飞机租赁资产不同,对于已经完成交付的买方来说,影响到后续的飞机全球质保问题,即新的制造商能否提供原有质量的质保,这在一定程度上将影响飞机的潜在市场价值。对于持有大批订单的航空公司、租赁公司来说,如何保障未交付飞机的顺利交付,如何保障将现有购买机型转换为其他机型的转换权是不得不考虑的问题。

一般在购机协议中,买方有一定的机型转换权利,但仅限于该家制造商生产的产品,如本条产品线被出售给其他家,那么是否能转换为原制造商的其他机型则成为双方谈判的要点。此外,购机协议中对买方的约束更为严格,要求其按期支付进度款,并无正当理由不得要求停止购买,如果不能购买则要缴纳一定金额的罚金,用来覆盖制造商的生产端成本支出。但对于这类制造商出售生产线事宜,则通常因为制造商较为强势的地位,加之小概率事件,在合同条款中没有作过多约束。

第六章 飞机资产转让

自2007年至今,中国飞机租赁行业处于快速发展期,主要的中资飞机租赁公司以大量扩张业务为重点,飞机资产规模是主要的任务目标,各大飞机租赁公司已经在东疆形成了累计多达1000多架的飞机租赁资产。随着国内金融系租赁公司租赁机队规模不断增加、客户网络布局初具规模,同时监管机构对于租赁公司对单一客户投放规模的要求,都让租赁公司开始考虑如何让飞机资产流动起来,中资飞机租赁公司开始尝试交易持有的飞机资产。

飞机资产转让主要指带租约的飞机资产转让,即一家飞机租赁公司将已经出租给航空公司运营的飞机资产连带租约一并转让给另一家租赁公司,由新的租赁公司承接原租赁项下的权利义务,飞机资产转让的核心在于不影响租赁项下承租人的权利义务,尤其不能加重承租人的义务。

目前国内的多家从事飞机租赁业务的公司,在东疆保税区管委会的大力支持和推动下,先后完成了多笔资产交易,包括股权交易模式、资产交易模式,打通了法律、税收到海关等政策节点,为国内飞机租赁的资产交易提供了良好的平台,从而实现了飞机租赁产业再升级。飞机租赁资产的可交易性,也促使国内同业进一步优化航空项目融资,加强对租赁项目的初期定位管理,对该项目是否继续持有或安排项目转让、资产证券化、项目融资等交易预先有所计划。

第一节　境内资产转让

自国务院办公厅于2013年12月20日印发了《关于加快飞机租赁业务发展的意见》,提出要在2030年通过营造有利的政策环境,加强政府引导,支持飞机租赁企业发展国内国际市场,打造飞机租赁产业集群,使我国成为全球飞机租赁企业的重要聚集地这一战略目标以来,金融系租赁公司迎来机遇的同时更多的是面临着挑战。天津保税区实现第一单保税租赁以来,国内租赁公司的主要客户大多是国内航空公司,在海外核心市场我们尚难以撼动老牌租赁公司的地位,为了在海外市场我国的租赁公司能抢占市场份额,需要在目前的业务模式上寻求业务突破口,即将天津打造成爱尔兰那样的全球航空租赁业中心,经由天津保税区结构将飞机租往全球,做活国内国际两个市场。

目前,全球活跃的飞机租赁公司,每年都在市场上进行大量飞机资产交易,飞机资产交易已成为大型飞机租赁公司的核心业务之一。

一、开展租赁资产交易的必要性

(一)调节机队机龄结构

当前商用飞机市场上,波音、空客的主力机型均具有较高的投资价值,但其投资替代性较强,平衡持有各飞机制造商的主力机型有利于改善机队结构,避免资产贬值的系统性风险。

同时,宽体机、窄体机面向的细分市场和客户群体不同,拥有合理宽体机及窄体机比例的租赁公司能够更好地适应市场结构变化。通过飞机资产交易可以合理调节机龄结构,实现持续、平稳经营。

(二)控制风险

近年来,飞机租赁行业发展迅速,依靠若干核心客户重复交易是很多租赁公司的业务模式,客户集中度较高。通过飞机资产交易,租赁公司能够降低客户集中度,分散风险。同时,当前飞机租赁业务的国际化程度较高,一国的政治、经济、社会、法律环境的变化也会给租赁公司带来风险,有必要通过飞机资产交易分散国别风险。

技术革新、社会变迁都将促使飞机制造商推出新产品,对成熟技术的资产价值构成较大压力。强大的飞机资产交易能力有助于适应技术变化而更新产品,缓解技术迭代对成熟资产带来的减值冲击。

（三）价值发现

由于飞机资产合约价值巨大，租约和设计安排复杂，一直以来依赖评估机构对飞机价值进行评估，但普遍而言，评估机构的评估值与市场上真实出售的价格有一定差距。因此，持续发现飞机的市场价值是租赁公司评估资产价值的必需手段，而这有赖于通过飞机资产交易在市场上不断地询价、交易。

二、开展租赁资产交易的可行性

2013年12月国务院出台《关于加快飞机租赁业发展的意见》（国办发〔2013〕108号），激发了国内各租赁公司对飞机租赁业务的热情。不少租赁公司开始探索进入飞机租赁领域，由于自身开展业务的能力不足，一些公司试图采用资产交易的方式购入飞机资产。

起步阶段的租赁公司进入飞机租赁领域的热情较高，但目前国内航空公司在新业务招投标的筛选中关注租赁公司的有无相关务经验、股东背景等，所以成立时间较短、较新的租赁公司在无法从航空公司中标的情况下，会选择从同业购入资产，通过资产交易一举获得客户、飞机资产、机队规模。

此外，相对成熟的租赁公司由于客户集中度、机队规划、机龄等方面因素，也有意愿转让部分租赁资产。对于航空公司来说，资产转让的前提是不增加其在租赁合同项下的任何义务，产生的相关费用由原出租人承担，此外通常还会要求一部分配合的费用，所以一般也不会阻碍交易的进行。

三、资产交易的主要业务模式

根据租赁资产交易是否有租赁物的交割，可以分为两类：

一是交易飞机。交易双方的标的物是飞机，交易价格由双方协商。出售方说服承租人同意飞机带租约转让给购买方，并要求承租人配合做好相关合同工作。通常采用租约更新（novation）的方法，将飞机和租约从出售方转移至购买方。

二是交易SPV。交易双方的标的物是SPV的股权，出售方直接将SPV连带其飞机资产交易给购买方，签署股权交易合同，收益以股权溢价的方式得以体现。股权交易基本不需要修改已有的各类合同，只须承租人同意股权变更。

此外除了与租赁同业之间的租赁资产转让，与其他金融机构可开展的业务还有应收租赁账款保理等方式。

(一)飞机租赁资产交易

1. 股权租赁资产交易典型案例

假设某金融系租赁公司与另一家租赁公司在东疆保税区完成了一笔 SPV 股权交易,考虑到各方诉求与交易风险,在该交易中引入了监管交付的新模式,由东疆公司作为监管方,金融系租赁公司作为购买方,另一家租赁公司作为股权出让方,交易双方与监管方东疆公司签署账户监管协议及股权代持协议,在监管下进行股权交割程序,以保障各方利益,合理控制交易风险。这种交易方式通常对于尚未获得在天津东疆保税区设立项目公司资质的企业较为有利,可以利用保税区提供的股权代持安排完成交易。另一方面,租赁公司可以同步展开项目公司设立的申请工作,待完成监管机构的审批后,将代持的股权购买过来,进而完全持有飞机租赁资产。如交易双方均已具备设立项目公司的相关批复,则可直接对项目公司的股权进行交易。

在该项目中,通常交易资产主要选择机型流通性较好,且承租人资质较好;交易对手主要选择具有飞机资产出售意愿的租赁公司;有时甚至可以保留该飞机已匹配的长期银行贷款,即融资方面保留了原有的银行债务,使购买方省去了再融资的流程。这样物、债合一的方式,对于新成立的租赁公司颇有吸引力,省去了直接与同业的竞争,同时也解决了由于规模额度小而难以获得银行授信的困难。

对于以某项目为载体的项目公司股权进行交易,一般是由两家母公司对于项目公司的股权进行交易。转让标的为转让人现持有的标的公司的 100% 股权。通常股权转让的价款包括两部分,一部分为标的公司的原注册资本金部分,一部分为标的公司的股权溢价金额。前部分的费用大部分为转让期初一次性支付给卖方,对于溢价部分通常有不同的支付方式,可以一次性贴现支付,也可以根据租赁期随租金按期支付。

假设 A 公司拟将一架 A320 飞机融资租赁给国内某 C 航空公司,租赁期为 12 年,租赁利率为 6 个月 Libor 上浮 150bps。在租赁起租后,由于 A 公司希望更进一步扩大与 C 公司的业务,而 B 公司苦于无法直接与 C 开展业务,经协商一致,A 将 C 的租赁资产 A320 项目转让给 B 公司。为节省项目公司的注册时间,并最大限度地减少对于 C 公司的影响,在取得 C 的书面同意之后,A 拟将租赁资产转让给 B。

A 给 C 的融资租赁价格为 6 个月 Libor 上浮 150bps,在出售给 B 的时候,定价为 3 个月 Libor 上浮 150bps(或上浮更少的点数),从而实现溢价出售。溢价部分为每期从航空公司C处收到租金后多余的部分为A的转让收益。在此过程中,根据A不同的商务需求可以有不同的溢价回收处理方式。

如果A希望解决对于C的单一客户或单一集团的集中度问题,那么应该从审计上做到项目的出表处理;如果A希望盘活资产,获得流动资金,那么可以分期收取溢价,使项目仍留在本公司账上,一方面在交割之时回收项目的剩余本金,另一方面还可使公司总资产规模不缩水。

假设A320的购机价格为4900万美元,以目前6个月Libor2.82%(上浮150bps为4.18%)、3个月Libor2.64%(上浮150bps为4.14%)、无其他手续费和保证金收入的情况下进行计算,融资租赁端的还本付息如表6-1所示。

表6-1 每个季度融资租赁还本付息情况一览 单位:美元

租金或租前息支付日期	归还本金额	实收利息	每期期初本金	期末剩余本金	利率	利息含税现金流
2018年9月20日	—	—	—	49,000,000.00	—	-49,000,000.00
2018年12月20日	1,020,833.33	517,739.44	49,000,000.00	47,979,166.67	4.18%	1,538,572.78
2019年3月20日	1,020,833.33	501,382.29	47,979,166.67	46,958,333.33	4.18%	1,522,215.63
2019年6月20日	1,020,833.33	501,619.35	46,958,333.33	45,937,500.00	4.18%	1,522,452.69
2019年9月20日	1,020,833.33	490,714.58	45,937,500.00	44,916,666.67	4.18%	1,511,547.92
2019年12月20日	1,020,833.33	474,594.49	44,916,666.67	43,895,833.33	4.18%	1,495,427.82
2020年3月20日	1,020,833.33	463,808.25	43,895,833.33	42,875,000.00	4.18%	1,484,641.59
2020年6月20日	1,020,833.33	458,000.28	42,875,000.00	41,854,166.67	4.18%	1,478,833.61
2020年9月20日	1,020,833.33	447,095.51	41,854,166.67	40,833,333.33	4.18%	1,467,928.84
2020年12月20日	1,020,833.33	431,449.54	40,833,333.33	39,812,500.00	4.18%	1,452,282.87
2021年3月20日	1,020,833.33	416,040.63	39,812,500.00	38,791,666.67	4.18%	1,436,873.96
2021年6月20日	1,020,833.33	414,381.20	38,791,666.67	37,770,833.33	4.18%	1,435,214.54
2021年9月20日	1,020,833.33	403,476.44	37,770,833.33	36,750,000.00	4.18%	1,424,309.77

续表

租金或租前息支付日期	归还本金额	实收利息	每期期初本金	期末剩余本金	利　率	利息含税现金流
2021年12月20日	1,020,833.33	388,304.58	36,750,000.00	35,729,166.67	4.18%	1,409,137.92
2022年3月20日	1,020,833.33	373,369.79	35,729,166.67	34,708,333.33	4.18%	1,394,203.13
2022年6月20日	1,020,833.33	370,762.13	34,708,333.33	33,687,500.00	4.18%	1,391,595.46
2022年9月20日	1,020,833.33	359,857.36	33,687,500.00	32,666,666.67	4.18%	1,380,690.69
2022年12月20日	1,020,833.33	345,159.63	32,666,666.67	31,645,833.33	4.18%	1,365,992.96
2023年3月20日	1,020,833.33	330,698.96	31,645,833.33	30,625,000.00	4.18%	1,351,532.29
2023年6月20日	1,020,833.33	327,143.06	30,625,000.00	29,604,166.67	4.18%	1,347,976.39
2023年9月20日	1,020,833.33	316,238.29	29,604,166.67	28,583,333.33	4.18%	1,337,071.62
2023年12月20日	1,020,833.33	302,014.68	28,583,333.33	27,562,500.00	4.18%	1,322,848.01
2024年3月20日	1,020,833.33	291,228.44	27,562,500.00	26,541,666.67	4.18%	1,312,061.77
2024年6月20日	1,020,833.33	283,523.98	26,541,666.67	25,520,833.33	4.18%	1,304,357.31
2024年9月20日	1,020,833.33	272,619.21	25,520,833.33	24,500,000.00	4.18%	1,293,452.55
2024年12月20日	1,020,833.33	258,869.72	24,500,000.00	23,479,166.67	4.18%	1,279,703.06
2025年3月20日	1,020,833.33	245,357.29	23,479,166.67	22,458,333.33	4.18%	1,266,190.63
2025年6月20日	1,020,833.33	239,904.91	22,458,333.33	21,437,500.00	4.18%	1,260,738.24
2025年9月20日	1,020,833.33	229,000.14	21,437,500.00	20,416,666.67	4.18%	1,249,833.47
2025年12月20日	1,020,833.33	215,724.77	20,416,666.67	19,395,833.33	4.18%	1,236,558.10
2026年3月20日	1,020,833.33	202,686.46	19,395,833.33	18,375,000.00	4.18%	1,223,519.79
2026年6月20日	1,020,833.33	196,285.83	18,375,000.00	17,354,166.67	4.18%	1,217,119.17
2026年9月20日	1,020,833.33	185,381.06	17,354,166.67	16,333,333.33	4.18%	1,206,214.40

续表

租金或租前息支付日期	归还本金额	实收利息	每期期初本金	期末剩余本金	利　率	利息含税现金流
2026 年 12 月 20 日	1,020,833.33	172,579.81	16,333,333.33	15,312,500.00	4.18%	1,193,413.15
2027 年 3 月 20 日	1,020,833.33	160,015.63	15,312,500.00	14,291,666.67	4.18%	1,180,848.96
2027 年 6 月 20 日	1,020,833.33	152,666.76	14,291,666.67	13,270,833.33	4.18%	1,173,500.09
2027 年 9 月 20 日	1,020,833.33	141,761.99	13,270,833.33	12,250,000.00	4.18%	1,162,595.32
2027 年 12 月 20 日	1,020,833.33	129,434.86	12,250,000.00	11,229,166.67	4.18%	1,150,268.19
2028 年 3 月 20 日	1,020,833.33	118,648.62	11,229,166.67	10,208,333.33	4.18%	1,139,481.96
2028 年 6 月 20 日	1,020,833.33	109,047.69	10,208,333.33	9,187,500.00	4.18%	1,129,881.02
2028 年 9 月 20 日	1,020,833.33	98,142.92	9,187,500.00	8,166,666.67	4.18%	1,118,976.25
2028 年 12 月 20 日	1,020,833.33	86,289.91	8,166,666.67	7,145,833.33	4.18%	1,107,123.24
2029 年 3 月 20 日	1,020,833.33	74,673.96	7,145,833.33	6,125,000.00	4.18%	1,095,507.29
2029 年 6 月 20 日	1,020,833.33	65,428.61	6,125,000.00	5,104,166.67	4.18%	1,086,261.94
2029 年 9 月 20 日	1,020,833.33	54,523.84	5,104,166.67	4,083,333.33	4.18%	1,075,357.18
2029 年 12 月 20 日	1,020,833.33	43,144.95	4,083,333.33	3,062,500.00	4.18%	1,063,978.29
2030 年 3 月 20 日	1,020,833.33	32,003.12	3,062,500.00	2,041,666.67	4.18%	1,052,836.46
2030 年 6 月 20 日	1,020,833.33	21,809.54	2,041,666.67	1,020,833.33	4.18%	1,042,642.87
2030 年 9 月 20 日	1,020,833.33	10,904.77	1,020,833.33	-0.00	4.18%	1,031,738.10

对于购买方 B 租赁公司来说，将按期回收本金部分，利息部分按照 3 个月 Lior 上浮 150bps 来计算，完成购买后的租赁资产收益，如表 6 - 2 所示。

表6-2　购买后的租赁资产每一季度资产情况一览　　单位:美元

租金或租前息支付日期	归还本金额	每期期初本金	每期租金总额	利　率	实收利息
2018年9月20日	—	—	490,00,000	—	—
2018年12月20日	1,020,833.33	49,000,000.00	1,538,572.78	4.14%	512,785.00
2019年3月20日	1,020,833.33	47,979,166.67	1,522,215.63	4.14%	496,584.38
2019年6月20日	1,020,833.33	46,958,333.33	1,522,452.69	4.14%	496,819.17
2019年9月20日	1,020,833.33	45,937,500.00	1,511,547.92	4.14%	486,018.75
2019年12月20日	1,020,833.33	44,916,666.67	1,495,427.82	4.14%	470,052.92
2020年3月20日	1,020,833.33	43,895,833.33	1,484,641.59	4.14%	459,369.90
2020年6月20日	1,020,833.33	42,875,000.00	1,478,833.61	4.14%	453,617.50
2020年9月20日	1,020,833.33	41,854,166.67	1,467,928.84	4.14%	442,817.08
2020年12月20日	1,020,833.33	40,833,333.33	1,452,282.87	4.14%	427,320.83
2021年3月20日	1,020,833.33	39,812,500.00	1,436,873.96	4.14%	412,059.38
2021年6月20日	1,020,833.33	38,791,666.67	1,435,214.54	4.14%	410,415.83
2021年9月20日	1,020,833.33	37,770,833.33	1,424,309.77	4.14%	399,615.42
2021年12月20日	1,020,833.33	36,750,000.00	1,409,137.92	4.14%	384,588.75
2022年3月20日	1,020,833.33	35,729,166.67	1,394,203.13	4.14%	369,796.88
2022年6月20日	1,020,833.33	34,708,333.33	1,391,595.46	4.14%	367,214.17
2022年9月20日	1,020,833.33	33,687,500.00	1,380,690.69	4.14%	356,413.75
2022年12月20日	1,020,833.33	32,666,666.67	1,365,992.96	4.14%	341,856.67
2023年3月20日	1,020,833.33	31,645,833.33	1,351,532.29	4.14%	327,534.38
2023年6月20日	1,020,833.33	30,625,000.00	1,347,976.39	4.14%	324,012.50
2023年9月20日	1,020,833.33	29,604,166.67	1,337,071.62	4.14%	313,212.08
2023年12月20日	1,020,833.33	28,583,333.33	1,322,848.01	4.14%	299,124.58
2024年3月20日	1,020,833.33	27,562,500.00	1,312,061.77	4.14%	288,441.56
2024年6月20日	1,020,833.33	26,541,666.67	1,304,357.31	4.14%	280,810.83
2024年9月20日	1,020,833.33	25,520,833.33	1,293,452.55	4.14%	270,010.42
2024年12月20日	1,020,833.33	24,500,000.00	1,279,703.06	4.14%	256,392.50
2025年3月20日	1,020,833.33	23,479,166.67	1,266,190.63	4.14%	243,009.38
2025年6月20日	1,020,833.33	22,458,333.33	1,260,738.24	4.14%	237,609.17
2025年9月20日	1,020,833.33	21,437,500.00	1,249,833.47	4.14%	226,808.75
2025年12月20日	1,020,833.33	20,416,666.67	1,236,558.10	4.14%	213,660.42

续表

租金或租前息支付日期	归还本金额	每期期初本金	每期租金总额	利 率	实收利息
2026 年 3 月 20 日	1,020,833.33	19,395,833.33	1,223,519.79	4.14%	200,746.88
2026 年 6 月 20 日	1,020,833.33	18,375,000.00	1,217,119.17	4.14%	194,407.50
2026 年 9 月 20 日	1,020,833.33	17,354,166.67	1,206,214.40	4.14%	183,607.08
2026 年 12 月 20 日	1,020,833.33	16,333,333.33	1,193,413.15	4.14%	170,928.33
2027 年 3 月 20 日	1,020,833.33	15,312,500.00	1,180,848.96	4.14%	158,484.38
2027 年 6 月 20 日	1,020,833.33	14,291,666.67	1,173,500.09	4.14%	151,205.83
2027 年 9 月 20 日	1,020,833.33	13,270,833.33	1,162,595.32	4.14%	140,405.42
2027 年 12 月 20 日	1,020,833.33	12,250,000.00	1,150,268.19	4.14%	128,196.25
2028 年 3 月 20 日	1,020,833.33	11,229,166.67	1,139,481.96	4.14%	117,513.23
2028 年 6 月 20 日	1,020,833.33	10,208,333.33	1,129,881.02	4.14%	108,004.17
2028 年 9 月 20 日	1,020,833.33	9,187,500.00	1,118,976.25	4.14%	97,203.75
2028 年 12 月 20 日	1,020,833.33	8,166,666.67	1,107,123.24	4.14%	85,464.17
2029 年 3 月 20 日	1,020,833.33	7,145,833.33	1,095,507.29	4.14%	73,959.37
2029 年 6 月 20 日	1,020,833.33	6,125,000.00	1,086,261.94	4.14%	64,802.50
2029 年 9 月 20 日	1,020,833.33	5,104,166.67	1,075,357.18	4.14%	54,002.08
2029 年 12 月 20 日	1,020,833.33	4,083,333.33	1,063,978.29	4.14%	42,732.08
2030 年 3 月 20 日	1,020,833.33	3,062,500.00	1,052,836.46	4.14%	31,696.87
2030 年 6 月 20 日	1,020,833.33	2,041,666.67	1,042,642.87	4.14%	21,600.83
2030 年 9 月 20 日	1,020,833.33	1,020,833.33	1,031,738.10	4.14%	10,800.42

对于 A 公司来说，每个租金收取日将有一列息差，具体现金流如表 6－3 所示。

表 6－3 租金收取日与息差一览

租金或租前息支付日期	息 差
2018 年 9 月 20 日	
2018 年 12 月 20 日	4954.44
2019 年 3 月 20 日	4797.92
2019 年 6 月 20 日	4800.19
2019 年 9 月 20 日	4695.83
2019 年 12 月 20 日	4541.57

续表

租金或租前息支付日期	息　差
2020 年 3 月 20 日	4438. 36
2020 年 6 月 20 日	4382. 78
2020 年 9 月 20 日	4278. 43
2020 年 12 月 20 日	4128. 70
2021 年 3 月 20 日	3981. 25
2021 年 6 月 20 日	3965. 37
2021 年 9 月 20 日	3861. 02
2021 年 12 月 20 日	3715. 83
2022 年 3 月 20 日	3572. 92
2022 年 6 月 20 日	3547. 96
2022 年 9 月 20 日	3443. 61
2022 年 12 月 20 日	3302. 96
2023 年 3 月 20 日	3164. 58
2023 年 6 月 20 日	3130. 56
2023 年 9 月 20 日	3026. 20
2023 年 12 月 20 日	2890. 09
2024 年 3 月 20 日	2786. 88
2024 年 6 月 20 日	2713. 15
2024 年 9 月 20 日	2608. 80
2024 年 12 月 20 日	2477. 22
2025 年 3 月 20 日	2347. 92
2025 年 6 月 20 日	2295. 74
2025 年 9 月 20 日	2191. 39
2025 年 12 月 20 日	2064. 35
2026 年 3 月 20 日	1939. 58
2026 年 6 月 20 日	1878. 33
2026 年 9 月 20 日	1773. 98

续表

租金或租前息支付日期	息　差
2026 年 12 月 20 日	1651. 48
2027 年 3 月 20 日	1531. 25
2027 年 6 月 20 日	1460. 93
2027 年 9 月 20 日	1356. 57
2027 年 12 月 20 日	1238. 61
2028 年 3 月 20 日	1135. 39
2028 年 6 月 20 日	1043. 52
2028 年 9 月 20 日	939. 17
2028 年 12 月 20 日	825. 74
2029 年 3 月 20 日	714. 58
2029 年 6 月 20 日	626. 11
2029 年 9 月 20 日	521. 76
2029 年 12 月 20 日	412. 87
2030 年 3 月 20 日	306. 25
2030 年 6 月 20 日	208. 70
2030 年 9 月 20 日	104. 35
累计净现金流	121,775. 21

如果在租期开始便将租赁资产出售给 B 公司，则在整个 12 年的租赁期内，A 公司根据目前的 Libor 水平，可以获得 12 万美元的净现金流。A 公司还可以与 B 公司协商，以一定的资金占用年限和资金成本将此列溢价现金流贴现回现值，由 B 公司一次性支付给 A 公司，实现 A 的资产完全出表。

通常在以项目为标的物进行转让时，买方 B 为了规避债权债务风险，可聘请专业审计机构对标的公司的财务报表类、公司证照类作尽职调查，将标的公司的债权债务关系弄清楚，并要求卖方在交割前一定期限内将与租赁资产无关的债权债务关系理清。在完成双方交割后，还应约定一时间，卖方配合买方办理公司证照的更新工作，银行预留印鉴的变更工作等。

值得注意的是，转让标的公司的形式由于涉及较多公司层面的后续变更事宜，尤其是银行类预留信息，要求买卖双方在合同中将前提条件、后续条件约定清楚。此外,对于租赁资产已经匹配了长期银行抵押贷款的转让业务,通常需要获得银行的同意,银行方面相关的律师费、文本费等通常由买方承担。如果买方希望承接该飞机所匹配的贷款,通常在银行方面需要重新审批,价格方面也可能需要重新定价。

以标的公司股权为转让物的交易,项目公司交割前、交割后分别属于不同租赁公司的子公司。由于在天津各家租赁公司拿到的相关税收优惠政策不同,项目公司变更股东之后,是应该承接此前股东的税务结构还是新股东的税务结构,这也是买方在收益测算时应考量的因素。对于税收政策,各家在天津设立的企业目前都是分别与相关机构签署协议,并对外保密。

2. 资产转让的交易

对于以飞机租赁资产为标的物的交易,交易方式非常明确,即以飞机资产本身附带的租赁合同为交易标的。目前,由于商用飞机以报税租赁的方式租赁给境内的航空公司运营,进口环节的关税和增值税将在未来租赁期内随着租金分期向海关缴纳,所以目前资产交易仍限于同一个保税区内的交易和流转。

在租赁合同中,通常买卖双方直接为保税区设立的项目公司,而不是项目公司的母公司租赁公司,由双方约定将卖方持有飞机资产转让给买方。和新飞机租赁一样,卖方根据飞机的现状"按其现状"将飞机交付给买方,并转让相关产权。

转让价格的确定方面,从卖方角度来说为飞机的购买投入、飞机持有的折旧和减值、飞机已收回的租金、为操作业务产生的相关成本、根据市场情况确定的资产溢价等几大块。

除了转让协议之外,由于出租人发生了变化,相应的机身质保协议、发动机质保协议、保险权益转让通知书等均要对应重新签署,将相关权益方修改为新的出租人。从双方的风险来说,资产交易中对于买方的风险更大,买方承担交付购机价款的义务,将保险权益、质保协议转让等设定为前提条件。由于飞机资产的特殊性,需要在民航局办理相关的所有权手续,通常需要在交付完成后一定期限内卖方办理所有权注销、协助买方提供相关材料。买卖双方在收到满意的先决条件的情况下,卖方应向买方提交签署了的相关资产产权转移证书。

境内保税区资产转让税收方面,目前区内交易的租赁资产尚无买卖流转税,买卖双方应负责自己的印花税,卖方承担与飞机买卖相关的所得税。

3. 资产交易过程中的风险

对于融资租赁的飞机资产目前行业内通行的做法是以账面价值定价加一

定的溢价。但经营租赁的飞机资产的价格，市场上有不同的参考标准，主要有资产的账面价值、资产的外部评估值等，同时由于是带租约的交易，在交易中除了考虑飞机本身的价值，还应考虑承租人的信用价值、所带租金的现金流价值、租赁期限的长短、技术方面的主要条款等。在如何定价方面，存在不同的看法。

由于资产交易是飞机租赁行业一个不可或缺的组成板块，也是一个相对成熟的业务品种，交易类型和结构设计等均较为常见。国内保税区内的飞机资产交易，目前均以在同一保税区内企业交易为主，在法律、市场和操作方面相对没有较大风险。目前对于跨区交易的保税资产交易尚无实践，存在一定的税收风险。

四、面临的问题

（一）税务方面

主要表现在预提税、增值税和所得税。

1. 预提税

在国内保税结构下，租赁公司承担租金的增值税，没有预提所得税。将保税区的飞机租赁资产出售给境外投资者时，将遇到预提税的问题，包括预提增值税（17%）和预提所得税（6%）。这两个预提税都须由航空公司为主体进行缴纳，其中预提增值税可以作为进项税供航空公司进行抵扣，影响相对较小；而预提所得税直接增加了航空公司的成本，要从租金中扣除。由于整个租期内租金的价值很高，预提所得税成为阻碍境外投资者购买保税区内飞机资产的主要障碍。

2. 增值税

对于带租约的飞机资产交易是否应缴纳增值税，存在不同的意见：第一种是主张视同为货物交易，在保税监管状态下的交易增值税率为零。第二种意见认同为货物贸易，但交易时飞机不在保税区，需要按旧货贸易缴纳增值税。

目前各保税区较为一致的看法是，如果是保税区内两个项目公司之间交易飞机资产，可以按零税率征收增值税，但如果涉及跨保税区，则难以按零税率来处理增值税的问题。这给跨保税区的资产交易带来了困难。

（二）海关监管方面

对于保税区项目公司之间交易飞机资产，在资产交割时，飞机是否应该飞到保税区或公海，存在不同的看法。有的认为既然飞机持续处于保税监管状态，就不必再飞回到保税区或公海。有的认为交割时飞机实际上在保税区外运行，物理上已经出区，必须飞回到保税区或公海才能保证继续处于保税监管状态。

在实践中，国内保税区都没有机场，飞机飞到保税区无法实现。如果要飞到公海，需要航空公司配合开展调机，增加操作的复杂性。

（三）政策建议

未来，我国飞机租赁业仍有较大的发展空间。航空租赁也一直是兴业租赁的主营业务之一，希望在以下几个方面能得到更多支持：

1. 税收方面

在目前的保税租赁结构下，进一步推进税收优惠，资产向境外出租人转让时在预提所得税方面给予一定的政策优惠，进一步明确保税区内及境内不同保税区之间的飞机资产交易免征增值税。使资产不仅可以在保税区内流转，还能实现境外流转，将飞机租赁资产真正盘活，使国内租赁公司可以通过资产转让实现投资溢价、提前回收资金、合理布局机队和客户。

2. 海关监管方面

为进一步促进飞机租赁资产转让，降低资产转让成本和监管风险，建议明确处于保税状态的飞机资产交易无须调机到公海或保税区进行物理交付。

3. 飞机租赁资产证券化

飞机租赁业是资金密集型的业务，在国内的融资模式较为单一，银行信贷是主要融资方式之一。但目前银行银根紧缩趋势明显，国内银行长期美元信贷资产专项资金匹配额度较小，以及美元价格处于上行通道，都致使飞机租赁也亟需拓展融资渠道，展开资产证券化的需求也随之增强，实现资产流转、盘活存量资产。虽然陆续有银监会、证监会推出资产证券化备案制，央行也在制度方面松绑，但截至目前，我国飞机租赁资产证券化仍在酝酿中。

这一方面是由于飞机租赁资产总体体量偏小，尤其和其他设备租赁比起来仍是一个占比较小的产品，目前国内做飞机租赁业务的仅限于少数的金融租赁公司及更少的商务部旗下的租赁公司；另一方面是由于大部分飞机租赁的租金以美元计价和收取。根据现行的2008年外汇管理条例，中华人民共和国境内禁止外币流通，并不得以外币计价结算，但国家另有规定的除外。所以，目前对于一般的进口融资租赁和美元贷款，因为都有相应的制度，所以外汇计价并结算都没有问题。但在中国证监会机构监管部《关于证券公司开展资产证券化业务试点有关问题的通知》中规定，受益凭证的最低认购金额不得低于人民币100万元。投资者只能以人民币现金方式认购受益凭证，且不得非法汇集他人资金参与认购，这在一定程度上又限定了可以做资产证券的飞机租赁资产规模。

飞机本身作为保值性良好的标准资产，航空公司作为设立和运营门槛较高的法人实体，租赁公司有专业的金融支持，这三个飞机租赁的重要要素使证券化后的金融产品风险可控并具备相应的收益条件。所以，为进一步增强国内飞机租赁市场活力，扩大飞机租赁市场规模，建议能将飞机租赁资产证券化的通道逐步打通，使资金密集型的飞机租赁业务能较容易地实现资产证券化，实现资金流动，为航空运输提供更多的支持。

第二节　境外资产转让

除了境内保税区租赁业务转让频繁外，在国际飞机租赁市场上，带租约的资产交易也非常频繁。对于 GECAS、Aercap、Avolon 等知名租赁公司，内部都配有专门的交易团队，将机队规模按一定百分比进行交易，以优化目前的机队构成，使机龄保持年轻化，并从资产交易中获取资产溢价。

国内的保税区租赁资产交易，一般承租人、出租人均处于国内，交易结构、交易流程相对较为简单，容易控制操作风险、信用风险。但对于国际飞机租赁市场的资产交易来说，由于购买方、出售方、航空公司都可能位于不同国家，由于法律、税收等不同政策，给带租约的交易带来一定的难度，主要体现在交易文本更加复杂，以及飞机产权交割如何规避税收风险等方面。

一、境外资产交易简介

在业务实践中，国际上的飞机租赁资产交易主合同文件一般称为"novation"（中文可译为"代位"），一方将现有合同中的权利、义务和责任完全由一个新的第三方承担的合同过程。通常由三方组成，原出租人（original party）、承租人及新出租人（third party），即承租人同意原出租人将合同下的权利义务责任完全由新出租人执行，同时同意遵守原租赁合同和 novation 合同规定。

novation 的优点是由于原租赁合同继续有效，无须更改原有的飞机租赁合同条款，节省了三方的谈判时间，使购买方可以快速和新客户建立业务联系，所以对于规模较小的租赁公司或想与特定航空公司开展业务的租赁公司来说，是较为快速的方式。

实践中，除了 novation 以外，还有一种 assignment（中文可翻译为"转让"），

novation 和 assignment 的区别是前者转让了所有的权利义务和责任给第三方,而 assignment 仅转让了权利,并未从原合同关系中完全脱离。

通常 novation 的法律文件分为几个大的部分,包括 sales documents, novation documents, security documents(主要是飞机发动机等部分的保险保修转让), discharge documents, ancillary documents, insurance documents, corporate documents, process agent letters, legal opinions, other conditions precedent,以及事实类的前提条件。流程如图 6-1 所示。

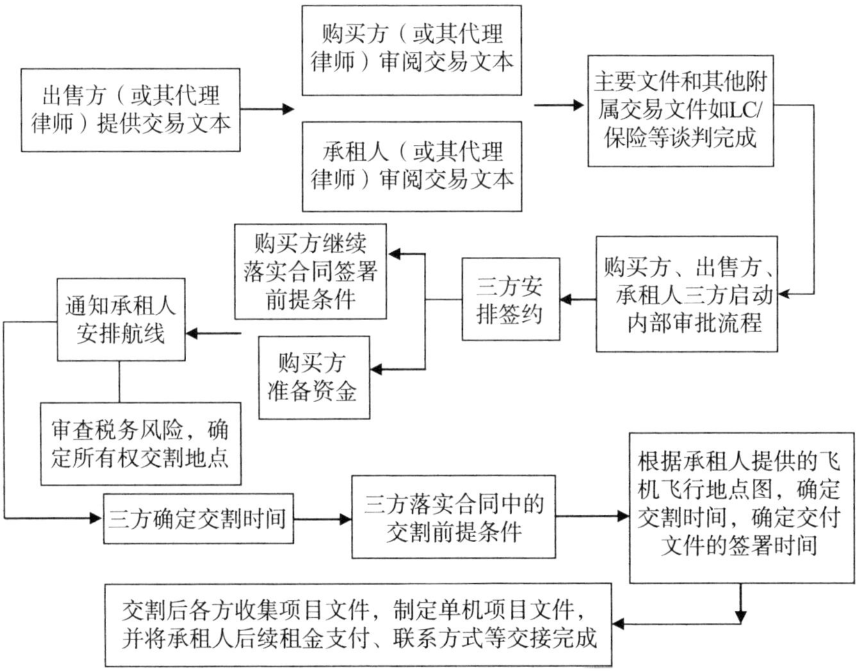

图 6-1　境外资产交易流程

二、境外资产交易案例介绍——承租人位于南非的航空公司

以上为一般资产交易的大致流程,适用于大部分的境外资产交易。但每个国家对于飞机注册、税收等都有不同政策,在交割时也有不同的特点。通常在确定购买之后,在飞机最终交割之前,需要对飞机的所有权属情况作一个最终的查询,确认卖方是否作为该飞机的优先权人作为假设进行查询。境外的飞机所有权属情况查询通常可以在国际利益登记(IR)系统进行查询,查询需要提供飞机和发动机的生产序列号,查询结果通常为以下的格式:

Priority Search Certificate
Issued by
The International Registry for International Interests
In Mobile Equipment(Aircraft Equipment)

Search Results

The International Registry system is designed to use percentages with maximum of six decimal places when recording fractional and partial interests in aircraft objects e.g.12.123456%. Please consider that certain fractions cannot be fully represented within six decimal places. Percentages shown are of the full aircraft object.

Date/time   Details of Interest

No Registrations were found matching your search criteria.

End of List

以两家位于爱尔兰的租赁公司,关于一架租赁给南非的航空公司的飞机交易为例,涉及的特殊之处如下:

1. 南非的税务方面

出售方租赁公司和南非的出租人做租赁交易时,为了享受南非和爱尔兰的税收优惠,向南非的 South African Revenue Service(SARS)申请了一个 Tax Ruling,即原出租人作为一个"企业"而不是"制造商"在南非从事租赁业务,所以无须进行 VAT 注册,即可享受税收优惠。这个"Tax Ruling"的申请时间大约为 6 个月,流程较长。

由于购买方租赁公司和出售方属于同类业务公司,购买方为继续享受税收优惠,也应向 SARS 申请上述 Ruling,并聘请南非当地律师代为提交申请材料,即可免除收取每期租金时 14% VAT 的免除。

上述申请得到明确批准,避免了 14% 的流转税和增值税。但在后期执行过程中,由于南非的承租人须提交飞机进口时缴纳过 14% 进口税的证明,购买方出租人可享受申请的两种税收优惠才成立,但飞机进口时间较为久远,超过了航空公司内部文件保留时限,无法找到相关的证明材料;后承租人提供其他的间接材料证明其缴纳过进口税,才最终获取了上述税收优惠。

2. NIPP(National Industrial Participation Programme)

是指南非本土一个对外贸易部门对同非本国国企做交易时,可能征收的一类费用,不是税,是出于国民经济考量的一项政策,并非一定会被收取;原出租人从始未缴过,且在缴纳之前须由相关外国企业同该政府部门签订义务协议,同意缴纳。作为一个 novaiton 项目,租赁期没有可能出现该义务,这需要购买方在税务意见的基础上作出商业决策。

3. 维修储备金的计算

由于出售方和承租人签署的原租赁协议有可能是固定租金，也可能是浮动租金。如为固定租金，则购买方执行原合同即可。此外还包括保证金，如合同中约定的为现金形式的保证金，情况将变得比较复杂，如承租人何时对飞机进行大修、何时支取过维修储备金、支取了多少、目前的维修储备金金额计算是否争取、年度上浮指数(Escalation)计算是否正确等。需要由专门的技术团队来审核维修储备金的数据，并对其以往使用情况和未来情况预判。

4. 保证金(cash deposit)

根据原租赁合同，承租人向原出租人提交的信用证(LC)形式的保证金，在交易谈判过程中，承租人出于自身财务考虑，要求更换为现金形式的保证金，一般来说现金形式的保证金比信用证形式的保证金更有风险缓释作用。

5. 信用证的转让和保单保额

这两类文件是由原出租人和承租人之间确定的商务安排，根据资产交易协议，购买方作为新的出租人也将拥有这些权利。但对于承租人来说，在Novation过程中，信用证是重新出具(reissue)还是转让(transfer)给新出租人是一个商务问题。对新出租人来说，由于信用证只能转让一次，如本次资产交易选择转让，那么未来市场上再融资或再交易时，则会有一定障碍，如果重新出具则对出租人来说比较便利。

对于保险的安排方面，租赁公司各家都有不同的内部管理要求，一般会要求飞机的投保额应当在购买价格的110%以上。由于是带租约的资产购买业务，飞机在交付时点的价格由于反映了租金、商务条件、技术条件的价值，可能与最初的价值有所不同，那么根据最初价值确定的投保额到交付时点可能已经不满足110%的要求。即使发生这种情况，由于承租人的投保金额符合原租赁合同的约定，根据Novation不能增加承租人任何义务的规定，只能维持现状。

6. 发动机或其他重要飞机部件不在机身的交割问题

一般来说，根据合同约定，飞机在由承租人运营期间，由于发动机大修等原因，可能导致发动机或其他重要部件暂时不在机身上的情况，但合同中一般对此都有时间要求，如发动机换发的时间不得超过180天，且备发的价值不得低于原有发动机，或使用小时数等技术情况不得劣于原有发动机。但在这个时间段内，仍有可能发生飞机交割。

假设其中一台发动机在其他国家做大修，另一台发动机在交割当日随飞机执飞正常航线安排。由于飞机交割时间并不固定，主要取决于 CP（Condition Precedent）条件的落实，以及购买飞机资金的落实，这些前提均落实后，才能提前通知出售方和航空公司准备交割。

在此之前，通常邀请税务机构对飞机执飞的航线目的地进行税务分析，看飞机落地所在地、发动机大修所在地与爱尔兰的购买方之间是否有税务风险，在确认无税务风险之后，确定飞机最终交割地点和时间。

7. 购买方出租人净资本值的要求（net worth requirement）

目前在境外项目中，租赁合同中一般均约定出租人有权在租赁期间转让飞机资产，承租人为保障“安享权”不被打扰，通常会要求约定新出租人的净资本额，如不低于 1000 万美元、2000 万美元等，对于净资本的要求能在一定程度上保障承租人能持续运营该飞机，不会因出租人的破产而导致飞机被取回。一般来说即使新的出租人没有符合合同约定的净资本要求，通常在实践中会有折中的办法，即出租人的母公司或其他公司可提供担保，担保人则需要有合同约定的净资本额以上的能力。

所以，在实践中为避免对平台下面很多项目公司 SPV 注资的复杂手续，由租赁公司向平台公司注资，然后平台向项目公司提供担保。这需要在项目谈判时与交易方沟通，在项目执行期采取该种方式，要看承租人是否接受。

为了满足原租赁协议中对于净资本的要求，买方需要将相应的资金注入新的出租人或出租人的母公司账户，该注资并非借款，无须偿还，通常会有一份注资说明书（payment injection letter）：

We refer to the following payment which is proposed to be made by us to the company.

We confirm that the payment：

（a）is a payment to be credited when received directly to the reservesof the company；

（b）does not constitute either share capital or share premium sas it is unrelated to any share issue；

（c）is for no consideration，does not constitute a loan or other form of financial assistance，has no interest earning capability and does not comprise consideration for goods or service；

（d）is not repayable；

（e）may only be distributed，subject to the airticles of association，at the absolute discretion of the company's directors.

通常需要买方提供一份被卖方认可的、由税务机构出具的关于净资本情况的说明，对买方或买方的项目公司的净资本情况作相关说明，通常含有以下内容：

We refer to the request that we provide confirmation that the tangible net worth of the company is ×××××. We confirm that the books and records of the Company which management of the company has made availiable to us record that the company has tangible net worth of ××××at×××(DATE).

We have not conducted any other procedures other than reading the documents and records provided to us by the management of the company.

三、资产转让价格及交易文件

带租约的资产包购买业务，能让买方租赁公司以最快的速度获得飞机租赁资产和客户网络，对于卖方租赁公司则可以起到机龄调节、机型调节、实现租赁资产溢价等重要作用。通常对于成熟的租赁公司来说，每年年初盘点公司资产规模，即确定新一年度的资产交易大致范围、列表等。

（一）交易方式

目前大型租赁公司均通过以标书邀约的方式，将拟交易的资产以邮件方式发送给潜在的买家，内容包括飞机租赁合同的技术条件概括、退租条件概括、商务条件概括等，各家均有不同的模板，但主要内容大致相同，如表6-4所示。

1. Transaction Overview

Introduction

Transaction Summary

2. Lease terms and conditons summary

3. Evaluation of Proposals

4. Indicative transaction timetble

其中交易项目情况汇总通常会以独立的文件形式出现，包括飞机的生产序列号(MSN)、国籍登记证号、发动机型号及推力和生产序列号(MSN)、租期、租金、是否有维修储备金等核心商务条款，供买方初步进行判断，如果对飞机资产本身和运营的承租人符合买方要求的话，通常再进一步要求卖方提供租约的信息。

表 6 - 4

Security Deposit(保证金)	600,000	600,000
Deposit Type(保证金类型)	Cash(现金)	Cash(现金)
Return condition(退机条件)	Full life(全寿)	Full life(全寿)
MR(维修储备金)	N(无)	N(无)
Governing Law(管辖法律)	English(英国法)	PRC(中国法)
MTOW(最大起飞重量)	235,000kg	235,000kg
MLW(最低着陆重量)	187,000kg	187,000kg
MZFW(最大零油重量)	173,000kg	173,000kg
Extention option(延期选择权)	N(无)	N(无)
Purchase option(回购选择权)	N(无)	N(无)

(二)交易价格的确定

如买方对于飞机资产、承租人、租约大致情况有需求,那么则需要和卖方就价格方面进行进一步的谈判和确定。对于带租约的飞机资产价格确定方面,通常需要买方和卖方一起协商。在实践中,卖方通常有较为固定的确定价格的计算方式,通常有以下因素:

(1)买方和卖方根据各自公司内部项目审批所需要的时间,以及卖方与航空公司协商资产交易的时间,先假设未来某个时点作为飞机交付时间,以此时间为卖方确定一个基准销售价格;

(2)在基准销售价格的基础上,如果飞机资产由于操作等方面的原因不得不推迟交付,则需要确定一个飞机价格日折旧率,这与飞机正常的损耗、折旧有关,在基准价格基础上进行递减;

(3)如果租约中飞机数量较多,交付时间拉得比较长,资本市场波动概率较大的情况,卖方为了资产交易通常已经将飞机本身匹配好的长期贷款进行提前还款安排,或本身没有匹配银行长期贷款,那么卖方所需要承担的利率波动风险较大,通常会插入一个资金变动引起的价格变动的系数,如假设以目前的利率为基准,在未来交付时,如果相应的 Libor 或 Swap 上升或下降,那么价格也相应地进行上下调整,这对卖方来说,一定程度能防范资金成本变动风险,但对于买方来说,飞机价格并不一定能与假设的价格相同,可能以更高的价格才能完成交割;

(4)通常对于维修储备金、保证金等价格以外的现金,需要买方设立相应的承接账户,由卖方将相应的款项汇入买方账户进行继续管理,或双方协商在最终价格确定时点，进行抵扣。

在完成飞机所有权交割之后，为了使资产交易本身的作用最大化，通常买方租赁公司应在资产交易团队完成资产交割后，市场营销及开拓团队及时与航空公司建立商务联系，并进一步追踪航空公司的未来潜在需求。

（三）交易文件

带租约的资产包交易与飞机租赁交易比起来，增加了新的出租人即买方，通常交易文件与飞机租赁比起来更复杂，交易方通常有飞机制造商（Airframe Manufacture）、发动机制造商（Engine Manufacture）、承租人（Lessee）、现有出租人（Existing Lessor）和新出租人（New Lessor）。新增文件主要内容如表6-5所示。

表6-5　交易所需法律文件一览

1	Aircraft Sale and purchase Agreement	由现有出租人和新出租人就拟购买飞机资产签署的协议
2	Bill Of Sale	卖方出具给买方购买飞机的卖据
3	Certificae of Acceptance	买方接收飞机的凭证
4	Refund letter	在一定期限内，如买方卖方无法对飞机交易达成一致，需退还买方相应款项的资金安排协议
5	Aircraft lease novation and amendment	新出租人、现有出租人、承租人三方签署的飞机租赁协议代位协议，规定原租赁合同项下出租人的权利义务由新出租人代位承担，是带租约的飞机资产转让的重要文件
6	Effective Time Notice	飞机租约代位正式生效通知
7	Engine Warrantyassignment Consent and Agreement	飞机发动机质保协议，由发动机制造商、原出租人和新出租人三方签署，将原出租人拥有的飞机质保权转让给新出租人
8	Warranty Assignment	飞机机身相关的质保协议转让，由飞机制造商、新出租人和原出租人签署
9	Quiet Enjoyment Letter	新出租人向承租人出具的“安享权”文件，用来保障承租人飞机运营的安享权
10	IDERA	根据该国是否加入开普敦公约，由承租人出具的授权出租人将飞机注销本国登记，并出口的函件
11	Air Traffic Control Letter	由承租人发送给本国空管机构，授权出租人可查询其欠款情况的函件
12	Deregistration Power of Attorney	授权出租人可以将飞机注销的函件
13	Existing Lessor application of Deregistration of Security	原出租人注销对于飞机出口的授权

续表

14	Existing Lessor Statement of Release and Discharge-insurance	原出租人注销对于保险和再保险的声明
15	Existing Lessor application for deregistration of IDERA recordation	原出租人注销对于享有飞机注销和出口的生命
16	Aircraft Lease Termination Agreement	原飞机租赁安排终止协议
17	Lessee De-registration Consent letter	承租人对于原出租人注销飞机出口的同意函
18	Airworthiness Manienance Program	承租人提供给新出租人的飞机适航维修方案大纲
19	Certificate of Insurance and Reinsurance, and Broker's Letter of Undertaking	承租人向新出租人提供的保单、再保保单、承保人的确认函
20	Priority Search Certificate	飞机优先权的查询结果
21	(a) Confirmation from Lessee's Process Agent (b) Lessee Process Agent Letter	承租人的法律文书代理机构
22	Existing Owner Director's Certificate	原出租人的董事文件
23	Existing Owner Legal Opinion	原出租人的法律意见书
24	Lessee Officer's Certificate	承租人的董事文件
25	Lessee Legal Opinion	承租人的法律意见书
26	New Lessor Legal Opinion	新出租人的法律意见书
27	New Owner Director's Certificate	新出租人的董事文件

1. 飞机卖据(Bill of Sale)

(由卖方出具给买方的卖据,与新飞机由制造商出具的不同)通常除了飞机的基本信息之外,还含以下与所有权相关的内容表述:

The Seller hereby warrants to the Purchaser, its successors and assigns that there is hereby transferred to the Purchaser good and full legal and beneficial title to the Aircraft, free and clear of any Security Interests other than (a) the Lessee's leasehold interest under the Lease (b) Permitted Security interests (other than Lessor's Security Interest) (c) any other Security Interests created by the Lessee or otherwise in connection with the operation of the Aircraft in respect of which the lessee is obliged to indemnify.

上述关于其他优先权的表述主要是向买方确认该飞机的所有权属情况、优先权情况。

2. 飞机接收证书(Certificate of Acceptance)

飞机接收证书与新飞机的接收无显著不同,主要描述买方从卖方处接收飞机的状况,并确认买方对该资产状况满意,各项条件均满足,确认接收飞机。

The Lessee confirms that at hours × ×on × × ,20 × × ,being the delivery date the aircraft was duly accepted by the Purchaser in accordance with and subject to the provisions of the Sale Agreement and the execution and delivery of this acceptance certificate confirms the unconditional and irrevocable acceptance of the Aircraft by the Purchaser for all purposes of the Sale Agreement.

图书在版编目(CIP)数据

航空租赁业务操作实务与图解 / 翟会敏著. -- 北京 : 法律出版社, 2019

ISBN 978 - 7 - 5197 - 3697 - 2

Ⅰ. ①航… Ⅱ. ①翟… Ⅲ. ①飞机 - 租赁业务 - 中国 Ⅳ. ①F562.5

中国版本图书馆 CIP 数据核字(2019)第 161220 号

航空租赁业务操作实务与图解
HANGKONG ZULIN YEWU CAOZUO SHIWU YU TUJIE

翟会敏 著

责任编辑 郑 导
责任编辑 郑 导
装帧设计 马 帅

出版 法律出版社
总发行 中国法律图书有限公司
经销 新华书店
印刷 固安华明印业有限公司
责任校对 胡溪卿 周合芝
责任印制 张建伟

编辑统筹 独立项目策划部
开本 710 毫米 × 1000 毫米 1/16
印张 21.75
字数 325 千
版本 2019 年 8 月第 1 版
印次 2019 年 8 月第 1 次印刷

法律出版社/北京市丰台区莲花池西里 7 号(100073)
网址/www.lawpress.com.cn
投稿邮箱/info@lawpress.com.cn
举报维权邮箱/jbwq@lawpress.com.cn
销售热线/400 - 660 - 8393
咨询电话/010 - 63939796

中国法律图书有限公司/北京市丰台区莲花池西里 7 号(100073)
全国各地中法图分、子公司销售电话:
统一销售客服/400 - 660 - 8393/6393
第一法律书店/010 - 83938432/8433 西安分公司/029 - 85330678 重庆分公司/023 - 67453036
上海分公司/021 - 62071639/1636 深圳分公司/0755 - 83072995

书号:ISBN 978 - 7 - 5197 - 3697 - 2
定价:86.00 元